見て覚える！

社会福祉士

いとう総研資格取得支援センター［編集］

国試ナビ

2025

中央法規

は じ め に

本書を手にとって頂きありがとうございます。

いとう総研資格取得支援センターでは、毎年、社会福祉士受験対策講座を開催し、多くの方の合格をサポートしています。

本書は、社会福祉士講座で使用している教材をもとに作成したものです。

社会福祉士試験は、第37回試験から試験科目が大幅に変更になります。出題数が150問から129問と約2割減少し、科目の構成も大きく変更になります。

今年は、変更になって最初の試験で、情報量が少ないなかで準備をしなければならず、対策が難しい年になります。

第37回からの試験も、第36回までと同様に膨大な出題範囲から出題されます。しかし、19科目の出題基準を分析すると、科目間の重複項目がかなり多いことがわかります。

本書は、その重複をなくすために、ＩＴＯ方式という独自の方法で、全体像からアプローチできるように、「26単元（74項目）」に再編し、整理をしなおしました。

そうすることで、最短で試験の全体像をつかむことができ、重要項目を繰り返し学習することが可能になります。

働きながら受験勉強される社会人や部活動やアルバイトなどで忙しい学生など、試験勉強にあまり時間がとれない方に最適な教材だと思います。

姉妹本であります、「書いて覚える！社会福祉士国試ナビ穴埋めチェック2025」と併用されますと、アウトプットも効果的に行うことができるのでお勧めです。

本書を通じて、少しでも受験生のお役に立つことができれば幸いです。皆様が、「合格」の喜びを手にできますことを心よりお祈りしております。

最後に、ご担当の伊藤氏をはじめ、中央法規出版編集部の方々には大変お世話になりました。心より感謝いたします。

2024（令和6）年6月
いとう総研資格取得支援センター　伊東利洋

はじめに

第2章 社会の仕組みを理解する科目

第3章 利用者を理解する科目

第5章 まとめて整理

単元㉖▶ 歴史・海外・人名

索引

社会福祉士試験の特徴

第36回試験（2024年2月実施）は、旧カリキュラム
の出題基準による15回目の試験でした。
第37回試験（2025年2月実施予定）からは、新カリ
キュラムの出題基準に変わります！
まずは、変更内容の概要をつかみましょう。

1 社会福祉士国試ナビの活用方法

単元別に5ステップで整理

WEB講座の専用ページはこちら▼

https://chuohoki.socialcast.jp/
contents/category/socialito

最新情報が随時更新されます。
WEB講座は、2024年9月リリース予定。

セットで学ぶ

ステップ1

出題傾向に基づいて整理された
「26単元別」に重要項目をチェック

単元別に重要度を
「A」「B」「C」
と「★の数」で示
しています。

「主に共通科目で出題」
「主に専門科目で出題」
等に振り分けています。

単元別に『国試ナビ』
を見ながら穴埋め問題
でポイント整理

『社会福祉士国試ナビ（国試ナビ）』は、「見て覚える」教材です。「書いて覚える」
タイプの『穴埋めチェック』を併用するとより理解が深まります。

ステップ2

著者が解説するWEB講座『見て覚える！社会福祉士国試ナビ2025』で理解を深める。

- ●本書をもとにポイントを解説！
- ●チャプターで気になる単元の講義をすぐに、繰り返し視聴できるので効果的！
- ●「よく出る」マークで試験に出るところが押さえられる！

『穴埋めチェック』は、『国試ナビ』の「26単元別」に整理しています。

『穴埋めチェック』で整理した内容を国試ナビにフィードバック

ステップ3

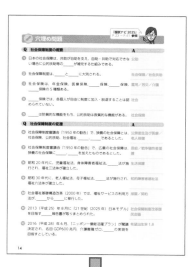

穴埋め問題でチェック

『穴埋めチェック』は、過去問題をもとに「穴埋め形式」に整理されています。

ステップ4

5肢選択問題でチェック

ステップ5

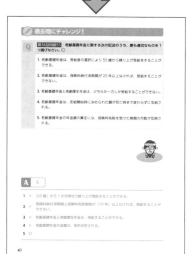

過去問題でチェック

② 社会福祉士試験の受験状況

社会福祉士試験は、年1回実施され、今まで36回実施されました。第36回試験の受験者数は3万4539人、合格率は58.1%でした。

受験者数と合格率の推移

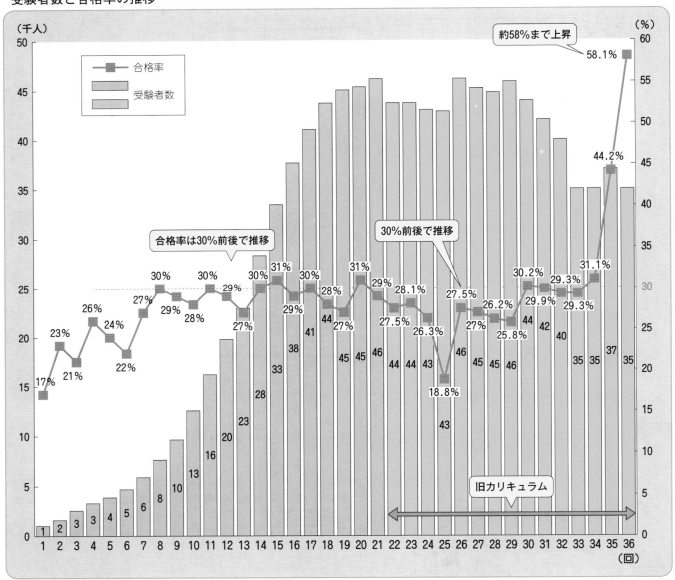

社会福祉士登録者数は、2024（令和6）年2月末現在、28万7273人となっています。

序章

第1章

第2章

第3章

第4章

第5章

社会福祉士試験の特徴

③ 試験科目と合格基準

新カリキュラムの「社会福祉士試験の出題科目」及び「合格基準」、過去の「合格基準の推移」から合格ラインのイメージをつかみましょう。

		科目名	出題数		科目群
共通科目	1	医学概論	6		①
	2	心理学と心理的支援	6		
	3	社会学と社会システム	6		
	4	社会福祉の原理と政策	9		②
	5	社会保障	9	84	
	6	権利擁護を支える法制度	6		
	7	地域福祉と包括的支援体制	9		③
	8	障害者福祉	6		
	9	刑事司法と福祉	6		
	10	ソーシャルワークの基盤と専門職	6		④
	11	ソーシャルワークの理論と方法	9		
	12	社会福祉調査の基礎	6		
専門科目	13	高齢者福祉	6		⑤
	14	児童・家庭福祉	6		
	15	貧困に対する支援	6		
	16	保健医療と福祉	6	45	
	17	ソーシャルワークの基盤と専門職（専門）	6		⑥
	18	ソーシャルワークの理論と方法（専門）	9		
	19	福祉サービスの組織と経営	6		
		合　計	129		6科目群

▶合格基準

①問題の総得点の60％程度を基準として、問題の難易度で補正した点数以上の得点の者

②上記の「6の科目群（専門科目のみは2の科目群）」全てに得点があった者

▶過去の合格基準

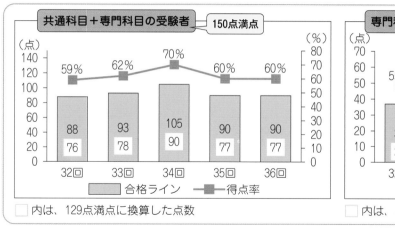

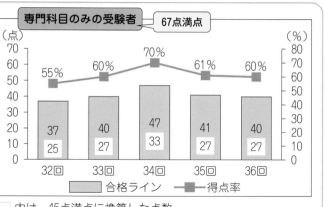

☐内は、129点満点に換算した点数　　☐内は、45点満点に換算した点数

4 旧カリキュラムからの変更点

2024（令和6）年度（第37回試験）から試験科目が変更になります。大きな変更点は次のとおりになります。

		科目名	出題数	科目群
共通科目	1	人体の構造と機能及び疾病	7	①
	2	心理学理論と心理的支援	7	②
	3	社会理論と社会システム	7	③
	4	現代社会と福祉	10	④
	5	地域福祉の理論と方法	10	⑤
	6	福祉行財政と福祉計画	7	⑥
	7	社会保障	7	⑦
	8	障害者に対する支援と障害者自立支援制度	7	⑧
	9	低所得者に対する支援と生活保護制度	7	⑨
	10	保健医療サービス	7	⑩
	11	権利擁護と成年後見制度	7	⑪
専門科目	12	社会調査の基礎	7	⑫
	13	相談援助の基盤と専門職	7	⑬
	14	相談援助の理論と方法	21	⑭
	15	福祉サービスの組織と経営	7	⑮
	16	高齢者に対する支援と介護保険制度	10	⑯
	17	児童・家庭に対する支援と児童・家庭福祉制度	7	⑰
	18	就労支援サービス	4	⑱
	19	更生保護制度	4	
		合　計	150	18科目群

		科目名	出題数	科目群
共通科目	1	医学概論	6	
	2	心理学と心理的支援	6	①
	3	社会学と社会システム	6	
	4	社会福祉の原理と政策	9	②
	5	社会保障	9	
	6	権利擁護を支える法制度	6	③
	7	地域福祉と包括的支援体制	9	
	8	障害者福祉	6	
	9	刑事司法と福祉	6	
	10	ソーシャルワークの基盤と専門職	6	④
	11	ソーシャルワークの理論と方法	9	
	12	社会福祉調査の基礎	6	
専門科目	13	高齢者福祉	6	
	14	児童・家庭福祉	6	⑤
	15	貧困に対する支援	6	
	16	保健医療と福祉	6	
	17	ソーシャルワークの基盤と専門職（専門）	6	⑥
	18	ソーシャルワークの理論と方法（専門）	9	
	19	福祉サービスの組織と経営	6	
		合　計	129	6科目群

新科目の変更のポイント

1	●総得点が、150点満点から129点満点となった（14%減少）
2	●専門科目は67点から45点と33%減少、共通科目は83点から84点に1点増加
3	●「福祉行財政と福祉計画」「就労支援サービス」が、他の科目と統合された
4	●ソーシャルワークの科目が2科目から4科目に増え、共通科目と専門科目で出題されるようになった
5	●「保健医療サービス」「低所得者に対する支援と生活保護制度」が専門科目に移動した
6	●「社会調査の基礎」「更生保護制度」が共通科目に移動した
7	●「18科目群」が「6科目群」に統合され、「科目群0点で不合格」の心配が少なくなった

第37回試験より、試験科目が変更になった初めての試験です。未知なことも多いですが、準備を頑張っていきましょう！

5 社会福祉士「合格者」データ

受験者の約3割が合格する「相対評価」の試験では、他の受験者の状況を把握することも大切です。社会福祉士試験の「合格者」の状況を眺めてみましょう。

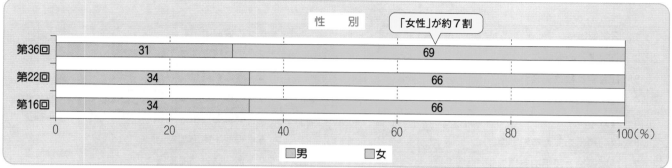

性　別　　「女性」が約7割

	男	女
第36回	31	69
第22回	34	66
第16回	34	66

□男　□女

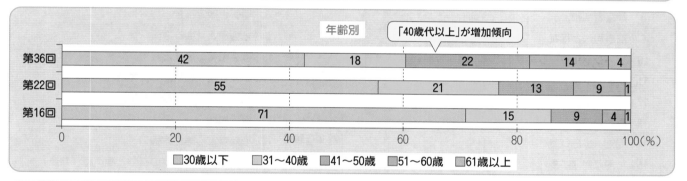

年齢別　　「40歳代以上」が増加傾向

	30歳以下	31～40歳	41～50歳	51～60歳	61歳以上
第36回	42	18	22	14	4
第22回	55	21	13	9	1
第16回	71	15	9	4	1

□30歳以下　□31～40歳　□41～50歳　□51～60歳　□61歳以上

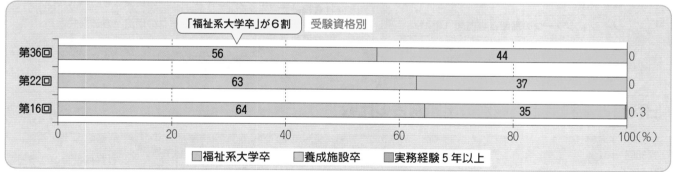

「福祉系大学卒」が6割　受験資格別

	福祉系大学卒	養成施設卒	実務経験5年以上
第36回	56	44	0
第22回	63	37	0
第16回	64	35	0.3

□福祉系大学卒　□養成施設卒　□実務経験5年以上

▶受験資格別合格率

（第36回社会福祉士国家試験学校別合格率より）

受験資格	福祉系大学卒　約1.9万人				一般養成施設卒約1.2万人				短期養成施設卒0.23万人		福祉系短大＋実務経験0.14万人	
受験区分	新卒　45%		既卒　55%		新卒　46%		既卒　54%					
合格率	合格　77%	不合格	合格 42%	不合格	合格 81%	不合格	合格 46%	不合格	合格 53%	不合格	合格 38%	不合格

受験者を「新卒（試験年度卒業または卒業見込み）」と「既卒（前年度までに卒業）」に区分した場合、「新卒」の合格率が「既卒」を大きく上回っています。

社会福祉士試験は、19科目にわたる試験で学習量と学習時間も膨大になります。本書では、効率的に19科目を整理するために、【共通科目】と【専門科目】の垣根を取り払い整理をしました。おおまかな科目の振り分けは次のようになります。

		共通科目
共通科目	1	医学概論
	2	心理学と心理的支援
	3	社会学と社会システム
	4	社会福祉の原理と政策
	5	社会保障
	6	権利擁護を支える法制度
	7	地域福祉と包括的支援体制
	8	障害者福祉
	9	刑事司法と福祉
	10	ソーシャルワークの基盤と専門職
	11	ソーシャルワークの理論と方法
	12	社会福祉調査の基礎
専門科目	13	高齢者福祉
	14	児童・家庭福祉
	15	貧困に対する支援
	16	保健医療と福祉
	17	ソーシャルワークの基盤と専門職（専門）
	18	ソーシャルワークの理論と方法（専門）
	19	福祉サービスの組織と経営

社会保障制度を理解する科目	1	社会保障	さらに体系的に整理 → 社会保険 / 社会福祉 / 関連制度
	2	権利擁護を支える法制度	
	3	障害者福祉	
	4	刑事司法と福祉	
	5	高齢者福祉	
	6	児童・家庭福祉	
	7	貧困に対する支援	
	8	保健医療と福祉	
社会の仕組みを理解する科目	9	社会学と社会システム	
	10	社会福祉の原理と政策	
	11	地域福祉と包括的支援体制	
	12	福祉サービスの組織と経営	
利用者を理解する科目	13	医学概論	
	14	心理学と心理的支援	
社会福祉士の仕事を理解する科目	15	ソーシャルワークの基盤と専門職（共通）	
	16	ソーシャルワークの基盤と専門職（専門）	
	17	ソーシャルワークの理論と方法（共通）	
	18	ソーシャルワークの理論と方法（専門）	
	19	社会福祉調査の基礎	

旧科目と新科目の領域別の出題割合の比較

	社会保障制度	社会の仕組み	利用者	社会福祉士の仕事
第36回試験までの旧科目	67点（45％）	34点（23％）	14点（9％）	35点（23％）
第37回試験からの新科目	51点（40％） 5％減少	30点（23％）	12点（9％）	36点（28％） 5％増加

第36回試験までの旧科目試験と第37回試験からの新科目試験の領域別の特徴は、「社会保障制度」が相対的に減少し、「社会福祉士の仕事」が相対的に増加したことです。新科目試験では、「社会福祉士の仕事」の得点力をつけることが重要だといえます。

社会福祉士及び介護福祉士法で、社会福祉士は、「専門的知識及び技術をもって、身体上若しくは精神上の障害があること又は環境上の理由により日常生活を営むのに支障がある者に対し、福祉に関する相談に応じ、助言、指導、福祉サービス関係者等との連絡及び調整等を業とする者」と定義されています。

社会福祉士の定義と社会福祉士試験の5つのカテゴリーの関係を図示すると下のイメージ図のようになります。

▶科目編成のイメージ図

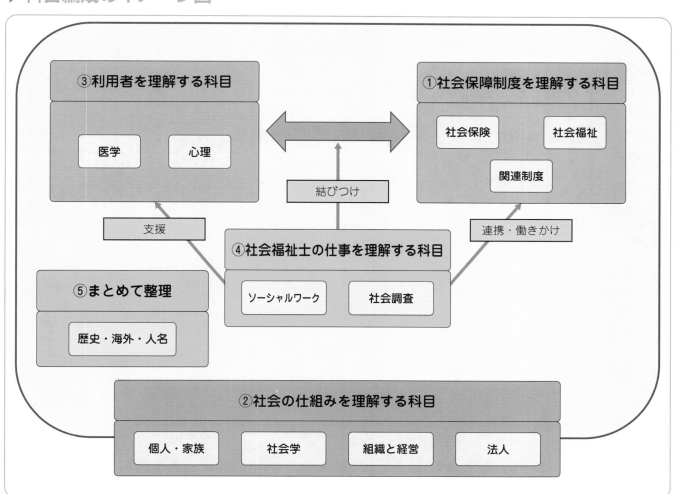

出題範囲のとても広い社会福祉士試験では、「全体像」を見失いやすくなります。それを少しでも防ぐために、これからこの「全体像」の図を活用して、今どこを学習しているのか？を「視覚的に」つかみながら学習を進めていきましょう！

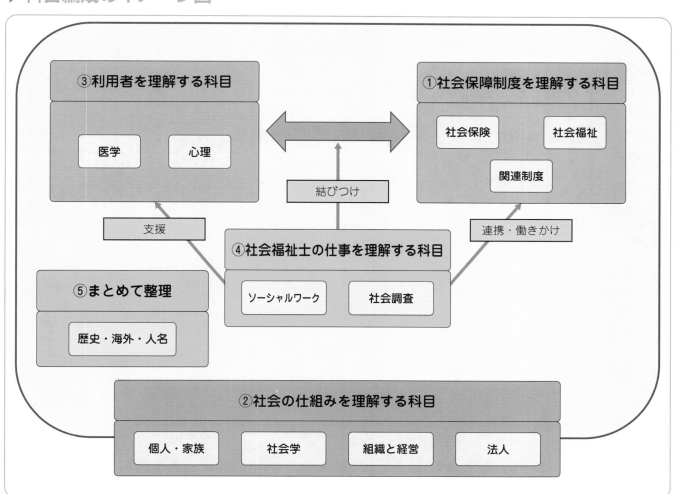

大区分	中区分			重要度	番号	小区分	共通専門	主に出題される科目
社会保障制度を理解する科目	社会保険	1	社会保障制度	B	1	社会保障の概要	共	④原理、⑤保障
					2	社会保険・社会福祉の概要	共	⑤保障
					3	社会保障と財政	共	⑤保障、⑦地域
		2	医療保険	A	4	医療保険	共・専	⑤保障、⑯医療
					5	国民医療費・診療報酬	専	⑯医療
					6	医療法	専	⑯医療
					7	保健制度	専	①医学、⑭児童、⑯医療
		3	年金保険	B	8	年金保険	共	⑤保障
		4	労災保険／労働関係法規	B	9	労災保険	共	⑤保障
					10	労働関係法規	専	⑲組織
		5	雇用保険／育児・介護休業	B	11	雇用保険	共	⑤保障
					12	育児・介護休業法	共	⑬高齢、⑲組織
		6	介護保険	A	13	介護保険	共・専	⑤保障、⑬高齢
	社会福祉	7	社会福祉の概要	B	14	社会福祉法	共	④原理、⑤保障
					15	社会福祉協議会	共	⑦地域
		8	老人福祉	B	16	老人福祉法	専	⑬高齢
					17	高齢者福祉に関するその他の制度	専	⑬高齢
		9	障害者福祉	A	18	障害者福祉	共	⑧障害
					19	障害者総合支援法	共	⑧障害
					20	障害児支援	専	⑧障害、⑭児童
		10	児童・家庭福祉	A	21	児童・家庭福祉	専	⑭児童
					22	子ども・子育て支援法	専	⑭児童
					23	母子・父子・寡婦福祉	専	⑭児童
		11	公的扶助	A	24	生活保護の概要	専	⑤保障、⑮貧困
					25	生活困窮者支援	専	⑦地域、⑭児童、⑮貧困
					26	社会手当	専	⑤保障、⑭児童
		12	行政計画	B	27	福祉計画	共・専	⑦地域、⑧障害、⑬高齢、⑭児童
					28	保健・医療に関する計画	専	⑯医療
	関連制度	13	虐待	B	29	高齢者虐待	共・専	⑥権利、⑬高齢
					30	障害者虐待	共	⑥権利、⑧障害
					31	児童虐待	共・専	⑥権利、⑭児童
					32	DV	専	⑭児童
		14	権利擁護	B	33	成年後見制度	共	⑥権利
					34	日常生活自立支援事業	共	⑥権利
		15	更生保護	A	35	刑事司法と少年司法	共	⑨司法
					36	更生保護制度	共	⑨司法
					37	医療観察制度	共	⑨司法
		16	実施機関と専門職	A	38	行政機関	共・専	⑥権利、⑦地域、⑧障害、⑬高齢、⑭児童、⑮貧困、⑯医療
					39	専門職	共・専	
		17	法学	B	40	憲法	共	⑥権利
					41	民法	共	⑥権利
					42	行政法	共	⑥権利

注1）共…主に共通科目で出題　専…主に専門科目で出題　共・専…共通科目・専門科目の両方で出題
注2）「主に出題される科目」に掲載している略称は次頁下部の表を参照のこと

大区分	中区分		重要度	番号	小区分	共通専門	主に出題される科目
社会の仕組みを理解する科目	18	個人・家族	B	43	個人	共	③社会、⑤保障、⑦地域
				44	家族・世帯	共	③社会、⑦地域
	19	社会学	B	45	社会システム	共	③社会、④原理、⑦地域
				46	地域福祉	共	③社会、④原理、⑦地域
				47	社会問題	共	③社会、④原理、⑭児童
				48	グローバリゼーション	共	③社会、④原理、⑦地域
	20	組織と経営	B	49	組織と経営理論	専	⑲組織
				50	サービス管理・リーダーシップ	専	⑲組織
	21	法人	B	51	社会福祉法人／医療法人／NPO法人	専	⑦地域、⑲組織
利用者を理解する科目	22	医学	B	52	発達と老化	共	①医学
				53	人体の構造と機能	共	①医学
				54	疾病と障害	共	①医学
				55	リハビリテーション	共	①医学
	23	心理	B	56	学習／記憶	共	②心理
				57	感覚／知覚／認知	共	②心理
				58	欲求／適応／ストレス	共	②心理
				59	発達	共	②心理
				60	心理療法と心理検査	共	②心理
				61	知能／人格／集団	共	②心理
社会福祉士の仕事を理解する科目	24	ソーシャルワーク	A	62	ソーシャルワークの定義	共・専	⑩、⑰基盤⑪、⑱理論
				63	ソーシャルワークの理論	共・専	
				64	ソーシャルワークの実践モデルとアプローチ	共・専	
				65	ソーシャルワークの過程	共・専	
				66	ケアマネジメント	共・専	
				67	グループワークとコミュニティワーク	共・専	
				68	スーパービジョン／記録	共・専	
	25	社会調査	A	69	社会調査の概要	共	⑫調査
				70	量的調査	共	
				71	質的調査	共	
まとめて整理	26	歴史・海外・人名	C	72	歴史	共・専	④原理、⑤保障、⑦地域、⑧障害、⑬高齢、⑭児童、⑮貧困
				73	諸外国の歴史と社会保障	共	④原理、⑤保障、⑰基盤
				74	人名	共・専	③社会、④原理、⑩基盤、⑪理論

注1）共…主に共通科目で出題　専…主に専門科目で出題　共・専…共通科目・専門科目の両方で出題
注2）「主に出題される科目」に掲載している略称は下表を参照のこと

1	医学概論（①医学）	6	権利擁護を支える法制度（⑥権利）	11	ソーシャルワークの理論と方法（⑪理論）	16	保健医療と福祉（⑯医療）
2	心理学と心理的支援（②心理）	7	地域福祉と包括的支援体制（⑦地域）	12	社会福祉調査の基礎（⑫調査）	17	ソーシャルワークの基盤と専門職（専門）（⑰基盤）
3	社会学と社会システム（③社会）	8	障害者福祉（⑧障害）	13	高齢者福祉（⑬高齢）	18	ソーシャルワークの理論と方法（専門）（⑱理論）
4	社会福祉の原理と政策（④原理）	9	刑事司法と福祉（⑨司法）	14	児童・家庭福祉（⑭児童）	19	福祉サービスの組織と経営（⑲組織）
5	社会保障（⑤保障）	10	ソーシャルワークの基盤と専門職（⑩基盤）	15	貧困に対する支援（⑮貧困）		

8 本書のタイトル表記

単元○　中区分（1〜26単元） ［中区分の単元を表記］ ［小区分の単元を表記］

番号　小区分（1〜74単元） 『書いて覚える！社会福祉士国試ナビ穴埋めチェック2025』の該当ページを表記

●社会福祉士国試ナビは、大区分（1〜5章）、中区分（1〜26単元）、小区分（1〜74単元）に整理されています。

大区分	中区分（26単元）		小区分（74単元）	
第1章 社会保障制度を理解する科目	社会保険	1 社会保障制度	1	社会保障の概要
			2	社会保険・社会福祉の概要
			3	社会保障と財政
		2 医療保険	4	医療保険
			5	国民医療費・診療報酬
			6	医療法
			7	保健制度
		3 年金保険	8	年金保険
		4 労災保険／労働関係法規	9	労災保険
			10	労働関係法規
		5 雇用保険／育児・介護休業	11	雇用保険
			12	育児・介護休業法
		6 介護保険	13	介護保険
	社会福祉	7 社会福祉の概要	14	社会福祉法
			15	社会福祉協議会
		8 老人福祉	16	老人福祉法
			17	高齢者福祉に関するその他の制度
		9 障害者福祉	18	障害者福祉
			19	障害者総合支援法
			20	障害児支援
		10 児童・家庭福祉	21	児童・家庭福祉
			22	子ども・子育て支援法
			23	母子・父子・寡婦福祉
		11 公的扶助	24	生活保護の概要
			25	生活困窮者対策
			26	社会手当
		12 行政計画	27	福祉計画
			28	保健・医療に関する計画
	関連制度	13 虐待	29	高齢者虐待
			30	障害者虐待
			31	児童虐待
			32	DV
		14 権利擁護	33	成年後見制度
			34	日常生活自立支援事業
		15 更生保護	35	刑事司法と少年司法
			36	更生保護制度
			37	医療観察制度
		16 実施機関と専門職	38	行政機関
			39	専門職
		17 法学	40	憲法
			41	民法
			42	行政法

大区分	中区分（26単元）		小区分（74単元）	
第2章 社会の仕組みを理解する科目		18 個人・家族	43	個人
			44	家族・世帯
		19 社会学	45	社会システム
			46	地域福祉
			47	社会問題
			48	グローバリゼーション
		20 組織と経営	49	組織と経営理論
			50	サービス管理・リーダーシップ
		21 法人	51	社会福祉法人／医療法人／NPO法人
第3章 利用者を理解する科目		22 医学	52	発達と老化
			53	人体の構造と機能
			54	疾病と障害
			55	リハビリテーション
		23 心理	56	学習／記憶
			57	感覚／知覚／認知
			58	欲求／適応／ストレス
			59	発達
			60	心理検査と心理療法
			61	知能／人格／集団
第4章 社会福祉士の仕事を理解する科目		24 ソーシャルワーク	62	ソーシャルワークの定義
			63	ソーシャルワークの理論
			64	ソーシャルワークの実践モデルとアプローチ
			65	ソーシャルワークの過程
			66	ケアマネジメント
			67	グループワークとコミュニティワーク
			68	スーパービジョン／記録
		25 社会調査	69	社会調査の概要
			70	量的調査
			71	質的調査
第5章 まとめて整理		26 歴史・海外・人名	72	歴史
			73	諸外国の歴史と社会保障
			74	人名

社会保障制度を理解する科目

【科目編成のイメージ図】

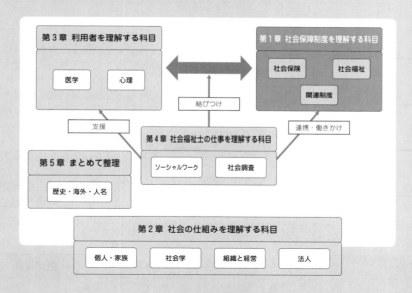

まずは、社会保障制度を理解する科目の位置づけを確認しましょう！
社会保障制度を理解する科目では、「保険」「福祉」のキーワードで整理していきます。

単元①：社会保障制度　共通

① 社会保障の概要

『穴埋めチェック2025』
P.13〜P.22参照

重要度
B
★★☆

日本の社会保障は、自助や互助を基本としつつ、自助の共同化としての共助が自助を支え、自助・共助で対応できない場合に公的扶助等の公助が補完する仕組みが基本です。

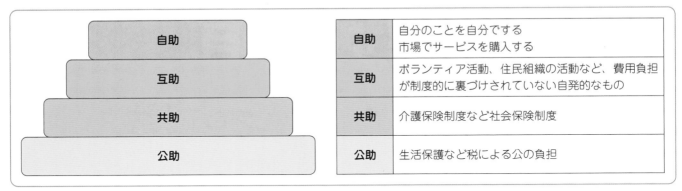

自助	自分のことを自分でする 市場でサービスを購入する
互助	ボランティア活動、住民組織の活動など、費用負担が制度的に裏づけされていない自発的なもの
共助	介護保険制度など社会保険制度
公助	生活保護など税による公の負担

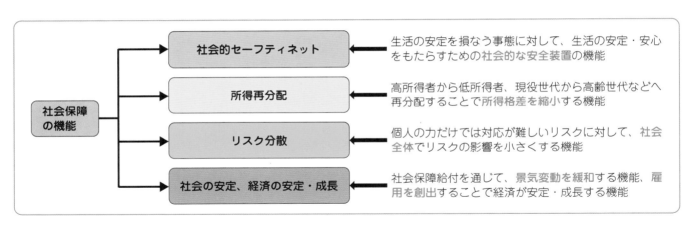

社会保障の機能

社会的セーフティネット	生活の安定を損なう事態に対して、生活の安定・安心をもたらすための社会的な安全装置の機能
所得再分配	高所得者から低所得者、現役世代から高齢世代などへ再分配することで所得格差を縮小する機能
リスク分散	個人の力だけでは対応が難しいリスクに対して、社会全体でリスクの影響を小さくする機能
社会の安定、経済の安定・成長	社会保障給付を通じて、景気変動を緩和する機能、雇用を創出することで経済が安定・成長する機能

区分		保障内容	所得保障	医療保障	福祉サービス
社会保障制度	社会保険 （保険料が中心）	年金保険	○		
		医療保険	○	○	
		雇用保険	○		
		労災保険	○	○	
		介護保険		△	○
	社会扶助 （租税が中心）	老人福祉			○
		障害者（児）福祉		○	○
		児童福祉			○
		母子・父子・寡婦福祉	○		○
		公的扶助（生活保護）	○	○	○
		社会手当	○		

▶社会保障制度の変遷

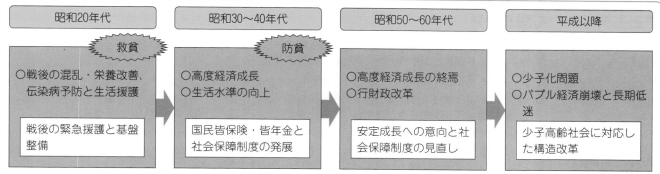

社会保障制度審議会「1950（昭和25）年の勧告」の定義	社会保障制度とは、疾病、負傷、分娩、廃疾、死亡、老齢、失業、多子その他困窮の原因に対し、保険的方法又は直接公の負担において経済保障の途を講じ、生活困窮に陥ったものに対しては、国家扶助によって最低限度の生活を保障するとともに、公衆衛生及び社会福祉の向上を図り、もってすべての国民が文化的成員たるに値する生活を営むことができるようにすること	
	社会保障の枠組み	狭義の社会保障	●社会保険、公的扶助、社会福祉、公衆衛生及び医療、老人保健の5つ
		広義の社会保障	●狭義の社会保障に、恩給、戦争犠牲者援護を加えたもの
社会保障制度審議会の「1962（昭和37）年の答申・勧告」	●国民を貧困階層、低所得階層、一般所得階層に分類し、主として各階層に対する救貧又は防貧という観点から社会保障制度の体系化が構想された ●社会保障に関する施策を「貧困階層に対する施策」「低所得階層に対する施策」「一般所得階層に対する施策」に区分けし、社会福祉対策を「低所得階層に対する施策」として位置づけた	
社会福祉施設緊急整備5カ年計画（1970（昭和45）年）	●社会福祉施設への需要の増加を踏まえて、5か年程度の期間の社会福祉施設緊急整備計画の樹立とその実施を求めた	
新経済社会7カ年計画（1979（昭和54）年）	●個人の自助努力と家庭や近隣・地域社会等との連携を基礎とした「日本型ともいうべき新しい福祉社会の実現を目指す」ことを構想した	
「社会保障将来像委員会第1次報告」（1993（平成5）年）	●社会保障とは、「国民の生活の安定が損なわれた場合に、国民に健やかで安心できる生活を保障することを目的として、公的責任で生活を支える給付を行うものである」と定義した	
「21世紀福祉ビジョン」（1994（平成6）年）	●「社会保障は、国民一人一人の自立と社会連帯の意識に支えられた所得再分配と相互援助を基本とする仕組みである」と定義する ●個人の自立を基盤としたうえで、家族、地域組織、企業、国、地方公共団体等社会全体で福祉社会を支えていく「自助、共助、公助」の重層的な地域福祉システムの構築という概念を提唱 ●年金、医療、福祉等の給付費が当時、およそ5：4：1の割合であったものを、将来的には「年金」から「福祉等」へ資金を移す施策を講じておよそ5：3：2の割合とする必要があると提起した	
社会保障制度審議会の「1995（平成7）年の勧告」	●「社会保障体制の再構築（勧告）〜安心して暮らせる21世紀の社会をめざして」を取りまとめた ●1950（昭和25）年の勧告当時は、社会保障の理念は最低限度の生活の保障であったが、現在では「広く国民に健やかで安心できる生活を保障すること」が、社会保障の基本的な理念であるとし、国民の自立と社会連帯の考えが社会保障制度を支える基盤となることを強調している ●介護サービスの供給制度の運用に要する財源は、公的介護保険を基盤にすべきと提言された	

社会福祉基礎構造改革 **（2000（平成12）年）**	●社会福祉事業、社会福祉法人、措置制度など社会福祉の共通基盤制度について、今後増大・多様化が見込まれる国民の福祉需要に対応するため見直しが行われた	
	見直しの 内容	●措置制度から契約制度に移行 ●利用者保護制度の創設（地域福祉権利擁護事業、苦情解決制度の導入など） ●地域福祉の推進（地域福祉計画の策定など）
「社会保障制度改革 **国民会議報告書」** **（2013（平成25）年）**	●社会保障制度改革推進法に基づき、社会保障制度改革を行うために必要な事項を審議するため、内閣に、社会保障制度改革国民会議が設置され、報告書が2013（平成25）年8月にとりまとめられた	
	社会保障 制度改革 の方向性	●日本の社会保障制度を「1970年代モデル」から「21世紀（2025年）日本モデル」に再構築して、国民生活の安心を確保していくことが、喫緊の課題となっている
		●「21世紀（2025年）日本モデル」の社会保障では、主として高齢者世代を給付の対象とする社会保障から、切れ目なく全世代を対象とする社会保障への転換を目指すべきである
ニッポン一億総活躍 **プラン** **（2016（平成28）年）**	●2016（平成28）年6月、「一億総活躍社会」を実現するための「ニッポン一億総活躍プラン」が閣議決定された	
	一億総活躍社会	●女性も男性も、お年寄りも若者も、一度失敗を経験した方も、障害や難病のある方も、家庭で、職場で、地域で、あらゆる場で、誰もが活躍できる、いわば全員参加型の社会
	閣議決定の内容	●「希望出生率1.8」「介護離職ゼロ」「名目GDP600兆円」
「地域力強化検討会」 **の最終とりまとめ** **（2017（平成29）年）**	●分野別、年齢別に縦割りだった支援を、当事者中心の「丸ごと」の支援とし、個人やその世帯の地域生活課題を把握し、解決していくことができる包括的な支援体制をつくるべきである	
「地域共生社会推進 **検討会」の最終とり** **まとめ** **（2019（令和元）年）**	●地域住民の複合化・複雑化した支援ニーズに対応する市町村における包括的な支援体制の構築を推進するため、「断らない相談支援」「参加支援」「地域づくりに向けた支援」の3つの支援を一体的に行う市町村の新たな事業を創設すべきである	
全世代型社会保障改 **革の方針** **（2020（令和2）年）**	●2020（令和2）年12月、「全世代型社会保障改革の方針」が閣議決定 ●人生100年時代の到来を見据え、「自助・公助・共助」そして「絆」を軸に、お年寄りに加え、子供たち、子育て世代、さらには現役世代まで広く安心を支えていく全世代型社会保障の構築を目指す	
	少子化対策	●不妊治療への保険適用、待機児童の解消、男性の育児休業の取得促進
こども未来戦略方針 **（2023（令和5）年）**	●2023（令和5）年12月、「こども未来戦略方針」が閣議決定 ●2030（令和12）年までに少子化・人口減少に歯止めをかけ、こども・子育て政策を強化する政府の戦略	
	3つの 基本理念	●若者・子育て世代の所得を増やす ●社会全体の構造や意識を変える ●すべてのこどもと子育て世帯をライフステージに応じて切れ目なく支援していく

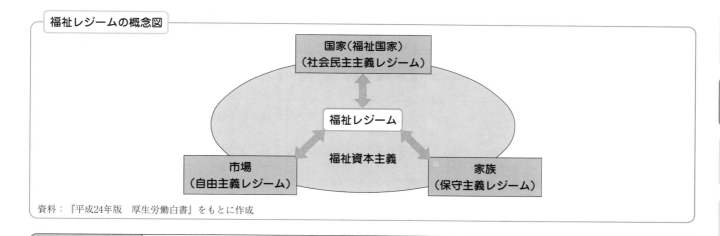

福祉レジームの概念図

資料：『平成24年版　厚生労働白書』をもとに作成

福祉レジーム	●福祉レジームとは、福祉が生産され、それが国家、市場、家族の間に配分される総合的なあり方。エスピン-アンデルセン（Esping-Andersen, G.）は、次の３つに分類している ●日本は、自由主義レジームと保守主義レジーム双方の主要要素を均等に組み合わせている		
		自由主義レジーム	保守主義レジーム	社会民主主義レジーム
	代表国	アメリカなどのアングロ・サクソン諸国	ドイツ、フランスなどの大陸ヨーロッパ諸国	スウェーデン、デンマークなどの北欧諸国
	主たる福祉供給源	市場	家族	国家
	所得再分配の規模	小規模（小さな政府）	中〜大規模	大規模（大きな政府）
	給付の対象・性格	生活困窮者向け給付が多い（選別主義）	高齢者向け給付が多い（社会保険は普遍主義、公的扶助は選別主義）	現役世代、高齢者向けともに充実（普遍主義）
	就労と福祉の連携	強（就労が給付の条件）	中〜強	中（雇用の可能性を高める）
	参加支援指標（脱商品化）	低い	高い	高い
	平等化指標（脱社会的階層化）	低い	低い	高い
	家族支援指標（脱家族化）	低い	低い	高い
	労働市場	失業率は景気動向により大きく変動	失業率は高くなる傾向	失業率は比較的低くなる傾向
	指標	参加支援指標（脱商品化）	●個人又は家族が労働市場参加の有無にかかわらず社会的に認められた一定水準の生活を維持することがどれだけできるか示す指標	
		平等化指標（脱社会的階層化）	●職種や社会的階層に応じて給付やサービスの差がどれだけあるかを示す指標	
		家族支援指標（脱家族化）	●家族による福祉の負担がどれだけ軽減されているか（家族支援がどの程度充実しているか）を示す指標	

▶分配の正義（公正）

絶対的平等 （数量的平等）	●一人ひとりが全く同一の量の富を所有するように分配するという考え方	
相対的平等 （比例的平等）	必要原則	●ニーズ（必要）充足のために平等な資源の量を分配すべきであるという考え方
	貢献原則	●個人が果たす社会への貢献度に応じて資源を分配すべきというという考え方
ロールズ(Rawls, J.) 『正義論』	●人間が守るべき「正義」の根拠を探り、その正当性を論じた ●第二原理として、社会的・経済的不平等は次の2条件を満たすものでなければならないとした	
	格差原理	●社会のなかで最も恵まれない人の境遇を最大限改善するものであること
	機会均等原理	●公正な機会の均等という条件のもとで、公正な競争の結果生じたものに限られること

▶市場

準市場（疑似市場）	●医療・福祉など公的サービスにおいて、市場を意図的につくり上げ、その限られた市場内で自由競争を促し、競争原理を促進しようとしたもの。競争原理が働くものの市場とはいえないので準市場と呼ばれる
平行棒理論	●福祉供給における政府と民間の役割は異なっており、互いに平行棒のように交わることはないとする考え方
繰り出し梯子理論	●福祉供給における政府と民間の役割は異なるが、政府の福祉供給が土台にあり、民間はその土台から繰り出された梯子のように拡張的な福祉供給を担うという連続した関係にあるとする考え方
ニュー・パブリック・ マネジメント(NPM)	●公共政策においても、「経営理念」や「経営手法」といった民間経営手法を導入して公共サービスの質の向上を図る行政改革手法
市場化テスト	●公共サービスを国民に提供する主体として、「官」と「民」のどちらがより国民の期待に応えられるかを国民に判断してもらうために行われる官民競争入札・民間競争入札制度
ラショニング （配給・割当）	●希少な資源を、市場メカニズムを用いずに、これを必要とする人々に供給するための方法

▶普遍主義と選別主義

普遍主義	●対象者に均一給付を適用する方法で、資力に関係なく福祉サービスが受給できる	
	例	●介護保険や医療保険など、保険料を支払った人に対して、普遍的な給付が行われる ●自己負担は一定の割合（応益負担）、経済状況に関係なく適用されるなどの特徴がある
選別主義	●資力調査などにより福祉サービスを必要とする人々を選び出して、サービスを提供する方法	
	例	●生活保護制度や社会福祉制度など、ニーズや資産や所得などの経済状況に基づいて、一定の要件に該当する場合に給付が行われる

▶ブラッドショー（Bradshaw, J.）の4つのニード

客観的ニード	ノーマティブ・ニード（規範的ニード）	●「望ましい」基準との対比において、専門家や行政官などが存在を認めたニード
	コンパラティブ・ニード（比較ニード）	●サービスを利用している他人と比較して、差を明らかにして導き出されるニード
主観的ニード	フェルト・ニード（感得されたニード）	●本人が、サービスの必要性を自覚したニード
	エクスプレスト・ニード（表明されたニード）	●本人がニードを自覚し、実際にサービス利用を申し出たニード

▶日本における相互扶助

ユイ（結）	●屋根葺きや田植えなどに際して労力を交換しあう慣習
頼母子講（無尽）	●共済的・金融的機能を持ち、経済的救済を目的とした組織 ●講員が掛金を一定期間出し合い、講員は条件に沿って全期間の内の1回積立金を受け取る。全員が積立金を受け取った時点で一旦終了となる
七分積金制度	●江戸幕府の下で町人の負担する町の経費を節約した額の中から積立てをして、貧民や孤児を救済した制度のことをいう

▶シティズンシップ

T. H. マーシャル（Marshall, T. H.）のシティズンシップの分類	●シティズンシップを、市民的権利、政治的権利、社会的権利に分け、社会的権利が市民資格に参入された段階を福祉国家として位置づけた	
	市民的権利（自由権）	●個人の自由のために必要とされる諸権利。人身の自由、言論・思想・信条の自由、裁判を受ける権利など
	政治的権利（参政権）	●政治権力の行使に参加する権利。国及び地方レベルの参政権
	社会的権利	●社会を生きていくうえで人間らしく生きるための権利。労働、社会保障、教育などの権利

▶政策評価

政策評価法	●2001（平成13）年に政策評価法（※）が制定された	
	政策評価の目的	●効果的・効率的な行政の推進及び国民への説明責任を全うされるようにすること
	政策評価の在り方	●行政機関は、その所掌に係る政策について「適時」に政策効果を把握し、その結果を当該政策に適切に反映させる
	評価の方式	●事業評価、実績評価、総合評価の方式により行う

（※）正式名称：行政機関が行う政策の評価に関する法律

2 社会保険・社会福祉の概要

重要度
B
★★☆

▶社会保険制度の概要

社会保険制度は、公的機関が保険者として実施しており、一定の要件に該当する人は加入しなければなりません（強制加入）。現在、日本には社会保険制度として5つ用意されています。

	種　類	保険者等	被保険者	保険事故	保険給付
①年金保険	国民年金	国	20歳以上60歳未満	老齢、障害、死亡	●老齢年金 ●障害年金 ●遺族年金
	厚生年金		被用者		
②医療保険	国民健康保険	都道府県・市町村 国民健康保険組合	自営業者など	疾病、負傷	●療養の給付 ●高額療養費 ●訪問看護療養費など
	被用者保険	全国健康保険協会 健康保険組合 共済組合等	被用者（被扶養者）		
	後期高齢者医療	後期高齢者医療 広域連合	75歳以上		
③労災保険		国	労働者	業務災害、通勤災害	●療養（補償）給付 ●障害（補償）年金 ●介護（補償）給付など
④雇用保険		国	労働者	失業など	●求職者給付 ●就職促進給付 ●雇用継続給付など
⑤介護保険		市町村	市町村に住所を有する 40歳以上の人	要支援・要介護状態	●介護給付 ●予防給付 ●市町村特別給付

補完

▶民間保険の概要

民間保険	●自由意思に基づいて選択し加入する保険で、民間企業などが運営を行っている。社会保険制度を補完する役割などがある
第1分野 （生命保険）	●人の生命や傷病にかかわる損失を補償することを目的とする保険で、死亡保険、生存保険、養老保険などがある
第2分野 （損害保険）	●自然災害や自動車事故など、偶然の事故により生じた損害を補償することを目的とする保険で、地震保険、自動車保険、傷害保険などがある
第3分野 （医療保険・介護保険等）	●第1分野、第2分野の保険のどちらにも属さない種類の保険で、医療保険、介護保険、がん保険などがある

▶社会福祉の法体系

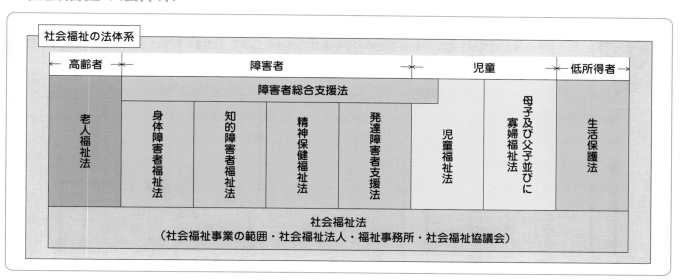

社会福祉の法体系

← 高齢者 →	←	障害者			→	← 児童 →	← 低所得者 →

		障害者総合支援法				
老人福祉法	身体障害者福祉法	知的障害者福祉法	精神保健福祉法	発達障害者支援法	児童福祉法	母子及び父子並びに寡婦福祉法	生活保護法

社会福祉法
（社会福祉事業の範囲・社会福祉法人・福祉事務所・社会福祉協議会）

法律名	定めている事項	公布	
児童福祉法	●「児童福祉施設」「児童相談所」「児童福祉司」「児童委員」「保育士」など	昭和22年	福祉法三体制
身体障害者福祉法	●「更生援護」「身体障害者更生相談所」「身体障害者福祉司」「身体障害者社会参加支援施設」など	昭和24年	
生活保護法	●「保護の種類」「保護の方法」「保護施設」など	昭和25年	
精神保健福祉法	●「精神保健福祉センター」「措置入院・医療保護入院等」「精神保健福祉手帳」など	昭和25年（※1）	
社会福祉法	●「福祉事務所」「社会福祉主事」「社会福祉法人」「社会福祉事業」「福祉サービスの適切な利用」など	昭和26年（※2）	
知的障害者福祉法	●「更生援護」「知的障害者更生相談所」「知的障害者福祉司」など	昭和35年（※3）	福祉六法体制
老人福祉法	●「老人福祉施設」「福祉の措置」「老人福祉計画」「有料老人ホーム」など	昭和38年	
母子及び父子並びに寡婦福祉法	●「福祉の措置」「母子福祉施設」「福祉資金貸付」など	昭和39年（※4）	
発達障害者支援法	●「発達障害の早期発見」「発達障害者の支援」「発達障害者支援センター」など	平成16年	
障害者総合支援法	●「自立支援給付」「地域生活支援事業」「補装具」「自立支援医療」「障害福祉計画」など	平成17年（※5）	

（※1）昭和25年「精神衛生法」⇒昭和63年「精神保健法」⇒平成7年「精神保健及び精神障害者福祉に関する法律」と改正されてきた。
（※2）昭和26年「社会福祉事業法」⇒平成12年「社会福祉法」と改正されてきた。
（※3）昭和35年「精神薄弱者福祉法」⇒平成11年「知的障害者福祉法」と改正されてきた。
（※4）昭和39年「母子福祉法」⇒昭和57年「母子及び寡婦福祉法」⇒平成26年「母子及び父子並びに寡婦福祉法」と改正されてきた。
（※5）平成17年「障害者自立支援法」⇒平成25年「障害者の日常生活及び社会生活を総合的に支援するための法律」と改正されてきた。

▶ サービス利用方式の整理

利用者が社会福祉援助を受けるための手続きは、大きく分けて「措置」制度と「利用契約」制度があります。

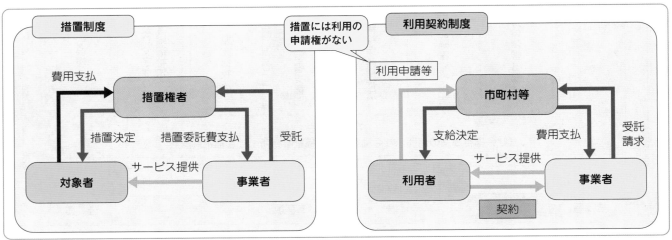

区　分		申立て内容	施設例
措　置		● 措置権者は、事業者に対象者の入所措置を委託 ● 措置権者は、措置委託費を事業者に支払い、事業者は受託した対象者にサービスを提供 ● 対象者に対し、負担能力に応じた費用徴収（応能負担）	保護施設 養護老人ホーム 児童養護施設 女性自立支援施設など
利用契約	介護保険	● 利用者は、市町村の要介護認定を受けて、指定事業者との契約によりサービスを利用 ● 利用者は利用者負担額（応益負担）を支払い、市町村は介護給付費を支給（事業者が代理受領）	居宅サービス事業所 介護保険施設など
	自立支援給付	● 利用者は、市町村の自立支援給付支給決定を受けて、指定事業者との契約によりサービスを利用 ● 利用者は利用者負担額（応能負担）を支払い、市町村は自立支援給付に要する費用を支給（事業者が代理受領） ● 障害児入所施設の支給決定は都道府県等が行い、児童福祉法に基づき障害児入所給付費を支給	障害者支援施設 障害福祉サービス事業所
	子どものための教育・保育給付	● 利用者は、市町村の保育の必要性の認定を受けて、施設・事業者との契約によりサービスを利用（私立保育所は市町村と契約） ● 利用者は保育料（応能負担）を支払い、市町村は施設型給付費等を支給（事業者が代理受領）	保育所 認定こども園 地域型保育
	行政との契約	● 利用者は希望する事業者を選択し地方公共団体に利用を申し込む ● 地方公共団体は利用者が選択した事業者に対しサービス提供を委託 ● 利用者は利用者負担額（応能負担）を支払い、地方公共団体はサービス実施に要した費用を支給	助産施設 母子生活支援施設
	事業費補助	● 利用者は、事業者との契約によりサービスを利用 ● 利用者は利用料金を支払い、地方公共団体は事業者からの申請により事業費を補助	軽費老人ホーム 地域活動支援センター 聴覚障害者情報提供施設 点字図書館など

▶年齢の定義

現在の日本では「人生100年」ともいわれるようになりました。さまざまな制度により「年齢」に関する定義などが規定されています。

平均寿命
男性 81.05歳
女性 87.09歳

75
70
65
60
55

40

20

法律上
大人に
なる

18
15
14

6

出生

歳 0

● 後期高齢者医療制度の「被保険者」は、75歳以上
　（65〜75歳未満の一定の障害者も加入できる）

● 厚生年金は、最大70歳未満まで加入できる

● 介護保険法の「第1号被保険者」は、65歳以上
● 老人福祉法に基づく措置は、原則65歳以上
● 高齢者虐待防止法の「高齢者」は、65歳以上

● 高年齢者雇用安定法の「高年齢者」は、55歳以上

● 国民年金法の「被保険者」は、20歳以上60歳未満
● ケアハウス、老人クラブやシルバー人材センターは、60歳以上

● 介護保険法の「第2号被保険者」は、40歳以上65歳未満の医療保険加入者
● 高齢者医療確保法の「特定健康診査」は、40歳以上に実施

● 少年法の「少年」は20歳未満（特定少年は18歳以上の少年）
● 特別児童扶養手当等の支給に関する法律の「障害児」とは、20歳未満の一定の障害の状態にある者
● 母子及び父子並びに寡婦福祉法の「児童」は、20歳未満

● 民法の「成年」は18歳以上（2022（令和4）年度より）
● 児童福祉法の「児童」は、18歳未満
● 児童扶養手当法の「児童」は、18歳に達する日以後の最初の3月31日までの者又は20歳未満で政令で定める程度の障害者
● 障害者総合支援法等では、「障害者」は18歳以上、「障害児」は18歳未満

● 児童手当法の支給対象の児童は、15歳に達する日以後の最初の3月31日まで
● 少年法の「犯罪少年」は、14歳以上20歳未満

● 児童福祉法・母子保健法の「幼児」は、1歳〜小学校就学の始期
● 児童福祉法・母子保健法の「乳児」は、1歳未満

● 母子保健法の「新生児」は、出生後28日を経過しない乳児

序章
第1章
第2章
第3章
第4章
第5章

社会保障制度を理解する科目 ▼ ① 社会保障制度

③ 社会保障と財政

▶社会保障給付費

2021（令和3）年度の日本の社会支出は約143兆円、社会保障給付費は約139兆円でした。その分野別の内訳、財源などの構造と特徴を体系的に整理しましょう。

●社会支出の内訳

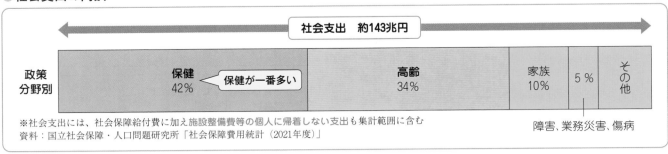

社会支出　約143兆円

| 政策分野別 | 保健 42% （保健が一番多い） | 高齢 34% | 家族 10% | 5% | その他 |

障害、業務災害、傷病

※社会支出には、社会保障給付費に加え施設整備費等の個人に帰着しない支出も集計範囲に含む
資料：国立社会保障・人口問題研究所「社会保障費用統計（2021年度）」

●社会保障給付費の内訳

GDP比　約25%
NI比　　約35%

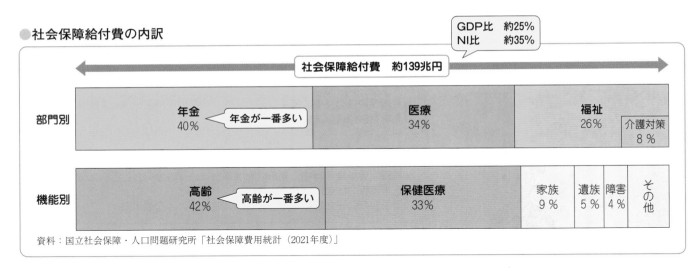

社会保障給付費　約139兆円

| 部門別 | 年金 40% （年金が一番多い） | 医療 34% | 福祉 26% | 介護対策 8% |

| 機能別 | 高齢 42% （高齢が一番多い） | 保健医療 33% | 家族 9% | 遺族 5% | 障害 4% | その他 |

資料：国立社会保障・人口問題研究所「社会保障費用統計（2021年度）」

●社会保障財源の内訳

約163兆円

| 社会保険料　46% | | 公費　40% | | 資産収入 9% | その他 |
| 被保険者拠出 24% | 事業主拠出 22% | 国庫負担 29% | 他の公費負担 11% | | |

年金・医療・介護保険料など

資料：国立社会保障・人口問題研究所「社会保障費用統計（2021年度）」

●社会保障給付費の部門別推移

日本の社会保障給付費は、年々増え続けています。

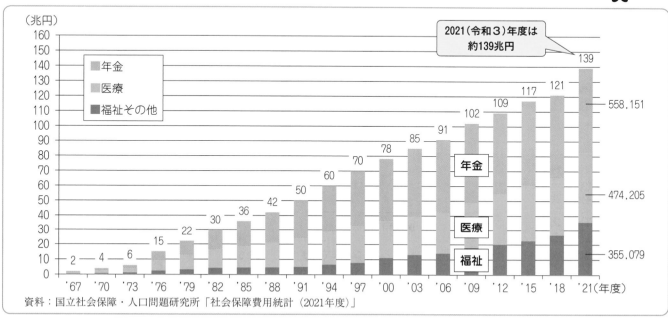

資料：国立社会保障・人口問題研究所「社会保障費用統計（2021年度）」

●社会支出の国際比較（対国内総生産比）

社会支出の対国内総生産比を国際比較してみましょう。

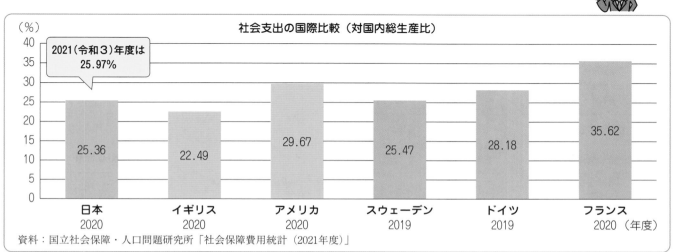

資料：国立社会保障・人口問題研究所「社会保障費用統計（2021年度）」

▶社会保障財源の全体像

社会保障財源は、社会保険料と公費に大きく分かれます。制度別の費用負担の割合の概要をつかみましょう。

社会保険料		公　費	
被保険者拠出	事業主拠出	国庫負担	地方負担

内訳

分類	制度	内訳
年金	厚生年金	保険料（労使折半）　10/10
年金	共済年金	保険料（労使折半）　10/10
年金	基礎年金（老齢・障害・遺族）	保険料　1／2 ｜ 国　1／2
医療保険	健康保険（協会けんぽ）	保険料（労使折半）　83.6% ｜ 国　16.4%
医療保険	健康保険（組合健保）	保険料（労使折半）　10/10
医療保険	国民健康保険	保険料　1／2 ｜ 国　41/100 ｜ 都道府県 9/100
医療保険	後期高齢者医療	保険料　1／2 ｜ 国　1／3 ｜ 都道府県 1/12 ｜ 市町村 1/12
労働保険	雇用保険（失業給付）	保険料（労使折半）　3／4 ｜ 国　1／4
労働保険	雇用保険（雇用二事業）	保険料（全額事業主負担）　10/10
労働保険	労災保険	保険料（全額事業主負担）　10/10
介護保険	居宅サービス	保険料　1／2 ｜ 国　1／4 ｜ 都道府県 1／8 ｜ 市町村 1／8
介護保険	施設等サービス	保険料　1／2 ｜ 国　1／5 ｜ 都道府県 7/40(17.5%) ｜ 市町村 1／8
社会福祉	教育・保育給付	国　1／2 ｜ 都道府県　1／4 ｜ 市町村　1／4
社会福祉	障害福祉サービス費	国　1／2 ｜ 都道府県　1／4 ｜ 市町村　1／4
社会福祉	生活保護	国　3／4 ｜ 都道府県・市　1／4
社会手当	児童手当（被用者）0歳～3歳末満	国　16/45 ｜ 地方　8／45 ｜ 事業主　7／15
社会手当	児童手当（被用者）3歳～15歳年度末	国　2／3 ｜ 地方　1／3
社会手当	特別児童扶養手当	国　10/10
社会手当	児童扶養手当	国　1／3 ｜ 地方　2／3
社会手当	障害児福祉手当 特別障害者手当	国　3／4 ｜ 地方　1／4

▶国と地方の財政

●国の財政と地方の財政の歳出純計額

国・地方を通じた財政支出について、2022（令和4）年度の国と地方の財政支出の合計から重複分（「国から地方に対する支出」「地方から国に対する支出」）を除いた歳出純計額は、約208兆円となっています。

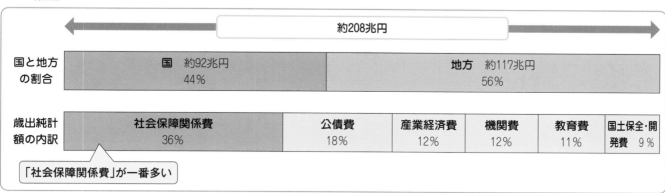

	約208兆円	
国と地方の割合	国 約92兆円 44%	地方 約117兆円 56%

| 歳出純計額の内訳 | 社会保障関係費 36% | 公債費 18% | 産業経済費 12% | 機関費 12% | 教育費 11% | 国土保全・開発費 9% |

「社会保障関係費」が一番多い

●国税と地方税の状況

2022（令和4）年度の国税と地方税を合わせ租税として徴収された額は約120兆円で、国税が約76兆円、地方税が約44兆円でした。

租税総額 約120兆円		
国税 約76兆円 63%	地方税 約44兆円 37%	
	道府県税 17%	市町村税 19%

●国民経済と地方財政

2022（令和4）年度の国内総生産（GDP）は約566兆円で、そのうち公的部門が占める割合は、27%となっています。公的部門のうち、地方政府の構成比は、中央政府の約2.6倍となっています。

国内総生産 約566兆円			
公的部門 約151兆円 27%	家計部門 約331兆円 59%	企業部門 約107兆円 19%	その他（輸出）

「公的部門」の内訳は？

中央政府 約26兆円 17%	地方政府 約66兆円 44%	社会保障基金 約52兆円 34%	公的企業

資料：総務省『令和6年版　地方財政白書』

▶国家予算

2024（令和6）年度の国家予算「約113兆円」の歳出・歳入の概要をつかみましょう。

●一般会計歳出

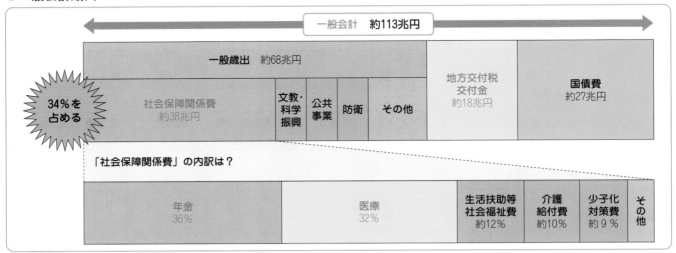

一般会計　約113兆円

一般歳出　約68兆円

34%を占める

社会保障関係費　約38兆円

文教・科学振興

公共事業

防衛

その他

地方交付税交付金　約18兆円

国債費　約27兆円

「社会保障関係費」の内訳は？

| 年金 36% | 医療 32% | 生活扶助等 社会福祉費 約12% | 介護 給付費 約10% | 少子化 対策費 約9% | その他 |

●一般会計歳入

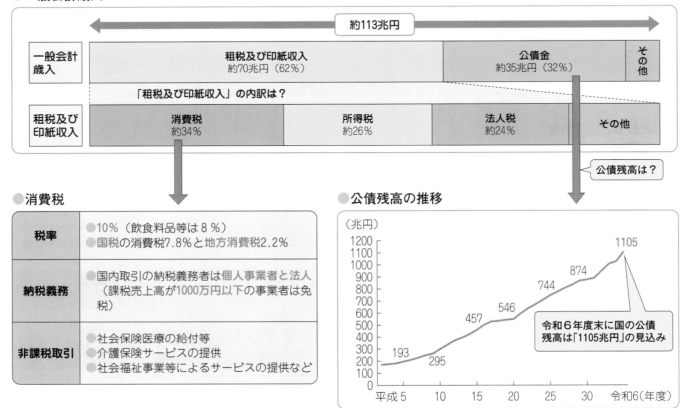

約113兆円

一般会計歳入

租税及び印紙収入　約70兆円（62%）

公債金　約35兆円（32%）

その他

「租税及び印紙収入」の内訳は？

租税及び印紙収入

| 消費税 約34% | 所得税 約26% | 法人税 約24% | その他 |

公債残高は？

●消費税

税率	●10%（飲食料品等は8%） ●国税の消費税7.8%と地方消費税2.2%
納税義務	●国内取引の納税義務者は個人事業者と法人 （課税売上高が1000万円以下の事業者は免税）
非課税取引	●社会保険医療の給付等 ●介護保険サービスの提供 ●社会福祉事業等によるサービスの提供など

●公債残高の推移

（兆円）

1200
1100 — 1105
1000
900 — 874
800 — 744
700
600 — 546
500 — 457
400
300 — 295
200 — 193
100
0

平成5　10　15　20　25　30　令和6（年度）

令和6年度末に国の公債残高は「1105兆円」の見込み

▶地方財政

序章
第1章
第2章
第3章
第4章
第5章
社会保障制度を理解する科目 ▶ ① 社会保障制度

●令和4年度　地方財政の目的別歳出

都道府県　約62兆円					市町村　約66兆円					

都道府県/市町村別

| 教育費 16% | 民生費 15% | 商工費 13% | 公債費 11% | その他 | 民生費 37% | 総務費 13% | 教育費 12% | 土木費 10% | 公債費 9% | その他 |

「民生費」が一番多い

約117兆円（純計額）

＊純計額は、都道府県の額と市町村の額の合計額に一致しないことがある。

歳出純計額の内訳

| 民生費 30兆円 26% | 教育費 15% | 土木費 11% | 公債費 11% | 衛生費 10% | その他 |

「民生費」の内訳は？

民生費（目的別）

| 児童福祉費 34% | 社会福祉費 30% | 老人福祉費 24% | 生活保護費 13% | その他 |

民生費（性質別）

| 扶助費 53% | 繰出金 18% | 補助費等 15% | 人件費 7% | その他 |

民生費純計30兆円の都道府県、市町村別の内訳

市町村の方が多い

都道府県/市町村別民生費の内訳

都道府県　約9.3兆円				市町村　約24.7兆円				

目的別

| 老人福祉費 41% | 社会福祉費 32% | 児童福祉費 24% | その他 | 児童福祉費 38% | 社会福祉費 29% | 老人福祉費 17% | 生活保護費 15% | その他 |

性質別

| 補助費等 74% | 扶助費 9% | その他 | 扶助費 62% | 繰出金 19% | 人件費 8% | その他 |

資料：総務省『令和6年版　地方財政白書』

●令和4年度　地方財政の一般会計歳入

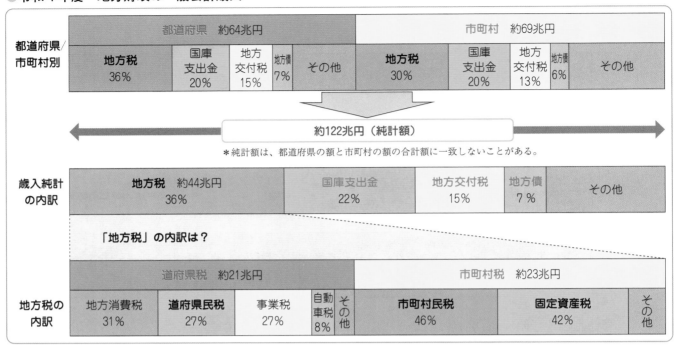

資料：総務省『令和6年版　地方財政白書』

●地方交付税と国庫支出金

地方交付税交付金	●地方交付税は、地方公共団体間の財源の不均衡を調整し、どの地域においても一定の行政サービスを提供できるよう財源を保障するための地方の固有財源 ●地方交付税の種類は、普通交付税（交付税総額の94％）及び特別交付税（交付税総額の6％）とされている		
	地方交付税の財源	●所得税、法人税、消費税、酒税、地方法人税	
国庫支出金	国庫負担金	●国が地方公共団体と共同で行う事務に対して一定の負担区分に基づいて義務的に負担するもの	
		例	生活保護費負担金、介護給付費国庫負担金、生活困窮者自立相談支援事業費等負担金、身体障害者保護費負担金、児童手当国庫負担金など
	国庫補助金	●国として特定の事業を奨励するために交付するもの	
		例	生活困窮者就労準備支援事業等補助金、地域生活支援事業費補助金など
	国庫委託金	●国の本来業務を国に代わり受託機関が実施し、経費の全額を負担するもの	
		例	衆・参議院議員選挙費委託金など

▶所得格差の推移

所得などの分布の均等度を示す指標として、ジニ係数が用いられています。ジニ係数が当初所得0.57から再分配所得0.381と小さくなり、社会保障・税の再分配機能により格差縮小に一定の効果があることが示されています。

●所得格差の推移（ジニ係数）

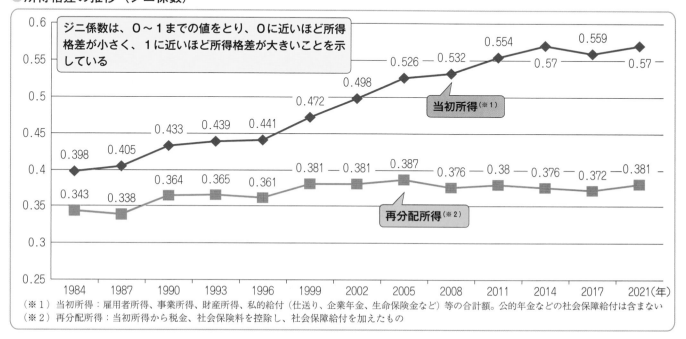

ジニ係数は、0～1までの値をとり、0に近いほど所得格差が小さく、1に近いほど所得格差が大きいことを示している

当初所得(※1)
再分配所得(※2)

（※1）当初所得：雇用者所得、事業所得、財産所得、私的給付（仕送り、企業年金、生命保険金など）等の合計額。公的年金などの社会保障給付は含まない
（※2）再分配所得：当初所得から税金、社会保険料を控除し、社会保障給付を加えたもの

●当初所得と所得再分配の概念

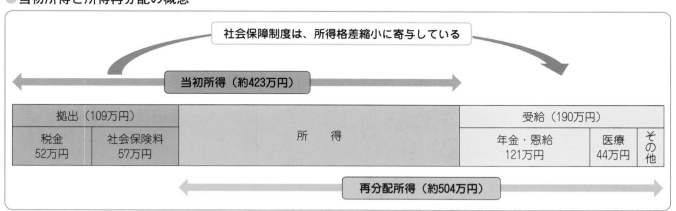

社会保障制度は、所得格差縮小に寄与している

当初所得（約423万円）

拠出（109万円）		所　　得	受給（190万円）		
税金 52万円	社会保険料 57万円		年金・恩給 121万円	医療 44万円	その他

再分配所得（約504万円）

資料：厚生労働省「令和3年所得再分配調査報告書」

所得再分配	垂直的再分配	●高所得者から低所得者への再分配（生活保護制度など）
	水平的再分配	●同じ水準の所得層で行われる再分配（医療保険など）
	世代間の再分配	●現役世代から高齢者世代への再分配（年金制度など）

4 医療保険

『穴埋めチェック2025』
P.23～P.34参照

重要度
A
★★★

我が国では、1961（昭和36）年から「国民皆保険」制度が整備されました。国民は、いずれかの医療保険に加入することが原則ですが、医療保険未加入者は、生活保護制度の医療扶助により医療を受けることができます。

▶医療保険制度の概要

（2022（令和4）年3月末現在）

年齢	制度名			保険者	被保険者等	加入者
75歳未満	被用者保険	①健康保険	協会けんぽ	全国健康保険協会	●協会けんぽの適用事業所に使用される者とその被扶養者	約4027万人
			組合健保	健康保険組合（1388組合）	●健康保険組合に加入している事業所に使用される者とその被扶養者	約2838万人
			日雇特例被保険者	全国健康保険協会	●日々雇い入れられる者や2か月以内の期間を定めて使用される者とその被扶養者	約1.6万人
		②船員保険		全国健康保険協会	●船舶所有者に使用される者とその被扶養者	約11万人
		③各種共済	国家公務員	20共済組合	●常勤の国家公務員とその被扶養者	約869万人
			地方公務員	64共済組合	●常勤の地方公務員とその被扶養者	
			私学教職員	1事業団	●学校法人等に使用される者とその被扶養者	
	国民健康保険	①市町村国民健康保険		都道府県、市町村	●都道府県の区域内に住所を有する者	約2537万人
		②国民健康保険組合		国保組合（160組合）	●国民健康保険組合の組合員及び組合員の世帯に属する者	約268万人
75歳以上	後期高齢者医療制度			後期高齢者医療広域連合	●75歳以上の者、65歳以上75歳未満の一定の障害認定を受けた者	約1843万人
	（※）生活保護（医療扶助）				●生活保護受給者は、国民健康保険と後期高齢者医療制度への加入が免除される	約171万人
	合　計				日本の人口と一致する（国民皆保険制度）	約1億2500万人

（※）生活保護は2022（令和4）年度の医療扶助人員（1か月平均）
資料：『令和5年版厚生労働白書』をもとに作成

※被扶養者制度あり（被用者保険）

2018（平成30）年度から都道府県も国民健康保険の保険者となりました。都道府県は財政運営の責任主体としての役割を担い、市町村は、引き続き資格管理や保険料の賦課・徴収、保険給付などを行います。

▶被扶養者

被扶養者の要件	別居でもよい	●直系尊属、配偶者、子、孫、兄弟姉妹	※後期高齢者医療の被保険者は被扶養者になれない
	同居のみ	●3親等以内の親族 ●事実婚の配偶者の父母及び子	
居住地の要件 （2020（令和2）年4月施行）		●原則として、日本国内に住所があること （外国に留学する学生など一時的に海外渡航を行う者は除く）	
生計維持の基準		被扶養者の年収が130万円未満（60歳以上または障害者の場合は180万円未満）かつ ●被保険者の年収の2分の1未満（同居の場合） ●被保険者の仕送り額よりも少ない（別居の場合）	

▶保険料

国民健康保険	●都道府県は、市町村ごとの国保事業費納付金を決定、各市町村の標準保険料率を提示、給付に必要な費用を、全額、市町村へ支払い ●市町村は、保険料（税）の賦課・徴収を行い、都道府県に国保事業費納付金を納付 ●世帯主に、保険料納付義務がある
健康保険	●全国健康保険協会は、標準報酬月額（1級から50級）に、都道府県ごとに異なる保険料率を乗じて算出する。保険料は、労使折半で負担する。給付費に対する国庫補助16.4% ●健康保険組合では、保険料の事業主負担割合を被保険者の負担割合よりも多く設定することができる
後期高齢者医療	●「医療給付費」のうち、約5割を公費（国：都道府県：市町村＝4：1：1）、約4割を後期高齢者支援金、約1割を保険料で負担 ●保険料は「個人単位」で計算。健康保険の被扶養者にはなれない ●年金額が18万円以上は、年金から特別徴収される 後期高齢者支援金（現役世代の保険料）約4割 ／ 保険料 約1割 公費 5割 （国：都道府県：市町村＝4：1：1） ※2024（令和6）年度から、「後期高齢者1人当たりの保険料」と「現役世代1人当たりの後期高齢者支援金」の伸び率が同じになるように保険料の負担割合を見直す

▶任意継続被保険者等

任意継続被保険者	●被用者保険の資格喪失日の前日までに「継続して2か月以上の被保険者期間」があり、資格喪失日から20日以内に申請すると、最長2年間被保険者となることができる ●保険料は、被保険者の自己負担分と事業主負担分をあわせた全額を負担 ●保険給付は、出産手当金と傷病手当金以外は、在職中と同様の給付
資格喪失後の保険給付	●資格を喪失する日の前日までに継続して1年以上被保険者であった人は、資格を喪失した際に現に受けていた傷病手当金及び出産手当金を引き続き受けることができる

▶保険給付

保険者の種類によって給付内容が異なる

	給付の種類	給付内容			被用者	国保	高齢
1	療養の給付	療養の給付の範囲	①診察、②薬剤又は治療材料の支給、③処置・手術その他の治療、④病院・診療所への入院、⑤在宅で療養する上での管理、療養上の世話、看護		○	○	○

●一部負担割合

区分	負担割合
75歳以上（65歳以上の障害認定を含む）	1割又は2割（現役並み所得者3割）
70歳以上75歳未満	2割（現役並み所得者3割）
義務教育就学〜70歳未満	3割
義務教育就学前	2割

2	入院時食事療養費			被用者 ○	国保 ○	高齢 ○

●入院時の食事療養費のうち、「標準負担額」を除いた費用を給付

●食事療養標準負担額　（2024（令和6）年6月以降）

区分		1食あたり
一般（住民税課税世帯）		490円
難病患者等（住民税非課税世帯を除く）		280円
住民税非課税世帯	入院日数90日まで	230円
	入院日数90日以上	180円
	所得が一定基準以下で70歳以上	110円

3	入院時生活療養費			被用者 ○	国保 ○	高齢 ○

●療養病床に入院する65歳以上の生活療養費（食費と居住費）
●入院時の生活療養費のうち、「標準負担額」を除いた費用を給付

●生活療養標準負担額　（2024（令和6）年6月以降）

区分		食費（1食につき）	居住費（1日につき）
課税世帯	医療区分Ⅰ（Ⅱ・Ⅲ以外の人）	490円	370円
	医療区分Ⅱ・Ⅲ（医療の必要性の高い人）	450円	370円
	難病患者等（住民税非課税世帯を除く）	280円	0
低所得者	Ⅱ（住民税非課税世帯）	230円	370円
	Ⅰ（年金収入80万円以下等）	140円	370円

4	保険外併用療養費			被用者 ○	国保 ○	高齢 ○

●保険外診療のうち、評価療養、選定療養、患者申出療養を受けたときに、保険診療相当部分が保険適用される

評価療養	●先進医療（高度医療を含む）、医薬品の治験に係る診療、薬価基準収載前の承認医薬品の使用など
選定療養	●特別の療養環境（差額ベッド）、歯科の金合金等、予約診療、180日以上の入院など
患者申出療養	●患者からの申出を起点として、国内未承認の医薬品等の使用

	給付の種類	給付内容		被用者	国保	高齢
5	訪問看護療養費	●居宅で療養している人が、かかりつけの医師の指示に基づいて訪問看護ステーションの訪問看護師から療養上の世話や必要な診療の補助を受けた場合に支給		○	○	○
6	療養費	●保険診療を受けるのが困難なとき（医師の指示により義手・義足・コルセットを装着したときなど）、やむを得ない理由での保険医療機関以外で受診したときなどの場合に支給（償還払い）		○	○	○
7	特別療養費	●保険料の滞納により、被保険者資格証明書の交付を受けて、保険医療機関等で療養を受けたときに支給（償還払い）			○	
8	移送費	●病気やけがで移動が困難で、医師の指示で一時的・緊急的必要があり、移送された場合に支給（償還払い）		○	○	○
9	埋葬料（葬祭費）	●被保険者が死亡したときに埋葬料（健康保険は5万円）、葬祭費（国民健康保険は自治体により異なる）が支給される		○	○	○
10	家族療養費等	●被扶養者に対する被保険者と同様の給付（傷病手当金、出産手当金を除く）		○		
11	出産育児一時金	●被保険者本人又は被扶養者が出産したときに支給（医療機関等へ直接支払うこともできる）		○	○	
		支給額	●1児につき48万8000円（2023年4月以降） ●産科医療補償制度加入医療機関の場合1児につき50万円（※2024年3月現在、産科医療補償制度加入医療機関の割合100％）			
12	出産手当金	●被保険者が出産のため仕事を休み、報酬が受けられないときに支給		○		
		支給額	●出産の日（実際の出産が予定日以後のときは予定日）以前42日（多胎妊娠の場合は98日）から出産の日後56日までの期間、欠勤1日につき標準報酬日額の3分の2を支給			
13	傷病手当金	●病気やけがのために仕事を休み、事業主から十分な報酬が受けられない場合に支給		○		
		支給額	●会社を休んだ日が連続して3日間あったうえで、4日目以降、休んだ日に対して通算して1年6か月の範囲で、欠勤1日につき標準報酬日額の3分の2を支給			

	休	出	休	休	出	休	休	休	休	休	休
支給	×		×	×		×	×	×	○	○	○
	1日		←　2日　→			連続3日の待期期間			4日目から支給		

序章
第1章
第2章
第3章
第4章
第5章

社会保障制度を理解する科目▼②医療保険

▶利用者負担の軽減

給付の種類	給付内容

医療保険　高額療養費

●1か月あたりの医療費が、下記の金額を超える場合に、その超えた額を支給（食費、居住費、差額ベッド代などは含まれない）

所得区分 ＼ 年齢	70歳未満	70歳以上 入院＋外来（世帯）	70歳以上 外来（個人）
標準報酬83万円以上 課税所得690万円以上	252,600円＋（医療費－842,000円）×1％		
標準報酬53万円以上 課税所得380万円以上	167,400円＋（医療費－558,000円）×1％		
標準報酬28万円以上 課税所得145万円以上	80,100円＋（医療費－267,000円）×1％		
標準報酬26万円以下 課税所得145万円未満	57,600円		18,000円（年144,000円上限）
低所得者（住民税非課税）	35,400円	15,000円又は24,600円	8,000円

世帯合算	●同一月内に世帯内の同一の医療保険の加入者について、自己負担（70歳未満は21,000円以上）が複数あるときは合算できる
多数該当	●同一世帯で1年間（直近12か月）に3回以上高額療養費の支給を受けている（多数該当）場合は、4回目からは自己負担限度額が下がる
高額長期疾病（特定疾病療養受療証）	●血友病、人工透析を行う慢性腎不全等の患者は、自己負担限度額は10,000円（人工透析を行った70歳未満の一部高所得者は20,000円）

介護保険　高額介護サービス費

●介護サービスを利用して支払った自己負担額が、1月当たり下表の上限額を超えた分を、高額介護サービス費として払い戻しされる制度（ただし、福祉用具購入費、住宅改修費の自己負担や食費・居住費などは含まれない）

（2021（令和3）年8月より）

利用者負担段階区分		負担上限額
市町村民税課税世帯	課税所得690万円以上	140,100円／月
	課税所得380万円以上	93,000円／月
	課税所得145万円以上	44,400円／月
市町村民税世帯非課税世帯		24,600円／月
	合計所得金額及び課税年金収入の合計が80万円以下	15,000円／月（個人）
生活保護受給者		

医療保険・介護保険　高額介護合算療養費（高額医療合算介護サービス費）

●各保険における「世帯」内で、医療保険、介護保険の両制度の自己負担額の合計額が1年間に一定の上限額を超えた場合に支給（介護保険からは高額医療合算介護サービス費が支給される）
●世帯の負担上限額

標準報酬月額／課税所得	70歳未満	70歳以上
83万円以上／690万円以上	212万円	212万円
53万円以上／380万円以上	141万円	141万円
28万円以上／145万円以上	67万円	67万円
26万円以下／145万円未満	60万円	56万円
市町村民税非課税	34万円	31万円又は19万円

▶医療保険と他の制度との関係

保険優先の公費負担		●医療保険の給付を優先し、患者の自己負担部分に対し公費負担が行われる	
	主な公費負担医療	●感染症法（結核）	●結核に関する治療・検査、入院医療
		●障害者総合支援法	●自立支援医療（精神通院医療、更生医療、育成医療）
		●被爆者援護法	●被爆者認定医療、被爆者一般医療
		●生活保護法	●被用者保険に加入中の生活保護の被保護者は、自己負担部分が医療扶助の対象
		●特定疾患治療研究事業	●厚生労働大臣が定める指定難病の患者の医療
労災保険法との関係		●労災保険法の業務災害については健康保険の給付の対象外であり、また、労災保険法における通勤災害については労災保険からの給付が優先される	

▶特定疾患医療費助成制度

特定疾患医療費助成制度			●原因が不明で治療方法が確立していない、いわゆる難病のうち、厚生労働大臣が定める指定難病の患者の医療費の負担軽減を目的として、認定基準を満たしている人に疾病の治療にかかる医療費の一部を助成
	対象疾患		●筋萎縮性側索硬化症、パーキンソン病、脊髄小脳変性症など341疾患が指定されている
	特定医療費の支給	医療保険	診察、薬剤の支給、医学的処置、手術、居宅における療養上の管理及びその治療に伴う世話その他の看護、入院及びその療養に伴う世話その他の看護
		介護保険	訪問看護、訪問リハビリテーション、居宅療養管理指導、介護医療院等
			●医療保険制度、介護保険制度の給付を優先（保険優先制度） ●自己負担額が、所得に応じて設定される自己負担上限額を超える部分を公費負担する

▶無料低額診療事業

無料低額診療事業	●社会福祉法の規定に基づき、生計困難者が、経済的な理由によって必要な医療を受ける機会を制限されないよう、無料又は低額な料金で診療を行う事業（第2種社会福祉事業）
対象者	●低所得者、要保護者、ホームレス、DV被害者、人身取引被害者等の生計困難者
減免金額	●世帯の収入等に応じて減免（各医療機関によって世帯の収入等の基準や減免額が異なる）
優遇措置	●病院の肩代わりにより本来より少ない自己負担で受診した患者の割合など、厚生労働省が定める基準を満たす場合、その医療機関は固定資産税や不動産取得税の非課税などの優遇措置を受けることができる

5 国民医療費・診療報酬

「国民医療費」は、当該年度内の医療機関等における傷病の治療に要する費用を推計したものです。我が国の国民医療費の推移や内訳などの概要をつかみましょう。

▶国民医療費と対国内総生産比の年次推移

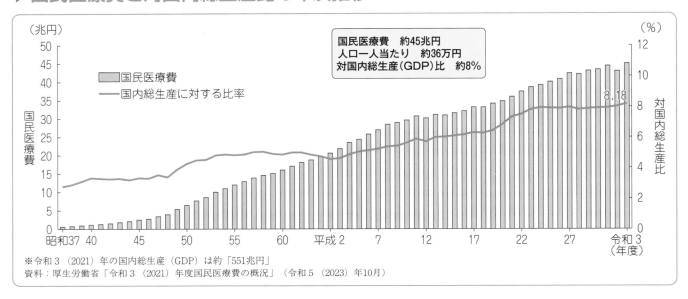

国民医療費　約45兆円
人口一人当たり　約36万円
対国内総生産（GDP）比　約8%

※令和3（2021）年の国内総生産（GDP）は約「551兆円」
資料：厚生労働省「令和3（2021）年度国民医療費の概況」（令和5（2023）年10月）

▶国民医療費の内訳

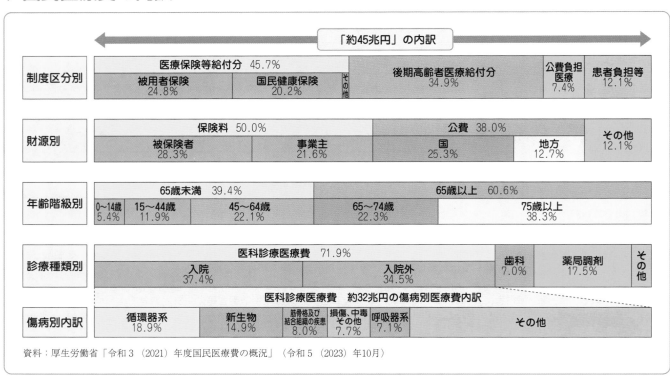

「約45兆円」の内訳

制度区分別	医療保険等給付分 45.7%			後期高齢者医療給付分 34.9%	公費負担医療 7.4%	患者負担等 12.1%
	被用者保険 24.8%	国民健康保険 20.2%	その他			

財源別	保険料 50.0%		公費 38.0%		その他 12.1%
	被保険者 28.3%	事業主 21.6%	国 25.3%	地方 12.7%	

年齢階級別	65歳未満 39.4%			65歳以上 60.6%	
	0～14歳 5.4% / 15～44歳 11.9%	45～64歳 22.1%	65～74歳 22.3%	75歳以上 38.3%	

診療種類別	医科診療医療費 71.9%		歯科 7.0%	薬局調剤 17.5%	その他
	入院 37.4%	入院外 34.5%			

医科診療医療費　約32兆円の傷病別医療費内訳

傷病別内訳	循環器系 18.9%	新生物 14.9%	筋骨格及び結合組織の疾患 8.0%	損傷、中毒その他 7.7%	呼吸器系 7.1%	その他

資料：厚生労働省「令和3（2021）年度国民医療費の概況」（令和5（2023）年10月）

▶人口一人当たり国民医療費

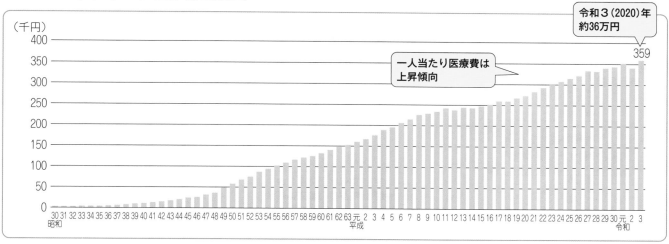

（千円）

令和3（2020）年 約36万円

359

一人当たり医療費は上昇傾向

昭和 30 31 32 33 34 35 36 37 38 39 40 41 42 43 44 45 46 47 48 49 50 51 52 53 54 55 56 57 58 59 60 61 62 63 元 平成 2 3 4 5 6 7 8 9 10 11 12 13 14 15 16 17 18 19 20 21 22 23 24 25 26 27 28 29 30 元 令和 3

▶年齢階級別人口一人当たり国民医療費

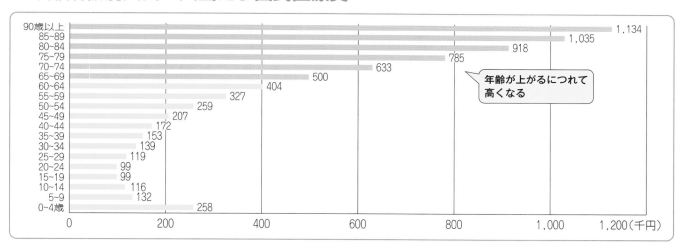

年齢階級	千円
90歳以上	1,134
85~89	1,035
80~84	918
75~79	785
70~74	633
65~69	500
60~64	404
55~59	327
50~54	259
45~49	207
40~44	172
35~39	153
30~34	139
25~29	119
20~24	99
15~19	99
10~14	116
5~9	132
0~4歳	258

年齢が上がるにつれて高くなる

▶都道府県別人口一人当たり国民医療費

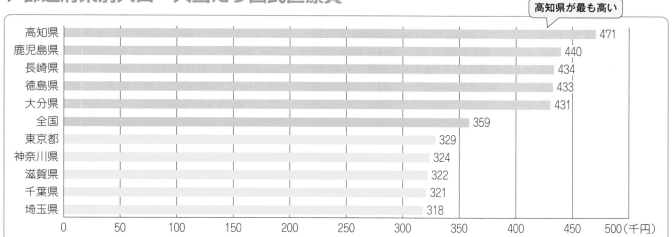

高知県が最も高い

都道府県	千円
高知県	471
鹿児島県	440
長崎県	434
徳島県	433
大分県	431
全国	359
東京都	329
神奈川県	324
滋賀県	322
千葉県	321
埼玉県	318

資料：厚生労働省「令和3（2021）年度国民医療費の概況」（令和5（2023）年10月）

▶診療報酬、介護報酬

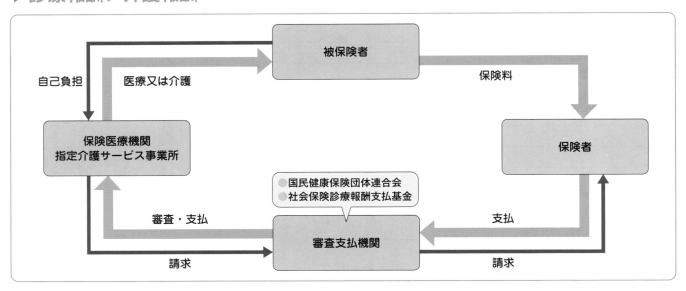

	診療報酬	介護報酬
定 義	●保険診療の際に医療行為等について計算される報酬の公定価格	●介護サービスを提供した施設や事業者に支払われる報酬の公定価格
改定率	閣僚折衝を経て内閣が決定	
決 定	厚生労働大臣	
点数・単位数	●「点」（全国一律、1点10円）	●「単位」（1単位の単価は地域により異なる）
点数・単位数表	●「医科」「歯科」「調剤」に分類	●サービスの種類ごとに単位数表がある
審査機関	●社会保険診療報酬支払基金 ●国民健康保険団体連合会	●国民健康保険団体連合会
諮問機関	●中央社会保険医療協議会	●社会保障審議会
改 定	●原則として「2年に一度」	●原則として「3年に一度」
診療報酬改定の流れ	①予算編成過程を通じて内閣が改定率を決定 　令和6（2024）年度　診療報酬　＋0.88％、薬価・材料価格　−1.00％ ②社会保障審議会（医療保険部会及び医療部会）において「基本方針」を策定 ③中央社会保険医療協議会において、具体的な診療報酬点数の設定等に係る審議を行う ④中央社会保険医療協議会の答申に基づき、厚生労働大臣が決定する	
介護報酬改定の流れ	①予算編成過程を通じて内閣が改定率を決定 　令和6（2024）年度　＋1.59％ ②社会保障審議会（介護給付費分科会）において、具体的な介護報酬に係る審議を行う ③社会保障審議会（介護給付費分科会）の答申に基づき、厚生労働大臣が決定する	

序章
第1章
第2章
第3章
第4章
第5章

社会保障制度を理解する科目▼②医療保険

▶審査機関

社会保険診療報酬支払基金	●社会保険診療報酬支払基金法に基づき、医療機関から提出された診療報酬請求書の審査・支払などを目的として設立された特別民間法人	
	診療報酬の審査・支払業務	●被用者保険の診療報酬等の審査・支払
	介護保険関係業務	●医療保険者より、第2号被保険者の介護保険料の払い込みを受け、各市町村に交付する
	高齢者医療制度関係業務	●医療保険者より、後期高齢者支援金の払い込みを受け、各後期高齢者医療広域連合に分配
国民健康保険団体連合会	●国民健康保険法第83条に基づき、保険者（市町村及び国保組合）が共同して、国保事業の目的を達成するために設立された公法人	
	診療報酬の審査・支払業務	●国民健康保険、後期高齢者医療などの診療報酬等の審査・支払
	介護保険関連業務	●介護保険法に基づく介護給付費等の審査・支払のほか、苦情処理業務などを行う
	障害福祉サービス関連業務	●障害者総合支援法に基づく介護給付費等の審査・支払

▶診療報酬の体系

医科診療報酬点数表	基本診療料	●初診若しくは再診の際及び入院の際に行われる基本的な診療行為の費用を一括して評価 ●初・再診料、入院基本料、入院基本料等加算、特定入院料など
	特掲診療料	●基本診療料として一括して支払うことが妥当でない特別の診療行為に対して個々に点数を設定し、評価 ●医学管理等、在宅医療、検査、画像診断、投薬、注射、リハビリテーション、処置、手術、麻酔、放射線治療など
歯科診療報酬点数表	基本診療料	●初・再診料
	特掲診療料	●医学管理等、在宅医療、検査、画像診断、処置、手術、麻酔、歯冠修復及び欠損補綴など
調剤報酬点数表	●調剤技術料、薬学管理料、薬剤料、特定保険医療材料料など	
診断群分類点数表（DPC／PDPS）	●DPC制度（DPC／PDPS）は、2003（平成15）年に導入された急性期入院医療を対象とした診療報酬の包括評価制度 ●診療報酬の額は、DPC（診断群分類）毎に設定される包括評価部分と出来高評価部分の合計額。包括評価部分は、1日あたり包括払いとして算出	

包括評価部分
・入院基本料
・検査
・画像診断
・投薬
・注射等

＋

出来高評価部分
・指導管理
・手術
・麻酔
・放射線治療等

6 医療法

▶医療法

目 的		●この法律は、医療を受ける者の利益の保護及び良質かつ適切な医療を効率的に提供する体制の確保を図り、もつて国民の健康の保持に寄与することを目的とする
	医 療	●医療は、生命の尊重と個人の尊厳の保持を旨とし、医療の担い手と医療を受ける者との信頼関係に基づき、及び医療を受ける者の心身の状況に応じて行われるとともに、その内容は、単に治療のみならず、疾病の予防のための措置及びリハビリテーションを含む良質かつ適切なものでなければならない
	インフォームド コンセント	●医師、歯科医師、薬剤師、看護師その他の医療の担い手は、医療を提供するに当たり、適切な説明を行い、医療を受ける者の理解を得るよう努めなければならない
医療に関する情報の提供等		●医療提供施設の開設者及び管理者は、医療を受ける者が保健医療サービスの選択を適切に行うことができるように、当該医療提供施設の提供する医療について、正確かつ適切な情報を提供するとともに、患者又はその家族からの相談に適切に応ずるよう努めなければならない
	入院診療計画書	●病院又は診療所の管理者は、患者を入院させたときは、患者の診療を担当する医師又は歯科医師により、入院診療計画書の作成、患者又はその家族への交付、説明が行われるようにしなければならない
	退院療養計画書	●病院又は診療所の管理者は、患者を退院させるときは、退院後の療養に必要な保健医療サービス又は福祉サービスに関する事項を記載した書面の作成、交付及び適切な説明が行われるよう努めなければならない
医療事故調査制度		●医療事故が発生した医療機関において院内調査を行い、その調査報告を民間の第三者機関（医療事故調査・支援センター）が収集・分析することで再発防止につなげるための仕組み ●病院、診療所又は助産所の管理者は、医療事故が発生した場合には、医療事故調査・支援センターに報告しなければならない
病床機能報告制度		●一般病床、療養病床を有する病院又は診療所の管理者は、1年に1回（10月1日〜31日）、病床機能を報告しなければならない ●病床機能報告においては、病棟ごとに、各病棟の病床が担う医療機能を次の4つの中から、各医療機関が判断し報告する
	病床機能	高度急性期	●急性期の患者に対し、診療密度が特に高い医療を提供する機能
		急性期	●急性期の患者に対し、医療を提供する機能
		回復期	●急性期を経過した患者への在宅復帰に向けた医療やリハビリテーションを提供する機能
		慢性期	●長期にわたり療養が必要な患者を入院させる機能

管理		●病院又は診療所の開設者は、その病院又は診療所が医業をなすものである場合は臨床研修等修了医師に、管理させなければならない
医療提供体制の確保		●厚生労働大臣は、地域における医療及び介護の総合的な確保の促進に関する法律に規定する総合確保方針に即して、良質かつ適切な医療を効率的に提供する体制の確保を図るための基本的な方針を定めるものとする ●都道府県は、基本方針に即して、かつ、地域の実情に応じて、当該都道府県における医療提供体制の確保を図るための計画（医療計画）を定めるものとする
医療法人		●病院、医師若しくは歯科医師が常時勤務する診療所、介護老人保健施設又は介護医療院を開設しようとする社団又は財団は、この法律の規定により、これを法人とすることができる ●上記の規定による法人は、医療法人と称する
地域医療連携推進法人		●地域において良質かつ適切な医療を効率的に提供するため、病院等に係る業務の連携を推進するための方針（医療連携推進方針）を定め、医療連携推進業務を行う一般社団法人を都道府県知事が認定（医療連携推進認定）する制度
	業務内容	●医療従事者の資質の向上を図るための研修 ●病院等に係る業務に必要な医薬品、医療機器その他の物資の供給 ●資金の貸付けその他の参加法人が病院等に係る業務を行うのに必要な資金を調達するための支援
医療法改正	1948年 （昭和23年）	●医療法の制定
	第一次改正 1985年 （昭和60年）	●医療計画制度を導入 ●地域的単位として、新たに区域（医療圏）を創設
	第二次改正 1992年 （平成4年）	●特定機能病院制度が創設された ●療養型病床群の設置が制度化された ●広告規制の緩和
	第三次改正 1997年 （平成9年）	●地域医療支援病院制度の創設 ●インフォームドコンセントの法制化
	第四次改正 2000年 （平成12年）	●療養病床と一般病床の創設 ●医療計画の見直し ●研修医制度の必修化
	第五次改正 2006年 （平成18年）	●医療情報提供制度が創設 ●医療安全支援センターの制度化 ●社会医療法人制度が創設
	第六次改正 2014年 （平成26年）	●医療計画に地域医療構想の策定を義務付け ●病床機能報告制度の創設 ●医療事故調査制度、医療事故調査・支援センターの創設
	第七次改正 2016年 （平成28年）	●地域医療連携推進法人の創設 ●医療法人制度の見直し

▶医療提供施設

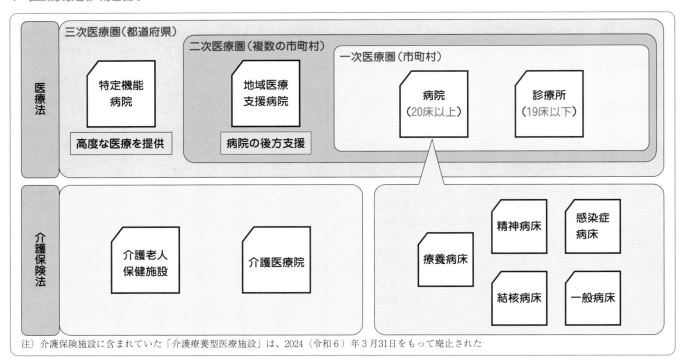

注）介護保険施設に含まれていた「介護療養型医療施設」は、2024（令和6）年3月31日をもって廃止された

医療提供施設		●病院、診療所、介護老人保健施設、介護医療院、調剤を実施する薬局その他の医療を提供する施設をいう
病　院		●医師又は歯科医師が、公衆又は特定多数人のため医業又は歯科医業を行う場所であって、20人以上の患者を入院させるための施設を有するもの
	病床の種類	①精神病床、②感染症病床、③結核病床、④療養病床、⑤一般病床
	特定機能病院	●高度先端医療を必要とする患者に対応する病院として厚生労働大臣の承認を受ける ●病床数400床以上、原則定められた16の診療科があることなどを条件としている
	地域医療支援病院	●地域の病院・診療所を後方支援する役割などを担う病院として都道府県知事の承認を受ける ●病床数原則200床以上、紹介患者中心の医療を提供、救急医療の提供、地域医療従事者に対する研修などを条件としている
診療所		●医師又は歯科医師が、公衆又は特定多数人のため医業又は歯科医業を行う場所で、入院施設を有しないもの又は19人以下の患者を入院させるための施設を有するもの
介護老人保健施設		●介護保険法の規定による介護老人保健施設
介護医療院		●介護保険法の規定による介護医療院
薬　局		●薬剤師が販売又は授与の目的で調剤の業務を行う場所
助産所		●助産師が公衆又は特定多数人のためその業務（病院又は診療所において行うものを除く）を行う場所（10人以上の入所施設を有しないもの）

▶在宅療養支援診療所

在宅療養支援診療所		●地域において在宅医療を支える24時間の窓口として、他の病院、診療所等と連携を図りつつ、24時間往診、訪問看護等を提供する診療所
	主な施設基準	●24時間連絡を受ける保険医又は看護職員をあらかじめ指定し、緊急時の連絡先を患家に文書で提供し、患家の求めに応じ24時間往診可能な体制を確保している ●別の保険医療機関又は訪問看護ステーションとの連携により、患家の求めに応じて担当医師の指示のもと、24時間訪問看護の提供が可能な体制を維持している ●緊急時においては、連携する保健医療機関において居宅で療養を行っている患者が入院できる病床を確保している ●地域の他の保健医療サービスや福祉サービス事業所と連携している

▶災害拠点病院

災害拠点病院		●災害時に効率よく医療を提供するための拠点として指定された病院 ●地域災害拠点病院は、原則として2次医療圏に1か所（基幹災害拠点病院は、原則各都道府県に1か所）設置
	主な指定要件	●24時間緊急対応し、災害発生時に被災地内の傷病者等の受入れ及び搬出を行うことが可能な体制を有すること ●災害派遣医療チーム（DMAT）を保有し、その派遣体制があること ●原則として、病院敷地内にヘリコプターの離着陸場を有すること　など
災害派遣医療チーム（DMAT）		●医師、看護師、業務調整員（医師・看護師以外の医療職及び事務職員）で構成され、大規模災害や多傷病者が発生した事故などの現場に、急性期（おおむね48時間以内）から活動できる機動性をもった、専門的な訓練を受けた医療チーム

▶訪問看護ステーション

訪問看護ステーション		●老人訪問看護制度は、1991（平成3）年の老人保健法の改正により創設された
	人員基準	●管理者　保健師、助産師又は看護師の管理者1名 ●保健師、助産師、看護師又は准看護師が常勤換算で2.5名以上 ●理学療法士、作業療法士、言語聴覚士を実情に応じた適当数配置
	機能強化型	●24時間365日対応、重症者の受け入れ、在宅ターミナルケアの実施、地域住民への情報提供などに対応し、より手厚い医療体制・人員体制を整えた訪問看護ステーション

▶へき地医療

へき地医療		●都道府県単位でへき地医療支援機構を設置し、へき地診療所等からの代診医の派遣要請等広域的なへき地医療支援事業の企画・調整等を行い、へき地医療対策の各種事業を円滑かつ効率的に実施することを目的とする
	無医地区	●医療機関のない地域で、当該地区の中心的な場所を起点として、おおむね半径4kmの区域内に50人以上が居住している地区で、容易に医療機関を利用することができない地区
	へき地医療拠点病院	●都道府県知事は、無医地区を対象として次の事業を実施できる病院をへき地医療拠点病院として指定する
	事業内容	●巡回診療等によるへき地住民の医療確保 ●へき地診療所等への代診医等の派遣 ●へき地の医療従事者に対する研修及び研究施設の提供 ●遠隔医療等の各種診療支援　など

7 保健制度

▶21世紀における第三次国民健康づくり運動（健康日本21（第三次））

すべての国民が健やかで心豊かに生活できる持続可能な社会の実現を目指し、健康日本21（第三次）が策定された。計画期間は、2024（令和6）年度から2035（令和17）年度までの12年間

	領域		目標項目
1	健康寿命の延伸・健康格差の縮小	健康寿命、健康格差	●健康寿命の延伸、健康格差の縮小
2	個人の行動と健康状態の改善	生活習慣の改善	●栄養・食生活、身体活動・運動、休養・睡眠、飲酒、喫煙、歯・口腔の健康
		生活習慣病（NCDs）の発症予防・重症化予防	●がん、循環器病、糖尿病、COPD（慢性閉塞性肺疾患）
		生活機能の維持・向上	●ロコモティブシンドローム（※）、骨粗鬆症検診受診率、心理的苦痛を感じている者
3	社会環境の質の向上	社会とのつながり・こころの健康の維持及び向上	●地域の人々とのつながり、社会活動、共食、メンタルヘルス対策に取り組む事業場
		自然に健康になれる環境づくり	●食環境イニシアチブ、歩きたくなるまちなかづくり、望まない受動喫煙
		誰もがアクセスできる健康増進のための基盤の整備	●スマート・ライフ・プロジェクト、健康経営、特定給食施設、産業保健サービス
4	ライフコースアプローチを踏まえた健康づくり	こども	●こどもの運動・スポーツ、肥満傾向児、20歳未満の飲酒・喫煙
		高齢者	●低栄養傾向の高齢者、ロコモティブシンドローム、高齢者の社会活動
		女性	●若年女性やせ、骨粗鬆症検診受診率、女性の飲酒、妊婦の喫煙

（※）ロコモティブシンドローム（運動器症候群）＝運動器の機能が低下し、要介護や寝たきりになる危険が高い状態

▶健康増進法

目　的	●国民の健康の増進の総合的な推進に関し基本的な事項を定め、国民の健康の増進を図るための措置を講じ、国民保健の向上を図る
健康増進計画	●都道府県は、都道府県健康増進計画を定める（義務） ●市町村は、市町村健康増進計画を定めるよう努める（努力義務）
国民健康・栄養調査	●厚生労働大臣は、国民の健康の増進の総合的な推進を図るための基礎資料として、国民の身体の状況、栄養摂取量及び生活習慣の状況を明らかにするため、国民健康・栄養調査を行う
保健指導等	●市町村は、栄養改善その他の生活習慣の改善に関する事項について相談・保健指導を実施する
健康増進事業の実施	●市町村は、歯周疾患検診、骨粗鬆症検診、肝炎ウイルス検診、「特定健康診査非対象者」に対する健康診査、保健指導、がん検診などの事業を実施する
受動喫煙の防止	●何人も、正当な理由がなく、喫煙禁止場所で喫煙してはならない ●都道府県知事は、違反者に対し、喫煙の中止又は特定施設の喫煙禁止場所からの退出を命ずることができる

▶健　康

WHO憲章の健康の定義	●健康とは、肉体的、精神的及び社会的に完全に良好な状態であり、単に疾病又は病弱の存在しないことではない	
健康寿命	●介護を受けたり病気で寝たきりになったりせずに自立して生活できる期間をいう	
健康の社会的決定要因（SDH）	●集団間の健康における格差と社会経済的境遇との関連に着目する概念である ●人々の健康や病気は、社会的、経済的、政治的、環境的な条件によって影響を受ける	
アルマ・アタ宣言	●プライマリヘルスケアの重要性が示された最初の国際宣言 ●先進国と開発途上国間における人々の健康状態の不平等について言及している	
	プライマリヘルスケア	●実践的で、科学的に有効で、社会に受容されうる手段と技術に基づいた、欠くことのできないヘルスケアのこと
ヘルスプロモーション	●WHO（世界保健機関）が1986年のオタワ憲章で提唱	
	ヘルスプロモーション	●人々が自らの健康とその決定要因をコントロールし、改善することができるようにするプロセスのこと

▶特定健康診査

> 老人保健法：1982（昭和57）年公布
> 2008（平成20）年：「高齢者の医療の確保に関する法律」に題名変更

	対象者	実施主体	根拠法	目的
特定健康診査（義務）	40歳以上75歳未満（医療保険加入者）	医療保険者	高齢者の医療の確保に関する法律	メタボリックシンドローム対策フレイル対策
健康診査（努力義務）	75歳以上（後期高齢者医療被保険者）	後期高齢者医療広域連合		
メタボリックシンドローム（内臓脂肪症候群）	●腹囲が男性85cm以上、女性90cm以上で、次の①～③のうち２つ以上該当する状態			

メタボリックシンドローム（内臓脂肪症候群）	①高血糖	空腹時血糖値が110mg／dl以上（空腹時血糖値が適切に得られない場合は、HbA1c6.0%以上）
	②高血圧	収縮期血圧130mmHg以上かつ／又は拡張期血圧85mmHg以上
	③脂質異常	中性脂肪150mg／dl以上かつ／又はHDLコレステロール40mg／dl未満

> 健診結果に応じ「特定保健指導」が行われる

特定健診・特定保健指導	●特定健康診査の結果、メタボリックシンドロームのリスク数に応じて、動機づけ支援や積極的支援などの特定保健指導が実施される
実施状況（2021年度）	●特定健康診査の受診者（受診率）　約3039万人（56.5%） ●メタボリックシンドローム該当者及び予備群　約883万人（29.1%）

資料：厚生労働省「2021年度特定健康診査・特定保健指導の実施状況」

社会保障制度を理解する科目 ▼ ② 医療保険

▶母子保健の概要

母子保健法
1965（昭和40）年公布

母子保健法は、母性並びに乳児及び幼児の健康の保持及び増進を図るため、保健指導、健康診査、医療などの措置を講じ、国民保健の向上に寄与することを目的としています。

| 妊娠前 | 妊娠 | 出産 | 乳児 | 幼児 |

妊娠に関する普及啓発	妊娠の届出	母子健康手帳の交付	妊婦健診	低体重児の届出	乳幼児健診
			妊婦への訪問指導		新生児、未熟児への訪問指導
					養育医療
					産後ケア事業

目 的		●母子保健に関する原理を明らかにするとともに、母性並びに乳児及び幼児に対する保健指導、健康診査、医療その他の措置を講じ、もって国民保健の向上に寄与することを目的とする
乳幼児の健康の保持増進		●乳児及び幼児は、心身ともに健全な人として成長してゆくために、その健康が保持され、かつ、増進されなければならない
国及び地方公共団体の責務		●国及び地方公共団体は、母子保健に関する施策が、乳児及び幼児に対する虐待の予防及び早期発見に資するものであることに留意するとともに、その施策を通じて、母子保健の理念が具現されるように配慮しなければならない
用語の定義	妊産婦	●妊娠中又は出産後1年以内の女子をいう
	乳児	●1歳に満たない者をいう
	新生児	●出生後28日を経過しない乳児をいう
	幼児	●満1歳から小学校就学の始期に達するまでの者をいう
	未熟児	●身体の発育が未熟のまま出生した乳児であって、正常児が出生時に有する諸機能を得るに至るまでのものをいう
知識の普及		●都道府県及び市町村は、妊娠、出産又は育児に関し、個別的又は集団的に、必要な指導及び助言を行い、並びに地域住民の活動を支援すること等により、母子保健に関する知識の普及に努めなければならない
相談及び支援 〔2024（令和6）年4月施行〕		●市町村は、母性又は乳児若しくは幼児の健康の保持及び増進のため、母子保健に関する相談に応じなければならない ●市町村は、母性並びに乳児及び幼児の心身の状態に応じ、健康の保持及び増進に関する支援を必要とする者について、母性並びに乳児及び幼児に対する支援に関する計画の作成を行う

健康診査	1歳6か月児健康診査	●市町村は、満1歳6か月を超え満2歳に達しない幼児に健康診査を行う
	3歳児健康診査	●市町村は、満3歳を超え満4歳に達しない幼児に健康診査を行う
妊産婦の訪問指導等	●市町村長は、健康診査の結果に基づき、妊産婦の健康状態に応じ、保健師等に妊産婦を訪問させて必要な指導を行う	
妊娠の届出	●妊娠した者は、速やかに、市町村長に妊娠の届出をするようにしなければならない	
母子健康手帳	●市町村は、妊娠の届出をした人に、母子健康手帳を交付しなければならない	
低体重児の届出	●体重が2500g未満の乳児が出生したときは、保護者は速やかに、市町村に届け出なければならない	
養育医療	●市町村は、養育のため病院又は診療所に入院を必要とする未熟児に対し、指定医療機関において入院治療を受ける場合に、その治療に要する医療費を公費負担する（所得に応じて自己負担あり）	
	対象	●出生時の体重が2000g以下 ●生活力が特に薄弱で、一定の症状を示すもの

2021（令和3）年4月施行 産後ケア事業	●市町村は、産後ケアを必要とする出産後1年を経過しない女子及び乳児につき、次のいずれかに掲げる事業を行うよう努めなければならない	
	訪問事業	●産後ケアを必要とする出産後1年を経過しない女子及び乳児の居宅を訪問し、産後ケアを行う事業
	通所事業	●産後ケアセンターなどに産後ケアを必要とする出産後1年を経過しない女子及び乳児を通わせ、産後ケアを行う事業
	短期入所事業	●産後ケアセンターに産後ケアを必要とする出産後1年を経過しない女子及び乳児を短期間入所させ、産後ケアを行う事業

2024（令和6）年4月施行 こども家庭センターの母子保健事業	●2024（令和6）年度より、母子保健法に基づく子育て世代包括支援センターと児童福祉法に基づく子ども家庭総合支援拠点を一本化し、児童福祉法の規定により「こども家庭センター」が創設された ●こども家庭センターの母子保健事業として、以下の内容を実施する	
	1	●母性並びに乳児及び幼児の健康の保持及び増進に関する支援に必要な実情の把握
	2	●母子保健に関する各種の相談に応ずること
	3	●母性並びに乳児及び幼児に対する保健指導を行うこと
	4	●母性及び児童の保健医療に関する機関との連絡調整
	5	●健康診査、助産その他の母子保健に関する事業を行うこと

⑧ 年金保険

『穴埋めチェック2025』
P.35～P.40参照

重要度 **B** ★★☆

▶年金制度の体系

国民年金法が1959（昭和34）年に制定され、無拠出型の給付が行われました。1961（昭和36）年に拠出制の年金制度が開始され国民皆年金制度が実現しました。

▶被保険者、保険料のまとめ

被保険者の区分	被保険者数 （2023（令和5）年3月末現在）	保険料納付期間	保険料 （2024（令和6）年4月現在）	受給開始
第1号被保険者	約1405万人	20歳以上60歳未満 （40年間）	16,980円/月	原則 65歳 ※60歳から75歳に繰上げ・繰下げできる
第2号被保険者	約4618万人	（働いた期間） 最大70歳まで	標準報酬月額×18.3% （32等級まであり）	
第3号被保険者	約721万人	20歳以上60歳未満 （被扶養の間）	負担なし	

厚生年金の被保険者 （第2号被保険者）	適用事業所^{（※）}		●常用的に使用される70歳未満の者（1週間の所定労働時間及び1か月の所定労働日数が常用雇用者の4分の3以上の者を含む）
	特定適用 事業所	被保険者数が 100人超 （2024（令和6）年 10月から50人超	●1週間の所定労働時間及び1か月の所定労働日数が常用雇用者の4分の3未満の者のうち、以下の全てに該当する者（短時間労働者）も適用対象 ①週の所定労働時間が20時間以上　②賃金の月額が8.8万円以上 ③学生でない　④雇用期間が2か月を超えることが見込まれる
	任意特定適 用事業所	被保険者数が 100人以下 （2024（令和6）年 10月から50人以下	●労使合意に基づき申出をする事業所及び国、地方公共団体に属する事業所に勤務する短時間労働者も適用対象
被扶養配偶者 （第3号被保険者）			●被扶養配偶者の要件は、原則として「年収が130万円未満で被保険者の収入の2分の1未満」であることが必要（事実婚も含まれる） ●2020（令和2）年4月から、日本国内に住所を有する者や、日本国内に生活の基礎があると認められる者であること等が要件

（※）適用事業所とは、①国、地方公共団体又は法人の事業所、②常時5人以上の従業員を使用する一定の事業所、③一定の条件を満たす船舶のことである。

▶年金の給付内容

（金額は2024（令和6）年4月現在）

種類	区分	老齢年金	障害年金		遺族年金
国民年金（基礎年金）	受給要件	●保険料納付済期間＋保険料免除期間＋合算対象期間 ⇨「10年以上」あること	●国民年金に加入期間中に初診日のある障害であること		●国民年金の被保険者や老齢基礎年金の受給資格期間（25年以上）を満たす人が死亡したとき
			（原則）保険料納付済（免除）期間が2/3以上あること（特例：過去1年間に滞納がないこと）		
	年金額	年金額…816,000円/年（※4）	1級	2級の「1.25倍」＋子（※1）の加算	年金額…816,000円/年（※4）＋子（※1）の加算
			2級	816,000円/年（※4）＋子（※1）の加算	
		●816,000円（※4）×【保険料納付済期間＋保険料免除期間×7/8〜1/2】/480（40年）	●受給要件を満たせば被保険者期間の長短に関係なく定額を支給		
			●20歳前に初診日のある障害者は、保険料を納付していないが支給される（ただし所得制限がある）		●子（※1）のある配偶者 又は ●子（※1）（※2）
厚生年金保険（被用者年金）	受給要件	●原則として、老齢基礎年金の受給期間を満たすこと ●厚生年金の被保険者期間が1か月以上あること	●厚生年金に加入期間中に初診日のある障害であること ●障害基礎年金の受給要件を満たすこと		●厚生年金の被保険者が死亡したとき ●老齢厚生年金の受給資格期間を満たした人が死亡したとき等
	年金額	●報酬比例年金額	1級	報酬比例年金額×1.25＋配偶者加給年金	●報酬比例年金額×「3/4」
			2級	報酬比例年金額＋配偶者加給年金	
			3級	報酬比例年金額	
		●第2号被保険者期間の【報酬】により年金額が異なる	【障害手当金】 ●初診日から5年以内に治り、3級の障害よりやや程度の軽い障害が残ったときに一時金として支給		●次の優先順位で支給 ①子（※1）のある配偶者 ②子（※1） ③子のない配偶者（※3） ④父母（※3） ⑤孫（※1） ⑥祖父母（※3）

併給の調整		●支給事由（老齢、障害、遺族）が異なる2つ以上の年金を受けられるようになったときは、原則、いずれか1つの年金を選択（1人1年金が原則）
	例外	●65歳以後は、「老齢給付と遺族給付」「老齢給付と障害給付」など、特例的に支給事由が異なる2つ以上の年金を受けられる場合がある

（※1）「子」「孫」とは、受給権者により生計を維持されている18歳到達年度の末日を経過していない子、又は、20歳未満で障害等級1級又は2級の子
（※2）子のある配偶者が遺族基礎年金を受けとっている間や、子に生計を同じくするその子の父または母がある間は支給停止
（※3）子のない30歳未満の妻は、5年間のみ受給できる。子のない夫、父母、祖父母は原則55歳以上
（※4）2024（令和6）年度は、67歳以下の人は「賃金スライド」、68歳以上の人は「物価スライド」で改定されるため、68歳以上の金額は「813,700円」となる

▶障害年金のポイント

障害認定日	●障害年金は「初診日」から1年6か月を経過した障害認定日に、障害等級1級、2級（厚生年金は3級も含む）に該当する場合に支給される
事後重症	●障害認定日において障害認定基準に定める障害の状態でなかったものが、65歳に達する日の前日までの間にその病気やけがにより障害認定基準に定める程度の障害の状態に至ったときは請求できる
併給の調整	●障害厚生（基礎）年金と労災保険の障害補償年金を受け取る場合、障害厚生（基礎）年金は全額支給され、障害補償年金は支給調整される

▶在職老齢年金制度

在職老齢年金	●老齢厚生年金受給者が厚生年金保険の被保険者であるとき、受給している老齢厚生年金の基本月額と総報酬月額相当額に応じて老齢厚生年金額が支給停止となる場合がある

▶離婚時の厚生年金分割

合意分割制度	●「婚姻期間中」の厚生年金の保険料納付記録を、当事者間で「合意した割合」に基づき分割することができる（合意がまとまらない場合は、当事者の一方の求めにより、裁判所が按分割合を定めることができる）
3号分割制度	●2008（平成20）年4月1日以後の「第3号被保険者」期間は、相手方の厚生年金の保険料記録を「2分の1」に分割することができる（3号分割制度は、当事者双方の合意は必要ない）

▶保険料の減免

国民年金保険料の免除・猶予制度	法定免除		●障害基礎年金の受給権者、生活保護法の生活扶助の受給者など （法定免除期間の老齢基礎年金は、支給率3分の1（2009（平成21）年3月までの免除期間）、2分の1（2009（平成21）年4月以降の免除期間））
	申請免除		●経済的理由や災害等の理由で保険料を納めることが困難なときは、申請により全部又は一部が免除される ●「全額免除」「4分の3免除」「半額免除」「4分の1免除」がある
	産前産後		●第1号被保険者の産前産後期間の保険料は免除される （免除期間は、満額の基礎年金を支給）
	猶予制度		●受給資格期間には算入されるが、追納しなければ年金額の計算に反映されない
		学生納付特例	●20歳以上の学生で、本人の所得が一定額以下の場合
		納付猶予	●50歳未満で、所得が一定額以下の場合
厚生年金の保険料免除			●産前産後休業期間、育児休業期間の保険料が、被保険者、事業主の両方が免除される

▶特定障害者に対する特別障害給付金の支給に関する法律　2004（平成16）年12月公布

目　的	●国民年金制度の発展過程において生じた特別な事情にかんがみ、障害基礎年金等の受給権を有していない障害者に特別障害給付金を支給することにより、その福祉の増進を図ることを目的としている
対象者	●1991（平成3）年3月31日以前に国民年金任意加入対象であった学生 ●1986（昭和61）年3月31日以前に国民年金任意加入対象であった被用者の配偶者 で、任意加入していなかった期間に初診日があり、現在、障害基礎年金1、2級相当の障害に該当する人

支給額 （2024（令和6）年4月現在）	1級	月額5万5350円
	2級	月額4万4280円
	※所得制限あり。老齢年金等受給者は、その受給額分を差し引いて支給	

▶国民年金基金、企業年金等

	国民年金基金	●国民年金に上乗せするための年金制度。第1号被保険者の保険料を納めている人が加入することができる。地域型国民年金基金と職能型国民年金基金がある
企業年金	厚生年金基金	●厚生年金の一部を代行して給付し、さらに各企業独自の上乗せ給付を行う企業年金
	確定拠出年金	●「現役時代の拠出額が確定」している年金で、将来受け取る年金は掛金を自己責任で運用した収益に基づく。iDeCo（個人型）と企業型がある
	確定給付年金	●「将来の給付額が確定」している年金で、将来の受給額から逆算した掛金を現役時代に支払う

▶国民年金の独自給付

寡婦年金	受給要件	●第1号被保険者としての保険料納付済期間等が10年以上ある夫が年金を受ける前に亡くなったとき、その妻（婚姻期間10年以上）に支給
	支給額	●60歳から65歳になるまで「老齢基礎年金額×3/4」を支給
死亡一時金	受給要件	●保険料を「3年以上」納めた人が年金を受けずに亡くなり、その遺族基礎年金を受けられない場合に支給
	支給額	●一時金（12～32万円）を支給（寡婦年金との併給はできない）
付加年金	受給要件	●定額保険料に付加保険料（月額400円）をプラスして納付すると、老齢基礎年金に付加年金が上乗せされる
	支給額	●200円×付加保険料納付月数

▶外国人脱退一時金

外国人脱退一時金	●「第1号被保険者」又は「厚生年金」の保険料納付済期間が「6か月以上」あり、日本国籍を有していない外国人が「出国後2年以内」に請求した場合、保険料納付済期間等に応じて支給

9 労災保険

『穴埋めチェック2025』
P.41〜P.48参照

重要度 **B** ★★☆

▶労災保険の概要

保険者	●労災保険は全国を単位として、「国」が保険者となっている ●現業業務は、都道府県労働局、労働基準監督署が行っている		
適用労働者	●原則として、常用・日雇・パートタイマー・アルバイト等名称及び雇用形態にかかわらず、労働の対価として賃金を受けるすべての労働者 ※代表権・業務執行権がある役員は、原則労災保険の対象外		
適用事業所	●労働者を（1人でも）使用する事業所（国の直営事業、官公署の事業は適用除外） ●中小事業主、個人タクシー、大工などの一人親方なども労災保険への特別加入が認められる		
保険料	●労災保険料は、事業主が全額負担する（被保険者は負担しない） ●保険料は、事業の種類により54種類に区分されている（下記は抜粋）（2024（令和6）年度）<table><tr><th>事業の種類（一部抜粋）</th><th>保険料率</th></tr><tr><td>金属鉱業、非金属鉱業又は石炭鉱業</td><td>88/1000</td></tr><tr><td>水力発電施設、ずい道等新設事業</td><td>34/1000</td></tr><tr><td>交通運輸事業</td><td>4/1000</td></tr><tr><td>金融業、保険業又は不動産業</td><td>2.5/1000</td></tr></table> 事業の種類により保険料率が異なる		
	メリット制	●個々の事業における労働災害の多寡により、労災保険率を増減させる制度	
	滞納している場合	●保険料の滞納中に労働者が負傷し保険給付を受けた場合は、保険給付額の40％相当額を限度として、事業主より費用が徴収される	
労災保険の対象	●労災保険は、「業務災害」及び「通勤災害」を保護の対象としている		
	業務災害	●業務災害は、業務が原因となり被災された労働者の負傷、疾病、障害又は死亡をいう ●事業主が安全配慮義務を十分に履行していなかった場合等は、労災保険給付の価額の限度を超える損害について、民事損害賠償を請求できる	
		業務上の負傷	●事業主の支配・管理下で業務に従事している場合のほか、出張や社用での外出などにより事業所外で業務に従事している場合も対象
		業務上の疾病	●疾病、心理的負荷による精神障害についても、業務との間に相当因果関係が認められる場合は対象となる
	2020（令和2）年9月改正 複数業務要因災害	●複数事業労働者とは、傷病等が生じた時点において、事業主が同一でない複数の事業場に同時に使用されている労働者 ●複数の事業場の業務上の負荷を総合的に評価して、労災と認定できるか判断	
	通勤災害	●就業に関し、「住居と就業の場所との往復」、「就業場所から他の就業場所への移動」などを合理的な経路及び方法で行う場合が対象で、業務の性質を有するものを除くとされている	
		中断・逸脱	●通勤の途中で、中断や逸脱があった場合は、その後は原則として通勤とはならないが、日常生活上の行為をやむを得ない理由で行う場合は、合理的な経路に復した後は再び通勤となる

業務災害による給付を「○○補償給付」、通勤災害による給付を「○○給付」といいます。

▶労災保険給付の種類

給付の種類		支給要件	保険給付	特別支給金
療養（補償）給付		●業務災害又は通勤災害による傷病について、労災病院又は労災指定医療機関等で療養するとき	●療養の給付（現物給付）　　療養補償給付は自己負担なし	
		●業務災害又は通勤災害による傷病について、労災病院又は労災指定医療機関以外の医療機関等で療養するとき	●療養費の支給（現金給付）	
休業（補償）給付		●業務災害又は通勤災害による傷病による療養のため労働することができず、賃金を受けられないとき	●休業4日目から休業1日につき給付基礎日額（※）の60％を支給	給付基礎日額の20％
障害（補償）給付	障害（補償）年金	●業務災害又は通勤災害による傷病が治った後に障害等級1～7級までに該当する障害が残ったとき	●給付基礎日額の313日分（1級）～131日分（7級）に相当する額の年金を支給	第1級342万円～第14級8万円
	障害（補償）一時金	●障害等級8～14級までに該当する障害が残ったとき	●給付基礎日額の503日分（8級）～56日分（14級）に相当する額の一時金を支給	
傷病（補償）年金		●業務災害又は通勤災害による傷病が、1年6か月を経過した日以後において治っておらず、傷病による障害の程度が傷病等級に該当するとき	●傷病の程度に応じ給付基礎日額の313日分（1級）～245日分（3級）に相当する額の年金を支給	第1級は114万円～第3級は100万円
遺族（補償）給付	遺族（補償）年金	●業務災害又は通勤災害により死亡したとき	●遺族の数に応じ給付基礎日額の原則153日分（遺族が1人）～245日分（4人以上）に相当する年金を支給	遺族の人数にかかわらず300万円
	遺族（補償）一時金	●遺族（補償）年金を受け取る遺族がいないときなど	●給付基礎日額の1000日分の一時金を支給	

介護（補償）給付
●障害・傷病（補償）年金の1級又は2級（神経・精神の障害及び胸腹部臓器の障害）受給者で、介護を受けているとき（障害者支援施設、介護保険施設等に入所していないことが要件）
●介護の必要度に応じ介護費用を支給

	最高限度額	最低保障額
常時介護	177,950円	81,290円
随時介護	88,980円	40,600円

給付の種類	支給要件	保険給付	特別支給金
葬祭料・葬祭給付	●業務災害又は通勤災害により死亡した方の葬祭を行うとき	●315,000円に給付基礎日額の30日分を加えた額	
二次健康診断等給付	●一次健康診断などの結果、脳・心臓疾患に関する一定の項目に異常の所見があるとき	●二次健康診断、特定保健指導など	

（※）給付基礎日額＝「業務上の災害等が発生した日の直前の3か月間の賃金」÷「その期間の暦日数」

⑩ 労働関係法規

▶労働基準法

労働条件の原則		●労働条件は、労働者が人たるに値する生活を営むための必要を充たすべきものでなければならない ●労働関係の当事者は、この基準を理由として労働条件を低下させてはならない
均等待遇		●使用者は、労働者の国籍、信条又は社会的身分を理由として、賃金、労働時間その他の労働条件について、差別的取扱をしてはならない
男女同一賃金の原則		●使用者は、労働者が女性であることを理由として、賃金について、男性と差別的取扱いをしてはならない
定義	労働者	●職業の種類を問わず、事業又は事務所に使用される者で、賃金を支払われる者をいう
	使用者	●事業主又は事業の経営担当者その他その事業の労働者に関する事項について、事業主のために行為をするすべての者をいう
労働契約		●労働基準法で定める基準に達しない労働条件を定める労働契約はその部分について無効。無効となった部分は労働基準法で定める基準による
契約期間		●労働契約は、期間の定めのないものを除き、3年（専門知識等を有する労働者等は5年）を超える期間について締結してはならない
労働時間		●使用者は、原則として、労働者に休憩時間を除き1週間40時間（1日8時間）を超えて、労働させてはならない
休憩時間		●使用者は、労働時間が6時間を超える場合においては少なくとも45分、8時間を超える場合においては少なくとも1時間の休憩時間を労働時間の途中に与えなければならない
休　日		●使用者は、労働者に対して、毎週少なくとも1回の休日を与えなければならない

時間外及び休日の労働			●時間外労働・休日労働について協定（三六協定）を書面で締結し、これを労働基準監督署長に届け出た場合は時間外労働をさせることができる ●使用者が、労働時間を延長し、又は休日に労働させた場合は、通常の労働時間又は労働日の賃金の計算額に次の率で計算した割増賃金を支払わなければならない
	割増賃金	25％以上	●1日8時間超、深夜労働等
		50％以上	●時間外労働が1月60時間超
		35％	●法定休日
	時間外労働の上限	原　則	●月45時間かつ年360時間
		臨時的な特別な事情	●年720時間以内、月100時間未満（※）、2〜6か月平均80時間以内（※） ※休日労働含む ●月45時間を超えることができるのは年6か月が限度

就業規則	●常時10人以上の労働者を使用する使用者は、就業規則を作成し、労働基準監督署長に届け出なければならない ●使用者は、就業規則の作成又は変更について、労働者の過半数を代表する者の「意見」を聴かなければならない ●就業規則は、労働協約に反する定めをしてはならない ●使用者は就業規則を、労働者に対して周知させなければならない

高度プロフェッショナル制度	●高度の専門的知識等を有し、職務の範囲が明確で年収要件（1075万円以上）を満たす労働者を対象として、一定の要件を満たす場合、労働基準法に定められた労働時間、休憩、休日及び深夜の割増賃金に関する規定を適用しない
	対象業務　●金融商品の開発、ディーリング、アナリスト、コンサルタント、研究開発の業務

年次有給休暇

●使用者は、雇入れの日から6か月間継続勤務し全労働日の8割以上出勤した労働者に対して、10労働日の有給休暇を与えなければならない
●10日以上の年次有給休暇が与えられる労働者には、このうち5日について時季を指定して取得させなければならない

継続勤務年数	0.5年	1.5年	2.5年	3.5年	4.5年	5.5年	6.5年以上
法定最低付与日数	10日	11日	12日	14日	16日	18日	20日

年少者	●使用者は、児童が満15歳に達した日以後の最初の3月31日が終了するまで、これを使用してはならない ●行政官庁の許可を受けて、児童の健康・福祉に有害でなく軽易な労働は、満13歳以上の児童を修学時間外に使用することができる（映画の製作又は演劇の事業は、満13歳未満の児童も可）

妊産婦等	●使用者は、6週間（多胎妊娠は14週間）以内に出産する予定の女性が休業を請求した場合は就業させてはならない ●使用者は、産後8週間を経過しない女性を就業させてはならない（ただし、産後6週間を経過した女性が請求した場合において、医師が支障がないと認めた業務に就かせることはできる）

賠償予定の禁止	●使用者は、労働契約の不履行について違約金を定め、又は損害賠償額を予定する契約をしてはならない

前借金相殺の禁止	●使用者は、前借金その他労働することを条件とする前貸の債権と賃金を相殺してはならない

災害補償	●労働者が業務上負傷し、又は疾病にかかった場合は、使用者は、その費用で必要な療養を行い、又は必要な療養の費用を負担しなければならない

社会保障制度を理解する科目▼④労災保険／労働関係法規

▶労働安全衛生法

目　的	●職場における労働者の安全と健康を確保するとともに、快適な職場環境の形成を促進することを目的とする
事業者等の責務	●事業者は、快適な職場環境の実現と労働条件の改善を通じて職場における労働者の安全と健康を確保するようにしなければならない

安全衛生管理体制	**安全管理者**	●建設業等の一定の業種で常時50人以上の労働者を使用する事業場において選任義務（10人以上50人未満の場合は、安全衛生推進者を選任）
	衛生管理者	●すべての業種で常時50人以上の労働者を使用する事業場において選任義務（常時10人以上50人未満の場合は、安全衛生推進者もしくは衛生推進者を選任）
	産業医	●すべての業種で常時50人以上の労働者を使用する事業場において選任義務
	安全委員会	●事業者は、建設業等の一定の業種・規模ごとに安全委員会を設置しなければならない
	衛生委員会	●事業者は、業種を問わず、常時50人以上の労働者を使用する事業場ごとに、衛生委員会を設けなければならない ●毎月１回開催し、労働者の健康障害の防止及び健康の保持増進に関する事項を調査審議する

安全衛生教育	●事業者は、労働者を雇い入れたときは、厚生労働省令で定めるところにより、その従事する業務に関する安全又は衛生のための教育を行わなければならない
健康診断	●事業者は、業種・規模を問わず健康診断を行わなければならない。常時50人以上の労働者を使用する事業者は、健康診断結果を所轄労働基準監督署長に報告しなければならない
保健指導等	●事業者は、健康診断の結果、特に健康の保持に努める必要があると認める労働者に対し、医師又は保健師による保健指導を行うように努めなければならない
面接指導等	●事業者は、時間外・休日労働が月80時間を超え、疲労の蓄積が認められる労働者が申し出た場合は、医師による面接指導を行わなくてはならない

心理的な負担の程度を把握するための検査等（ストレスチェック）		●事業者は、労働者に対し、１年以内ごとに１回、定期に、心理的な負担の程度を把握するための検査を行わなければならない ●常時50人以上の労働者を使用する事業者は、検査結果報告書を労働基準監督署に提出しなければならない
	検査の実施者	●医師、保健師 ●一定の研修を修了した看護師、精神保健福祉士、歯科医師、公認心理師
		●検査結果は、医師等から直接労働者に通知される ●医師等は、あらかじめ当該検査を受けた労働者の同意を得ないで、当該労働者の検査の結果を事業者に提供してはならない

▶その他の労働関係法

労働組合法	● 労働者が使用者との交渉において対等の立場に立つことを促進し、労働者の地位の向上を図ることを目的とした法律
労働協約	● 労働組合と使用者との間の労働条件に関する労働協約は、書面に作成し、両当事者が署名又は記名押印することによって効力を生ずる
労働契約法	● 労働契約は、労働者が使用者に使用されて労働し、使用者がこれに対して賃金を支払うことについて、労働者及び使用者が合意することによって成立する ● 同一の会社で有期労働契約が反復更新されて通算5年を超えたときには、労働者からの申込みにより、当該契約は無期労働契約に転換される
就業規則違反の労働契約	● 就業規則で定める基準に達しない労働条件を定める労働契約は、その部分については無効。無効となった部分は、就業規則で定める基準による
短時間労働者及び有期雇用労働者の雇用管理の改善等に関する法律	● 短時間・有期雇用労働者の、基本給や賞与などのあらゆる待遇について、不合理な待遇差を設けてはならない ● 事業主は、短時間・有期雇用労働者からの求めに応じ、通常の労働者との待遇差の内容や理由などについて説明しなければならない
最低賃金法	● 最低賃金額に達しない賃金を定めるものは、その部分については無効。無効となった部分は、最低賃金と同様の定めをしたものとみなす ● 使用者は、労働者に対し、その最低賃金額以上の賃金を支払わなければならない ● 最低賃金の適用を受ける使用者は、労働者にその概要を周知しなければならない
地域別最低賃金	● 厚生労働大臣又は都道府県労働局長は、一定の地域ごとに、地域別最低賃金の決定をしなければならない
特定最低賃金	● 地域別最低賃金よりも金額水準の高い最低賃金を定めることが必要と認めた特定の産業について設定
過労死等防止対策推進法	● 過労死等の防止のための対策を推進し、もって過労死等がなく、仕事と生活を調和させ、健康で充実して働き続けることのできる社会の実現に寄与することを目的とする法律
労働施策総合推進法	● 2018（平成30）年、働き方改革の一環として、多様な働き方を促進させることを目的として雇用対策法から労働施策総合推進法に改正された
パワーハラスメント対策	● 事業主は、職場において行われる優越的な関係を背景とした言動であって、業務上必要かつ相当な範囲を超えたものによりその雇用する労働者の就業環境が害されることのないよう、必要な措置を講じなければならない
事業主による再就職の援助	● 事業主は、事業規模の縮小等に伴い離職を余儀なくされる労働者について、求職活動に対する援助その他の再就職の援助を行うよう努めなければならない

社会保障制度を理解する科目 ▼ ④労災保険／労働関係法規

▶就業形態

就業者の内訳	就業形態	雇用者 85% 5739万人		役員等 5%	自営業主・家族従業者 9% 639万人

6747万人

雇用者 85% 5739万人

正規労働者 63% 3615万人 ／ 非正規労働者 37% 2124万人

▶雇用形態の推移

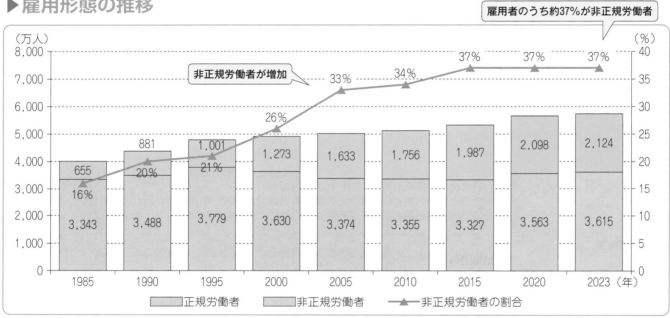

雇用者のうち約37%が非正規労働者

（万人）

8,000
7,000
6,000
5,000
4,000
3,000
2,000
1,000
0

非正規労働者が増加

年	非正規労働者	正規労働者	割合
1985	655	3,343	16%
1990	881	3,488	20%
1995	1,001	3,779	21%
2000	1,273	3,630	26%
2005	1,633	3,374	33%
2010	1,756	3,355	34%
2015	1,987	3,327	37%
2020	2,098	3,563	37%
2023	2,124	3,615	37%

（％）

40
35
30
25
20
15
10
5
0

■ 正規労働者　■ 非正規労働者　▲ 非正規労働者の割合

▶完全失業率と有効求人倍率

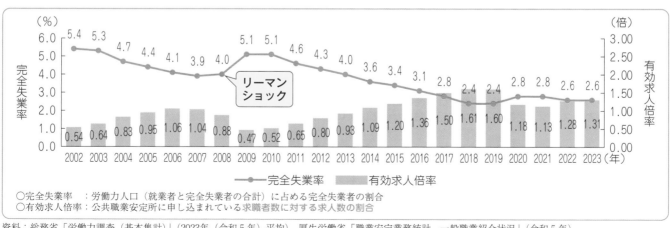

（％）

年	完全失業率	有効求人倍率
2002	5.4	0.54
2003	5.3	0.64
2004	4.7	0.83
2005	4.4	0.95
2006	4.1	1.06
2007	3.9	1.04
2008	4.0	0.88
2009	5.1	0.47
2010	5.1	0.52
2011	4.6	0.65
2012	4.3	0.80
2013	4.0	0.93
2014	3.6	1.09
2015	3.4	1.20
2016	3.1	1.36
2017	2.8	1.50
2018	2.4	1.61
2019	2.4	1.60
2020	2.8	1.18
2021	2.8	1.13
2022	2.6	1.28
2023	2.6	1.31

リーマンショック

● 完全失業率　■ 有効求人倍率

○完全失業率　：労働力人口（就業者と完全失業者の合計）に占める完全失業者の割合
○有効求人倍率：公共職業安定所に申し込まれている求職者数に対する求人数の割合

資料：総務省「労働力調査（基本集計）」（2023年（令和5年）平均）、厚生労働省「職業安定業務統計　一般職業紹介状況」（令和5年）

序章

第1章

第2章

第3章

第4章

第5章

社会保障制度を理解する科目 ▶ ④ 労災保険／労働関係法規

▶若年無業者と35～44歳無業者

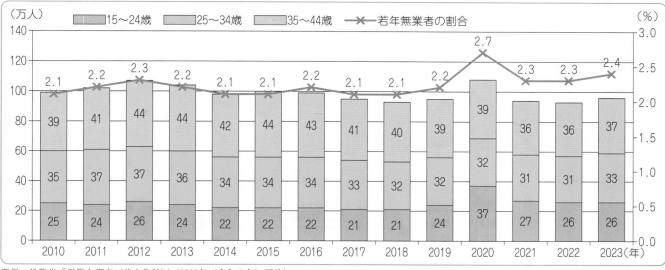

資料：総務省「労働力調査（基本集計）」（2023年（令和5年）平均）

▶地域若者サポートステーション

概　要	●ニート等の若者の職業的自立を支援するため、地域の若者支援機関のネットワーク拠点となる厚生労働省から委託を受けた相談機関 ●令和4年度　全国に177か所設置
利用対象者	●原則として、15歳から49歳であり、仕事に就いておらず、家事も通学もしていない者（若年無業者等）のうち、就職に向けた取り組みへの意欲が認められ、公共職業安定所においても就職を目標にし得ると判断した者及びその家族
支援内容	●キャリア・コンサルタントによる専門的な相談や、コミュニケーション訓練や職場体験等の自立に向けた各種支援プログラム等、多様な就労支援メニューを提供

▶求職者支援法^(※)

概　要		●特定求職者に対し、職業訓練の実施、給付金の支給その他の就職に関する支援を実施
	特定求職者	●雇用保険被保険者や雇用保険受給者でないこと ●職業訓練などの支援を行う必要があると公共職業安定所長が認めたこと ●労働の意思と能力があること ●公共職業安定所に求職の申込みをしていること
職業訓練の認定		●厚生労働大臣は、職業能力の開発、向上に効果的であること等の基準に適合する職業訓練を認定
就職支援の実施		●公共職業安定所長は、就職支援計画を作成し、職業指導・職業紹介や認定職業訓練の受講等、就職支援の措置を受けることを指示 ●指示を受けた特定求職者は、その指示に従うとともに、速やかに就職できるように自ら努める
職業訓練受講給付金		●職業訓練受講手当　月額10万円 ●通所手当　通所経路に応じた所定の額

（※）正式名称：職業訓練の実施等による特定求職者の就職の支援に関する法律

11 雇用保険

『穴埋めチェック2025』
P.49〜P.54参照

重要度 B ★★☆

▶雇用保険制度の概要

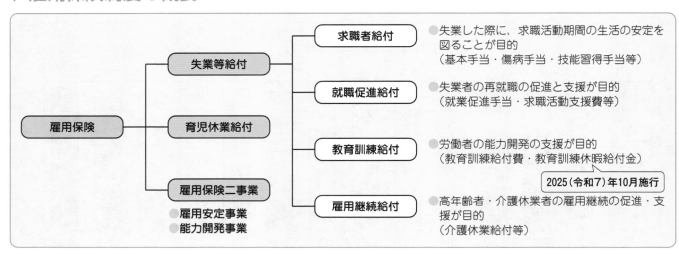

| 保険者 | ●雇用保険は全国を単位として、国が保険者となっている |
| | ●現業業務は、都道府県労働局、公共職業安定所（ハローワーク）が行っている |

| 適用事業所 | ●原則としてすべての事業所に加入が義務づけられている |
| | 　（農林水産業で労働者が5人未満の個人経営事業所は、任意適用） |

| 被保険者 | ●適用事業所に雇用される労働者で、次の適用基準を満たす者 |

	適用基準	●1週間の所定労働時間が20時間以上であること（2028（令和10）年10月より10時間以上） ●31日以上引き続き雇用されることが見込まれること

保険料

●雇用保険の保険料＝「賃金総額」×「保険料率」で算出
●「雇用保険料は、事業主、被保険者が折半」、「雇用保険二事業の費用は、事業主のみが負担」

事業の種類 ＼ 保険料率	失業等給付 労使折半	育児休業給付 労使折半	雇用保険二事業 事業主のみ負担	合計
一般の事業	6/1000	6/1000	3.5/1000	15.5/1000
農林水産業等	7/1000	7/1000	3.5/1000	17.5/1000
建設の事業	7/1000	7/1000	4.5/1000	18.5/1000

2024（令和6）年度

| 離職と失業の
定義 | ●離職とは、被保険者について、事業主との雇用関係が終了することをいう
●失業とは、被保険者が離職し、労働の意思及び能力を有するにもかかわらず、職業に就くことができない状態にあることをいう |

| 不服申し立て | ●保険給付に関する処分などに不服のある者は、「雇用保険審査官」に対して審査請求をし、その決定に不服のある者は、「労働保険審査会」に対して再審査請求をすることができる |

▶失業等給付など

求職者給付		●失業者が求職活動をする間の生活の安定を図ることを目的とした給付。「基本手当」「技能習得手当」「傷病手当」「寄宿手当」などがある
基本手当	受給要件	●離職の日以前2年間に、原則12か月以上の被保険者期間が必要（倒産・解雇、雇止め等による離職の場合は、離職の日以前1年間に6か月以上）
	日 額	●基本手当の日額は、離職前の賃金日額の5〜8割（60歳以上65歳未満は4.5〜8割） ●賃金日額は、離職した日以前6か月の賃金の合計を180で割って算出

●所定給付日数は、離職理由、年齢、被保険者期間などにより異なる

※特定受給資格者、特定理由離職者、就職困難者「以外」

区分 ＼ 被保険者期間	1年未満	1年以上 5年未満	5年以上 10年未満	10年以上 20年未満	20年以上
全年齢	—	90日		120日	150日

※特定受給資格者（倒産・解雇等）又は特定理由離職者（正当な理由のある自己都合退職等）

区分 ＼ 被保険者期間	1年未満	1年以上 5年未満	5年以上 10年未満	10年以上 20年未満	20年以上
30歳未満	90日	90日	120日	180日	—
30歳以上35歳未満		120日	180日	210日	240日
35歳以上45歳未満		150日		240日	270日
45歳以上60歳未満		180日	240日	270日	330日
60歳以上65歳未満		150日	180日	210日	240日

※就職困難者（障害者、保護観察中の者など）

区分 ＼ 被保険者期間	1年未満	1年以上
45歳未満	150日	300日
45歳以上60歳未満		360日

●給付期間は、原則として離職の日の翌日から起算して「1年」（延長は最大3年）

就職促進給付	●基本手当の支給残日数が所定給付日数の3分の1以上ある場合など、一定の要件を満たす場合は、就業促進手当として、「再就職手当」「就業手当」などを支給
教育訓練給付	●被保険者期間が3年（初回は1年、専門実践教育訓練は2年）以上の人が、厚生労働大臣が指定した教育訓練を修了した場合に支給 ●「専門実践教育訓練給付金（2024（令和6）年10月より給付率最大80％）」「特定一般教育訓練給付金（給付率40％）」「一般教育訓練給付金（給付率20％）」がある
雇用継続給付	●「介護休業給付」「高年齢雇用継続給付（60歳到達等時点に比べ、賃金が75％未満に低下した状態で働き続ける60歳以上65歳未満の雇用保険被保険者に支給）」がある
育児休業給付	●2020（令和2）年4月より、失業等給付から独立し、子を養育するために休業した労働者の生活及び雇用の安定を図るための給付と位置づけられた
雇用保険二事業	雇用安定事業
	能力開発事業

（雇用保険二事業の右列）●失業の予防、雇用状態の是正及び雇用機会の増大、労働者の能力の開発及び向上その他労働者の福祉の増進を図るために実施

12 育児・介護休業法

▶育児休業

育児休業制度	●労働者（男女）は、申し出ることにより、子が1歳（保育所に入所できない場合等、一定の事由がある場合、最長2歳）に達するまでの間、育児休業を取得することができる ●2回を上限として分割取得することができる	
	パパ・ママ育休プラス	●父母がともに育児休業を取得する場合、1歳2か月までの間に、1年間、育児休業を取得することができる
	産後パパ育休 （出生時育児休業）	●男性の育児休業取得促進のため、子の出生後8週間以内に4週間まで取得することができる。2022（令和3）年10月施行
子の看護休暇	●小学校入学までの子を養育する労働者（男女）は、子1人の場合1年に5日（子2人以上の場合は1年に10日）まで、病気・けがをした子の看護のために、休暇を取得することができる（2025（令和7）年4月より、対象となる子の範囲を小学校3年生まで拡大予定） ●2021（令和3）年1月より、時間単位での取得が可能	
所定外労働の免除	●事業主は、3歳に満たない子を養育する労働者が請求した場合は、所定労働時間を超えて労働させてはならない（2025（令和7）年4月より、対象となる子の範囲を小学校就学前の子まで拡大予定）	
時間外労働・深夜業の制限	●事業主は、小学校入学までの子を養育する労働者が請求した場合には、1か月24時間、1年150時間を超えて時間外労働をさせてはならない ●事業主は、小学校入学までの子を養育する労働者が請求した場合には、深夜において労働させてはならない	
保険料免除	●産前産後休業、育児休業期間中の厚生年金・健康保険の保険料は、事業主・被保険者とも免除される	
育児休業給付金	●雇用保険の被保険者が、育児休業を取得した場合、一定の要件を満たすと原則子が1歳になるまで「育児休業給付金」が支給される（一定の事由がある場合、最長2歳まで延長可）	
	支給額	●休業開始時賃金日額×支給日数×67%（休業開始後181日以降は50%）
出生時育児休業給付金	●雇用保険の被保険者が、産後パパ育休（出生時育児休業）を取得した場合、一定の要件を満たすと28日間を限度に「出生時育児休業給付金」が支給される	
	支給額	●休業開始時賃金日額×支給日数×67%
男女とも育児休業を取得する場合の例	（図表）	

男女とも育児休業を取得する場合の例：

出産　育児休業開始　　　　　　　　　　　　　　　　　　　1歳　　1歳2か月

母：
- 8週間　出産手当金 給付率67%
- 180日　育児休業給付金 給付率67%
- 給付率 50%

父：
- 28日　出生時育児休業給付金 給付率67%
- 152日（180日−28日）　育児休業給付金 給付率67%
- 給付率 50%

※育児・介護休業法：育児休業、介護休業等育児又は家族介護を行う労働者の福祉に関する法律

▶育児休業取得率

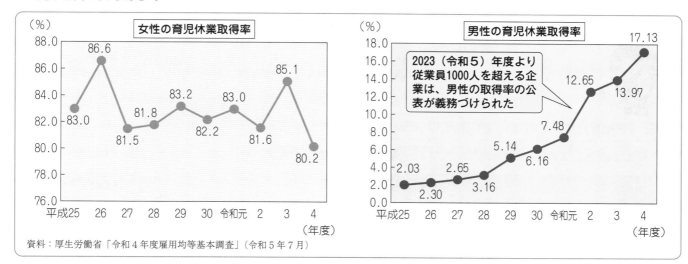

資料：厚生労働省「令和4年度雇用均等基本調査」（令和5年7月）

女性の育児休業取得率

年度	取得率(%)
平成25	83.0
26	86.6
27	81.5
28	81.8
29	83.2
30	82.2
令和元	83.0
2	81.6
3	85.1
4	80.2

男性の育児休業取得率

2023（令和5）年度より従業員1000人を超える企業は、男性の取得率の公表が義務づけられた

年度	取得率(%)
平成25	2.03
26	2.30
27	2.65
28	3.16
29	5.14
30	6.16
令和元	7.48
2	12.65
3	13.97
4	17.13

▶介護休業

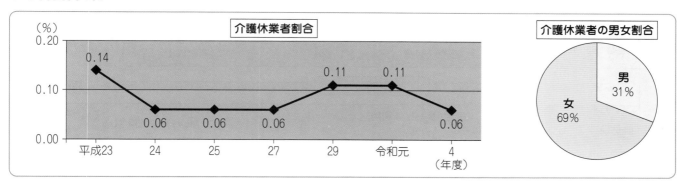

介護休業者割合

年度	割合(%)
平成23	0.14
24	0.06
25	0.06
27	0.06
29	0.11
令和元	0.11
4	0.06

介護休業者の男女割合

男 31%
女 69%

介護休業制度		●労働者は、申し出ることにより、要介護状態（2週間以上常時介護を必要とする状態）にある対象家族を介護するために介護休業を取得することができる ●対象家族1人につき93日まで（3回を上限として分割取得することができる）
	対象家族	●配偶者（事実婚関係の者を含む）、父母及び子、配偶者の父母、祖父母・兄弟姉妹・孫
介護休暇		●要介護状態にある対象家族の介護を行う労働者は、事業主に申し出ることにより、対象家族1人の場合、年に5日（2人以上の場合、年に10日）まで介護のために休暇を取得することができる ●2021（令和3）年1月より、時間単位での取得が可能
時間短縮等の措置		●事業主は、介護を必要とする状態にある対象家族の介護を行う労働者に関して、次のいずれかの措置を講じなければならない 「短時間勤務制度」、「フレックスタイム制」、「始業・終業時刻の繰り上げ下げ」、「介護費用の援助措置」
所定外労働の免除		●事業主は、当該対象家族を介護する労働者が請求した場合は、所定外労働時間を超えて労働させてはならない
介護休業給付金		●一定の条件を満たすと、雇用保険から介護休業給付金が支給される
	支給額	●休業開始時賃金日額×支給日数×67%

『穴埋めチェック2025』
P.55〜P.66参照

重要度
A
★★★

▶要支援・要介護高齢者

2023（令和5）年11月現在、約3588万人の高齢者がいます。そのうち、約19.3%にあたる約694万人が要支援・要介護者に認定されています。第2号被保険者の約13万人を合わせると、約707万人が認定を受けています。

●2023（令和5）年11月現在、約3588万人の65歳以上の高齢者の内訳

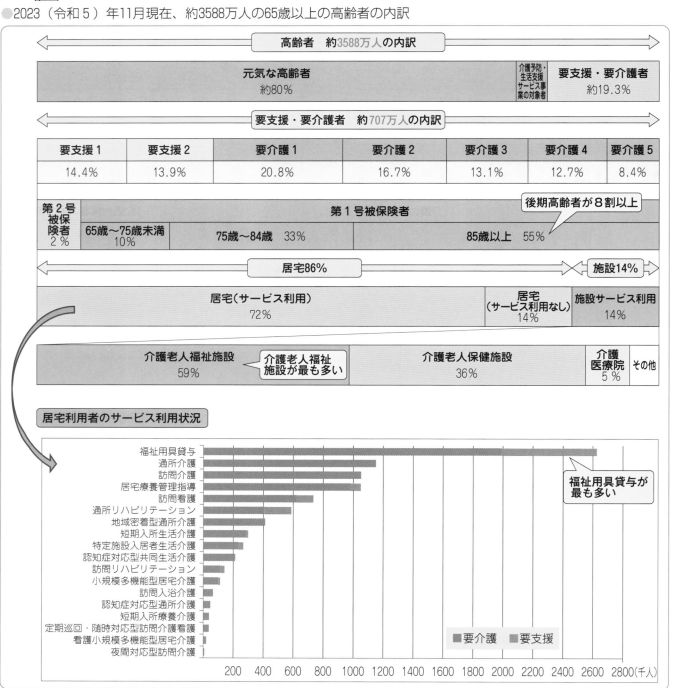

高齢者　約3588万人の内訳

元気な高齢者 約80%	介護予防・生活支援サービス事業の対象者	要支援・要介護者 約19.3%

要支援・要介護者　約707万人の内訳

要支援1	要支援2	要介護1	要介護2	要介護3	要介護4	要介護5
14.4%	13.9%	20.8%	16.7%	13.1%	12.7%	8.4%

後期高齢者が8割以上

第2号被保険者 2%	第1号被保険者		
	65歳〜75歳未満 10%	75歳〜84歳 33%	85歳以上 55%

居宅86%　　施設14%

居宅（サービス利用） 72%	居宅（サービス利用なし） 14%	施設サービス利用 14%

介護老人福祉施設が最も多い

介護老人福祉施設 59%	介護老人保健施設 36%	介護医療院 5%	その他

居宅利用者のサービス利用状況

福祉用具貸与が最も多い

- 福祉用具貸与
- 通所介護
- 訪問介護
- 居宅療養管理指導
- 訪問看護
- 通所リハビリテーション
- 地域密着型通所介護
- 短期入所生活介護
- 特定施設入居者生活介護
- 認知症対応型共同生活介護
- 訪問リハビリテーション
- 小規模多機能型居宅介護
- 訪問入浴介護
- 認知症対応型通所介護
- 短期入所療養介護
- 定期巡回・随時対応型訪問介護看護
- 看護小規模多機能型居宅介護
- 夜間対応型訪問介護

■要介護　■要支援

200　400　600　800　1000　1200　1400　1600　1800　2000　2200　2400　2600　2800（千人）

資料：厚生労働省「介護保険事業状況報告（暫定）（令和5年11月分）」

▶要介護者等の状況

性別と年齢

女 65%			男 35%		
65~74歳 8%	75~84歳 31%	85歳以上 60%	65~74歳 15%	75~84歳 40%	85歳以上 41%

要介護になった原因

認知症 16.6%	脳血管疾患 16.1%	骨折・転倒 13.9%	高齢による衰弱 13.2%	関節疾患 10%	心疾患 5%	その他

要支援	関節疾患 19%	高齢による衰弱 17%	骨折・転倒 16%	脳血管疾患 11%	要支援者は関節疾患が最も多い
要介護	認知症 24%	脳血管疾患 19%	骨折・転倒 13%	高齢による衰弱 11%	要介護者は認知症が最も多い

資料：厚生労働省「令和4年 国民生活基礎調査」

▶介護者等の状況

主な介護者

同居 46%			別居の家族 12%	事業者 16%	不詳その他
配偶者 23%	子 16%	子の配偶者 5%			

性別

女 69%	男 31%

主な介護者の年齢

50歳未満 7%	50~60歳未満 17%	60~70歳未満 29%	70~80歳未満 29%	80歳以上 18%

資料：厚生労働省「令和4年 国民生活基礎調査」

▶65歳以上の人の生活実態

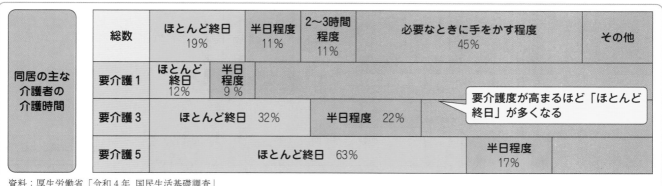

同居の主な介護者の介護時間

	総数	ほとんど終日	半日程度	2~3時間程度	必要なときに手をかす程度	その他
総数		19%	11%	11%	45%	
要介護1		ほとんど終日 12%	半日程度 9%			
要介護3		ほとんど終日 32%	半日程度 22%			
要介護5		ほとんど終日 63%	半日程度 17%			

要介護度が高まるほど「ほとんど終日」が多くなる

資料：厚生労働省「令和4年 国民生活基礎調査」

▶介護保険の全体像

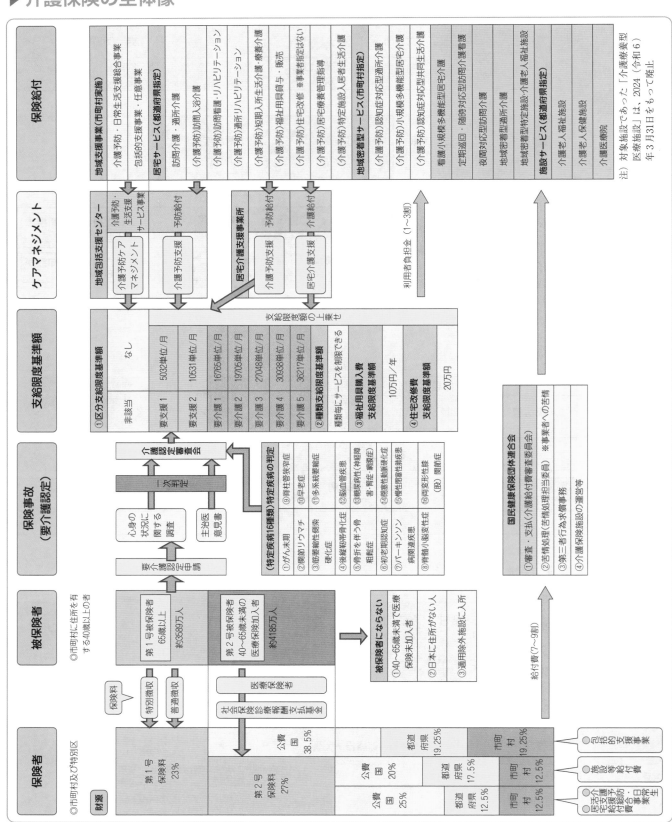

▶行政の役割分担

国	都道府県	市町村及び特別区（保険者）
●基本指針の策定 ●基準等の設定 ●財政支援 ●都道府県・市町村に対する情報提供・助言・監督　など	●介護保険事業支援計画の策定（3年を1期） ●介護保険審査会の設置 ●「居宅サービス」「施設サービス」事業者の指定・監督 ●財政安定化基金の設置 ●介護サービス情報公表　など	●介護保険事業計画の策定（3年を1期） ●介護認定審査会の設置 ●「地域密着型サービス」「介護予防支援」「居宅介護支援」事業者の指定・監督 ●被保険者の資格管理・要介護認定・保険給付等の事務　など

▶財　源

市町村は、介護保険に関する収入および支出について、特別会計を設けなければなりません。

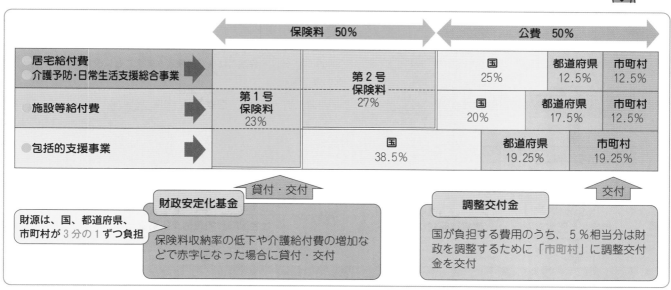

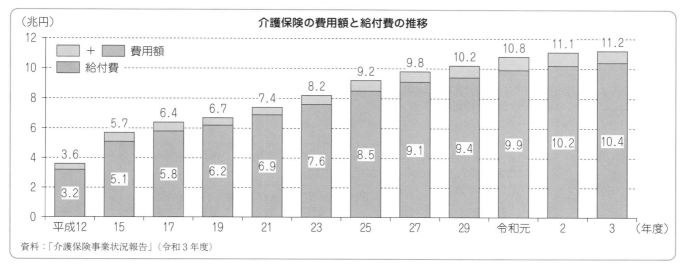

介護保険の費用額と給付費の推移

資料：「介護保険事業状況報告」（令和3年度）

▶被保険者

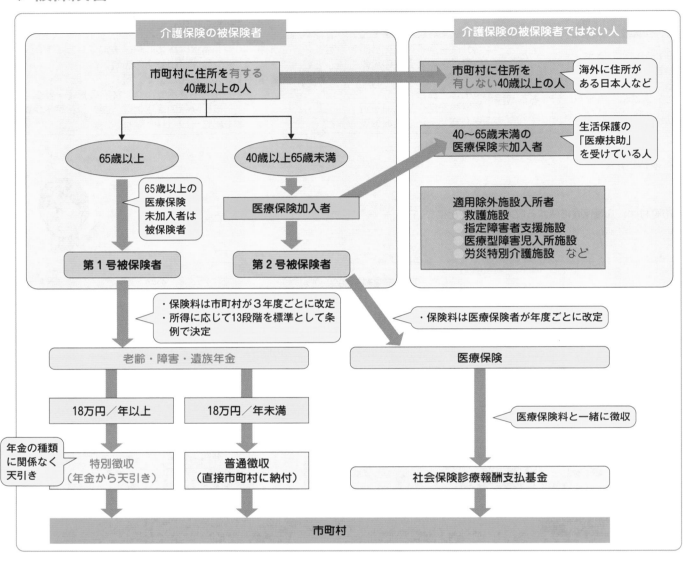

| 介護保険の被保険者 | 介護保険の被保険者ではない人 |

市町村に住所を有する 40歳以上の人 → **市町村に住所を有しない40歳以上の人**（海外に住所がある日本人など）

65歳以上 ← 65歳以上の医療保険未加入者は被保険者

40歳以上65歳未満 → **医療保険加入者**

40～65歳未満の医療保険未加入者（生活保護の「医療扶助」を受けている人）

適用除外施設入所者
● 救護施設
● 指定障害者支援施設
● 医療型障害児入所施設
● 労災特別介護施設　など

第1号被保険者　**第2号被保険者**

・保険料は市町村が3年度ごとに改定
・所得に応じて13段階を標準として条例で決定

・保険料は医療保険者が年度ごとに改定

老齢・障害・遺族年金　**医療保険**

医療保険料と一緒に徴収

18万円／年以上　**18万円／年未満**

年金の種類に関係なく天引き

特別徴収（年金から天引き）　**普通徴収（直接市町村に納付）**　**社会保険診療報酬支払基金**

市町村

▶住所地特例

住所地特例は、施設所在の市町村に要介護者が集中して保険給付費が増大し、市町村間の財政上の不均衡が生じることを防ぐために設けられた特例措置です。

住所地特例		● 被保険者が住所地以外の市区町村に所在する介護保険施設等に入所等をした場合、住所を移す前の市区町村が引き続き保険者となる特例措置
	対象施設	● 介護老人福祉施設、介護老人保健施設、介護医療院 ● 養護老人ホーム、軽費老人ホーム、有料老人ホーム、サービス付き高齢者向け住宅

地域密着型介護老人福祉施設、認知症対応型共同生活介護などは含まれない

注）対象施設であった「介護療養型医療施設」は、2024（令和6）年3月31日をもって廃止された

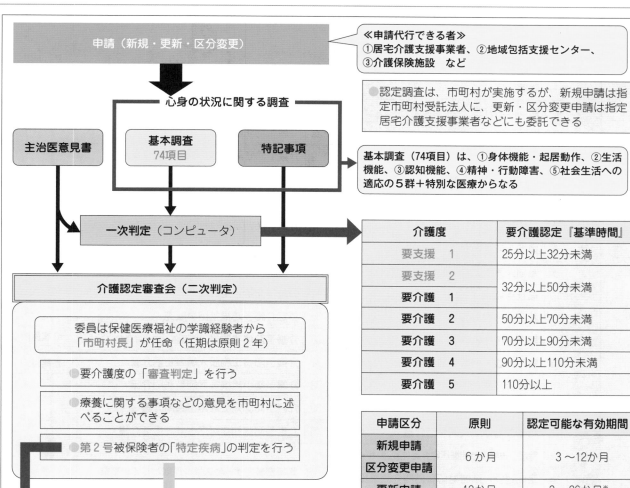

序章

第1章

第2章

第3章

第4章

第5章

社会保障制度を理解する科目 ▼ ⑥介護保険

81

▶保険給付

		要介護		要支援
区分		介護給付		予防給付
居宅サービス等	1	訪問介護		
	2	訪問入浴介護	27	介護予防訪問入浴介護
	3	訪問看護	28	介護予防訪問看護
	4	訪問リハビリテーション	29	介護予防訪問リハビリテーション
	5	居宅療養管理指導	30	介護予防居宅療養管理指導
	6	通所介護		
	7	通所リハビリテーション	31	介護予防通所リハビリテーション
	8	短期入所生活介護	32	介護予防短期入所生活介護
	9	短期入所療養介護	33	介護予防短期入所療養介護
	10	福祉用具貸与	34	介護予防福祉用具貸与
	11	特定福祉用具販売	35	特定介護予防福祉用具販売
	12	居宅介護住宅改修（事業者指定制度はない）	36	介護予防住宅改修（事業者指定制度はない）
	13	特定施設入居者生活介護	37	介護予防特定施設入居者生活介護
地域密着型サービス	14	小規模多機能型居宅介護	38	介護予防小規模多機能型居宅介護
	15	認知症対応型通所介護	39	介護予防認知症対応型通所介護
	16	認知症対応型共同生活介護	40	介護予防認知症対応型共同生活介護
	17	看護小規模多機能型居宅介護（複合型サービス）		
	18	定期巡回・随時対応型訪問介護看護		
	19	夜間対応型訪問介護		
	20	地域密着型特定施設入居者生活介護		
	21	地域密着型介護老人福祉施設入所者生活介護		
	22	地域密着型通所介護		
施設サービス	23	介護老人福祉施設		
	24	介護老人保健施設		
	25	介護医療院		
プラン	26	居宅介護支援	41	介護予防支援

都道府県知事が指定・監督（居宅サービス等、施設サービス）

市町村長が指定・監督（地域密着型サービス）

地域密着型サービスは、原則として、事業所を指定した市町村の被保険者が利用。他市町村の地域密着型サービスを利用する場合は他市町村長の同意等の手続きが必要

介護療養型医療施設は2024（令和6）年3月31日に廃止

介護保険から「7～9割」が給付

介護保険から「10割」が給付

市町村長が指定・監督（居宅介護支援）

市町村長が指定・監督（介護予防支援）

【市町村特別給付】
市町村は、「介護給付」「予防給付」のほかに、条例で定めて市町村特別給付を行うことができます（財源は、第1号被保険者の保険料のみで賄います）。

在宅（訪問、通所、短期入所、用具、ケアマネジメント）、施設（入居、入所）とサービス内容で整理すると26種類のサービス名を覚えやすくなります。

大区分	中区分		サービス名	サービス内容
在宅で利用するサービス	訪問	1	訪問介護	●居宅において行われる入浴、排せつ、食事等の介護
		2	訪問入浴介護	●居宅を訪問し、浴槽を提供して行われる入浴の介護
		3	訪問看護	●居宅において行う、療養上の世話又は必要な診療の補助
		4	訪問リハビリテーション	●居宅において行う、リハビリテーション
		5	居宅療養管理指導	●居宅において医師等により行われる療養上の管理及び指導
		6	定期巡回・随時対応型訪問介護看護	●日中・夜間を通じて、訪問介護と訪問看護が行う定期巡回と随時の対応
		7	夜間対応型訪問介護	●夜間において、訪問介護が行う定期巡回と随時の対応
	通所	8	通所介護	●老人デイサービスセンター等に通所して行う介護等
		9	地域密着型通所介護	●「定員18名以下」の通所介護
		10	通所リハビリテーション	●病院、診療所等に通所して行うリハビリテーション
		11	認知症対応型通所介護	●認知症の利用者に対する通所介護
	多機能	12	小規模多機能型居宅介護	●通いを中心に訪問や泊まりを組み合わせた多機能なサービス
		13	看護小規模多機能型居宅介護	●小規模多機能型居宅介護と訪問看護を組み合わせたサービス
	短期入所	14	短期入所生活介護	●老人短期入所施設等で行うショートステイ
		15	短期入所療養介護	●介護老人保健施設等で行うショートステイ
	用具	16	福祉用具貸与	●杖や歩行器、車いすなどの福祉用具を貸与
		17	特定福祉用具販売	●福祉用具のうち入浴又は排せつの用に供するものの販売
		18	住宅改修	●手すりの取付け、段差の解消などの小規模な住宅改修
	ケアマネジメント	19	居宅介護支援	●居宅サービス計画の作成やサービス事業者との連絡調整
施設等のサービス	入居	20	特定施設入居者生活介護	●有料老人ホームやケアハウスなどで行われる介護等
		21	地域密着型特定施設入居者生活介護	●「定員29名以下」の介護専用型特定施設
		22	認知症対応型共同生活介護	●認知症の利用者に対する家庭的な環境での共同生活の支援
	入所	23	介護老人福祉施設	●原則要介護3以上の要介護者のための生活施設
		24	地域密着型介護老人福祉施設入所者生活介護	●「定員29名以下」の介護老人福祉施設
		25	介護老人保健施設	●要介護者にリハビリテーション等を提供し、在宅復帰を目指す施設
		26	介護医療院	●医療の必要な要介護高齢者の長期療養施設

注）介護療養型医療施設は、2024（令和6）年3月31日をもって廃止された

▶福祉用具貸与・販売、住宅改修

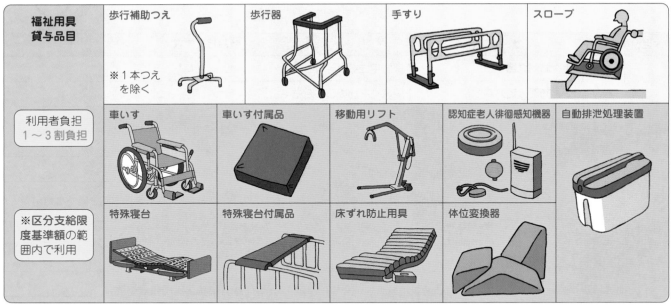

福祉用具 貸与品目	歩行補助つえ ※1本つえ を除く	歩行器	手すり	スロープ
利用者負担 1〜3割負担	車いす	車いす付属品	移動用リフト	認知症老人徘徊感知機器	自動排泄処理装置
※区分支給限 度基準額の範 囲内で利用	特殊寝台	特殊寝台付属品	床ずれ防止用具	体位変換器	

※要支援、要介護1の利用者には、原則として歩行補助つえ、歩行器、手すり、スロープの4品目が貸与できる。

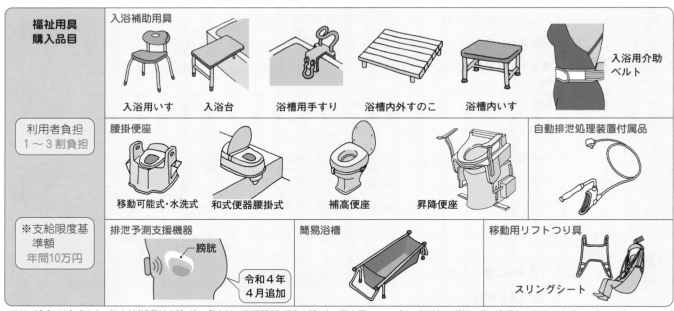

福祉用具 購入品目	入浴補助用具 入浴用いす　入浴台　浴槽用手すり　浴槽内外すのこ　浴槽内いす	入浴用介助 ベルト
利用者負担 1〜3割負担	腰掛便座 移動可能式・水洗式　和式便器腰掛式　補高便座　昇降便座	自動排泄処理装置付属品
※支給限度基 準額 年間10万円	排泄予測支援機器　膀胱　令和4年4月追加　簡易浴槽	移動用リフトつり具 スリングシート

※2024（令和6）年度より、単点杖（松葉杖を除く）、多点杖、歩行器（歩行車を除く）、固定用スロープは、利用者の選択に基づき貸与か販売かを選択できることになった。

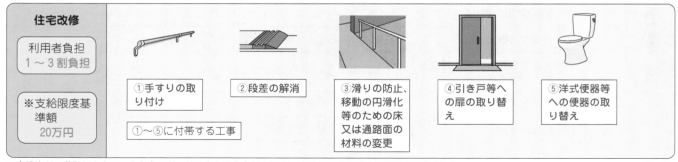

住宅改修	①手すりの取り付け	②段差の解消	③滑りの防止、移動の円滑化等のための床又は通路面の材料の変更	④引き戸等への扉の取り替え	⑤洋式便器等への便器の取り替え
利用者負担 1〜3割負担	①〜⑤に付帯する工事				
※支給限度基 準額 20万円					

※介護度が3段階以上上がったときや引っ越しをしたときは、再度、支給限度基準額の20万円が適用される。

▶共生型サービス

共生型サービスは、介護保険サービス事業所が、障害福祉サービスを提供しやすくする、障害福祉サービス事業所が、介護保険サービスを提供しやすくすることを目的とした指定手続きの特例として、2018（平成30）年に設けられた制度です。

●共生型サービスの主な対象サービス

	介護保険サービス		障害福祉サービス等
ホームヘルプサービス	●訪問介護	⇔	●居宅介護 ●重度訪問介護
デイサービス	●通所介護	⇔	●生活介護 ●自立訓練（機能訓練・生活訓練） ●児童発達支援 ●放課後等デイサービス
ショートステイ	●短期入所生活介護	⇔	●短期入所

▶区分支給限度基準額

	区分支給限度基準額が適用されるサービス	
1	訪問サービス	●訪問介護、訪問入浴介護、訪問看護、訪問リハビリテーション、定期巡回・随時対応型訪問介護看護、夜間対応型訪問介護
2	通所サービス	●通所介護、通所リハビリテーション、認知症対応型通所介護、小規模多機能型居宅介護など
3	短期入所サービス	●短期入所生活介護、短期入所療養介護など
4	福祉用具貸与	

※居宅療養管理指導や入所・入居サービスは、区分支給限度基準額は適用されない

区分支給限度基準額

← 要介護度に応じた限度基準額内で利用

種類支給限度基準額

※地域のサービス基盤に限りがある場合など、市町村が条例で定める種類ごとの限度基準額内で利用

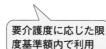

要介護度	支給限度基準額
要支援1	5032単位／月
要支援2	10531単位／月
要介護1	16765単位／月
要介護2	19705単位／月
要介護3	27048単位／月
要介護4	30938単位／月
要介護5	36217単位／月

区分支給限度基準額	●居宅サービス及び地域密着型サービスについて、要支援・要介護度別にサービス種類ごとの相互の代替性の有無を考慮して、月を単位として支給限度基準額が設定されている ●市町村は、条例で定めるところにより、支給限度基準額を超える額を基準額とすることができる
種類支給限度基準額	●地域のサービス基盤の整備状況に応じて、区分支給限度基準額の範囲内において、サービスの種類ごとに市町村が条例で定めることができる

▶利用者負担

利用者負担	●介護保険の利用者負担は、1割（または2割、3割）負担（応益負担）が原則 ●居宅介護支援、介護予防支援のケアマネジメントのサービスは利用者負担はない
介護負担割合証	●市町村から要介護・要支援者全員に対して、利用者負担が1割なのか2割なのかを示す「介護保険負担割合証」が交付される
利用者負担の減免	●市町村は、災害等特別の理由により、利用者負担の支払が一時的に困難になった被保険者について、減免または免除することができる

▶その他

特定入所者介護サービス費		●介護保険施設へ入所（入院）及び短期入所した場合、食費と居住費（滞在費）が原則自己負担となる ●低所得者に対して、介護保険施設（短期入所含む）、地域密着型介護老人福祉施設における「居住費」及び「食費」に対して、負担限度額を超える額を給付する
更新制度	事業所	●「6年ごと」に更新を受けなければ、指定の効力がなくなる
	介護支援専門員	●「5年ごと」に更新を受けなければ、業務に従事できなくなる
介護サービス情報の報告及び公表		●指定介護サービス事業者は、介護サービス情報を都道府県知事に報告しなければならない ●都道府県知事は、報告を受けた後、厚生労働省令で定めるところにより、報告の内容を公表しなければならない
保健福祉事業		●市町村は、地域支援事業のほか、要介護被保険者を現に介護する者の支援のために必要な事業など第1号被保険者の保険料を財源として、保健福祉事業を行うことができる
地域ケア会議		●市町村は、介護支援専門員、保健医療及び福祉に関する専門的知識を有する者、民生委員その他の関係者により構成される地域ケア会議を置くように努めなければならない ●地域ケア会議は、要介護被保険者等への適切な支援を図るために必要な検討を行うとともに、地域において自立した日常生活を営むために必要な支援体制に関する検討を行う ●地域課題の発見、地域づくり・資源開発など、5つの機能がある

▶ケアマネジメント機関

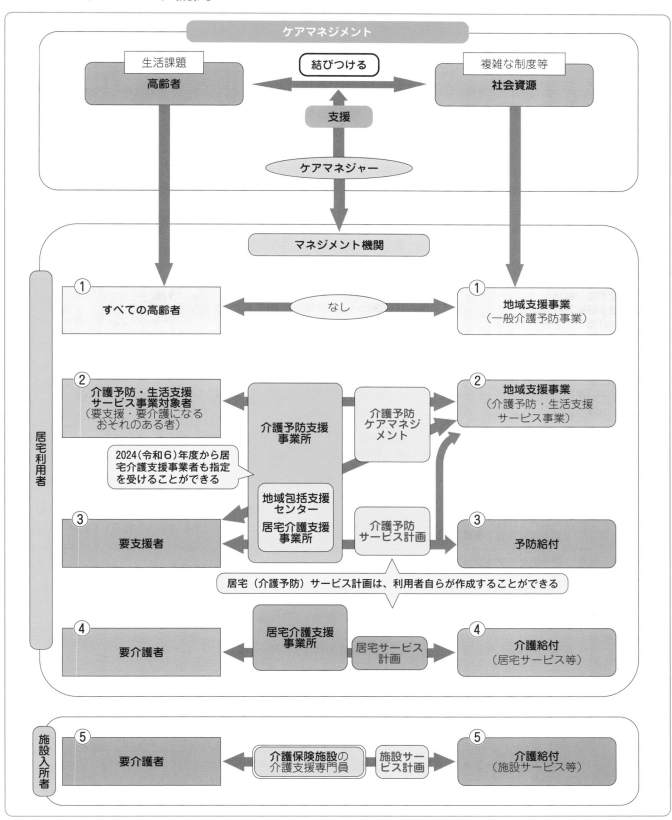

ケアマネジメント

結びつける

生活課題　高齢者 ←→ 支援 ←→ 複雑な制度等　社会資源

ケアマネジャー

マネジメント機関

① すべての高齢者 ←なし→ ① 地域支援事業（一般介護予防事業）

② 介護予防・生活支援サービス事業対象者（要支援・要介護になるおそれのある者） ② 地域支援事業（介護予防・生活支援サービス事業）

介護予防支援事業所

介護予防ケアマネジメント

2024（令和6）年度から居宅介護支援事業者も指定を受けることができる

地域包括支援センター　居宅介護支援事業所

③ 要支援者　介護予防サービス計画　③ 予防給付

居宅（介護予防）サービス計画は、利用者自らが作成することができる

④ 要介護者　居宅介護支援事業所　居宅サービス計画　④ 介護給付（居宅サービス等）

⑤ 要介護者　介護保険施設の介護支援専門員　施設サービス計画　⑤ 介護給付（施設サービス等）

居宅利用者

施設入所者

序章　第1章　第2章　第3章　第4章　第5章

社会保障制度を理解する科目 ▼ ⑥介護保険

▶地域支援事業

```
                            ┌──────────────┐
                            │   地域支援事業   │
                            └──────────────┘
            ┌───────────────────┼───────────────────┐
            ▼                   ▼                   ▼
┌─────────────────────┐ ┌─────────────────────┐ ┌─────────────────────┐
│ 介護予防・日常生活支援総合事業 │ │     包括的支援事業      │ │       任意事業       │
```

介護予防・日常生活支援総合事業

┌─ **介護予防・生活支援サービス事業** ─┐
① 訪問型サービス
② 通所型サービス
③ 生活支援サービス
④ 介護予防ケアマネジメント
　（要支援者）

┌─ **一般介護予防事業** ─┐
① 介護予防把握事業
② 介護予防普及啓発事業
③ 地域介護予防活動支援事業
④ 一般介護予防事業評価事業
⑤ 地域リハビリテーション活動支援
　事業

包括的支援事業

┌─ **地域包括支援センター事業** ─┐
① 介護予防ケアマネジメント
　（要支援者以外）
② 包括的・継続的ケアマネジメント
　支援業務
③ 総合相談支援業務
④ 権利擁護業務

⑤ 在宅医療・介護連携推進事業
⑥ 生活支援体制整備事業
⑦ 認知症総合支援事業
⑧ 地域ケア会議推進事業

任意事業

● 介護給付等費用適正化事業

● 家族介護支援事業

● 成年後見制度利用支援事業

● その他の事業

※ 実施するかどうかは市町村の
　判断

介護予防・生活支援サービス事業 要支援者、事業対象者（※）が対象	①訪問型サービス （第1号訪問事業）	● 訪問介護に相当するものや、住民主体による支援、保健・医療の専門職が短期集中で行うサービス、移動支援などを提供
	②通所型サービス （第1号通所事業）	● 通所介護に相当するもののほか、住民主体による支援、保健・医療の専門職により短期集中で行うサービスなどを提供
	③生活支援サービス （第1号生活支援事業）	● 栄養改善を目的とした配食や一人暮らし高齢者等への見守りを提供
	④介護予防ケアマネジメント （第1号介護予防支援事業）	● 総合事業によるサービス等が適切に提供できるようにケアマネジメントを提供
一般介護予防事業 第1号被保険者が対象	①介護予防把握事業	● 収集した情報等の活用により、閉じこもり等の何らかの支援を要する者を把握し、介護予防活動へつなげる
	②介護予防普及啓発事業	● 介護予防活動の普及・啓発を行う
	③地域介護予防活動支援事業	● 住民主体の介護予防活動の育成・支援を行う
	④一般介護予防事業評価事業	● 介護保険事業計画に定める目標値の達成状況等を検証し、一般介護予防事業の評価を行う
	⑤地域リハビリテーション活動支援事業	● 介護予防の取り組みを機能強化するため、通所、訪問、地域ケア会議、住民主体の通いの場等へのリハビリ専門職等による助言等を実施

（※）2021（令和3）年4月より、要介護認定によるサービスを受ける前から第1号事業のサービスを継続的に利用する居宅要介護被保険者（市町村が必要と認める者に限る）も対象

包括的支援事業	①介護予防ケアマネジメント（要支援者以外）	●基本チェックリスト該当者に対して、訪問型サービス、通所型サービス、その他の生活支援サービス等が包括的・効率的に実施されるよう必要な援助を行う	
		基本チェックリスト	●介護予防・生活支援サービス事業対象者を選定するために、厚生労働省が作成したもので、25項目のチェック項目がある
	②包括的・継続的ケアマネジメント支援業務	●被保険者の居宅サービス計画及び施設サービス計画の検証、その心身の状況、介護給付等対象サービスの利用状況その他の状況に関する定期的な協議その他の取組を通じ、当該被保険者が地域において自立した日常生活を営むことができるよう、包括的かつ継続的な支援を行う	
	③総合相談支援業務	●被保険者の心身の状況、その居宅における生活の実態その他の必要な実情の把握、保健医療、公衆衛生、社会福祉その他の関連施策に関する総合的な情報の提供、関係機関との連絡調整その他の被保険者の保健医療の向上及び福祉の増進を図るための総合的な支援を行う	
	④権利擁護業務	●被保険者に対する虐待の防止及びその早期発見のための事業その他の被保険者の権利擁護のため必要な援助を行う	
	⑤在宅医療・介護連携推進事業	●地域の医療・介護関係者による会議の開催、在宅医療・介護関係者の研修等を行い、在宅医療と介護サービスを一体的に提供する体制の構築を推進	
	⑥生活支援体制整備事業	●生活支援コーディネーターの配置や協議体の設置等により、担い手やサービスの開発等を行い、高齢者の社会参加及び生活支援の充実を推進	
		生活支援コーディネーター（地域支え合い推進員）	●生活支援体制の整備を推進するため、生活支援サービスの資源開発等を行う生活支援コーディネーターを地域の実情に応じて配置する
		協議体	●生活支援コーディネーターと生活支援サービスの提供主体等が参画し、定期的な情報共有、連携及び協働による資源開発等を推進する
	⑦認知症総合支援事業	●初期集中支援チームの関与による認知症の早期診断・早期対応や、地域支援推進員による相談対応等を行い、認知症の人本人の意思が尊重され、できる限り住み慣れた地域のよい環境で自分らしく暮らし続けることができる地域の構築を推進	
		認知症地域支援推進員	●市町村は、認知症総合支援事業を円滑かつ効果的に実施するため、認知症地域支援推進員を配置し、関係機関等との連絡調整を行う
		認知症初期集中支援チーム	●専門医や医療と介護の複数の専門職が認知症の人やその家族に初期の支援を包括的、集中的（おおむね6か月）に行う
	⑧地域ケア会議推進事業	●地域包括支援センター等において、多職種協働による個別事例の検討等を行い、地域のネットワーク構築、ケアマネジメント支援、地域課題の把握等を推進	
利用料		●市町村は、地域支援事業の利用者に対し、厚生労働省令で定めるところにより、利用料を請求することができる（利用料は市町村が定める）	

▶地域包括支援センター

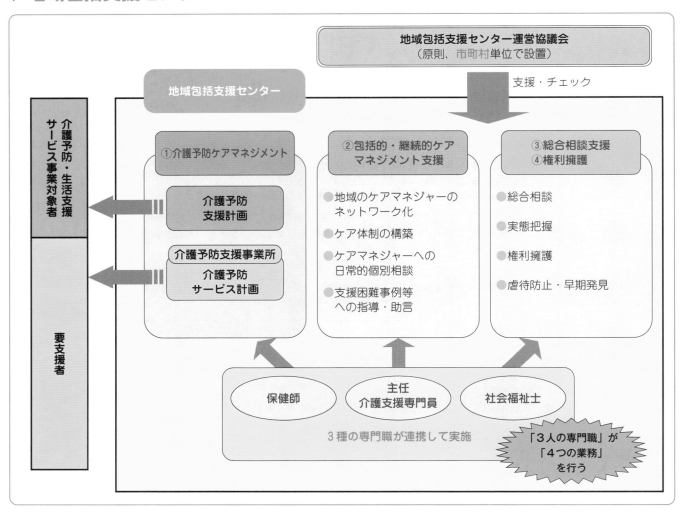

設置	●市町村は、地域包括支援センターを設置することができる ●「介護予防ケアマネジメント」及び「包括的支援事業」等の委託を受けた者は、あらかじめ、市町村長に届け出て、地域包括支援センターを設置することができる
人員基準	●1つの地域包括支援センターが担当する区域における第1号被保険者の数がおおむね3000人以上6000人未満の区分を基本として、配置すべき常勤の職員数が設定されている
遵守事項等	●包括的支援事業を実施するために必要なものとして市町村の条例で定める基準を遵守しなければならない ●地域包括支援センターの職員は、正当な理由なしに、その業務に関して知り得た秘密を漏らしてはならない ●地域包括支援センターの設置者は、自らその実施する事業の質の評価を行うことにより、その実施する事業の質の向上を図らなければならない
情報公表	●市町村は、地域包括支援センターの事業の内容及び運営状況に関する情報を公表するよう努めなければならない

90

単元⑦：社会福祉の概要　　共通

14 社会福祉法　← 1951（昭和26）年公布

『穴埋めチェック2025』
P.67～P.72参照

重要度
B
★★☆

社会福祉法は、社会福祉を目的とする事業の全分野に共通する基本事項を定めた法律です。どのような内容が含まれるか、その概要を確認しましょう。

目的	●社会福祉を目的とする事業の全分野における共通的基本事項を定め、福祉サービスの利用者の利益の保護及び地域福祉の推進を図ることなどにより、社会福祉の増進に資することを目的としている
福祉サービスの基本的理念	●福祉サービスは、利用者が心身ともに健やかに育成され、又はその有する能力に応じ自立した日常生活を営むことができるように支援するものとして、良質かつ適切なものでなければならない
福祉サービスの提供の原則	●社会福祉事業を経営する者は、利用者の意向を十分に尊重し、地域住民等との連携を図り、かつ保健医療サービス等と有機的な連携を図るよう創意工夫を行い、総合的にサービスを提供することができるように努めなければならない
福祉サービスの提供体制の確保に関する国及び地方公共団体の責務	●国及び地方公共団体は、福祉サービスを提供する体制の確保に関する施策、福祉サービスの適切な利用の推進に関する施策その他の必要な各般の措置を講じなければならない ●国及び地方公共団体は、地域生活課題の解決に資する支援が包括的に提供される体制の整備その他地域福祉の推進のために必要な各般の措置を講ずるよう努めるとともに、当該措置の推進に当たっては、保健医療、労働、教育、住まい及び地域再生に関する施策その他の関連施策との連携に配慮するよう努めなければならない

地方社会福祉審議会	●地方社会福祉審議会は、都道府県知事又は指定都市もしくは中核市の長の監督に属し、その諮問に答え、又は関係行政庁に意見を具申する機関である	
	委員	●議会の議員、社会福祉事業に従事する者及び学識経験者のうちから、都道府県知事、指定都市・中核市の長が任命

福祉事務所	●都道府県及び市は、条例で、福祉に関する事務所を設置しなければならない ●町村は、条例で、その区域を所管区域とする福祉に関する事務所を設置することができる	
	所員の定数	●所員の定数は、次の数を標準として条例で定める ●都道府県事務所→被保護世帯390以下の場合　6人（65を増すごとに1人） ●市の福祉事務所→被保護世帯240以下の場合　3人（80を増すごとに1人）

社会福祉法人	●社会福祉法人は、社会福祉事業を行うことを目的として、社会福祉法の定めるところにより設立された法人
事業経営の準則	●国及び地方公共団体は、法律に基づくその責任を他の社会福祉事業を経営する者に転嫁し、又はこれらの者の財政的援助を求めないこと ●国及び地方公共団体は、他の社会福祉事業を経営する者に対し、その自主性を重んじ、不当な関与を行わないこと ●社会福祉事業を経営する者は、不当に国及び地方公共団体の財政的、管理的援助を仰がないこと
施設の基準	●都道府県は、社会福祉施設の設備の規模及び構造並びに福祉サービスの提供の方法、利用者等からの苦情への対応その他の社会福祉施設の運営について、条例で基準を定めなければならない

地域福祉の推進		●地域福祉の推進は、地域住民が相互に人格と個性を尊重し合いながら、参加し、共生する地域社会の実現を目指して行われなければならない ●地域住民、社会福祉事業経営者、社会福祉に関する活動を行う者（地域住民等）は、相互に協力し、地域住民が社会、経済、文化その他あらゆる分野の活動に参加する機会が確保されるように、地域福祉の推進に努めなければならない ●地域住民等は、地域生活課題を把握し、その解決に資する支援を行う関係機関との連携等によりその解決を図るよう特に留意する
	地域福祉計画	●市町村は、市町村地域福祉計画を策定するよう努める ●都道府県は、都道府県地域福祉支援計画を策定するよう努める
	社会福祉協議会	●社会福祉協議会は、地域福祉の推進を図ることを目的とする団体で、都道府県、市町村に設置される
	共同募金	●共同募金は、地域福祉の推進を図るため、都道府県単位で実施される寄附金の募集のことをいう
福祉サービスの適切な利用	**情報の提供**	●社会福祉事業の経営者は、福祉サービスを利用しようとする者が、適切かつ円滑にこれを利用することができるように、情報の提供を行うよう努めなければならない ●国及び地方公共団体は、福祉サービスを利用しようとする者が必要な情報を容易に得られるように、必要な措置を講ずるよう努めなければならない
	利用契約の成立時の書面の交付	●社会福祉事業の経営者は、福祉サービスを利用するための契約が成立したときは、利用者に対し、遅滞なく、事業者名及び所在地、サービス内容、利用料などを記載した書面を交付しなければならない
	福祉サービスの質の向上のための措置等	●社会福祉事業の経営者は、自らその提供する福祉サービスの質の評価を行うことその他の措置を講ずることにより、常に福祉サービスを受ける者の立場に立って良質かつ適切な福祉サービスを提供するよう努めなければならない
	誇大広告の禁止	●社会福祉事業の経営者は、広告をするときは、著しく事実に相違する表示をし、又は実際のものよりも著しく優良であると人を誤認させるような表示をしてはならない
福祉サービスの利用の援助等		●社会福祉事業の経営者は、常に、その提供する福祉サービスについて、利用者等からの苦情の適切な解決に努めなければならない ●福祉サービス利用援助事業の適正な運営を確保するために、都道府県社会福祉協議会に、運営適正化委員会を置く
	運営適正化委員会	●人格が高潔であって、社会福祉に関する識見を有し、かつ、社会福祉、法律又は医療に関し学識経験を有する者で構成され、福祉サービスに関する利用者等からの苦情を適切に解決する
社会福祉事業等に従事する者の確保の促進		●厚生労働大臣は、社会福祉事業等従事者の確保を図るための措置等に関する基本指針を定めなければならない
	福祉人材センター	●都道府県福祉人材センターは、社会福祉事業等従事者の確保を図ることを目的として設立された社会福祉法人で、都道府県に1か所設置される ●中央福祉人材センターは、都道府県福祉人材センターの業務に関する連絡及び援助を行うこと等を目的として設立された社会福祉法人で、全国を通じて1か所設置される
	福利厚生センター	●福利厚生センターは、社会福祉事業等に関する連絡及び助成を行うこと等により社会福祉事業等従事者の福利厚生の増進を図ることを目的とする法人（全国に1か所）

▶社会福祉事業

社会福祉法において、社会福祉事業として第一種社会福祉事業と第二種社会福祉事業を定義しています。

法区分	第一種社会福祉事業	第二種社会福祉事業
概　要	●利用者への影響が大きいため、経営安定を通じた利用者の保護の必要性が高い事業 ●原則として、国、地方公共団体、社会福祉法人が実施できる ●上記以外の者が実施する場合は、都道府県知事の許可が必要	●比較的利用者への影響が小さいため、公的規制の必要性が低い事業 ●都道府県知事へ届出が必要
社会福祉法	●共同募金など	●福祉サービス利用援助事業 ●無料低額宿泊事業、無料低額診療事業、隣保事業　など
生活保護法	●救護施設　　●更生施設 ●宿所提供施設　●助葬を行う事業	●医療保護施設
老人福祉法	●特別養護老人ホーム ●養護老人ホーム ●軽費老人ホーム	●老人居宅介護等事業　●老人デイサービス事業 ●老人短期入所事業　●老人福祉センターを経営する事業 ●老人介護支援センターを経営する事業 ●小規模多機能型居宅介護事業 ●認知症対応型老人共同生活援助事業 ●複合型サービス福祉事業
身体障害者福祉法		●身体障害者生活訓練等事業　●手話通訳事業 ●介助犬・聴導犬訓練事業　　●盲導犬訓練施設 ●視聴覚障害者情報提供施設 ●身体障害者福祉センターを経営する事業　など
知的障害者福祉法		●知的障害者の更生相談に応ずる事業
障害者総合支援法	●障害者支援施設	●障害福祉サービス事業　●一般相談支援事業 ●移動支援事業　　　　　●特定相談支援事業 ●地域活動支援センターを経営する事業　など
児童福祉法	●乳児院 ●母子生活支援施設 ●児童自立支援施設 ●児童養護施設 ●児童心理治療施設 ●障害児入所施設	●児童自立生活援助事業　●障害児相談支援事業 ●放課後児童健全育成事業　●乳児家庭全戸訪問事業 ●児童家庭支援センター　●養育支援訪問事業 ●里親支援センター　　　●地域子育て支援拠点事業 ●助産施設を経営する事業　●一時預かり事業 ●保育所を経営する事業　●小規模住居型児童養育事業 ●子育て短期支援事業　　●障害児通所支援事業　など
母子及び父子並びに寡婦福祉法		●母子家庭（父子家庭・寡婦）日常生活支援事業 ●母子・父子福祉施設を経営する事業
女性支援法	●女性自立支援施設	
就学前保育等推進法		●幼保連携型認定こども園を経営する事業
生活困窮者自立支援法		●認定生活困窮者就労訓練事業

▶重層的支援体制整備事業

市町村において、既存の相談支援等の取組を活かしつつ、地域住民の複雑化・複合化した支援ニーズに対応する包括的な支援体制を構築するため、重層的支援体制整備事業が創設されました（2021（令和3）年4月施行）。

これまでの仕組み	属性や世代を問わない相談
高齢分野の相談（地域包括支援センター） 障害分野の相談（基幹相談支援センター） 子ども分野の相談（利用者支援事業の実施機関・母子健康包括支援センター） 生活困窮分野の相談（生活困窮者自立相談支援機関）	重層的支援体制整備事業 包括的相談支援事業 参加支援事業 地域づくり事業 アウトリーチ等を通じた継続的支援事業 多機関協働事業
複合的な課題、狭間のニーズに対応できない	各制度で定められた相談支援機関の機能を超えた支援が可能

複雑化・複合化した支援ニーズに対応

重層的支援体制整備事業	●市町村は、地域生活課題の解決に資する包括的な支援体制を整備するため、重層的支援体制整備事業を行うことができる（任意） ●「重層的支援体制整備事業」とは、市町村において、既存の相談支援等の取組を活かしつつ、地域住民の複雑化・複合化した支援ニーズに対応する包括的な支援体制を構築するため、「相談支援」「参加支援」「地域づくりに向けた支援」を一体的に実施する事業
包括的相談支援事業	●各相談支援事業者は、相談者の属性・世代・相談内容にかかわらず包括的に相談を受け止め、受け止めた相談のうち、単独の相談支援事業者では解決が難しい事例は、適切な相談支援事業者や各種支援機関と連携を図りながら支援を行う
参加支援事業	●介護・障害・子ども・困窮等の既存制度と緊密な連携をとって実施するとともに、既存の社会参加に向けた事業では対応できない狭間の個別ニーズに対応するため、本人のニーズ・希望と地域の資源との間の調整を行うことで、多様な社会参加の実現を支援する
地域づくり事業	●介護（一般介護予防事業、生活支援体制整備事業）、障害（地域活動支援センター）、子ども（地域子育て支援拠点事業）、困窮（生活困窮者のための共助の基盤づくり事業）の地域づくりに係る事業を一体として実施し、地域社会からの孤立を防ぐとともに、地域における多世代の交流や多様な活躍の場を確保する地域づくりに向けた支援を実施
アウトリーチ等を通じた継続的支援事業	●複数分野にまたがる複雑化・複合化した課題を抱えているために、必要な支援が届いていない人（長期にわたりひきこもりの状態にあるなどして必要な支援が届いていない人など）に支援を届ける
多機関協働事業	●多機関協働事業は、重層的支援体制整備事業に関わる関係者の連携の円滑化を進めるなど、既存の相談支援機関をサポートし、市町村における包括的な支援体制を構築できるよう支援する

▶共同募金

2022（令和4）年度の募金総額は、約168億円。助成総額は、約143億円でした。

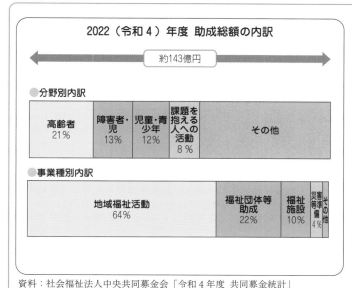

2022（令和4）年度 助成総額の内訳

約143億円

●分野別内訳

高齢者 21%	障害者・児 13%	児童・青少年 12%	課題を抱える人への活動 8%	その他

●事業種別内訳

地域福祉活動 64%	福祉団体等助成 22%	福祉施設 10%	災害準備 4%	その他

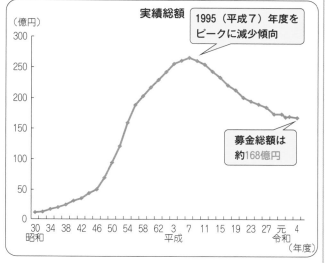

実績総額

1995（平成7）年度をピークに減少傾向

募金総額は約168億円

資料：社会福祉法人中央共同募金会「令和4年度 共同募金統計」

目　的	●「共同募金」は、都道府県の区域を単位として、毎年1回、厚生労働大臣の定める期間内（10月〜3月）に限って行われる寄附金の募集である ●地域福祉の推進を図るため、その寄附金を都道府県内の社会福祉事業、更生保護事業その他の社会福祉を目的とする事業を経営する者（国及び地方公共団体を除く）に配分する
募金方法	●戸別・職域・法人・街頭・学校・NHK歳末募金などがある（戸別募金が募金総額の約7割を占める） <table><tr><td>戸別募金（69%）</td><td>法人募金 12%</td><td>職域募金 4%</td><td>NHK歳末募金 3%</td><td>その他</td></tr></table>
共同募金会	●共同募金を行う事業は、第一種社会福祉事業である ●共同募金事業を行うことを目的として設立される社会福祉法人を共同募金会と称する ●共同募金会以外の者は、共同募金事業を行ってはならない
配分委員会	●寄附金の公正な配分に資するため、共同募金会に配分委員会を置く
共同募金の配分	●共同募金は、社会福祉を目的とする事業を経営する者以外の者に配分してはならない ●共同募金会は、寄附金の配分を行うに当たっては、配分委員会の承認を得なければならない ●国及び地方公共団体は、寄附金の配分について干渉してはならない
準備金	●共同募金会は、災害の発生等に備えるため、準備金を積み立てることができる ●共同募金会は、災害の発生等があった場合は、準備金の全部又は一部を他の共同募金会に拠出することができる
計画の公告	●共同募金会は、共同募金を行うには、あらかじめ、都道府県社会福祉協議会の意見を聴き、配分委員会の承認を得て、共同募金の目標額などを定め公告しなければならない
結果の公告	●共同募金会は、寄附金の配分を終了したときは、1月以内に、募金の総額、配分を受けた者の氏名又は名称及び配分した額などを公告しなければならない

15 社会福祉協議会

▶社会福祉協議会の概要

概要	●社会福祉法に規定された、地域福祉の推進を図ることを目的とする団体 ●全国、都道府県、市町村のすべてに設置され、コミュニティワーカーが配置されている			
	全国	1か所	企画指導員	（任用条件） 社会福祉士又は社会福祉主事の任用資格 （数値は2023（令和5）年1月現在）
	都道府県（指定都市）	67か所	福祉活動指導員	
	市町村	1817か所	福祉活動専門員	
全国社会福祉協議会	●都道府県社会福祉協議会は、相互の連絡及び事業の調整を行うため、全国を単位として、社会福祉協議会連合会（全国社会福祉協議会）を設立することができる。			
事業内容	●全国の福祉関係者や福祉施設等事業者の連絡・調整 ●社会福祉のさまざまな制度改善に向けた取り組み ●社会福祉に関する図書・雑誌の刊行 ●福祉に関わる人材の養成・研修　など			
都道府県社会福祉協議会	●区域内における市町村社会福祉協議会の過半数及び社会福祉事業又は更生保護事業を経営する者の過半数が参加 ●関係行政庁の職員は、都道府県社会福祉協議会の役員となることができる。ただし、役員の総数の5分の1を超えてはならない			
事業内容	●各市町村を通ずる広域的な見地から行うことが適切なもの ●社会福祉を目的とする事業に従事する者の養成及び研修 ●社会福祉を目的とする事業の経営に関する指導及び助言 ●市町村社会福祉協議会の相互の連絡及び事業の調整			
実施主体	●日常生活自立支援事業、運営適正化委員、生活福祉資金貸付			
市町村社会福祉協議会	●区域内における社会福祉を目的とする事業を経営する者及び社会福祉に関する活動を行う者が参加 ●指定都市以外の市町村は、区域内における社会福祉事業又は更生保護事業を経営する者の過半数が参加。指定都市は、区域内における地区社会福祉協議会の過半数及び社会福祉事業又は更生保護事業を経営する者の過半数が参加 ●関係行政庁の職員は、市区町村社会福祉協議会の役員となることができる。ただし、役員の総数の5分の1を超えてはならない			
事業内容	●社会福祉を目的とする事業の企画及び実施 ●社会福祉に関する活動への住民の参加のための援助 ●社会福祉を目的とする事業に関する調査、普及、宣伝、連絡、調整及び助成 ●社会福祉を目的とする事業の健全な発達を図るために必要な事業			

▶地域福祉活動計画

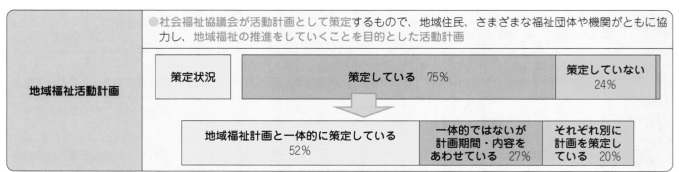

地域福祉活動計画	●社会福祉協議会が活動計画として策定するもので、地域住民、さまざまな福祉団体や機関がともに協力し、地域福祉の推進をしていくことを目的とした活動計画

策定状況　策定している 75%　策定していない 24%

地域福祉計画と一体的に策定している 52%　一体的ではないが計画期間・内容をあわせている 27%　それぞれ別に計画を策定している 20%

資料：社会福祉法人全国社会福祉協議会「市区町村社会福祉協議会活動実態調査報告書2021」（令和5年3月）

▶社会福祉協議会の歴史

1951（昭和26）年	●日本社会事業協会、全日本民生委員連盟、同胞援護会の3団体が合併して、全国社会福祉協議会の前身である中央社会福祉協議会が設立された
1951（昭和26）年	●社会福祉事業法成立。全国・都道府県社会福祉協議会が規定された
1962（昭和37）年	●社会福祉協議会基本要項が策定され、「住民主体」の原則に基づく社会福祉協議会の組織と活動のあり方を明らかにした
1966（昭和41）年	●市町村社会福祉協議会の職員に対する国庫補助が始まり、福祉活動専門員が配置されるようになった
1983（昭和58）年	●社会福祉事業法の改正により、市町村社会福祉協議会が法制化された
1990（平成2）年	●指定都市社会福祉協議会、区社会福祉協議会が規定され、市区町村社会福祉協議会の事業に「社会福祉事業の企画、実施」が加えられた
1992（平成4）年	●都道府県・指定都市・市区町村社会福祉協議会の事業として「社会福祉に関する活動への住民参加のための援助」が加えられた
1999（平成11）年	●国庫補助で配置されていた福祉活動専門員の経費が一般財源化された
2000（平成12）年	●社会福祉事業法が社会福祉法に改題され、「地域福祉の推進を図ることを目的とする団体」と明文化された

▶市町村社会福祉協議会の活動状況

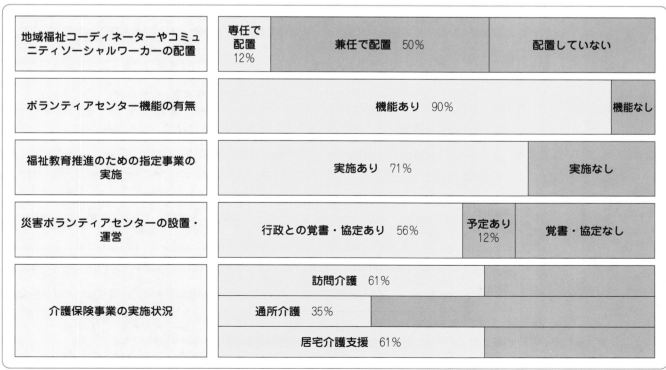

資料：社会福祉法人全国社会福祉協議会「市区町村社会福祉協議会活動実態調査報告書2021」（令和5年3月）

老人福祉法の基本理念	第2条	●老人は、多年にわたり社会の進展に寄与してきた者として、かつ、豊富な知識と経験を有する者として敬愛されるとともに、生きがいを持てる健全で安らかな生活を保障されるものとする
	第3条	●老人は、老齢に伴つて生ずる心身の変化を自覚して、常に心身の健康を保持し、又は、その知識と経験を活用して、社会的活動に参加するように努めるものとする ●老人は、その希望と能力とに応じ、適当な仕事に従事する機会その他社会的活動に参加する機会を与えられるものとする
老人の定義		●老人福祉法では、「老人」を定義していない ●措置の対象者を、65歳以上の者（65歳未満の者であって特に必要があると認められるものを含む）としている
市町村が行う措置		●市町村は、65歳以上で環境上及び経済的理由で居宅において養護が困難なものを養護老人ホームに入所の措置をとる ●市町村は、「やむを得ない理由」で、介護保険法に規定するサービスの利用が著しく困難な場合は、老人居宅介護等事業等の利用や特別養護老人ホームに入所の措置をとる
老人の日		●老人の日：9月15日、老人週間：9月15日〜21日（老人福祉法第5条） ●敬老の日：9月第3月曜日（国民の祝日に関する法律）
老人福祉の増進のための事業		●地方公共団体は、老人の心身の健康の保持に資するための教養講座、レクリエーションその他広く老人が自主的かつ積極的に参加することができる事業を実施するように努めなければならない ●地方公共団体は、老人の福祉を増進することを目的とする事業の振興を図るとともに、老人クラブその他当該事業を行う者に対して、適当な援助をするように努めなければならない
	老人クラブ	●おおむね60歳以上の地域の高齢者が自主的に組織した、会員数おおむね30人以上の団体 ●市町村から活動費の一部について助成を受けることができる ●健康づくりを進める活動やボランティア活動等を通じて地域を豊かにする各種活動を行っている
有料老人ホーム	定義	●老人を入居させ（1人以上）、入浴、排せつもしくは食事の介護、食事の提供又はその他の日常生活上必要な便宜を提供する施設 （老人福祉施設、認知症対応型老人共同生活援助事業を行う住居等ではないもの）
	類型	●「介護付」（介護保険の特定施設入居者生活介護の指定を受けたもの） ●「住宅型」（外部の介護サービスを利用するもの） ●「健康型」（介護が必要になった場合退去するもの）
	届出等	●有料老人ホームの設置者は、施設を設置しようとする都道府県知事にあらかじめ届け出なければならない ●事業を廃止・休止しようとするときは、1か月前までに、都道府県知事に届け出なければならない
	権利金、前払金	●権利金その他の金品（家賃、敷金及び介護等の対価として受領する費用を除く）を受領してはならない ●家賃等の一部を前払金として受領するときは、必要な保全措置を講じなければならない
	情報公表	●有料老人ホームの設置者は、当該有料老人ホームに係る有料老人ホーム情報（サービス内容、利用料金など）を、都道府県知事に報告しなければならない ●都道府県知事は、上記の規定により報告された事項を公表しなければならない

▶老人福祉施設と老人居宅生活支援事業

	施設名	内　容	老人福祉法に基づく措置
老人福祉施設（7種類）	特別養護老人ホーム	●65歳以上で、身体上又は精神上著しい障害があるために常時の介護を必要とし、かつ居宅において介護を受けることが困難な人を入所させ、必要な援助を行う施設	○
		介護保険　●（地域密着型）介護老人福祉施設	
	養護老人ホーム	●65歳以上で、環境上の理由及び経済的理由により居宅において養護を受けることが困難な人を入所させ、必要な援助を行う施設	○
	軽費老人ホーム	●60歳以上で、無料又は低額な料金で、食事の提供その他日常生活上必要な便宜を提供する施設 ●A型（食事を提供）、B型（自炊が原則）、ケアハウス（食事と生活支援サービスなどを提供、バリアフリー）、都市型（定員20名以下）がある	
	老人福祉センター	●無料又は低額な料金で、高齢者に関する各種の相談に応ずるとともに、高齢者に対して、健康の増進、教養の向上及びレクリエーションのための便宜を総合的に提供する	
	老人介護支援センター	●高齢者・介護者・地域住民等からの相談に応じ、助言を行うとともに、関係機関との連絡調整その他の援助を総合的に行う	
老人居宅生活支援事業	老人デイサービスセンター（事業）	●特別養護老人ホームその他の厚生労働省令で定める施設等に通わせ、入浴、排泄、食事等の介護、機能訓練、介護方法の指導その他の厚生労働省令で定める便宜を供与する事業を行う	○
		介護保険　●通所介護、（介護予防）認知症対応型通所介護	
	老人短期入所施設（事業）	●特別養護老人ホームその他の厚生労働省令で定める施設に短期間入所させ、養護する事業を行う	○
		介護保険　●（介護予防）短期入所生活介護	
	老人居宅介護等事業	●居宅において入浴、排泄、食事等の介護その他の日常生活を営むのに必要な便宜であって厚生労働省令で定めるものを供与する事業を行う	○
		介護保険　●訪問介護、夜間対応型訪問介護、定期巡回・随時対応型訪問介護看護	
	小規模多機能型居宅介護事業	●心身の状況、置かれている環境等に応じて、「居宅」において、又は「サービスの拠点に通わせ」、もしくは「短期間宿泊」させ、入浴、排泄、食事等の介護、機能訓練等を供与する事業を行う	○
		介護保険　●（介護予防）小規模多機能型居宅介護	
	認知症対応型老人共同生活援助事業	●グループホーム等、共同生活を営むべき住居において入浴、排泄、食事等の介護その他の日常生活上の援助を行う事業を行う	○
		介護保険　●（介護予防）認知症対応型共同生活介護	
	複合型サービス	●「小規模多機能型居宅介護事業」と「訪問看護」等の複数のサービスを組み合わせて提供する事業	○
		介護保険　●複合型サービス	

17 高齢者福祉に関するその他の制度

重要度
B
★★☆

▶高齢者関連施設の分類

高齢者関係の施設は、どの法律に基づく施設なのかによって同じ施設でも名称等が異なります。どのような関係になっているのかを大まかにイメージできるようになりましょう。

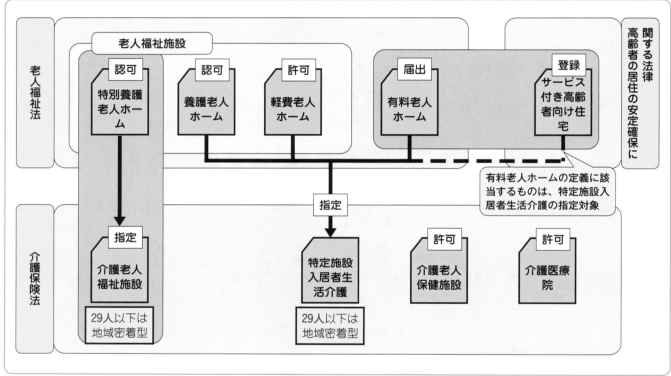

介護老人福祉施設 （特別養護老人ホーム）	●老人福祉法において認可を受けた特別養護老人ホームが、介護保険法の指定を受けた施設 ●老人福祉法に基づく措置施設でもあり、介護保険法に基づく契約施設でもある
介護老人保健施設	●開設根拠は、介護保険法に規定されている。介護保険法で許可を受ければ、改めて指定を受ける必要はない
介護医療院	●介護医療院の開設根拠は、介護保険法に規定されている。介護保険法で許可を受ければ、改めて指定を受ける必要はない
特定施設入居者生活介護	●特定施設とは、有料老人ホーム、養護老人ホーム、軽費老人ホームをいう ●特定施設のうち、指定基準を満たすと、特定施設入居者生活介護の指定を受けることができる

注）介護保険施設に含まれていた「介護療養型医療施設」は、2024（令和６）年３月31日をもって廃止された

▶高齢者の居住の安定確保に関する法律

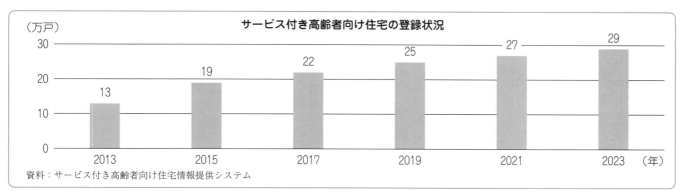

サービス付き高齢者向け住宅の登録状況

（万戸）

年	2013	2015	2017	2019	2021	2023
登録戸数	13	19	22	25	27	29

資料：サービス付き高齢者向け住宅情報提供システム

目的	●高齢者向けの賃貸住宅等の登録制度を設けるとともに、終身建物賃貸借制度を設ける等の措置を講ずることにより、高齢者の居住の安定の確保を図ることを目的としている
基本方針	●国土交通大臣及び厚生労働大臣は、高齢者の居住の安定の確保に関する基本的な方針を定めなければならない
高齢者居住安定確保計画	●都道府県は、基本方針に基づき、都道府県高齢者居住安定確保計画を定めることができる ●市町村は、市町村高齢者居住安定確保計画を定めることができる

サービス付き高齢者向け住宅			●基準を満たす高齢者向けの賃貸住宅又は有料老人ホームは、都道府県知事の登録を受けることができる ●この制度に登録すれば、有料老人ホームの届出は不要 ●要件を満たしたサービス付き高齢者向け住宅の建設や改修等に対しては、国の補助制度がある
	入居要件		●60歳以上の者または、要支援・要介護認定を受けている60歳未満の者 ●単身であるかまたは同居者が配偶者もしくは60歳以上の親族など
	登録基準	ハード面	●居室は原則25㎡以上（ただし、居間、食堂、台所そのほかの住宅の部分が高齢者が共同して利用するため十分な面積を有する場合は18㎡以上） ●構造・設備が一定の基準を満たすこと ●バリアフリー構造であること
		サービス	●状況把握サービス、生活相談サービスは必須サービス ●その他に、食事の提供や掃除・洗濯等の家事援助などを提供することができる
		契約内容	●長期入院を理由に事業者から一方的に解約できないこととしているなど、居住の安定が図られた契約であること ●敷金、家賃、サービス対価以外の金銭を徴収しないこと ●前払家賃等の返還ルール及び保全措置が講じられていること　など
	有料老人ホームとの関係		●サービス付き高齢者向け住宅において、必須サービスのほかに、有料老人ホームの要件になっている①食事の提供、②介護の提供、③家事の供与、④健康管理の供与のいずれかを実施している場合は有料老人ホームに該当

終身建物賃貸借		●終身建物賃貸借とは、賃借人が死亡することによって賃貸借契約が終了する（相続されない）契約をいう
	入居者の要件	●入居者本人が60歳以上であること、かつ、入居者本人が単身であるか、同居者が配偶者もしくは60歳以上の親族であること

▶住生活基本法

住生活基本法 （2006（平成18）年施行）	●住生活の安定の確保及び向上の促進に関する施策について、「基本的施策」「住生活基本計画」などを定めた法律	
	基本的施策	●住宅の地震に対する安全性の向上を目的とした改築の促進、住宅にかかる省エネルギーの促進、公営住宅及び災害を受けた地域の復興のために必要な住宅の供給などの施策を講じる
	住生活基本計画	●国は「全国計画」を定めなければならない ●都道府県は、全国計画に即して「都道府県計画」を定める

▶住宅セーフティネット法

住宅セーフティネット法^{（※）} （2007（平成19）年施行）	●住宅確保要配慮者向け賃貸住宅の登録制度、登録住宅の改修や入居者への経済的支援、住宅確保要配慮者の居住支援などを定めた法律 ●国及び地方公共団体は、住宅確保要配慮者の民間賃貸住宅への円滑な入居の促進に関し必要な施策を講ずるよう努めなければならない ●民間賃貸住宅を賃貸する事業を行う者は、国及び地方公共団体が講ずる住宅確保要配慮者の民間賃貸住宅への円滑な入居の促進のための施策に協力するよう努めなければならない	
	住宅確保要配慮者	●低額所得者、被災者、高齢者、障害者、子育て世帯、その他住宅の確保に特に配慮を要する者
	登録制度	●賃貸人が、住宅確保要配慮者の入居を拒まない賃貸住宅として、都道府県に登録をすることができる ●都道府県は、登録住宅の改修への支援、要配慮者に対する家賃低廉化補助を行うことができる
	居住支援法人	●都道府県は、居住支援に取り組む法人を住宅確保要配慮者居住支援法人として指定することができる

（※）正式名称：住宅確保要配慮者に対する賃貸住宅の供給の促進に関する法律

▶公営住宅法

公営住宅法 （1951（昭和26）年施行）	●国、地方公共団体が協力して、健康で文化的な生活を営むに足りる住宅を整備し、これを住宅に困窮する低額所得者に対して低廉な家賃で賃貸する ●地方公共団体は、公営住宅の入居者に特別の事情がある場合において必要があると認めるときは、家賃を減免することができる ●公営住宅の入居者が死亡した場合、その死亡時に同居していた者は、事業主体の承認を受けて、引き続き、当該公営住宅に居住することができる	
	シルバーハウジング	●バリアフリー化された「公営住宅」等と生活援助員（ライフサポートアドバイザー）による日常生活支援サービスの提供を併せて行う、高齢者世帯向けの公的賃貸住宅 ●生活援助員は、居住している高齢者に対し、必要に応じ生活指導・相談、安否の確認、一時的な家事援助・緊急時対応等のサービスを行う

▶高年齢者等の雇用の安定等に関する法律

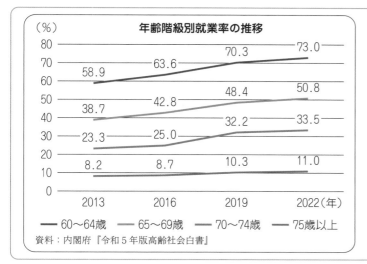

年齢階級別就業率の推移（％）

	2013	2016	2019	2022（年）
60～64歳	58.9	63.6	70.3	73.0
65～69歳	38.7	42.8	48.4	50.8
70～74歳	23.3	25.0	32.2	33.5
75歳以上	8.2	8.7	10.3	11.0

資料：内閣府『令和5年版高齢社会白書』

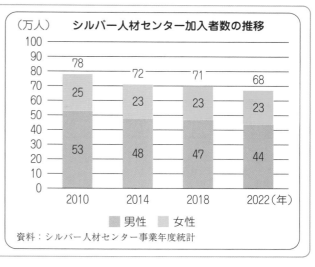

シルバー人材センター加入者数の推移（万人）

	2010	2014	2018	2022（年）
合計	78	72	71	68
女性	25	23	23	23
男性	53	48	47	44

資料：シルバー人材センター事業年度統計

高年齢者等の雇用の安定等に関する法律 （1971（昭和46）年施行）		●定年の引上げ、継続雇用制度の導入等による高年齢者の安定した雇用の確保の促進、高年齢者等の再就職の促進、定年退職者等に対する就業の機会の確保を図る
定義		●この法律において高年齢者とは、55歳以上の者をいう
高年齢者の安定した雇用の確保の促進		●労働者の定年の定めをする場合には、60歳を下回ることができない
	65歳までの雇用確保 （義務）	●65歳未満の定年を定めた場合は、65歳までの安定した雇用を確保するために、定年の引上げ、継続雇用制度、定年の廃止のいずれかを講じなければならない
	70歳までの就業確保 （努力義務）	●65歳から70歳までの就業機会を確保するため、定年の引上げ、継続雇用制度、業務委託契約の締結制度の導入などの措置を講じるように努めなければならない
雇用状況等の報告		●事業主は、毎年1回、定年、継続雇用制度、65歳以上継続雇用制度及び創業支援等措置の状況その他高年齢者の就業の機会の確保に関する状況を厚生労働大臣に報告しなければならない
シルバー人材センター		●都道府県知事が市町村ごとに指定する一般社団法人又は一般財団法人 ●高年齢退職者（おおむね60歳以上）等に対し、次の業務を行う
	業務内容	●臨時的かつ短期的な就業又はその他の軽易な業務に係る就業（雇用によるものを除く）を希望する高年齢退職者のために、これらの就業の機会を確保し、組織的に提供すること ●臨時的かつ短期的な雇用による就業又はその他の軽易な業務に係る就業（雇用によるものに限る）を希望する高年齢退職者のために、職業紹介事業を行うこと

18 障害者福祉

『穴埋めチェック2025』
P.79～P.94参照

重要度 A ★★★

▶障害者制度のイメージ

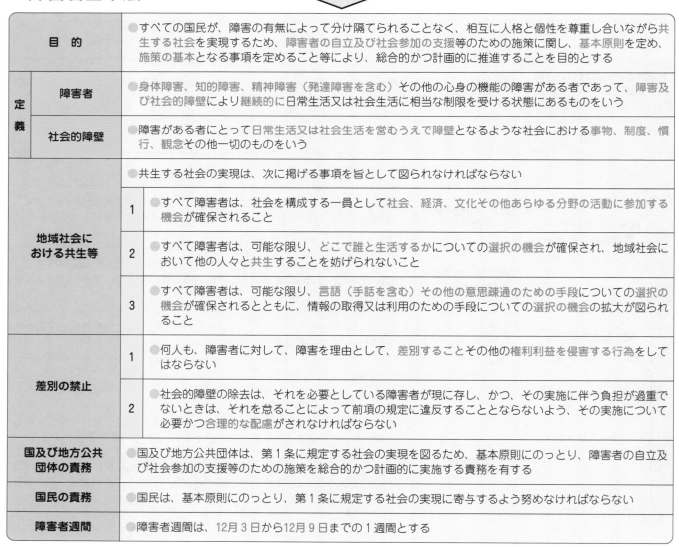

		サービスを利用するための共通の仕組みを定めている ▶	障害者総合支援法（2005（平成17）年公布） ◀	2013（平成25）年４月より「障害者の日常生活及び社会生活を総合的に支援するための法律」（障害者総合支援法）に題名変更	

身体障害者福祉法（1949（昭和24）年公布）	知的障害者福祉法（1960（昭和35）年公布）	精神保健及び精神障害者福祉に関する法律（1950（昭和25）年公布）	発達障害者支援法（2004（平成16）年公布）	児童福祉法（1947（昭和22）年公布）

障害者基本法（1970（昭和45）年公布） ◀ 施策の「基本事項」を定めている

▶障害者基本法

目　的		●すべての国民が、障害の有無によって分け隔てられることなく、相互に人格と個性を尊重し合いながら共生する社会を実現するため、障害者の自立及び社会参加の支援等のための施策に関し、基本原則を定め、施策の基本となる事項を定めること等により、総合的かつ計画的に推進することを目的とする
定義	障害者	●身体障害、知的障害、精神障害（発達障害を含む）その他の心身の機能の障害がある者であって、障害及び社会的障壁により継続的に日常生活又は社会生活に相当な制限を受ける状態にあるものをいう
	社会的障壁	●障害がある者にとって日常生活又は社会生活を営むうえで障壁となるような社会における事物、制度、慣行、観念その他一切のものをいう
地域社会における共生等		●共生する社会の実現は、次に掲げる事項を旨として図られなければならない
	1	●すべて障害者は、社会を構成する一員として社会、経済、文化その他あらゆる分野の活動に参加する機会が確保されること
	2	●すべて障害者は、可能な限り、どこで誰と生活するかについての選択の機会が確保され、地域社会において他の人々と共生することを妨げられないこと
	3	●すべて障害者は、可能な限り、言語（手話を含む）その他の意思疎通のための手段についての選択の機会が確保されるとともに、情報の取得又は利用のための手段についての選択の機会の拡大が図られること
差別の禁止	1	●何人も、障害者に対して、障害を理由として、差別することその他の権利利益を侵害する行為をしてはならない
	2	●社会的障壁の除去は、それを必要としている障害者が現に存し、かつ、その実施に伴う負担が過重でないときは、それを怠ることによって前項の規定に違反することとならないよう、その実施について必要かつ合理的な配慮がされなければならない
国及び地方公共団体の責務		●国及び地方公共団体は、第１条に規定する社会の実現を図るため、基本原則にのっとり、障害者の自立及び社会参加の支援等のための施策を総合的かつ計画的に実施する責務を有する
国民の責務		●国民は、基本原則にのっとり、第１条に規定する社会の実現に寄与するよう努めなければならない
障害者週間		●障害者週間は、12月３日から12月９日までの１週間とする

施策の基本方針		●障害者の自立及び社会参加の支援等のための施策は、障害者の性別、年齢、障害の状態及び生活の実態に応じて、かつ、有機的連携の下に総合的に、策定され、及び実施されなければならない
障害者基本計画		●政府は障害者基本計画、都道府県は都道府県障害者計画、市町村は市町村障害者計画を策定しなければならない ●内閣総理大臣は、関係行政機関の長に協議するとともに、障害者政策委員会の意見を聴いて、障害者基本計画の案を作成し、閣議の決定を求めなければならない
基本的施策	医療、介護等	●国及び地方公共団体は、障害者が生活機能を回復し、取得し、又は維持するために必要な医療の給付及びリハビリテーションの提供を行うよう必要な施策を講じなければならない
	年金等	●国及び地方公共団体は、障害者の自立及び生活の安定に資するため、年金、手当等の制度に関し必要な施策を講じなければならない
	教育	●国及び地方公共団体は、障害者が、その年齢及び能力に応じ、かつ、その特性を踏まえた十分な教育が受けられるようにするため、可能な限り障害者である児童及び生徒が障害者でない児童及び生徒と共に教育を受けられるよう配慮しつつ、教育の内容及び方法の改善及び充実を図る等必要な施策を講じなければならない
	療育	●国及び地方公共団体は、障害者である子どもが可能な限りその身近な場所において療育その他これに関連する支援を受けられるよう必要な施策を講じなければならない
	職業相談等	●国及び地方公共団体は、障害者の多様な就業の機会を確保するよう努めるとともに、個々の障害者の特性に配慮した職業相談、職業指導、職業訓練及び職業紹介の実施その他必要な施策を講じなければならない
	雇用の促進等	●国及び地方公共団体は、国及び地方公共団体並びに事業者における障害者の雇用を促進するため、障害者の優先雇用その他の施策を講じなければならない
	住宅の確保	●国及び地方公共団体は、障害者が地域社会において安定した生活を営むことができるようにするため、障害者のための住宅を確保し、及び障害者の日常生活に適するような住宅の整備を促進するよう必要な施策を講じなければならない
	公共的施設のバリアフリー化	●国及び地方公共団体は、障害者の利用の便宜を図ることによって障害者の自立及び社会参加を支援するため、自ら設置する官公庁施設、交通施設その他の公共的施設について、障害者が円滑に利用できるような施設の構造及び設備の整備等の計画的推進を図らなければならない
	相談等	●国及び地方公共団体は、障害者及びその家族その他の関係者に対する相談業務、成年後見制度その他の障害者の権利利益の保護等のための施策が、適切に行われ又は広く利用されるようにしなければならない
	経済的負担の軽減	●国及び地方公共団体は、障害者及び障害者を扶養する者の経済的負担の軽減を図るため、税制上の措置、公共的施設の利用料等の減免その他必要な施策を講じなければならない
	文化的諸条件の整備等	●国及び地方公共団体は、障害者が円滑に文化芸術活動、スポーツ又はレクリエーションを行うことができるようにするため、施設、設備の整備、文化芸術、スポーツ等に関する活動の助成その他必要な施策を講じなければならない
	国際協力	●国は、障害者の自立及び社会参加の支援等のための施策を国際的協調の下に推進するため、外国政府、国際機関又は関係団体等との情報の交換その他必要な施策を講ずるように努めるものとする
障害者政策委員会		●内閣府に、障害者政策委員会を置く
	委員	●委員は、障害者、障害者の自立及び社会参加に関する事業に従事する者並びに学識経験のある者のうちから、内閣総理大臣が任命する
	事務	●障害者基本計画の策定又は変更に当たって調査審議や意見具申を行うとともに、計画の実施状況の監視や勧告を行う

社会保障制度を理解する科目 ▼ ⑨障害者福祉

▶障害者の定義

区　分	法律上の定義	内　容	手帳制度	等　級	有効期間	写真の貼付
身体障害者	あり	「身体障害者障害程度等級表」に掲げる身体上の障害がある18歳以上の者であって、都道府県知事から手帳の交付を受けたもの	身体障害者手帳（15歳未満の障害児は保護者が申請（※1））	1～6級（等級表は7級まで）	原則なし（※2）	あり
知的障害者	なし	知的機能の障害が発達期（概ね18歳まで）に現れ、日常生活に支障が生じているため何らかの援助を必要とする者（※3）	療育手帳	A、B（自治体によって異なる）	あり	あり
精神障害者	あり	統合失調症、精神作用物質による急性中毒又はその依存症、知的障害その他の精神疾患を有する者	精神障害者保健福祉手帳（※4）	1～3級	2年	あり

（※1）乳幼児の障害認定は、障害の種類に応じて、障害の程度を判定することが可能となる年齢（概ね満3歳）以降に行う
（※2）乳幼児や指定医が再認定の必要ありとした人は、再認定の期日を指定される
（※3）厚生労働省「知的障害児（者）基礎調査」の定義
（※4）知的障害があり、他の精神疾患がない者は、療育手帳があるため手帳の対象とはならない

▶身体障害者障害程度等級表

等級表は
1～7級まで
ある

		1級	2級	3級	4級	5級	6級	7級
視覚障害		○	○	○	○	○	○	
聴覚障害			○	○	○		○	
平衡機能障害				○		○		
音声・言語・そしゃく機能障害				○	○			
肢体不自由	上　肢	○	○	○	○	○	○	○
	下　肢	○	○	○	○	○	○	○
	体　幹	○	○	○		○		
内部障害	心　臓	○		○	○			
	じん臓	○		○	○			
	呼吸器	○		○	○			
	膀胱又は直腸	○		○	○			
	小　腸	○		○	○			
	ヒト免疫不全ウイルスによる免疫障害	○	○	○	○			
	肝　臓	○	○	○	○			

○同一の等級について2つの重複する障害がある場合は、1級上の級とする

○異なる等級について2つ以上の重複する障害がある場合は、障害の程度を勘案して、当該等級より上の級とすることができる

障害等級の指数	1級(18)、2級(11)、3級(7)、4級(4)、5級(2)、6級(1)、7級(0.5)					
合計指数による認定等級	1級	2級	3級	4級	5級	6級
	18以上	11～17	7～10	4～6	2～3	1

▶障害者に関する統計

国民のおよそ9%が何らかの障害を有している

障害区分	総　数	年齢区分	人　数	入所（入院）者の割合
身体障害児・者	436万人	18歳以上	420万人	2％
		18歳未満	7万人	
知的障害児・者	109万人	18歳以上	85万人	12％
		18歳未満	23万人	
精神障害者	615万人	20歳以上	555万人	5％
		20歳未満	60万人	

資料：内閣府『令和5年版障害者白書』

●身体障害者

年齢（在宅者）	65歳未満 25％		65歳以上 73％（65歳以上が73％）			不詳
身体障害者手帳	1級 33％	2級 15％	3級 17％	4級 21％	5級 6級	不詳
障害種別	肢体不自由 45％（肢体不自由が最も多い）		内部障害 29％	聴覚・言語障害	視覚障害	不詳
性別（在宅者）	男 52％			女 48％		

資料：厚生労働省「平成28年生活のしづらさなどに関する調査」

●知的障害者

年齢（在宅者）	18歳未満 22％	18～65歳未満 60％	65歳以上	不詳
障害の程度	重度 39％	その他 58％		不詳
性別（在宅者）	男 62％（男が多い）	女 38％		

資料：厚生労働省「平成28年生活のしづらさなどに関する調査」

●精神障害者

年齢（在宅者）	25歳未満 10％	25～65歳未満 53％		65歳以上 37％	
性別（在宅者）	男 41％		女 59％（女が多い）		
疾患別	気分障害 30％	神経症等 20％	統合失調症等 19％	アルツハイマー病13％	てんかん その他
精神障害者保健福祉手帳交付者（126万人）	1級 10％	2級 59％		3級 31％	

資料：厚生労働省「平成29年患者調査」「平成28年生活のしづらさなどに関する調査」「衛生行政報告例（令和3年度）」

▶障害者手帳所持者等（65歳未満）の生活実態

●障害の原因

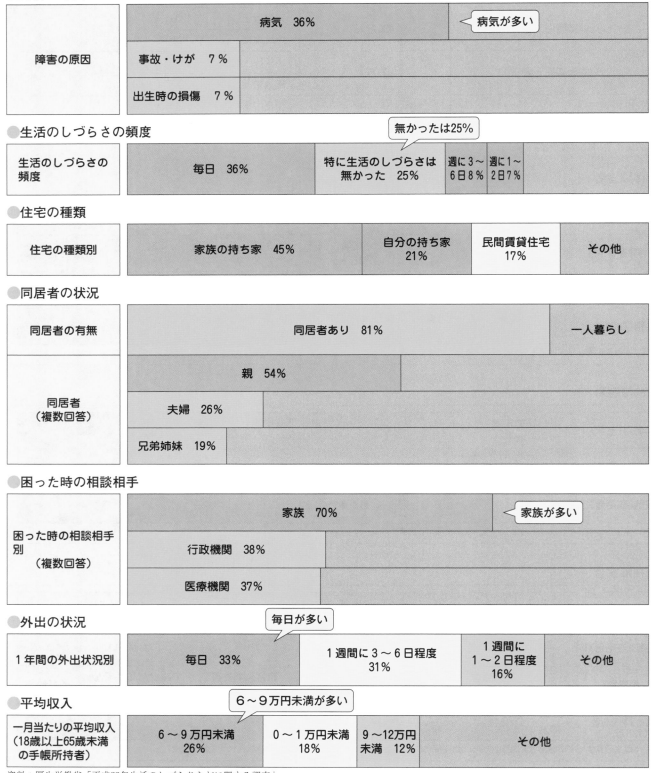

障害の原因	病気　36%	病気が多い
	事故・けが　7%	
	出生時の損傷　7%	

●生活のしづらさの頻度

無かったは25%

| 生活のしづらさの頻度 | 毎日　36% | 特に生活のしづらさは無かった　25% | 週に3～6日8% | 週に1～2日7% |

●住宅の種類

| 住宅の種類別 | 家族の持ち家　45% | 自分の持ち家 21% | 民間賃貸住宅 17% | その他 |

●同居者の状況

同居者の有無	同居者あり　81%	一人暮らし
同居者（複数回答）	親　54%	
	夫婦　26%	
	兄弟姉妹　19%	

●困った時の相談相手

困った時の相談相手別（複数回答）	家族　70%	家族が多い
	行政機関　38%	
	医療機関　37%	

●外出の状況

毎日が多い

| 1年間の外出状況別 | 毎日　33% | 1週間に3～6日程度 31% | 1週間に1～2日程度 16% | その他 |

●平均収入

6～9万円未満が多い

| 一月当たりの平均収入（18歳以上65歳未満の手帳所持者） | 6～9万円未満 26% | 0～1万円未満 18% | 9～12万円未満　12% | その他 |

資料：厚生労働省「平成28年生活のしづらさなどに関する調査」

● **総合支援法に基づく福祉サービスの利用状況**

サービス利用の有無	利用している　32%	利用していないなど　59%	不詳

障害支援区分の有無	認定を受けている　62%	未申請	その他

障害支援区分	区分1 7%	区分2 18%	区分3 20%	区分4 17%	区分5 11%	区分6 14%	不詳

● **介護保険法に基づくサービスの利用**

40歳〜64歳の 障害者手帳所持者	利用している 9%
65歳以上の 障害者手帳所持者	利用している　34%　＜34%が利用

資料：厚生労働省「平成28年生活のしづらさなどに関する調査」

▶ サービスの利用状況

● **障害福祉サービス事業所の利用状況（利用実人員）**

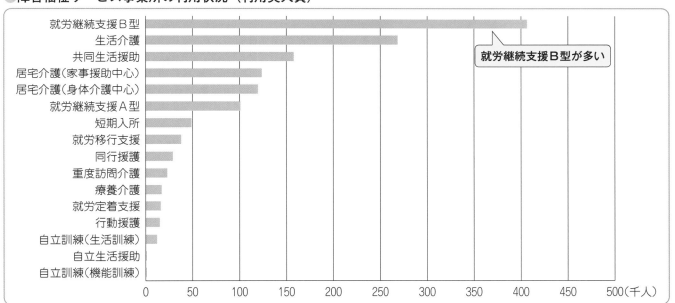

● **障害児通所支援等事業所の利用状況（利用実人員）**

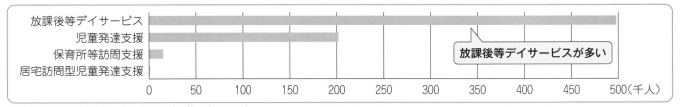

資料：厚生労働省「令和4年社会福祉施設等調査の概況」

▶精神保健福祉法^(※)

目　的	●この法律は、障害者基本法の基本的な理念にのっとり、精神障害者の権利の擁護を図りつつ、その医療及び保護を行い、障害者総合支援法と相まってその社会復帰の促進及びその自立と社会経済活動への参加の促進のために必要な援助を行い、精神障害者の福祉の増進及び国民の精神保健の向上を図ることを目的とする	
精神保健福祉センター	●都道府県は、精神保健の向上及び精神障害者の福祉の増進を図るための機関を置くものとする	
精神医療審査会	●都道府県に、精神医療審査会を置く	
	業務内容	●精神科病院の管理者から、医療保護入院の届出、措置入院の届出（2024（令和6）年4月施行）や、措置入院及び医療保護入院の定期病状報告の提出があったときに、入院の必要性を審査 ●精神科病院に入院中の者又はその家族等から、都道府県知事に対し、退院の請求又は処遇改善の請求があった場合に入院の必要性、処遇妥当性の審査
地方精神保健福祉審議会	●都道府県は、精神保健及び精神障害者の福祉に関する事項を調査審議させるため、条例で、地方精神保健福祉審議会を置くことができる	
精神保健指定医	●厚生労働大臣は、次の要件に該当する医師のうち、以下の職務を行うのに必要な知識及び技能を有すると認められる者を、精神保健指定医に指定する	
	要　件	●精神科3年以上を含む5年以上の臨床経験を有すること ●厚生労働大臣が定める精神障害につき厚生労働大臣が定める程度の診断又は治療に従事した経験を有すること ●厚生労働省令で定めるところにより行う研修（申請前3年以内のものに限る）の課程を修了していること
	職　務	●措置入院、医療保護入院や応急入院を要するかどうかの判定 ●退院制限を要するか、仮退院が可能かどうかの判定 ●隔離や身体拘束など行動制限を要するかどうかの判定など
精神科病院	●都道府県は、精神科病院を設置しなければならない	
正しい知識の普及	●都道府県等は、必要に応じて、精神保健福祉相談員や指定医に、精神保健及び精神障害者の福祉に関し、精神障害者及びその家族等からの相談に応じさせ、及びこれらの者を指導させなければならない	
精神障害者社会復帰促進センター	●厚生労働大臣が全国に1個に限り指定することができる ●精神障害者社会復帰促進センターは、精神障害者の社会復帰の促進を図るための啓発活動及び広報活動、研究開発などを行う	
入院者訪問支援事業	●市町村長同意による医療保護入院者を中心に、本人の希望に応じて、傾聴や生活に関する相談、情報提供等を役割とした訪問支援員を派遣する（2024（令和6）年4月施行）	
虐待の通報	●精神科病院において業務従事者による障害者虐待を受けたと思われる精神障害者を発見した者は、速やかに都道府県に通報しなければならない（2024（令和6）年4月施行）	

110　（※）正式名称：精神保健及び精神障害者福祉に関する法律

▶医療及び保護

入院患者割合	●入院患者　約26万人の内訳 措置入院 0.6% 医療保護入院　約50%　　任意入院　約48% 資料：精神保健福祉資料（令和4年度 630調査）		
入院形態	措置入院	●自傷他害のおそれがあると認められる場合に都道府県知事等が命じる入院措置 ●2名以上の精神保健指定医の診察の一致が必要 ※急速を要する場合は、1名の指定医の判断で、緊急措置入院（72時間が限度）の措置を採ることができる	
	医療保護入院	●指定医の診察の結果、自傷他害のおそれはないが、入院が必要な患者について、本人の判断能力がなく入院の同意が得られない場合の入院措置 ●家族等の同意が必要 ●医療保護入院期間は、最大6か月以内で厚生労働省令で定める期間（2024（令和6）年4月施行）	
		家族等	●配偶者、親権を行う者、扶養義務者及び後見人又は保佐人 ●家族等がいない、家族等が同意不同意の意思表示を行わない場合等は市町村長の同意により入院させることができる
	応急入院	●指定医の診察の結果、急速を要し、家族等の同意がすぐに得られない場合は、72時間を限度に入院させることができる	
	任意入院	●本人の同意により入院	
退院制限	●「任意入院者」から退院の請求があった場合は、退院させなければならない ※指定医による診察の結果、入院を継続する必要がある場合は、72時間に限り退院させないことができる ※緊急やむを得ない場合は、「指定医以外」の医師の診察でも、12時間を限度に退院させないことができる		
退院後生活環境相談員	●「措置入院者」「医療保護入院者」を入院させている精神科病院の管理者は、精神保健福祉士などの資格を有する者のうちから、退院後生活環境相談員を選任しなければならない （2024（令和6）年4月より、「措置入院者」の場合も選任されることになった）		
医療保護入院者退院支援委員会	●精神科病院の管理者は、医療保護入院者の入院の必要性の有無等を審議するために、医療保護入院者退院支援委員会を設置する		
精神科病院における処遇	●行動の制限は、医療又は保護に欠くことのできない限度において行うことができる（隔離などは指定医が必要と認める場合でなければ行うことができない） ●信書の発受の制限、行政機関の職員との面接の制限はできない		
入院患者への告知	●入院の際は、「入院措置を採ること」「退院請求に関すること」に加えて、「入院措置を採る理由」も告知しなければならない（2023（令和5）年4月施行） ●措置入院（緊急措置入院）、医療保護入院の入院措置を行う患者への告知について、患者本人だけでなくその家族にも告知する（2023（令和5）年4月施行）		
入院者訪問支援事業	●入院者のうち、家族等がいない市町村長同意による医療保護入院者等を中心として、希望に応じて、「訪問支援員」を派遣し、傾聴や生活に関する相談、情報提供等を行う（2024（令和6）年4月施行）		

▶身体障害者福祉法

目 的	●障害者総合支援法と相まって、身体障害者の自立と社会経済活動への参加を促進するため、身体障害者を援助し、及び必要に応じて保護し、もって身体障害者の福祉の増進を図ることを目的とする
身体障害者更生相談所	●都道府県は、身体障害者の更生援護の利便のため、及び市町村の援護の適切な実施の支援のため、必要の地に身体障害者更生相談所を設けなければならない
身体障害者福祉司	●都道府県は、その設置する身体障害者更生相談所に、身体障害者福祉司を置かなければならない ●市町村は、その設置する福祉事務所に、身体障害者福祉司を置くことができる
身体障害者社会参加 支援施設	●身体障害者福祉センター、補装具製作施設、盲導犬訓練施設、視聴覚障害者情報提供施設をいう
措 置	●市町村は、障害者総合支援法に規定する障害福祉サービスを必要とする身体障害者が、やむを得ない事由により介護給付費等の支給を受けることが著しく困難であると認めるときは、障害福祉サービスを提供することができる
盲導犬等の貸与	●都道府県は、視覚障害のある身体障害者、肢体の不自由な身体障害者又は聴覚障害のある身体障害者から申請があったときは、盲導犬、介助犬又は聴導犬を貸与し、又は当該都道府県以外の者にこれを貸与することを委託することができる
社会参加の促進等	●地方公共団体は、身体障害者の社会、経済、文化その他あらゆる分野の活動への参加を促進する事業を実施するよう努めなければならない ●公共的施設の管理者は、身体障害者からの申請があったときは、公共的施設内において、新聞、書籍、たばこなどを販売するために、売店を設置することを許すように努めなければならない ●身体障害者の援護を目的とする社会福祉法人で厚生労働大臣の指定するものは、身体障害者の製作した政令で定める物品について、行政機関に対し、購買を求めることができる

▶知的障害者福祉法

目 的	●障害者総合支援法と相まって、知的障害者の自立と社会経済活動への参加を促進するため、知的障害者を援助するとともに必要な保護を行い、もって知的障害者の福祉を図ることを目的とする
知的障害者更生相談所	●都道府県は、知的障害者更生相談所を設けなければならない
知的障害者福祉司	●都道府県は、その設置する知的障害者更生相談所に、知的障害者福祉司を置かなければならない ●市町村は、その設置する福祉事務所に、知的障害者福祉司を置くことができる
措 置	●市町村は、障害福祉サービスを必要とする知的障害者が、やむを得ない事由により介護給付費等の支給を受けることが著しく困難であると認めるときは、障害福祉サービスを提供することができる

▶身体障害者補助犬法　2002（平成14）年10月施行

身体障害者補助犬法		●身体障害者が国等が管理する施設、公共交通機関等を利用する場合において身体障害者補助犬を同伴することができるようにするための措置を講ずること等により、身体障害者の自立及び社会参加の促進に寄与することが目的
	身体障害者補助犬	●盲導犬、介助犬、聴導犬
施設等における身体障害者補助犬の同伴等	同伴受け入れ義務	●国や地方公共団体等が管理する公共施設 ●電車、バス、タクシーなどの公共交通機関 ●飲食店、商業施設、病院等の不特定かつ多数の人が利用する施設 ●従業員40人以上（2026（令和8）年7月からは37.5人以上）の民間事業所
	同伴受け入れ努力義務	●住宅を管理する者（国や地方公共団体等を除く）

▶バリアフリー法(※)　2006（平成18）年12月施行

目的	●公共交通機関の旅客施設及び車両等、道路、路外駐車場、公園、建築物の構造及び設備を改善するための措置などを講ずることにより、高齢者、障害者等の移動上及び施設の利用上の利便性及び安全性の向上を図る
基本構想	●市町村は、国が定める基本方針に基づき、重点整備地区のバリアフリー化のための「基本構想」を作成するよう努める ●市町村は、おおむね5年ごとに、事業の実施の状況についての調査、分析及び評価を行うよう努める
移動等円滑化基準	●一定の「建築物」「公共交通機関」「道路」「路外駐車場」「都市公園」を新設などする場合はバリアフリー化基準（移動等円滑化基準）に適合することが義務づけられる

（※）正式名称：高齢者、障害者等の移動等の円滑化の促進に関する法律

▶障害者優先調達推進法(※)　2013（平成25）年4月施行

国及び独立行政法人等の責務		●国及び独立行政法人等は、物品等の調達に当たっては、障害者就労施設等の受注の機会の増大を図るため、優先的に障害者就労施設等から物品等を調達するよう努めなければならない
	障害者就労施設等	●障害者総合支援法に基づく事業所・施設等 ●障害者雇用促進法の特例子会社、重度障害者多数雇用事業所 ●在宅就業障害者等
公契約における障害者の就業を促進するための措置等		●国及び独立行政法人等は、公契約について、競争参加資格を定めるに当たって法定雇用率を満たしていること又は障害者就労施設等から相当程度の物品等を調達していることに配慮する等障害者の就業を促進するために必要な措置を講ずるよう努めるものとする

（※）正式名称：国等による障害者就労施設等からの物品等の調達の推進等に関する法律

▶障害者差別解消法^(※) 2016（平成28）年4月施行

経緯	●国連の「障害者の権利に関する条約」の締結に向けた国内法制度の整備の一環として、2013（平成25）年6月に公布され、2016（平成28）年4月1日から施行された
目的	●障害を理由とする差別の解消を推進し、全ての国民が、障害の有無によって分け隔てられることなく、相互に人格と個性を尊重し合いながら共生する社会の実現に資することを目的とする
差別を解消するための措置	●行政機関等や事業者は、障害を理由として障害者でない者と不当な差別的取扱いをすることにより、障害者の権利利益を侵害してはならない ●行政機関等は、障害者から意思の表明があった場合、その実施に伴う負担が過重でないときは、社会的障壁の除去の実施について必要かつ合理的な配慮をしなければならない（2024（令和6）年4月1日からは行政機関等だけでなく民間事業者にも合理的配慮が義務づけられた）
障害者差別解消支援地域協議会	●国や地方公共団体の関係機関は、地域における障害を理由とする差別に関する相談や差別解消の取組のネットワークとして、障害者差別解消支援地域協議会を設置できる

（※）正式名称：障害を理由とする差別の解消の推進に関する法律

▶障害者スポーツ

パラリンピック	●国際身体障害者スポーツ大会。4年に1回、オリンピック開催地で行われる ●イギリスの病院での脊髄損傷者が参加する競技会の開催がきっかけとなった
その他	●スペシャルオリンピックス（知的障害者のためにスポーツプログラムを提供する国際的なスポーツ組織） ●デフリンピック（聴覚障害者のための総合スポーツ競技大会） ●ゆうあいピック（全国知的障害者スポーツ大会） ●フェスピック競技大会（極東・南太平洋身体障害者スポーツ大会）

▶障害者の権利に関する条約

障害者の権利に関する条約		●障害者の権利に関する条約は、2006（平成18）年12月に国連総会において採択され、2008（平成20）年5月に発効 ●日本は2007（平成19）年9月28日に署名後、条約締約に向け、障害者基本法の改正や障害者差別解消法の制定など国内法令の整備を推進し、2014（平成26）年1月に批准
定義	障害に基づく差別	●障害に基づくあらゆる区別、排除又は制限であって、政治的、経済的、社会的、文化的、市民的その他のあらゆる分野において、他の者との平等を基礎として全ての人権及び基本的自由を認識し、享有し、又は行使することを害し、又は妨げる目的又は効果を有するものをいう
	合理的配慮	●障害者が他の者との平等を基礎として全ての人権及び基本的自由を享有し、又は行使することを確保するための必要かつ適当な変更及び調整であって、特定の場合において必要とされるものであり、かつ、均衡を失した又は過度の負担を課さないものをいう
	平等及び無差別	●締約国は、全ての者が、法律の前に又は法律に基づいて平等であり、並びにいかなる差別もなしに法律による平等の保護及び利益を受ける権利を有することを認める ●締約国は、障害に基づくあらゆる差別を禁止するものとし、いかなる理由による差別に対しても平等かつ効果的な法的保護を障害者に保障する ●締約国は、平等を促進し、及び差別を撤廃することを目的として、合理的配慮が提供されることを確保するための全ての適当な措置をとる

▶発達障害者支援法

基本理念	●発達障害者の支援は、全ての発達障害者が社会参加の機会が確保されること及びどこで誰と生活するかについての選択の機会が確保され、地域社会において他の人々と共生することを妨げられないことを旨として、行われなければならない
発達障害者の定義	●発達障害者とは、発達障害（自閉症、アスペルガー症候群その他の広汎性発達障害、学習障害、注意欠陥多動性障害などの脳機能の障害で、通常低年齢で発現する障害）がある者であって、発達障害及び社会的障壁により日常生活又は社会生活に制限を受けるもの
社会的障壁	●発達障害がある者にとって日常生活又は社会生活を営む上で障壁となるような社会における事物、制度、慣行、観念その他一切のものをいう

発達障害者支援センター		●都道府県知事（指定都市市長）は、次に掲げる業務を、社会福祉法人等に行わせ、又は自ら行うことができる
	業務内容	●発達障害の早期発見、早期の発達支援等に資するよう、発達障害者及びその家族その他の関係者に対し、専門的に、その相談に応じ、又は情報の提供若しくは助言を行うこと
		●発達障害者に対し、専門的な発達支援及び就労の支援を行うこと　など

保　育	●市町村は、保育所における保育を行う場合は、発達障害児の健全な発達が他の児童と共に生活することを通じて図られるよう適切な配慮をする
就労の支援	●国及び都道府県は、発達障害者が就労することができるようにするため、個々の発達障害者の特性に応じた適切な就労の機会の確保、就労の定着のための支援その他の必要な支援に努めなければならない

▶障害者の減免・割引制度

税　金	●障害者控除（所得税、住民税、相続税）…身体：3〜6級、療育：B、精神：2・3級 ●特別障害者控除（所得税、住民税、相続税）…身体：1・2級、療育：A、精神：1級 ●自動車税（種別割・環境性能割）の減免…身体：一部、療育：A、精神：1級
NHK放送受信料	●全額免除…障害者手帳所持者がいる世帯で、世帯全員が市町村民税非課税世帯 ●半額免除…視覚・聴覚障害者、重度の障害者が世帯主である世帯
交通機関	●JR（50％割引）…第1種（本人＋介護者）・第2種（本人） ●国内航空（路線により割引率は異なる）…第1種（本人＋介護者）・第2種（本人） ●タクシー（10％割引）、有料道路（50％割引）など
郵　便	●通常郵便…点字郵便物及び特定録音物等郵便物　3kgまで無料 　　　　　…心身障害者団体が発行する月3回以上発行する新聞　50gまで8円 ●荷物…点字ゆうパック、聴覚障害者用ゆうパックなど　60サイズ100円など

▶障害者の就労支援サービスの概要

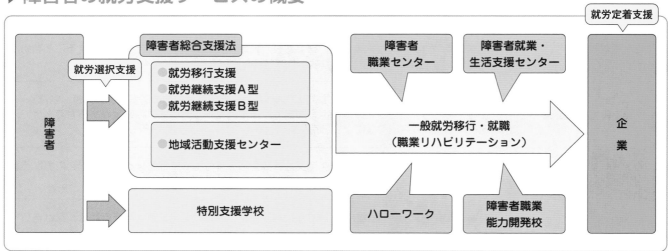

就労移行支援事業	利用対象者	●一般就労等を希望し、就労等が見込まれる65歳未満の障害者（ただし、65歳以上の者も要件を満たせば利用可能）
	サービス内容	●一般就労等への移行に向けて、事業所内や企業における作業や実習、適性にあった職場探し、就労後の職場定着のための支援（標準利用期間24か月以内） ●あん摩マッサージ指圧師、はり師、きゅう師免許を取得（標準利用期間3年又は5年）
就労継続支援事業（A型（雇用型））	利用対象者	●生産活動にかかる知識・能力の向上を図ることにより、雇用契約に基づく就労が可能な者
	サービス内容	●通所により、雇用契約に基づく就労の機会を提供するとともに、一般就労に必要な知識、能力が高まった者について一般就労への移行に向けて支援（利用期間の制限なし） ●令和4年度の平均工賃（賃金）は、8万3551円
就労継続支援事業（B型（非雇用型））	利用対象者	●就労移行支援等を利用したが一般企業の雇用に結びつかない者や一定年齢（50歳）に達している者など
	サービス内容	●通所により、雇用契約は結ばずに就労や生産活動の機会を提供するとともに、一般就労に必要な知識・能力が高まった者は、一般就労等への移行に向けて支援（利用期間の制限なし） ●令和4年度の平均工賃（賃金）は、1万7031円
就労定着支援	利用対象者	●就労移行支援等の利用を経て一般就労へ移行した障害者で、就労に伴う環境変化により生活面の課題が生じている者
	サービス内容	●障害者との相談を通じて生活面の課題を把握するとともに、企業や関係機関等との連絡調整やそれに伴う課題解決に向けて支援（利用期間上限3年間）
2025（令和7）年10月施行 **就労選択支援**	利用対象者	●就労を希望する障害者で、就労移行支援、就労継続支援、通常の事業所に雇用されることについて適切な選択のための支援を必要とする者
	サービス内容	●短期間の生産活動その他の活動の機会の提供を通じて、就労に関する適性、知識及び能力の評価などを行い、適切な支援の提供のために必要な障害福祉サービス事業を行う者等と連絡調整などを行う

▶地域障害者職業センター　◁ 障害者雇用促進法

障害者職業総合 センター	●全国に1か所設置されている ●職業リハビリテーションに関する研究、技法の開発、専門職員の養成等を実施		
広域障害者職業 センター	●全国に2か所設置されている ●障害者職業能力開発校や医療施設等と密接に連携した系統的な職業リハビリテーションを実施		
地域障害者職業 センター	●全国47都道府県に設置（独立行政法人高齢・障害・求職者雇用支援機構が設置運営している） ●公共職業安定所との密接な連携のもと、障害者に対する専門的な職業リハビリテーションを提供する施設		
	業務内容	職業評価	●就職の希望などを把握した上で、職業能力等を評価し、就職して職場に適応するために個人の状況に応じた職業リハビリテーション計画を策定
		職業準備支援	●センター内での作業体験、職業準備講習、社会生活技能訓練を通じて、基本的な労働習慣の体得、作業遂行力の向上、コミュニケーション能力・対人対応力の向上を支援
		職場適応援助者（ジョブコーチ）支援事業	●事業所にジョブコーチを派遣し、障害者及び事業主に対して、雇用の前後を通じて障害特性を踏まえた直接的、専門的な援助を実施
		事業主に対する相談・援助	●事業主に対して、障害者の従事しやすい職務の設計、わかりやすい指導の方法などを、雇入れの段階から定着に至るまで一貫して実施
	専門職	障害者職業カウンセラー	●職業評価、職業リハビリテーションカウンセリング等の専門的な知識・技術に基づいて職業リハビリテーションサービス等を行う
		職場適応援助者（ジョブコーチ）	●センターに配置され、事業所に出向いて障害者や事業主に対して、雇用の前後を通じて、障害特性を踏まえた専門的な援助を行う（配置型ジョブコーチ） ●その他に、障害者の就労支援を行う社会福祉法人等に雇用される1号ジョブコーチ、企業に雇用される2号ジョブコーチがある

▶障害者就業・生活支援センター　◁ 障害者雇用促進法

障害者就業・ 生活支援センター	●全国に337か所設置（令和6年4月1日現在） ●障害者の身近な地域において、雇用、保健福祉、教育等の関係機関の連携拠点として、就業面及び生活面における一体的な相談支援を実施 ●障害者就業・生活支援センターは、地域障害者職業センターの行う支援対象障害者に対する職業評価に基づき業務を行う		
	業務内容	就業面の支援	●就職に向けた準備支援（職業準備訓練、職場実習のあっせん） ●障害者の特性、能力に合った職務の選定、就職活動の支援、職場定着に向けた支援 ●雇用管理についての事業所に対する助言
		生活面の支援	●生活習慣の形成、健康管理、金銭管理等の日常生活の自己管理に関する助言 ●住居、年金、余暇活動など地域生活、生活設計に関する助言
	専門職	就業支援担当者	●就業支援（就業に関する相談支援など）を行う
		生活支援担当者	●生活支援（日常生活、地域生活に関する助言など）を行う

▶障害者職業能力開発校　◁ 職業能力開発促進法

障害者職業能力 開発校	●職業能力開発促進法に基づき国及び都道府県が設置。全国に19か所設置されている ●一般の公共職業能力開発施設において職業訓練を受けることが困難な重度障害者等に対して、その障害の態様に配慮した職業訓練を実施

社会保障制度を理解する科目▼ ⑨障害者福祉

▶民間企業における障害者の雇用状況

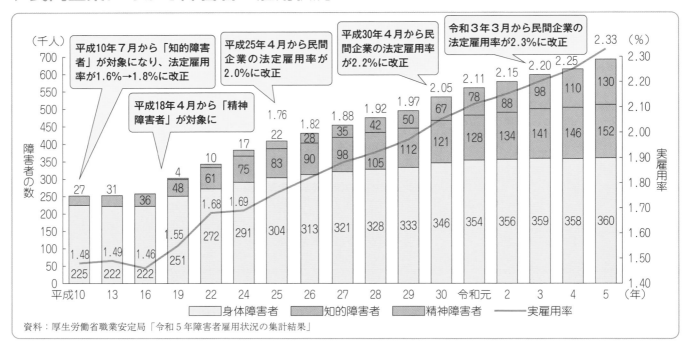

資料：厚生労働省職業安定局「令和5年障害者雇用状況の集計結果」

▶障害者雇用促進法

目　的	●障害者の雇用の促進のための措置、雇用の分野における障害者と障害者でない者との均等な機会及び待遇の確保、障害者がその有する能力を有効に発揮することができるようにするための措置、職業リハビリテーションの措置などを通じて障害者の職業の安定を図ることを目的とする
障害者の範囲	●身体障害、知的障害又は精神障害（発達障害を含む）その他の心身の機能の障害があるため、長期にわたり、職業生活に相当の制限を受け、又は職業生活を営むことが著しく困難な者
障害者活躍推進計画	●厚生労働大臣は、障害者雇用対策基本方針に基づき、障害者活躍推進計画作成指針を定めるものとし、国及び地方公共団体は、同指針に即して、障害者活躍推進計画を作成し、公表しなければならない
障害者に対する差別の禁止	●事業主は、労働者の募集及び採用について、障害者に対して、障害者でない者と均等な機会を与えなければならない ●事業主は、賃金の決定、教育訓練の実施、福利厚生施設の利用その他の待遇について、労働者が障害者であることを理由として、障害者でない者と不当な差別的取扱いをしてはならない
合理的配慮の提供義務	●事業主は、労働者の募集及び採用について、障害者と障害者でない者との均等な機会の確保の支障となっている事情を改善するため、労働者の募集及び採用にあたり障害者からの申出により当該障害者の障害の特性に配慮した必要な措置を講じなければならない
障害者雇用推進者	●国及び地方公共団体は、障害者雇用推進者（障害者雇用の促進等の業務を担当する者）を選任しなければならない ●事業主は、常用労働者数が40人以上（2026（令和8）年7月からは37.5人以上）あるときは、障害者雇用推進者を選任するように努めなければならない
障害者職業生活相談員	●国及び地方公共団体は、障害者職業生活相談員（各障害者の職業生活に関する相談及び指導を行う者）を選任しなければならない ●事業主は5人以上の障害者を雇用する事業所に障害者職業生活相談員を選任し、障害者の職業生活全般についての相談、指導を行わせなければならない

法定雇用率の算定	●身体障害者、知的障害者、精神障害者（精神障害者保健福祉手帳の交付を受けている者）が対象					

●重度障害者は、1人を2人として計算　●短時間労働者は、0.5人として計算

	身体障害		知的障害		精神障害
		重度		重度	
常勤（30時間／週以上）	1	2	1	2	1
短時間（20〜30時間／週）	0.5	1	0.5	1	0.5（※）
短時間（10〜20時間／週）		0.5		0.5	0.5

カウント方法

2024（令和6）年 4月施行

（※）当分の間は「1」

法定雇用率

●雇用率は、「企業単位」で計算

改正

	2024（令和6）年 3月まで	2024（令和6）年 4月から	2026（令和8）年 7月から
一般の民間企業	2.3%	2.5%	2.7%
国、地方公共団体、特殊法人等	2.6%	2.8%	3.0%
都道府県等の教育委員会	2.5%	2.7%	2.9%

納付金制度

●障害者雇用率未達成企業から障害者雇用納付金を徴収し、障害者を多く雇用している企業に「障害者雇用調整金」や「報奨金」「助成金」などを支給する制度
●納付金や調整金は、常用労働者100人超の規模の企業が対象

常用労働者100人超	障害者雇用納付金	1人につき　5万円／月
	障害者雇用調整金	1人につき　2.9万円／月
常用労働者100人以下	報奨金	1人につき　2.1万円／月

状況報告

●常用労働者数が40人以上（2026（令和8）年7月からは37.5人以上）の民間企業は、毎年、雇用状況を厚生労働大臣（公共職業安定所）に報告しなければならない

雇入れに関する計画

●厚生労働大臣は、法定雇用障害者数未満である事業主に対して、対象障害者の雇入れに関する計画の作成を命ずることができる

企業名公表

●厚生労働大臣は、障害者雇入れ計画の適正実施勧告に従わず、障害者の雇用状況に改善が見られない場合、企業名を公表することができる

優良な中小事業主に対する認定制度

●厚生労働大臣は、障害者雇用に関する実施状況が優良なものであること等の基準に適合する中小事業主（常用労働者300人以下）を認定することができる
●認定を受けると、商品や広告等に「障害者雇用優良中小事業主認定マーク」を付けることができる

特例子会社

●事業主が障害者の雇用に特別の配慮をした子会社を設立し、一定の要件を満たす場合には、特例としてその子会社に雇用されている労働者を親会社に雇用されているものとみなして、実雇用率を算定できる

▶障害者支援と障害児支援

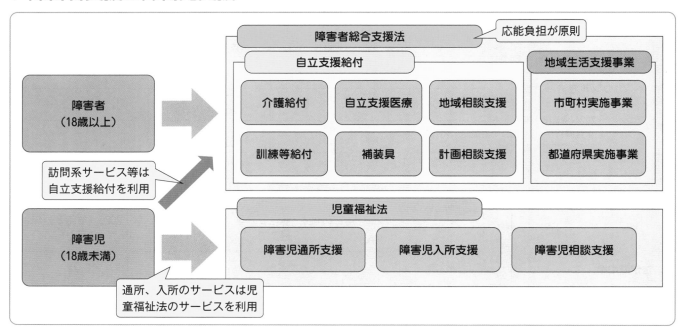

▶障害者総合支援法 (※1)

目　的		●障害者基本法の基本理念にのっとり、障害者及び障害児が基本的人権を享有する個人としての尊厳にふさわしい日常生活又は社会生活を営むことができるよう、必要な障害福祉サービスにかかる給付、地域生活支援事業その他の支援を総合的に行い、障害の有無にかかわらず国民が相互に人格と個性を尊重し安心して暮らすことのできる地域社会の実現に寄与することを目的とする
基本理念		●障害者及び障害児が日常生活又は社会生活を営むための支援は、すべての国民が、等しく基本的人権を享有するかけがえのない個人として尊重されるものであるとの理念にのっとり、共生する社会を実現するため可能な限りその身近な場所において生活の機会が確保されること及びどこで誰と生活するかについての選択の機会が確保され、地域社会において他の人々と共生することを妨げられないこと並びに生活を営むうえで障壁となるような社会における事物、制度、慣行、観念等の除去に資することを旨として、総合的かつ計画的に行わなければならない
国民の責務		●すべての国民は、その障害の有無にかかわらず、障害者等が自立した日常生活又は社会生活を営めるような地域社会の実現に協力するよう努めなければならない
障害者の定義		●身体障害、知的障害、精神障害（発達障害を含む）、難病等（※2）
	障害者	18歳以上
	障害児	18歳未満

（※1）正式名称：障害者の日常生活及び社会生活を総合的に支援するための法律
（※2）治療方法が確立していない疾病その他の特殊の疾病であって政令で定めるものによる障害の程度が主務大臣で定める程度である者
　　　対象疾患は、369疾病（2024（令和6）年4月より適用）

平成24年度より、支給決定プロセスの見直しが行われ、支給決定の前にサービス等利用計画案を作成し、支給決定の参考とするようになりました。

序章

第1章

第2章

第3章

第4章

第5章

社会保障制度を理解する科目 ▼ ⑨障害者福祉

▶利用申請からサービス利用までの流れ

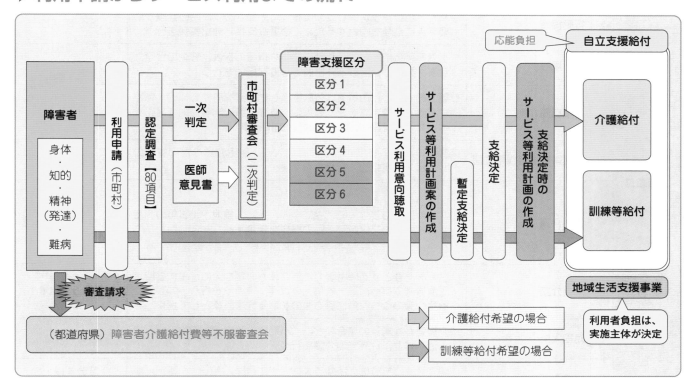

●支給決定のプロセス

<table>
<tr><td rowspan="6">介護給付を希望の場合</td><td>支給申請</td><td>●市町村に支給申請を行う（指定一般相談支援事業者等による申請代行もできる）</td></tr>
<tr><td>認定調査</td><td>●市町村が実施する（指定一般相談支援事業者等に委託することもできる）
●調査項目は、5つの領域から「80項目」ある</td></tr>
<tr><td>一次判定</td><td>●全国統一のコンピューターによって判定を行う</td></tr>
<tr><td>二次判定・認定</td><td>●市町村審査会において審査し、非該当、区分1〜区分6のどれかに判定する
●市町村は、二次判定の結果に基づき認定する（有効期間は原則3年）</td></tr>
<tr><td>サービス等利用計画案</td><td>●市町村は、指定特定相談支援事業者が作成するサービス等利用計画案の提出を求める
（本人、家族、支援者等が作成するセルフプランも可）</td></tr>
<tr><td>支給決定</td><td>●市町村は、利用意向の聴取を行い支給決定をする
●支給決定を行った場合、支給量等を記載した「障害福祉サービス受給者証」を交付する</td></tr>
<tr><td>訓練等給付を希望の場合</td><td></td><td>●訓練等給付を希望の場合は、障害支援区分の認定は行われない（共同生活援助のうち身体介護を伴う場合を除く）
●正式の支給決定の前に、暫定支給決定が行われる（共同生活援助、自立生活援助、就労継続支援B型、就労定着支援を除く）</td></tr>
</table>

▶介護給付と訓練等給付

区　分		障害福祉サービス名	サービス内容	障害支援区分
介護給付	1	居宅介護	●自宅で入浴、排泄、食事の介護などの介護や、掃除、買物などの家事支援を行う	区分1以上
	2	行動援護	●知的・精神障害により行動上著しい困難があり、常時介護が必要な人に危険を回避するために必要な支援、外出支援を行う	区分3以上
	3	同行援護	●視覚障害者に対して、移動に必要な情報の提供、移動の援護、食事、排泄の介護など外出時に必要な援助を行う	なし
	4	重度訪問介護	●重度の肢体不自由者又は行動上著しい困難を有する知的・精神障害者で常時介護を要する人に、身体介護、家事援助（育児支援を含む）、移動介護などを総合的に行う	区分4以上
	5	重度障害者等包括支援	●介護の必要の程度が著しく高い人に、居宅介護などの複数のサービスを包括的に行う	区分6
	6	生活介護	●常時介護が必要な人に、主に昼間、入浴、排泄、食事等の介護や創作的活動又は生産活動の機会を提供する	区分3（施設入所は4）以上（50歳以上は区分2（施設入所は3）以上）
	7	療養介護	●医療を必要とする障害者で常時介護が必要な人に、主に昼間、医療機関で機能訓練、療養上の管理、看護等を行う ●療養介護のうち医療に係るものを療養介護医療として提供	区分5又は6
	8	短期入所	●介護者が疾病等の場合などに、短期間、障害者支援施設などで入浴、排泄、食事等の介護を行う	区分1以上
	9	施設入所支援	●障害者支援施設に入所する人に、主に夜間、入浴、排泄、食事介護などを行う	区分4以上（50歳以上は3以上）
訓練等給付	10	自立訓練（機能訓練・生活訓練）	●自立した日常生活や社会生活が送れるように、一定期間、身体機能又は生活能力の維持・向上のために必要な訓練を行う	原則、障害支援区分の要件なし
	11	共同生活援助（グループホーム）	●おもに夜間、共同生活を行う住居で、相談、入浴、排泄、食事の介護や日常生活上の援助を行う	
	12	自立生活援助	●施設入所支援や共同生活援助を利用していた障害者が居宅において日常生活を送れるように、定期的な巡回訪問や随時の対応により、円滑な地域生活に向けた相談・助言等を行う	
	13	就労移行支援	●一般企業等への就労を希望する人に、一定期間、就労に必要な知識、能力の向上のために必要な訓練を行う	
	14	就労継続支援（雇用型・非雇用型）	●一般企業等での就労が困難な人に、働く場を提供するとともに、知識や能力の向上のために必要な訓練を行う	
	15	就労定着支援	●就労に向けた一定の支援を受けて通常の事業所に新たに雇用された障害者を対象として、就業に伴う生活面の課題に対応できるよう、事業所、家族等との連絡調整等の支援を行う	
	16	就労選択支援	●障害者本人が就労先・働き方についてより良い選択ができるよう、就労アセスメントの手法を活用して、本人の希望、就労能力や適性等に合った選択を支援する	2025（令和7）年10月施行

▶地域生活支援事業

市町村事業	必須事業	理解促進研修・啓発事業	●障害者等の自立した日常生活及び社会生活に関する理解を深めるための研修及び啓発を行う
		自発的活動支援事業	●障害者等やその家族、地域住民等が自発的に行う活動を支援する
		相談支援事業	●一般的な相談支援事業のほか、基幹相談支援センター等機能強化事業、住宅入居等支援事業（居住サポート事業）を行う
		成年後見制度利用支援事業	●成年後見制度の利用に要する費用のうち、成年後見制度の申立てに要する経費及び後見人等の報酬の全部又は一部を補助する
		成年後見制度法人後見支援事業	●成年後見制度における後見等の業務を適正に行うことができる法人を確保できる体制を整備し、市民後見人の活用も含めた法人後見の活動を支援する
		意思疎通支援事業	●手話通訳者、要約筆記者を派遣する事業、点訳、代筆、代読、音声訳等による支援事業など、意思疎通を図ることに支障がある障害者等の意思疎通を支援する
		日常生活用具給付等事業	●障害者等に対し、日常生活上の便宜を図るための日常生活用具を給付又は貸与する
		手話奉仕員養成研修事業	●聴覚障害者等との日常会話程度の手話表現技術を習得した手話奉仕員を養成研修する
		移動支援事業	●外出時に移動の支援が必要な障害者等に対し、社会生活上必要不可欠な外出及び余暇活動等の社会参加のための外出の際の移動の支援を行う
		地域活動支援センター機能強化事業	●地域活動支援センター等において、障害者等に創作的活動又は生産活動の機会の提供、社会との交流の促進等を供与する
	任意事業		●市町村の判断により、福祉ホームの運営、訪問入浴サービス、生活訓練等、日中一時支援、社会参加支援などを行う
都道府県事業	必須事業	専門性の高い相談支援事業	●障害児等療育支援事業、発達障害者支援センター運営事業、高次脳機能障害及びその関連障害に対する支援普及事業など、特に専門性の高い相談支援を行う
		専門性の高い意思疎通支援を行う者の養成研修事業	●手話通訳者・要約筆記者の養成研修、盲ろう者向け通訳・介助員の養成研修、失語症者向け意思疎通支援者の養成研修を行う
		専門性の高い意思疎通支援を行う者の派遣事業	●手話通訳者・要約筆記者の派遣、盲ろう者向け通訳・介助員の派遣、失語症者向け意思疎通支援者の派遣を行う
		意思疎通支援を行う者の派遣に係る市町村相互間の連絡調整事業	●市町村域又は都道府県域を越えた広域的な派遣を円滑に実施するために、市町村間では派遣調整ができない場合に、都道府県が市町村間の派遣調整を行う
		広域的な支援事業	●都道府県相談支援体制整備事業など、市町村域を越えて広域的な支援が必要な事業を行う
	任意事業	サービス・相談支援者、指導者育成事業	●サービス管理責任者研修事業、障害支援区分認定調査員等研修事業、相談支援従事者等研修事業などを行う
		任意事業	●都道府県の判断により、福祉ホームの運営、オストメイト社会適応訓練、音声機能障害者発声訓練などを行う

序章

第1章

第2章

第3章

第4章

第5章

社会保障制度を理解する科目 ▼ ⑨ 障害者福祉

▶自立支援医療

自立支援医療制度は、心身の障害を除去・軽減するための医療について、医療費の自己負担額を軽減する公費負担医療制度です。

種　類	対　象		
更生医療・育成医療	身体の障害を除去・軽減する手術等の治療により確実に効果が期待できる者が対象 ●更生医療は、18歳以上（身体障害者手帳の交付を受けた者）が対象 ●育成医療は、18歳未満が対象		
	視覚障害	白内障→水晶体摘出手術、網膜剥離→網膜剥離手術　など	
	聴覚障害	鼓膜穿孔→穿孔閉鎖術、外耳性難聴→形成術　など	
	言語障害	外傷性又は手術後に生じる発音構語障害→形成術、口蓋裂等→形成術　など	
	肢体不自由	関節拘縮、関節硬直→形成術・人工関節置換術等、先天性股関節脱臼、脊椎側彎症→関節形成術　など	
	内部障害	＜心臓＞先天性疾患→弁口、心室心房中隔に対する手術 ＜腎臓＞腎臓機能障害→人工透析療法、腎臓移植術（抗免疫療法を含む） ＜肝臓＞肝臓機能障害→肝臓移植術（抗免疫療法を含む） ＜小腸＞小腸機能障害→中心静脈栄養法 ＜免疫＞HIVによる免疫機能障害→抗HIV療法、免疫調節療法　など	
精神通院医療	●精神障害及び精神障害に起因して生じた病態に対して入院しないで行われる医療（通院医療）が対象 （統合失調症、気分障害、てんかん、神経症性障害、精神作用物質使用による精神・行動障害　など）		

申請（実施主体）	●市町村 （実施主体は、更生医療、育成医療（市町村）、精神通院医療（都道府県・指定都市））			
利用者負担 （1か月あたり）	●世帯の所得状況等に応じて設定された下記の自己負担限度額と自立支援医療に係る費用の1割のうち、いずれか低い額を負担			

●世帯の所得状況等に応じて設定された下記の自己負担限度額と自立支援医療に係る費用の1割のうち、いずれか低い額を負担

所得区分	自己負担限度額		
	重度かつ継続以外		重度かつ継続
	更生医療 精神通院医療	育成医療	
一定所得以上 （市町村民税23万5000円以上）	対象外 （医療保険の適応のみ）		20,000円（※）
中間所得　2 （市町村民税3万3000円以上23万5000円未満）		10,000円（※）	10,000円
中間所得　1 （市町村民税3万3000円未満）		5,000円（※）	5,000円
低所得　2 （市町村民税非課税）	5,000円		
低所得　1 （年金収入80万円以下等）	2,500円		
生活保護	0円		

「重度かつ継続」の範囲	更生・育成	腎臓機能障害・小腸機能障害・HIVによる免疫機能障害・心臓機能障害（心臓移植後の抗免疫療法）・肝機能障害（肝臓移植後の抗免疫療法）
	精神通院	統合失調症、気分障害、てんかん、認知症等の器質性精神障害、薬物関連障害等
	その他	医療保険の多数回該当の者

124　（※）2027（令和9）年3月31日までの経過的特例措置

▶補装具

借＝借受けの対象種目

補装具 （自立支援給付） 身体の欠損又は損なわれた身体機能を補完・代替するもの	義肢 借	装具 借	座位保持装置 借	車いす・電動車いす	歩行器 借
	歩行補助つえ	義眼・眼鏡	視覚障害者安全つえ	補聴器	人工内耳（人工内耳用音声信号処理装置修理）

利用者負担 応能負担	重度障害者用意思伝達装置 借	（障害児のみ） ●座位保持いす 借　●起立保持具　●頭部保持具　●排便補助具 2024（令和6）年4月より 障害児の所得制限を撤廃

利用者負担 応能負担 （1割負担の方が低い場合は1割）	区　分	対　象	負担限度額（月）
	生活保護	生活保護受給世帯	0円
	低所得	市町村民税非課税世帯	0円
	一　般	市町村民税課税世帯	37,200円
		本人又は世帯員のうち、市町村民税所得割の最多納税者の納税額が46万円以上	全額自己負担 （障害児を除く）

○市町村は、身体障害者更生相談所等の意見をもとに、補装具費の支給決定を行う。補装具費の支給決定を受けた障害者は事業者との契約により補装具の購入、借受け又は修理のサービスを受ける

▶日常生活用具

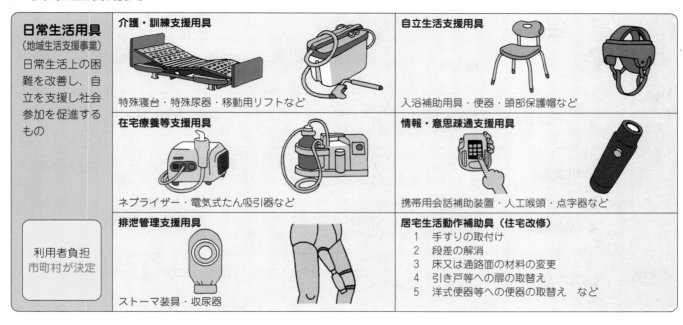

日常生活用具 （地域生活支援事業） 日常生活上の困難を改善し、自立を支援し社会参加を促進するもの	介護・訓練支援用具 特殊寝台・特殊尿器・移動用リフトなど	自立生活支援用具 入浴補助用具・便器・頭部保護帽など
	在宅療養等支援用具 ネブライザー・電気式たん吸引器など	情報・意思疎通支援用具 携帯用会話補助装置・人工喉頭・点字器など
利用者負担 市町村が決定	排泄管理支援用具 ストーマ装具・収尿器	居宅生活動作補助用具（住宅改修） 1　手すりの取付け 2　段差の解消 3　床又は通路面の材料の変更 4　引き戸等への扉の取替え 5　洋式便器等への便器の取替え　など

125

▶障害者(児)の相談支援機関

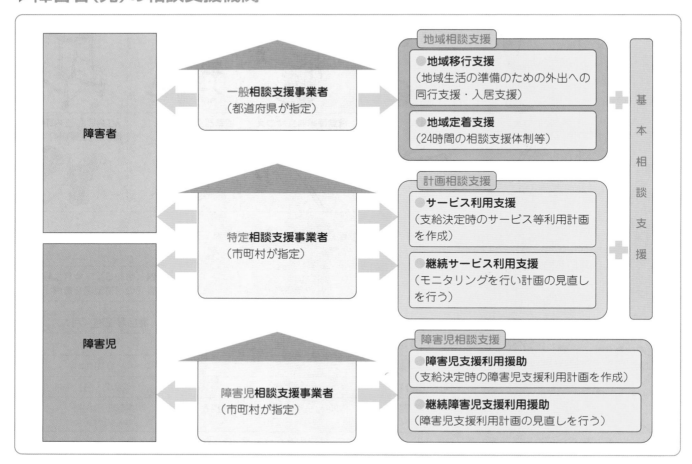

障害者総合支援法	地域相談支援	地域移行支援	●入所、入院している障害者等に対して、住居の確保、地域移行のための障害者福祉サービス事業者等への同行支援等を行う ●利用期間は、原則6か月以内	
		対象施設	●障害者支援施設、精神科病院、救護施設、更生施設、刑事施設、更生保護施設等	
		地域定着支援	●単身の障害者等に対し、常時の連絡体制を確保し、緊急事態等に相談、緊急対応等を行う ●利用期間は、原則12か月以内	
	計画相談支援		●障害福祉サービスを利用する障害者（児）について、支給決定時のサービス等利用計画の作成、支給決定後の計画の見直しを行う	
	基本相談支援		●障害者、障害児の保護者等からの相談に応じ、必要な情報の提供、障害福祉サービス事業者等との連絡調整（計画相談支援に関するものを除く）等を行う	
児童福祉法	障害児相談支援		●障害児通所支援等を利用する障害児について、支給決定時の障害児支援利用計画を作成、支給決定後の計画の見直しを行う	

▶基幹相談支援センター

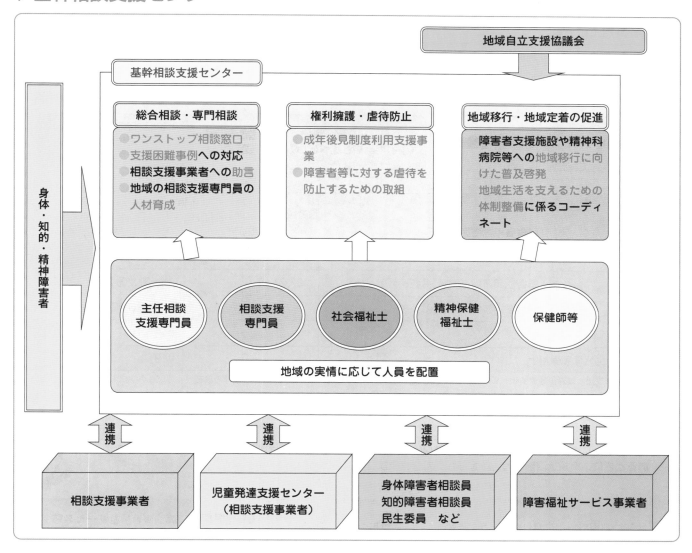

序章

第1章

第2章

第3章

第4章

第5章

社会保障制度を理解する科目▼ ⑨障害者福祉

●基幹相談支援センターと協議会

基幹相談支援センター	●市町村は、基幹相談支援センターを設置するよう努めるものとする ●市町村は、一般相談支援事業者等に委託することができる ●地域における相談支援の中核的な役割を担う機関として、総合的な相談業務（身体障害・知的障害・精神障害）を行う
協議会 （地域自立支援協議会）	●地方公共団体は、障害者等への支援の体制の整備を図るため、関係機関等により構成される協議会を置くように努めなければならない ●協議会は、関係機関等が相互の連絡を図ることにより、地域における障害者等への支援体制に関する課題について情報を共有し、関係機関等の連携の緊密化を図り、地域の実情に応じた体制の整備について協議を行う

127

▶障害福祉サービスの利用者負担

●利用者負担上限月額

介護給付費等は、障害福祉サービス等に要する費用の額から、負担上限月額（1割相当額と比べ低い方の額）を差し引いた額が支給されます。

障害福祉サービスの費用 ▬ 一部負担の額（1割相当額と比べ低い方） ○介護給付費 ○訓練等給付費 ○障害児入所給付費

	利用者負担段階区分		負担上限月額			
			障害者		障害児（※）	
			居宅・通所	入所施設等	居宅・通所	入所施設等
一般2	市町村民税課税世帯	所得割16万円（障害児は28万円）以上	37,200円	37,200円	37,200円	37,200円
一般1		所得割16万円（障害児は28万円）未満	9,300円		4,600円	9,300円
低所得	市町村民税世帯非課税世帯		0円			
生活保護	生活保護受給者		0円			

（※）障害児通所支援（放課後等デイサービスを除く）、障害児入所施設の利用料は、満3歳になった日以降の最初の4月から小学校入学まで無償

●高額障害福祉サービス等給付費

1か月あたりの障害福祉サービス費（介護保険や補装具費の利用者負担含む）の利用負担が著しく高額であるときに、負担上限額を超える金額が支給されます（償還払い）。

世帯の利用者負担の合計額 ▬ 世帯の負担上限額 高額障害福祉サービス等給付費

●障害福祉サービスの利用者負担、介護保険の利用者負担、補装具費の利用者負担
※自立支援医療は含まれない

	利用者負担段階区分	負担上限額
一般	市町村民税課税世帯	37,200円/月
低所得	市町村民税世帯非課税世帯	0円/月
生活保護	生活保護受給者	

●世帯の範囲

種別	世帯の範囲
18歳以上の障害者（施設入所者は20歳以上）	本人と配偶者
障害児（施設入所者は20歳未満）	保護者の属する住民基本台帳での世帯

序章

第1章

第2章

第3章

第4章

第5章

社会保障制度を理解する科目 ▼ ⑨障害者福祉

▶介護保険と障害者総合支援法の比較

介護保険と障害者総合支援法は、共通している部分、異なる部分を整理すると理解が深まります。比較しながら両制度を復習していきましょう！

		介護保険	障害者総合支援法
保険者（実施主体）		市町村	市町村
被保険者（対象者）		●第1号　65歳以上 ●第2号　40歳以上65歳未満の医療保険加入者	●身体障害者・知的障害者・精神障害者・発達障害者・難病患者等 （18歳以上は障害者、18歳未満は障害児）
要介護認定 （障害支援区分）	申請先	市町村	市町村
	調査項目	74項目	80項目
	審査会	介護認定審査会	市町村審査会
	認定	要支援1～要介護5の「7区分」	区分1～区分6の「6区分」
サービス		●介護給付　26種類 ●予防給付　15種類	●介護給付　　9種類 ●訓練等給付　6種類
地域支援事業 （地域生活支援事業）		市町村（必須事業と任意事業）	市町村（必須事業と任意事業） 都道府県（必須事業と任意事業）
事業者指定	都道府県	居宅サービス、施設サービス	障害福祉サービス、一般相談支援
	市町村	地域密着型サービス、居宅介護支援	特定相談支援、障害児相談支援
福祉用具		●福祉用具貸与（1～3割負担） ●福祉用具購入（1～3割負担）	●補装具（応能負担） ●日常生活用具（市町村が決定）
費用負担		保険料　50%　公費　50% （国1/2、都道府県1/4、市町村1/4が原則）	公費　100% （国1/2、都道府県1/4、市町村1/4が原則）
計画		●都道府県介護保険事業支援計画（3年を1期） ●市町村介護保険事業計画（3年を1期）	●都道府県障害福祉計画（3年を1期） ●市町村障害福祉計画（3年を1期）
審査請求		介護保険審査会	都道府県（障害者介護給付費等不服審査会）
利用者負担		応益負担（1～3割） （ケアマネジメントは無料）	応能負担 （ケアマネジメントは無料）
利用者像		●65歳以上　　98% ●40～65歳　　2%	●身体障害者のうち65歳以上は73% ●精神障害者のうち65歳以上は37%
		両方利用できるときは「介護保険」優先	

重複する人が多い

20 障害児支援

重要度
A
★★★

▶障害者総合支援法による障害児の支給決定

障害児が障害者総合支援法のサービスを利用する場合は、障害者の支給決定のプロセスとは異なっており、大まかな流れは以下のようになっています。

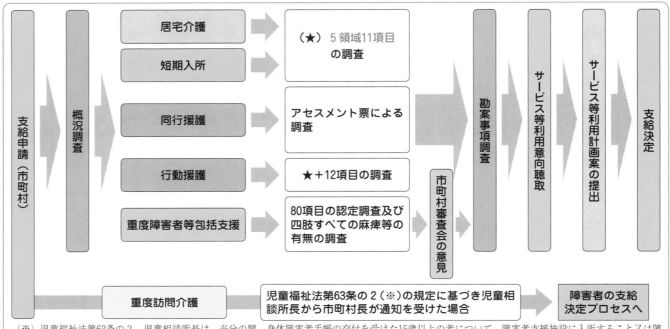

（※）　児童福祉法第63条の２　児童相談所長は、当分の間、身体障害者手帳の交付を受けた15歳以上の者について、障害者支援施設に入所すること又は障害福祉サービスを利用することが適当であると認めるときは、その旨を市町村長に通知することができる。

●（★）5領域11項目の調査

5領域	11項目	区分（通常の発達において必要とされる介助等は除く）
1	①食事	●全介助 ●一部介助
2	②排せつ	
3	③入浴	
4	④移動	
5 （行動障害及び精神症状）	⑤強いこだわり、多動、パニック等の不安定な行動や、危険の認識に欠ける行動	●ほぼ毎日（週5日以上）の支援や配慮等が必要 ●週1回以上の支援や配慮等が必要
	⑥睡眠障害や食事・排せつに係る不適応行動（多飲水や過飲水を含む）	
	⑦自分を叩いたり傷つけたり他人を叩いたり蹴ったり、器物を壊したりする行為	
	⑧気分が憂鬱で悲観的になったり、時には思考力が低下する	
	⑨再三の手洗いや繰り返しの確認のため日常動作に時間がかかる	
	⑩他者と交流することの不安や緊張、感覚の過敏さ等のため外出や集団参加ができない。また、自室に閉じこもって何もしないでいる	
	⑪学習障害のため、読み書きが困難	

▶障害児通所支援

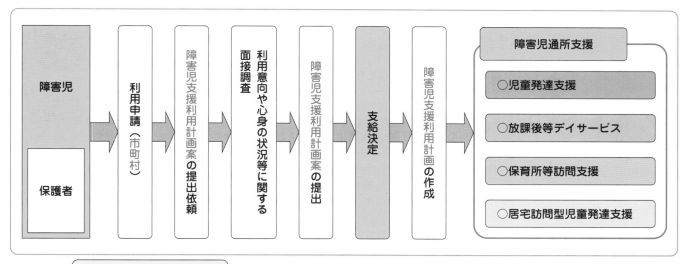

2024（令和6）年4月より、福祉型・医療型の類型を一元化		
①	児童発達支援	●児童発達支援センター等に通わせ、日常生活における基本的な動作及び知識技能の習得、集団生活への適応のための支援、肢体不自由のある児童に対する治療などを行う
②	放課後等デイサービス	●児童発達支援センター等に通わせ、生活能力の向上のために必要な訓練、社会との交流の促進などを行う
③	保育所等訪問支援	●保育所等に通う障害児、乳児院や児童養護施設に入所している障害児に対して、当該施設を訪問することにより、障害児以外の児童との集団生活への適応のための専門的な支援などを行う
④	居宅訪問型児童発達支援	●重度の障害で①、②のための外出が著しく困難な者に対して、児童の居宅を訪問し、日常生活における基本的な動作の指導、知識技能の習得、生活能力の向上のために必要な訓練などを行う

▶障害児入所支援

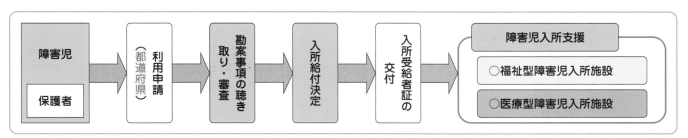

福祉型障害児入所施設	●保護、日常生活の指導、独立自活に必要な知識技能の付与などを障害の特性に応じて提供する
医療型障害児入所施設	●保護、日常生活の指導、独立自活に必要な知識技能の付与、治療などを障害の特性に応じて提供する（医療法による病院でもある）

※引き続き、入所支援を受けなければその福祉を損なうおそれがあると認めるときは、満20歳に達するまで利用することができる。

21 児童・家庭福祉

『穴埋めチェック2025』
P.95〜P.104参照

重要度
A
★★★

▶児童福祉法 ── 1947（昭和22）年公布

総則	第1条		●すべて児童は、児童の権利に関する条約の精神にのっとり、適切に養育されること、その生活を保障されること、愛され、保護されること、その心身の健やかな成長及び発達並びにその自立が図られることその他の福祉を等しく保障される権利を有する
	第2条	1	●すべて国民は、児童が良好な環境において生まれ、かつ、社会のあらゆる分野において、児童の年齢及び発達の程度に応じて、その意見が尊重され、その最善の利益が優先して考慮され、心身ともに健やかに育成されるよう努めなければならない
		2	●児童の保護者は、児童を心身ともに健やかに育成することについて第一義的責任を負う
		3	●国及び地方公共団体は、児童の保護者とともに、児童を心身ともに健やかに育成する責任を負う
	第3条		●前二条に規定するところは、児童の福祉を保障するための原理であり、この原理は、すべて児童に関する法令の施行にあたって、常に尊重されなければならない
国及び地方公共団体の責務			●国及び地方公共団体は、児童が家庭において心身ともに健やかに養育されるよう、児童の保護者を支援しなければならない
		国	●国は、市町村・都道府県の業務が適正かつ円滑に行われるよう、児童が適切に養育される体制の確保に関する施策、市町村・都道府県に対する助言、情報提供等を行う
		都道府県	●都道府県は、市町村の業務が適正かつ円滑に行われるよう、市町村に対する必要な助言や適切な援助を行うとともに、専門的な知識・技術や広域的な対応が必要な業務を適切に行う
		市町村	●市町村は、基礎的な地方公共団体として、身近な場所における支援業務を適切に行う
定義	児童		●児童とは、満18歳に満たない者をいい、児童を次のように分ける
			①乳児　（満1歳に満たない者） ②幼児　（満1歳から小学校就学の始期に達するまでの者） ③少年　（小学校就学の始期から満18歳に達するまでの者）
	妊産婦		●妊娠中又は出産後1年以内の女子
	保護者		●親権を行う者、未成年後見人その他の者で、児童を現に監護する者
	児童福祉施設		●児童福祉施設とは、助産施設、乳児院、母子生活支援施設、保育所、幼保連携型認定こども園、児童厚生施設、児童養護施設、障害児入所施設、児童発達支援センター、児童心理治療施設、児童自立支援施設、児童家庭支援センター及び里親支援センターとする
		児童厚生施設	●児童遊園、児童館等児童に健全な遊びを与えて、その健康を増進し、又は情操をゆたかにすることを目的とする施設
		児童家庭支援センター	●児童に関する家庭その他からの相談のうち、専門的な知識及び技術を必要とするものに応じ、必要な助言等を行う施設

児童福祉審議会	●児童、妊産婦、知的障害児などの福祉と保健に関する事項について調査・審議する機関 ●都道府県、指定都市に設置義務、市町村は任意設置		
実施機関と専門職	児童相談所	●都道府県（指定都市）は、児童相談所を設置しなければならない	
	児童福祉司	●都道府県は、その設置する児童相談所に、児童福祉司を置かなければならない	
	児童委員	●市町村の区域に児童委員を置く。民生委員は、児童委員に充てられたものとする	
	保育士	●この法律で、保育士とは、児童の保育及び児童の保護者に対する保育に関する指導を行うことを業とする者をいう	
		欠格期間 （2023（令和5） 年4月施行）	●禁固刑以上の刑に処せられた者（無期限） ●児童の福祉に関する法律の規定で罰金の刑に処せられた（執行が終わり3年を経過しない者）　など
		登録の取消 （2023（令和5） 年4月施行）	●教育職員性暴力等防止法に規定する児童生徒性暴力等を行ったと認められる場合
		保育士特定登録取消者管理システム （2024（令和6） 年4月施行）	●児童生徒性暴力等を行ったことにより、保育士の登録を取り消された者等の情報を保育士を雇用する人が検索・照会を行うためのシステムを導入
療育の指導	●保健所長は、身体に障害のある児童につき、診査を行い、又は相談に応じ、必要な療育の指導を行わなければならない		
小児慢性特定疾病医療費の支給	●都道府県は、小児慢性特定疾病児童等が、指定小児慢性特定疾病医療機関から医療を受けたときは、保護者等に対し、小児慢性特定疾病医療費を支給する ●医療費助成に要する費用は都道府県等の支弁（国が1／2を負担）		
小児慢性特定疾病児童等自立支援事業	●都道府県は、小児慢性特定疾病児童等、その家族等からの相談に応じ、必要な情報の提供及び助言、関係機関との連絡調整などを行う		
療育の給付	●都道府県は、結核にかかっている児童に対し、療養に併せて学習の援助を行うため、これを病院に入院させて療育の給付を行うことができる		
要保護児童の通告	●要保護児童を発見した者は、これを市町村、児童相談所等に通告しなければならない ●罪を犯した満14歳以上の児童については、家庭裁判所に通告しなければならない		
一時保護	●児童相談所長又は都道府県知事は、必要があると認めるときは、児童の一時保護を行い、又は適当な者に委託して、当該一時保護を行わせることができる ●一時保護の期間は、当該一時保護を開始した日から2か月を超えてはならない		
	家庭裁判所の承認	●親権者の意に反し、2か月を超えて一時保護を行うには、家庭裁判所の承認が必要	

▶ 被措置児童等虐待の防止等

被措置児童等虐待の通報と対応件数

	2014	2015	2016	2017	2018	2019	2020	2021
届出通報受理件数	220	233	254	277	246	290	372	387
虐待事例	62	83	87	99	95	94	121	131

虐待の事実が認められた施設等 （2021（令和3）年）	児童養護施設　53%	里親・ファミリーホーム 16%	障害入所施設等 15%	その他

虐待の種別 （2021（令和3）年）	身体的虐待　52%	心理的虐待　30%	性的虐待 15%	その他

被措置児童等虐待の防止等	● 被措置児童等虐待を受けたと思われる児童を発見した者は、速やかに、これを都道府県の設置する福祉事務所、児童相談所、都道府県の行政機関、都道府県児童福祉審議会若しくは市町村に通告しなければならない
	● 都道府県は、通告、届出を受けたとき又は相談に応じた児童について必要があると認めるときは、速やかに、当該被措置児童等の状況の把握その他当該通告、届出、通知又は相談にかかる事実について確認するための措置を講ずるものとする

▶ 要保護児童対策地域協議会

要保護児童対策地域協議会		● 地方公共団体は、単独で又は共同して、要保護児童の適切な保護又は要支援児童若しくは特定妊婦への適切な支援を図るため、関係機関等により構成される要保護児童対策地域協議会を置くように努めなければならない
支援対象者	要保護児童	● 保護者のない児童又は保護者に監護させることが不適当であると認められる児童
	要支援児童	● 乳児家庭全戸訪問事業の実施その他により把握した保護者の養育を支援することが特に必要と認められる児童（要保護児童を除く）
	特定妊婦	● 出産後の養育について、出産前において支援を行うことが特に必要と認められる妊婦
業務内容		● 要保護児童等に関する情報その他要保護児童の適切な保護を図るために必要な情報の交換を行うとともに、要保護児童等に対する支援の内容に関する協議などを行う

▶子育て世帯に対する包括的な支援のための事業の拡充

子育て世帯に対する包括的な支援のための体制強化等のため、2022（令和4）年6月、児童福祉法等の一部を改正する法律が公布され、2024（令和6）年4月より、新たな事業が新設されました。

●市区町村における子育て家庭への支援

子育て世帯訪問 支援事業		●家事・子育て等に対して不安や負担を抱える子育て家庭、妊産婦、ヤングケアラー等がいる家庭の居宅を、訪問支援員が訪問し、家庭が抱える不安や悩みを傾聴するとともに、家事・子育て等の支援を実施することにより、家庭や養育環境を整え、虐待リスク等の高まりを未然に防ぐことを目的とする
	対象者	●要支援児童、要保護児童及びその保護者、特定妊婦等を対象（支援を要するヤングケアラーを含む）
	支援内容	●調理、掃除等の家事、子どもの送迎、子育ての助言等
児童育成支援拠 点事業		●養育環境等に関する課題を抱える児童について、当該児童に生活の場を与えるための場所を開設し、情報の提供、相談及び関係機関との連絡調整を行い、必要に応じて当該児童の保護者に対し、情報の提供、相談及び助言その他の必要な支援を行う
	対象者	●養育環境等の課題（虐待リスクが高い、不登校等）を抱える主に学齢期の児童及びその保護者を対象
	支援内容	●居場所の提供、食事の提供、生活リズム・メンタルの調整、学習支援、関係機関との調整等
親子関係形成支 援事業		●親子間における適切な関係性の構築を目的として、児童及びその保護者に対し、当該児童の心身の発達の状況等に応じた情報の提供、相談及び助言その他の必要な支援を行う
	対象者	●要支援児童、要保護児童及びその保護者等を対象
	支援内容	●親子間の適切な関係性の構築を目的とし、保護者に対してペアレントトレーニングなど子どもの発達の状況等に応じた支援を行う

●都道府県等・児童相談所による支援

親子再統合支援 事業		●親子の再統合を図ることが必要と認められる児童及びその保護者に対して、児童虐待の防止に資する情報の提供、相談及び助言その他の必要な支援を行う
	対象者	●親子の再統合（親子関係の再構築等）が必要と認められる児童とその保護者を対象
	支援内容	●ピア・カウンセリング、心理カウンセリング、保護者支援プログラム等
妊産婦等生活援 助事業		●家庭生活に支障が生じている特定妊婦やその者の監護すべき児童を、生活すべき住居に入居させ、又は事業所などに通わせ、食事の提供その他日常生活を営むのに必要な便宜の供与、児童の養育にかかる相談及び助言、母子生活支援施設その他の関係機関との連絡調整、特別養子縁組にかかる情報の提供などを行う
	対象者	●家庭生活に支障が生じた特定妊婦等とその子ども（親に頼ることができない、出産に備える居宅がない等）を対象
	支援内容	●住居に入居させ、又は事業所等に通所、訪問することにより、食事の提供などの日常生活の支援を行ったり、産後の母子生活支援施設等へのつなぎ、特別養子縁組にかかる情報提供等を行う
意見表明等支援 事業		●意見聴取等措置の対象となる児童の入所の措置又は一時保護等の措置を行うことにかかる意見又は意向などについて、児童の福祉に関し、知識又は経験を有する者が意見聴取その他これらの者の状況に応じた適切な方法により把握するとともに、これらの意見又は意向を勘案して児童相談所、都道府県その他の関係機関との連絡調整その他の必要な支援を行う
	意見聴取 等措置	●児童相談所等は入所措置や一時保護等の際に児童の最善の利益を考慮しつつ、児童の意見・意向を勘案して措置を行うため、児童の意見聴取等の措置を講ずる

▶こども家庭センター

2024（令和6）年度より、母子保健法に基づく「子育て世代包括支援センター」と児童福祉法に基づく「子ども家庭総合支援拠点」を一本化し、児童福祉法の規定により「こども家庭センター」が創設されました。

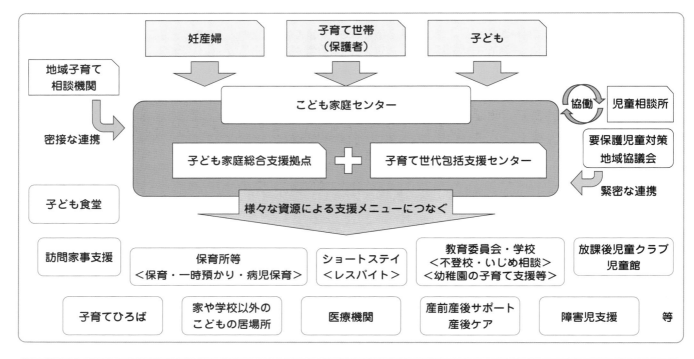

2024（令和6）年4月施行 こども家庭センター の児童福祉事業		●市町村は、こども家庭センターの設置に努めなければならない ●こども家庭センターは、地域子育て機関と密接に連携を図り、次に掲げる業務を行うことにより、児童及び妊産婦の福祉に関する包括的な支援を行うことを目的とする
	1	●児童及び妊産婦の福祉に関し、必要な実情の把握に努めること
	2	●児童及び妊産婦の福祉に関し、必要な情報の提供を行うこと
	3	●児童及び妊産婦の福祉に関し、家庭その他からの相談に応ずること並びに必要な調査及び指導を行うこと並びにこれらに付随する業務を行うこと
	4	●児童及び妊産婦の福祉に関し、心身の状況等に照らし包括的な支援を必要とすると認められる要支援児童等その他の者に対して、サポートプランの作成その他の包括的かつ計画的な支援を行うこと
	5	●児童及び妊産婦の福祉に関する機関との連絡調整を行うこと
	6	●児童及び妊産婦の福祉並びに児童の健全育成に資する支援を行う者の確保、当該支援を行う者が相互の有機的な連携の下で支援を円滑に行うための体制の整備その他の児童及び妊産婦の福祉並びに児童の健全育成に係る支援を促進すること

▶児童福祉の理念

●1909年 第1回ホワイトハウス会議	●ルーズベルト大統領のもと要保護児童の保護に関する会議が招集された ●「児童は緊急やむを得ない理由がない限り、家庭生活から引き離されてはならない」という声明が出された	
●1924年 児童の権利に関する 　　　ジュネーブ宣言	●国際連盟で採択された宣言 ●すべての児童に保障すべきことを宣言した	
	宣言事項	1　児童は、心身の正常な発達に必要な諸手段を与えられなければならない 2　飢えた児童は食物を与えられなければならない。病気の児童は看病されなければならない 3　児童は、危難の際には、最初に救済を受ける者でなければならない
●1947年 児童福祉法（第1条）	●すべて国民は、児童が心身ともに健やかに生まれ、且つ、育成されるよう努めなければならない ●すべて児童は、ひとしくその生活を保障され、愛護されなければならない	
●1948年 世界人権宣言	●第3回国連総会において採択 ●人権及び自由を尊重し確保するために、「すべての人民とすべての国とが達成すべき共通の基準」を宣言した	
●1951年 児童憲章	●日本国憲法の精神にしたがい、児童に対する正しい観念を確立し、すべての児童の幸福をはかるために、この憲章を定める（3つの基本綱領と12条の本文がある）	
	基本綱領	1　児童は、人として尊ばれる 2　児童は、社会の一員として重んぜられる 3　児童は、よい環境の中で育てられる
●1959年 児童の権利に関する宣言	●国際連合において、1948年の世界人権宣言を踏まえ、1959年に制定された。前文と本文第1条～第10条まである	
	第1条	すべての児童は、いかなる例外もなく、人種、皮膚の色、性、言語、宗教、政治上等のために差別を受けることなく、これらの権利を与えられなければならない
●1979年 国際児童年	●児童の権利に関する宣言の採択20周年を記念して、1979年を国際児童年とする決議が1976年の国連総会で採択された	
●1989年 児童の権利に関する条約	●1989年の第44回国連総会において採択された。日本は1994年に批准（第1条～第54条まである）	
	第1条	この条約の適用上、児童とは、18歳未満のすべての者をいう
	第2条	締約国は、児童に対し、人種、皮膚の色、性、言語、宗教、政治的意見などにかかわらず、いかなる差別もなしにこの条約に定める権利を尊重する
	第3条	児童に関するすべての措置をとるに当たっては、公的若しくは私的な社会福祉施設、裁判所、行政当局又は立法機関のいずれによって行われるものであっても、児童の最善の利益が主として考慮されるものとする
	第12条	締約国は、自己の意見を形成する能力のある児童がその児童に影響を及ぼすすべての事項について自由に自己の意見を表明する権利を確保する

序章

第1章

第2章

第3章

第4章

第5章

社会保障制度を理解する科目　▼　⑩児童・家庭福祉

▶社会的養護が必要な児童

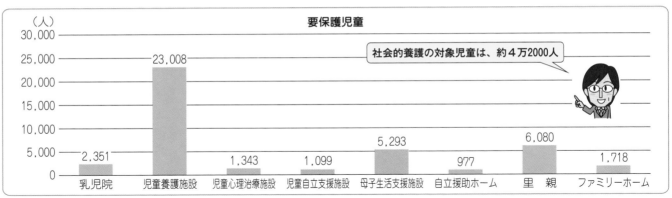

資料：厚生労働省「社会的養育の推進に向けて（令和6年2月）」

施設名	概　要		
助産施設	●保健上必要があるにもかかわらず、経済的な理由により入院助産を受けることが難しい妊産婦が入院し、助産を受けることができる施設		
乳児院	●保護者がいない、又は保護者の事情で家庭での養育ができない乳児（特に必要のある場合には、幼児を含む）を預かって養育する施設		
児童養護施設	●保護者のない児童（特に必要のある場合には、乳児を含む）、虐待を受けている児童その他環境上養護を要する児童を入所させ養護し、あわせて退所した者に対する相談などを行うことを目的とする施設		
児童心理治療施設	●家庭環境、学校における交友関係その他の環境上の理由により社会生活への適応が困難となった児童に、社会生活に適応するために必要な心理に関する治療及び生活指導を行う施設		
児童自立支援施設	●不良行為を行ったか、又はそのおそれのある児童及び家庭環境等の環境上の理由により生活指導等を要する児童を入所又は通わせて、個々の児童の状況に応じて必要な指導を行い、自立を支援する施設		
母子生活支援施設	●配偶者のない女子又はこれに準ずる事情にある女子及びその者の監護すべき児童を入所させて保護し、自立の促進のために生活を支援する施設		
	サービス内容	●自立を支援するための、就労・家庭生活・児童の教育等に関する相談や助言 ●施設長は、個々の母子について、自立支援計画を策定する ●ドメスティック・バイオレンス（DV）の被害者の一時保護や相談	
児童自立生活援助事業	●義務教育を終了し、児童養護施設などを退所した児童又は都道府県知事が必要と認めた者に対し、自立援助ホーム等において、日常生活上の援助、生活指導、就業の支援等を行う		
	対象者	●義務教育を終了した児童、又は20歳未満で措置解除者等	
		●20歳以上の措置解除者等で、高等学校又は大学の学生であること、その他やむを得ない事情により児童自立生活援助の実施が必要であると都道府県知事が認めた者	
	実施場所	Ⅰ型	自立援助ホーム　（入居定員　5人以上20人以下）
		Ⅱ型	児童養護施設、児童心理治療施設、児童自立支援施設、母子生活支援施設
		Ⅲ型	里親の居宅（親族里親の居宅を除く）、小規模住居型児童養育事業を行う住居

2024（令和6）年4月から実施場所の拡大

2024（令和6）年4月から対象者の置かれている状況で判断

●里親・ファミリーホーム

里　親		●里親とは、4人以下の要保護児童を養育することを希望する者で、都道府県知事が児童を委託する者として適当と認めるものをいう ●里親となることを希望する者に配偶者がいなくても、都道府県知事が認めれば里親として認定される	
	養育里親	●要保護児童を養育することを希望し、養育里親研修を修了し、養育里親名簿に登録された者	
		専門里親	●特に支援が必要な次の要保護児童が対象 ①児童虐待等の行為により心身に有害な影響を受けた児童 ②非行等の問題を有する児童 ③身体障害、知的障害、精神障害がある児童
	養子縁組里親	●養親となることを希望する者のうち、養子縁組里親研修を修了し、養子縁組名簿に登録された者	
	親族里親	●次の要件に該当する要保護児童が対象 ①当該親族里親に扶養義務がある児童 ②児童の両親その他当該児童を現に監護する者が死亡、行方不明、拘禁、入院等の状態となったことにより、養育が期待できないこと	
ファミリーホーム （小規模住居型児童養育事業）		●保護者のない児童又は保護者に監護させることが不適当であると認められる児童（要保護児童）に対し、養育に関し相当の経験を有する者の住居（ファミリーホーム）において養育を行う事業 ●定員5～6人	

●里親支援センター 〈 2024（令和6）年4月施行 〉

里親支援センター		●里親支援センターは、里親支援事業を行うほか、里親及び里親に養育される児童、里親になろうとする者について相談その他の援助を行うことを目的とする施設 ●里親支援センターの長は、里親支援事業などを行うにあたっては、関係機関と相互に協力し、緊密な連携を図るように努めなければならない
	職員配置	●里親制度等普及促進担当者（里親リクルーター）、里親研修等担当者（里親トレーナー）、里親等支援員などが配置される

●社会的養護自立支援拠点事業 〈 2024（令和6）年4月施行 〉

社会的養護自立支援拠点事業		●児童養護施設等の措置解除者又はこれに類する者が相互の交流を行う場所を開設し、これらの者に対する情報の提供、相談及び助言並びにこれらの者の支援に関連する関係機関との連絡調整その他の必要な支援を行う事業
	対象者	●過去に施設への入所や里親等への委託の措置経験がある者、児童自立生活援助事業の対象となった者など
	支援内容	●相互に交流を行う場の提供 ●社会的養護経験者への情報提供や相談支援等 ●個別記録の策定、必要な支援へのつなぎ ●一時避難的かつ短期間の居場所の提供を伴う支援

▶こども基本法 ─〈2023（令和5）年4月施行〉

総　則		●この法律は、日本国憲法及び児童の権利に関する条約の精神にのっとり、社会全体としてこども施策に取り組むことができるよう、こども施策に関し、基本理念を定め、国の責務等を明らかにし、及びこども施策の基本となる事項を定めるとともに、こども政策推進会議を設置すること等により、こども施策を総合的に推進することを目的とする
定　義	こども	●「こども」とは、心身の発達の過程にある者をいう
	こども施策	①新生児期、乳幼児期、学童期及び思春期の各段階を経て、おとなになるまでの心身の発達の過程を通じて切れ目なく行われるこどもの健やかな成長に対する支援 ②子育てに伴う喜びを実感できる社会の実現に資するため、就労、結婚、妊娠、出産、育児等の各段階に応じて行われる支援 ③家庭における養育環境その他のこどもの養育環境の整備
こども大綱		●政府は、こども施策を総合的に推進するため、こども施策に関する大綱を定めなければならない
都道府県こども計画等		●都道府県は、こども大綱を勘案して、「都道府県こども計画」を定めるよう努めるものとする ●市町村は、こども大綱及び都道府県こども計画を勘案して「市町村こども計画」を定めるよう努めるものとする ●都道府県こども計画等は、他の法令に基づく「都道府県子ども・若者計画等」「子ども・子育て支援事業計画」等と一体のものとして作成することができる
こども政策推進会議		●こども家庭庁に、特別の機関として、こども政策推進会議を置く
	事　務	●こども大綱の案を作成すること ●こども施策に関する重要事項について審議し、こども施策の実施を推進 ●こども施策について必要な関係行政機関相互の調整をすること

▶こども家庭庁設置法 ─〈2023（令和5）年4月施行〉

設　置		●内閣府設置法の規定に基づいて、内閣府の外局として、こども家庭庁を設置する ●こども家庭庁の長は、こども家庭庁長官とする
所掌事務		●小学校就学前のこどもの健やかな成長のための環境の確保及び小学校就学前のこどものある家庭における子育て支援に関する基本的な政策の企画及び立案並びに推進 ●子ども・子育て支援給付その他の子ども及び子どもを養育している者に必要な支援 ●こどもの保育及び養護 ●こどものある家庭における子育ての支援体制の整備 ●地域におけるこどもの適切な遊び及び生活の場の確保 ●こども、こどものある家庭及び妊産婦その他母性の福祉の増進 ●こどもの安全で安心な生活環境の整備に関する基本的な政策の企画及び立案並びに推進 ●こどもの保健の向上 ●こどもの虐待の防止 ●いじめの防止等に関する相談の体制など地域における体制の整備　など
こども家庭審議会		●こども家庭庁に、こども家庭審議会を置く
	事　務	●内閣総理大臣、関係各大臣又は長官の諮問に応じて、基本的な政策に関する重要事項を調査審議し、意見を述べること

▶不登校

教育機会確保法（※）	●不登校の児童、生徒たちを支援する「教育機会確保法」が2017（平成29）年2月より施行
不登校児童生徒の定義	●相当の期間学校を欠席する児童生徒で、何らかの心理的、情緒的、身体的若しくは社会的要因又は背景によって、児童生徒が出席しない又はすることができない状況（病気又は経済的理由による場合を除く）にあるもの
「特例校」の設置	●国及び地方公共団体は、不登校児童生徒に対しその実態に配慮して特別に編成された教育課程に基づく教育を行う学校（特例校）の整備及び当該教育を行う学校における教育の充実のために必要な措置を講ずるよう努める

（※）正式名称：義務教育の段階における普通教育に相当する教育の機会の確保等に関する法律

▶いじめ

いじめ防止対策推進法 （2013（平成25）年施行）	●いじめの防止等のための対策を総合的かつ効果的に推進することを目的とした法律
いじめの定義	●「いじめ」とは、児童等に対して、他の児童等が行う心理的又は物理的な影響を与える行為（インターネットを通じて行われるものを含む）であって、当該行為の対象となった児童等が心身の苦痛を感じているものをいう
基本理念	●いじめの防止等のための対策は、いじめが全ての児童等に関係する問題であることに鑑み、児童等が安心して学習その他の活動に取り組むことができるよう、学校の内外を問わずいじめが行われなくなるようにすることを旨として行われなければならない
いじめの禁止	●児童等は、いじめを行ってはならない

▶特別支援教育

特別支援教育は、障害のある幼児児童生徒の自立や社会参加に向けた主体的な取り組みを支援するという視点に立ち、幼児児童生徒一人ひとりの教育的ニーズを把握し、その持てる力を高め、生活や学習上の困難を改善又は克服するため、適切な指導及び必要な支援を行うものです。

特別支援学校	●障害の程度が比較的重い子どもを対象として専門性の高い教育を行う学校 ●特別支援学校の幼稚園部、小学部、中学部、高等部で行う
特別支援学級	●障害の種別ごとの少人数学級で、障害のある子ども一人ひとりに応じた教育を行う ●小学校、中学校、義務教育学校、高等学校、中等教育学校で実施
通級による指導	●通常の学級に在籍し、ほとんどの授業を通常の学級で受けながら、障害の状態に応じた特別な指導を週1〜8単位時間、特別な指導の場で行う ●小学校、中学校、義務教育学校、高等学校、中等教育学校で実施

▶子どもの貧困対策

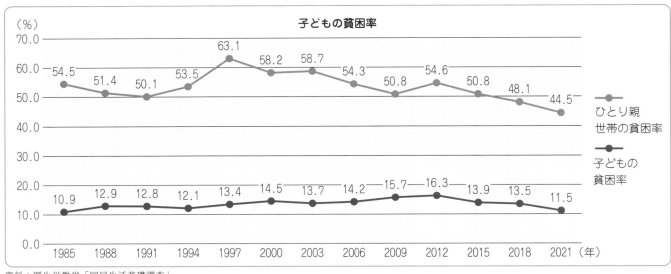

資料：厚生労働省「国民生活基礎調査」

▶子どもの貧困対策の推進に関する法律　2023（令和5）年4月改正

目 的	●子どもの貧困対策に関し、子どもの貧困対策の基本となる事項を定めることにより、子どもの貧困対策を総合的に推進することを目的とする
子どもの貧困対策に関する大綱	●政府は、子どもの貧困対策を総合的に推進するため、子どもの貧困対策に関する大綱（大綱）を定めなければならない
年次報告	●政府は、毎年、国会に、子どもの貧困の状況及び子どもの貧困対策の実施の状況に関する報告を提出するとともに、これを公表しなければならない
都道府県計画等	●都道府県は、大綱を勘案して、都道府県における子どもの貧困対策についての計画（都道府県計画）を定めるよう努める ●市町村は、大綱及び都道府県計画を勘案して、市町村における子どもの貧困対策についての計画を定めるよう努める

▶子ども・若者育成支援推進法　2023（令和5）年4月改正

目 的	●子ども・若者育成支援について、施策の基本となる事項を定めること等により、他の関係法律による施策と相まって、子ども・若者育成支援施策を推進することを目的とする
子ども・若者育成支援推進大綱	●政府は、子ども・若者育成支援施策の推進を図るための大綱を定めなければならない
都道府県子ども・若者計画等	●都道府県は、「都道府県子ども・若者計画」を作成するよう努める ●市町村は、「市町村子ども・若者計画」を作成するよう努める
子ども・若者総合相談センター	●地方公共団体は、子ども・若者育成支援に関する相談に応じ、関係機関の紹介その他の必要な情報の提供及び助言を行う拠点としての機能を担う体制を、単独で又は共同して、確保するよう努める

▶女性支援法^(※)

「女性支援法」は、売春防止法の「補導処分」（第3章）や「保護更生」（第4章）を廃止し、女性が安心して、かつ自立して暮らせる社会の実現に寄与することなどを目的に、2024（令和6）年4月に施行されました。

目　的		●困難な問題を抱える女性の福祉の増進を図るため、困難な問題を抱える女性への支援に関する必要な事項を定めることにより、困難な問題を抱える女性への支援のための施策を推進し、もって人権が尊重され、及び女性が安心して、かつ、自立して暮らせる社会の実現に寄与することを目的とする
定　義	困難な問題を抱える女性	●性的な被害、家庭の状況、地域社会との関係性その他の様々な事情により日常生活又は社会生活を円滑に営む上で困難な問題を抱える女性（そのおそれのある女性を含む）
基本方針及び都道府県基本計画等		●厚生労働大臣は、困難な問題を抱える女性への支援のための施策に関する基本的な方針（基本方針）を定めなければならない ●都道府県は、基本方針に即して、当該都道府県における困難な問題を抱える女性への支援のための施策の実施に関する基本的な計画（都道府県基本計画）を定めなければならない
女性相談支援センター		●都道府県は、女性相談支援センターを設置しなければならない（指定都市は任意設置）
	業務内容	困難な問題を抱える女性に関する相談、緊急時における安全の確保、一時保護、医学的または心理的な援助などを行う
一時保護		●女性相談支援センターには、一時保護を行う施設を設けなければならない
女性相談支援員		●都道府県は、女性相談支援員を置くものとする ●市町村は、女性相談支援員を置くよう努めるものとする
	業務内容	●困難な問題を抱える女性について、その発見に努め、その立場に立って相談に応じ、及び専門的技術に基づいて必要な援助を行う
女性自立支援施設		●都道府県は、女性自立支援施設を設置することができる ●都道府県は、女性自立支援施設における自立支援を、その対象となる者の意向を踏まえながら、自ら行い、又は市町村、社会福祉法人その他適当と認める者に委託して行うことができる
	支援内容	●困難な問題を抱える女性を入所させて、その保護を行うとともに、その心身の健康の回復を図るための医学的又は心理学的な援助を行い、及びその自立の促進のためにその生活を支援し、あわせて退所した者について相談その他の援助を行う
支援調整会議		●地方公共団体は、単独で又は共同して、困難な問題を抱える女性への支援を適切かつ円滑に行うため、困難な問題を抱える女性への支援に関する活動を行う関係機関等により構成される会議を組織するよう努める
	業務内容	●困難な問題を抱える女性への支援を適切かつ円滑に行うために必要な情報の交換を行うとともに、困難な問題を抱える女性への支援の内容に関する協議を行う

（※）正式名称：困難な問題を抱える女性への支援に関する法律

22 子ども・子育て支援法

▶子ども・子育て支援法

こども未来戦略の「加速プラン」に盛り込まれた施策を実行するため、子ども・子育て支援法が改正され、2025（令和7）年4月より順次施行されます。

目　的		●子ども・子育て支援給付など子ども及び子どもを養育している者に必要な支援を行い、一人ひとりの子どもが健やかに成長することができる社会の実現に寄与することを目的とする
基本理念		●子ども・子育て支援は、父母その他の保護者が子育てについての第一義的責任を有するという基本的認識の下に、家庭、学校、地域、職域その他の社会のあらゆる分野におけるすべての構成員が、各々の役割を果たすとともに、相互に協力して行われなければならない
市町村の責務		●子ども・子育て支援給付及び地域子ども・子育て支援事業を総合的かつ計画的に行うこと ●子ども及びその保護者が、確実に子ども・子育て支援給付、地域子ども・子育て支援事業などを円滑に利用するために必要な援助を行うこと
子ども・子育て支援給付		●「子どものための現金給付」と「子どものための教育・保育給付」「子育てのための施設等利用給付」がある
子どものための現金給付		●子どものための現金給付は、児童手当法に規定する児童手当の支給とする
妊婦のための支援給付		●市町村は、妊婦であることの認定後に5万円を支給。その後、妊娠しているこどもの人数の届出を受けた後に妊娠しているこどもの人数×5万円を支給
2025（令和7）年4月施行 子どものための 教育・保育給付	施設型給付	●認定こども園、幼稚園、保育所
	地域型保育給付	●小規模保育（利用定員6人以上19人以下） ●家庭的保育（利用定員5人以下） ●居宅訪問型保育 ●事業所内保育（主として従業員に保育を提供）
子育てのための 施設等利用給付		●子育てのための施設等利用給付は、施設等利用費の支給とする
	支給対象	●3歳以上の小学校就学前子ども ●0歳から2歳までの住民税非課税世帯の子どもであって、保育の必要性があるもの
	対象施設等	●子どものための教育・保育給付の対象外である幼稚園、特別支援学校の幼稚部、認可外保育施設、預かり保育事業、一時預かり事業、病児保育事業、子育て援助活動支援事業であって、市町村の確認を受けたもの
2026（令和8）年4月施行 乳児等のための支援給付		●満3歳未満で保育所等に通っていないこどもの保護者に対し、特定乳児等通園支援を利用したときに支給する
地域子ども・子育て支援事業		●子ども・子育て家庭等を対象とする事業として、市町村が地域の実情に応じて実施する事業

●教育・保育の利用の流れ

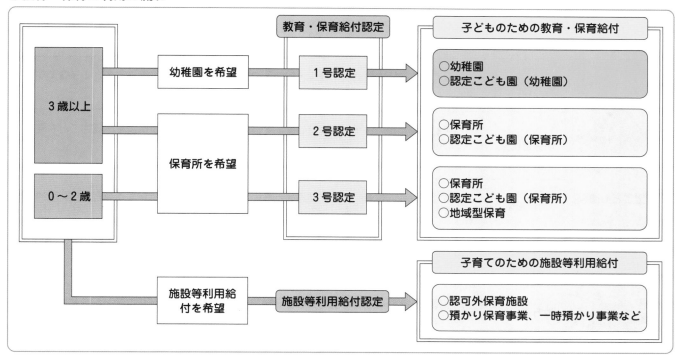

市町村の認定等			●保護者は、子どものための教育・保育給付を受けるときは教育標準時間の認定、保育の必要性の認定を、施設等利用給付を受けるときは施設等利用給付認定を受ける
認定区分	教育・保育給付認定	1号認定	●「教育」を希望する満3歳以上の子ども（2号認定を除く）
		2号認定	●「保育を必要とする事由」に該当する満3歳以上の子ども
		3号認定	●「保育を必要とする事由」に該当する満3歳未満の子ども
	施設等利用給付認定	新1号認定	●満3歳以上の小学校就学前子どもであって、新2号認定子ども・新3号認定子ども以外のもの
		新2号認定	●満3歳に達する日以後最初の3月31日を経過した小学校就学前子どもで、家庭において必要な保育を受けることが困難であるもの
		新3号認定	●満3歳に達する日以後最初の3月31日までの間にある小学校就学前子どもで、家庭において必要な保育を受けることが困難であるもののうち、保護者及び同一世帯員が市町村民税世帯非課税者
保育の必要性の認定	保育が必要な事由		●「就労」「保護者の疾病、障害」「同居又は長期入院等している親族の介護・看護」「災害復旧」「妊娠出産」「求職活動」「就学」「虐待やDVのおそれがある」など
	保育の必要量	保育標準時間	●フルタイム就労を想定した利用時間（最長11時間）
		保育短時間利用	●パートタイム就労を想定した利用時間（最長8時間）
	利用者負担	3歳以上	●幼稚園、保育所、認定こども園、地域型保育などの利用料は無料
		3歳未満	●保護者及び同一世帯員が市町村民税世帯非課税者は無料

▶教育・保育給付

●施設型給付

認定こども園	●認定こども園法に基づく認可で設立され、幼稚園と保育所の機能をあわせもち、地域における子育て支援も行う施設	
	幼保連携型	●認可幼稚園と認可保育所が連携して、一体的な運営を行うことにより、認定こども園としての機能を果たすタイプ ●学校及び児童福祉施設として位置づけられている
	幼稚園型	●認可幼稚園が、保育を必要とする子どものための保育時間を確保するなど、保育所的な機能を備えて認定こども園としての機能を果たすタイプ
	保育所型	●認可保育所が、保育を必要とする子ども以外の子どもも受け入れるなど、幼稚園的な機能を備えることで認定こども園としての機能を果たすタイプ
	地方裁量型	●幼稚園・保育所いずれの認可もない地域の教育・保育施設が、認定こども園として必要な機能を果たすタイプ
保育所	**認可保育所**	●児童福祉法に基づく認可で設立。共働きなど、家庭で保育できない保護者に代わって保育する施設。0歳〜小学校就学の始期に達するまでの幼児が対象 ●公立保育所や、都道府県知事等の認可を受けて設置した私立保育所がある ●定員20人以上
	認可外保育所	●認可保育所に該当しない保育施設で、児童福祉法に基づく届出が必要
幼稚園	●学校教育法に基づく学校で、小学校以降の教育の基礎をつくるための幼児期の教育を行う学校。満3歳から、小学校就学の始期に達するまでの幼児が対象	
	預かり保育事業	●保護者の希望に応じて、4時間を標準とする幼稚園の教育時間の前後や土曜・日曜、長期休業期間中に、幼稚園において教育活動を行う

●地域型保育給付

地域型保育給付	●施設よりも少人数の単位（原則19人以下）で、3歳未満の子どもを預かる事業	
	小規模保育	●少人数（定員6〜19人）を対象に、家庭的保育に近い雰囲気のもと保育を行う
	家庭的保育	●少人数（定員5人以下）を対象に、家庭的な雰囲気のもとで、きめ細かな保育を行う
	事業所内保育	●会社の事業所の保育施設などで、従業員の子どもと地域の子どもを一緒に保育を行う
	居宅訪問型保育	●障害・疾病などで個別のケアが必要な場合や、施設が無くなった地域で保育を維持する必要がある場合などに、保護者の自宅で1対1で保育を行う

▶地域子ども・子育て支援事業

市町村は、子ども・子育て家庭等を対象とする事業として、市町村子ども・子育て支援事業計画に従って、以下の事業を実施します（費用負担割合は、国、都道府県、市町村がそれぞれ1／3）。

1	**一時預かり事業**	●家庭において保育を受けることが一時的に困難になった乳幼児について、保育所、幼稚園その他の場所で一時的に預かり、必要な保護を行う事業
2	**病児保育事業**	●病気の児童について、病院・保育所等に付設された専用スペース等において、看護師等が一時的に保育等を行う事業
3	**子育て援助活動支援事業（ファミリー・サポート・センター事業）**	●乳幼児や小学生等の児童を有する子育て中の労働者や主婦等を会員として、児童の預かり等の援助を受けることを希望する者と当該援助を行うことを希望する者との相互援助活動に関する連絡調整を行う事業
4	**利用者支援事業**	●子どもや保護者の身近な場所で、教育・保育施設や地域の子育て支援事業等の利用について情報収集を行うとともに、それらの利用にあたっての相談に応じ、必要な助言を行い、関係機関等との連絡調整等を実施する事業
5	**地域子育て支援拠点事業**	●家庭や地域における子育て機能の低下や、子育て中の親の孤独感や負担感の増大等に対応するため、地域の子育て中の親子の交流促進や育児相談等を行う事業
6	**妊婦健康診査**	●妊婦の健康の保持及び促進を図るため、妊婦に対する健康診査として、健康状態の把握、検査計測、保健指導を実施するとともに、妊娠期間中の適時に必要に応じた医学的検査を実施する事業
7	**乳児家庭全戸訪問事業**	●生後4か月までの乳児のいるすべての家庭を訪問し、子育て支援に関する情報提供や養育環境等の把握を行う事業
8	**養育支援訪問事業**	●乳児家庭全戸訪問事業などにより把握した、保護者の養育を支援することが特に必要とされる家庭に対して、保健師・助産師・保育士等が居宅を訪問し、養育に関する相談支援や育児・家事援助等を行う事業
9	**子どもを守る地域ネットワーク機能強化事業（要保護児童等の支援に資する事業）**	●要保護児童対策協議会（子どもを守る地域ネットワーク）の機能強化を図るため、調整機関職員やネットワーク構成員の専門性強化と、ネットワーク機関間の連携強化を図る取組を実施する事業
10	**子育て短期支援事業**	●母子家庭等が安心して子育てしながら働くことができる環境を整備するため、一定の事由により児童の養育が一時的に困難となった場合に、児童を児童養護施設等で預かる事業。短期入所生活援助（ショートステイ）事業と夜間養護等（トワイライトステイ）事業がある
11	**延長保育事業**	●保育認定を受けた子どもについて、通常の利用日・利用時間以外の日・時間において、保育所等で引き続き保育を実施する事業
12	**放課後児童健全育成事業（放課後児童クラブ）**	●保護者が労働などで昼間家庭にいない小学校に就学している児童に対し、授業の終了後等に小学校の余裕教室や児童館等において適切な遊び及び生活の場を与えて、その健全な育成を図る事業
13	**実費徴収に係る補足給付を行う事業**	●保護者の世帯所得の状況等を勘案して、特定教育・保育施設等に対して保護者が支払うべき日用品、文房具その他の教育・保育に必要な物品の購入に要する費用又は行事への参加に要する費用等を助成する事業
14	**多様な主体が本制度に参入することを促進するための事業**	●新規参入事業者に対する相談・助言等巡回支援や、私学助成や障害児保育事業の対象とならない特別な支援が必要な子どもを認定こども園で受け入れるための職員の加配を促進するための事業

23 母子・父子・寡婦福祉 ← 母子福祉法1964（昭和39）年公布

重要度
A
★★★

		母子世帯	父子世帯
世帯数（推計値）		約120万世帯	約15万世帯
ひとり親世帯になった理由		離婚　80% 死別　5%	離婚　70% 死別　21%
就業状況		86%	88%
	うち　正規の職員・従業員	49%	70%
	うち　自営業	5%	15%
	うち　パート・アルバイト等	39%	5%
平均年間収入（母又は父自身の収入）		272万円	518万円
養育費の取り決めをしている		47%	28%
養育費を現在も受けている		28%（平均月額50,485円）	9%（平均月額26,992円）

資料：令和3年度全国ひとり親世帯等調査結果の概要

▶母子及び父子並びに寡婦福祉法の概要 ← 2014（平成26）年10月改正

定義	配偶者のない女子（男子）	●配偶者と死別や離婚等した女子（男子）で現に婚姻していないもの
	児童	●20歳未満の者
	寡婦	●配偶者のない女子で、かつて配偶者のない女子として児童を扶養していたことのあるもの
自立への努力		●母子家庭の母及び父子家庭の父並びに寡婦は、自ら進んでその自立を図り、家庭生活及び職業生活の安定と向上に努めなければならない
自立促進計画		●都道府県等は、基本方針に即し、母子家庭等及び寡婦の生活の安定と向上のため講じようとする施策の基本となるべき事項などを定めた自立促進計画を策定する

▶就業支援

雇用の促進	●国及び地方公共団体は、就職を希望する母子家庭の母の雇用の促進を図るため、職業訓練の実施、就職のあっせん、公共的施設における雇入れの促進等必要な措置を講ずるように努める ●公共職業安定所は、母子家庭の母の雇用の促進を図るため、求人に関する情報の収集及び提供、母子家庭の母を雇用する事業主に対する援助その他必要な措置を講ずるように努める
母子家庭等就業・自立支援事業	●母子家庭の母及び父子家庭の父等に対し、就業相談から就業支援講習会、就業情報の提供等までの一貫した就業支援サービスや養育費の取り決めなどに関する専門相談など生活支援サービスを提供する事業 ●母子家庭等就業・自立支援センターが都道府県、指定都市、中核市に設定されている
母子（父子）家庭自立支援給付金	●自立支援教育訓練給付金（対象教育訓練を受講し、修了した場合にその経費の60%を支給） ●高等職業訓練促進給付金等事業（看護師や介護福祉士等の資格取得のため、養成機関で修業（上限4年）する場合に給付金を支給）
売店等の設置の許可	●公共的施設の管理者は、母子・父子福祉団体等から申請があったときは、公的施設内において、売店又は理容所、美容所等の施設を設置することを許すように努めなければならない

▶子育て・生活支援

母子・父子自立支援員		●都道府県知事等は、社会的信望があり、次の職務を行うに必要な熱意と識見を持っている者のうちから、母子・父子自立支援員を委嘱する
	職務	●配偶者のない者で現に児童を扶養しているもの及び寡婦に対し、相談に応じ、その自立に必要な情報提供及び指導を行う ●配偶者のない者で現に児童を扶養しているもの及び寡婦に対し、職業能力の向上及び求職活動に関する支援を行う
ひとり親家庭等日常生活支援事業		●修学や疾病などの事由により生活援助、保育等のサービスが必要となった場合等に、その生活を支援する家庭生活支援員を派遣し、又は家庭生活支援員の居宅等において子どもの世話などを行う
母子・父子福祉施設 （第二種社会福祉事業）		●都道府県、市町村、社会福祉法人その他の者は、母子家庭の母及び父子家庭の父並びに児童が、その心身の健康を保持し、生活の向上を図るために利用する母子・父子福祉施設を設置することができる
	母子・父子福祉センター	●無料または低額な料金で、母子家庭等の各種の相談に応じ、生活指導・生業の指導等を行う施設
	母子・父子休養ホーム	●母子家庭等に対し、無料または低額な料金で、レクリエーション等休養のための便宜を提供する施設
公営住宅の供給、保育施設の利用等に関する特別の配慮		●市町村等は、公営住宅の供給を行う場合、保育所に入所する児童を選考する場合などは特別の配慮をしなければならない

▶養育費の確保

扶養義務の履行	●母子家庭等の児童の親は、当該児童が心身ともに健やかに育成されるよう、当該児童の養育に必要な費用の負担その他当該児童についての扶養義務を履行するように努めなければならない ●国及び地方公共団体は、母子家庭等の児童が心身ともに健やかに育成されるよう、当該児童を監護しない親の当該児童についての扶養義務の履行を確保するために広報その他適切な措置を講ずるように努めなければならない
養育費等相談支援センター	●母子家庭等就業・自立支援センターにおいて受け付けられた養育費の取り決め等に関する相談中の困難事例への対応や、養育費相談にあたる人材養成のための研修等を行う
養育費等支援事業	●母子家庭等就業・自立支援センター等に養育費専門相談員を配置し、養育費に関する相談や、養育費の取り決め等のために家庭裁判所等へ訪れる際の同行支援等を実施

▶母子父子寡婦福祉資金貸付制度

実施主体	●都道府県、指定都市、中核市
対象	●母子福祉資金：配偶者のない女子で現に児童を扶養しているもの ●父子福祉資金：配偶者のない男子で現に児童を扶養しているもの ●寡婦福祉資金：寡婦
資金の種類	①事業開始資金、②事業継続資金、③修学資金、④技能習得資金、⑤修業資金、⑥就職支度資金、⑦医療介護資金、⑧生活資金、⑨住宅資金、⑩転宅資金、⑪就学支度資金、⑫結婚資金（計12種類）
貸付条件等	●利子：貸付金の種類、連帯保証人の有無によって異なるが、無利子または、年利1.0% ●償還方法：貸付金の種類によって異なるが、一定の据え置き期間の後、3年～20年

24 生活保護の概要

『穴埋めチェック2025』
P.105〜P.116参照

重要度 **A** ★★★

▶公的扶助の歴史

年	項目	内容
1874年 （明治7）	恤救規則 （じゅっきゅう）	●救済は親族相扶、隣保相扶という血縁・地縁関係によって行うべきであり、どうしてもそれにより難い「無告ノ窮民」だけは救済してよいとした ●救済の対象は、極貧の独身者、15歳未満か70歳以上で障害、高齢などで就労できないもの、13歳以下の孤児など ●救済方法は、米代を金銭給付していた
1917年 （大正6）	軍事救護法	●傷病兵やその遺族などを救護。軍事救護法を管掌するために救護課が設置された
	済世顧問制度	●岡山県知事の笠井信一が創設
1918年 （大正7）	方面委員制度	●大阪府知事（林市蔵）のもと、小河滋次郎が創設した ●昭和11年方面委員令により制度化される
1929年 （昭和4） 1932（昭和7）年 施行	救護法	●保護の対象を65歳以上の老衰者、13歳以下の幼者、妊産婦、疾病、傷病、障害者とし、労働能力のある貧困者は基本的に除外した ●保護の種類は、「生活扶助」「医療」「助産」「生業扶助」の4種類とした ●保護の実施機関は、市町村長とした ●保護は「居宅」で行うことを原則とした ●救護費用の負担を国5割とした ●扶養義務者が扶養できる場合には、急迫した場合を除き救護しないとされた ●保護の請求権は認められていない
終　戦		
1945年 （昭和20）	「救済並びに福祉計画に関する件」（SCAPIN404）	●占領軍が示した覚書。貧困者に対する食料・衣料・住宅等の救済措置を実施するための包括的計画を提出するように求めた
	『生活困窮者緊急生活援護要綱』	●生活援護の対象者を一般国内生活困窮者及び著しく生活に困窮する失業者、戦災者、海外引揚者、在外者留守家族、傷痍軍人及びその家族並びに軍人の遺族とした
1946年 （昭和21）	「社会救済」（SCAPIN775）	●占領軍が示した覚書。「国家責任による無差別平等の保護」「公私分離」「必要な救済費用に制限を設けない」という原則を示した。これに基づいて旧生活保護法を立案
	民生委員令	●方面委員を民生委員と改称
	旧生活保護法	●法の目的を生活の保護を要する状態にある者の生活を国が差別的又は優先的な取扱をなすことなく平等に保護して、社会の福祉を増進するとしていた ●保護の種類を「生活扶助」「医療」「助産」「生業扶助」「葬祭扶助」の5種類とした（教育、住宅に関する保護は生活扶助に含まれていた） ●能力があるにもかかわらず勤労の意思のない者は保護の対象者から除外された ●保護費の国の負担を8割とした ●保護請求権は、個々の要保護者には積極的には認めていない ●扶養義務者が扶養できる場合は、急迫な事情がある場合を除いて保護しない ●保護機関を市町村とし、「民生委員を補助機関」として保護の実施に当たらせた

1948年 （昭和23）	民生委員法	●民生委員の資格要件・選任方法、任期（3年）などを定義
1949年 （昭和24）	「生活保護制度の改善強化に関する件」	●社会保障制度審議会の「生活保護制度の改善強化に関する件」では、生活保護制度を「社会保障制度」の一環として確立すべきことを勧告した
	「6項目要求」	●占領軍が提示した「昭和25年度において達成すべき厚生省主要目標及び期日についての提案」で、社会福祉事業法制定の契機となった
1950年 （昭和25）	生活保護法	●生活保護の「4原理」「4原則」が確立した ●「社会福祉主事を補助機関」、「民生委員は協力機関」とした ●国の負担割合を8割とした ●「保護請求権」と「不服申立制度」を法定化した ●保護の種類に「教育扶助」、「住宅扶助」を創設し7種類とした ●医療扶助の「指定医療機関」制度を導入した
1951年 （昭和26）	社会福祉事業法	●社会福祉事業法（平成12年より社会福祉法）が制定され、福祉事務所が法定化された
1957年 （昭和32）	朝日訴訟	●健康で文化的な生活の基準をめぐる裁判。「人間裁判」と呼ばれた
1989年 （平成元年）	国庫負担の見直し	●国の負担割合が、4分の3に変更（現在に至る）
2000年 （平成12）	「社会的な援護を要する人々に対する社会福祉のあり方に関する検討会報告書」	●「制定「50」周年を迎えた生活保護制度について、経済社会の変化等を踏まえ……「最低生活」の保障を基本に、新たな形の社会的課題をも視野に入れて検証を行う必要がある」と提言
	生活保護法改正	●「介護扶助」を新たに創設（保護の種類が8種類となった）
2004年 （平成16）	「生活保護制度の在り方に関する専門員会報告書」	●最低生活保障の体系と生活保護基準の在り方（老齢加算、母子加算の在り方など）、自立支援等生活保護の制度・運用の在り方などが検討された ●老齢加算を段階的に廃止
2007年 （平成19）	生活保護費の見直し等	●母子加算の段階的廃止、ひとり親世帯就労促進費、要保護世帯向け長期生活支援資金新設
2009年 （平成21）	生活保護費の見直し等	●母子加算の復活、生活福祉資金貸付制度の再編
2013年 （平成25）	生活保護費の見直し等	●保護基準額の見直し
	生活保護法改正	●就労自立給付金の創設、指定医療機関の更新制を導入、第三者行為求償権の創設、福祉事務所の調査権限の拡大、罰則の引き上げなど
	生活困窮者自立支援法	●生活保護に至る前の段階の自立支援策の強化を図るために、生活困窮者に対して支援を行う

序章

第1章

第2章

第3章

第4章

第5章

社会保障制度を理解する科目▼⑪公的扶助

▶生活保護の統計

令和4年度1か月平均の被保護者数は約202万人（保護率1.62%）、被保護世帯数は約164万世帯です（平均世帯員数は約1.23人）。

● 「被保護者数」と「被保護世帯数」（1か月平均）の年次推移

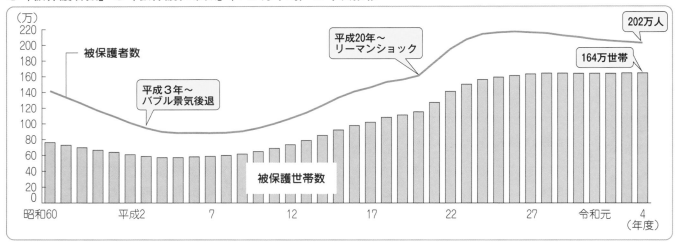

●保護開始理由

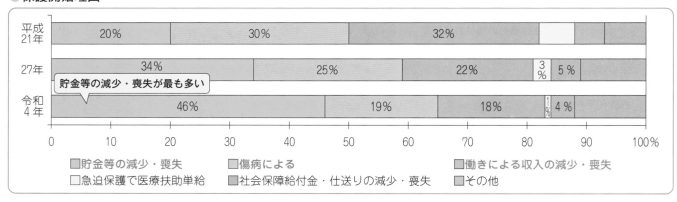

●保護廃止理由

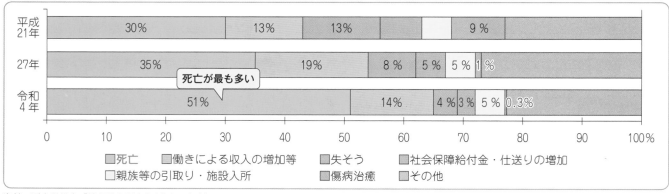

資料：厚生労働省「被保護者調査」（令和4年度）

● **保護の種類別扶助人員（令和4年度）**

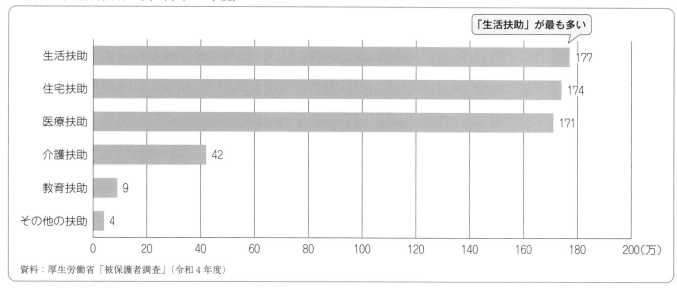

「生活扶助」が最も多い

生活扶助	177
住宅扶助	174
医療扶助	171
介護扶助	42
教育扶助	9
その他の扶助	4

資料：厚生労働省「被保護者調査」（令和4年度）

● **生活保護費負担金扶助別内訳（令和2年度）**

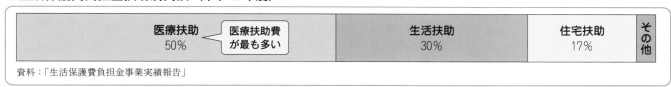

医療扶助 50%	生活扶助 30%	住宅扶助 17%	その他

医療扶助費が最も多い

資料：「生活保護費負担金事業実績報告」

● **医療扶助受給者の傷病分類別構成割合**

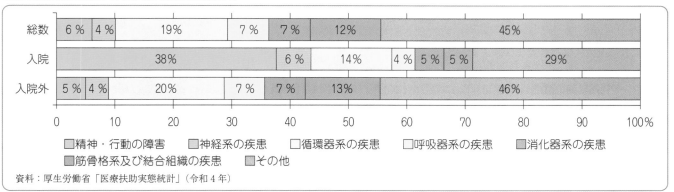

	精神・行動の障害	神経系の疾患	循環器系の疾患	呼吸器系の疾患	消化器系の疾患	筋骨格系及び結合組織の疾患	その他
総数	6%	4%	19%	7%	7%	12%	45%
入院	38%		6%	14%	4%	5% 5%	29%
入院外	5%	4%	20%	7%	7%	13%	46%

□精神・行動の障害　□神経系の疾患　□循環器系の疾患　□呼吸器系の疾患　■消化器系の疾患
■筋骨格系及び結合組織の疾患　■その他

資料：厚生労働省「医療扶助実態統計」（令和4年）

● **世帯類型別**

高齢者世帯 56%	障害者世帯・傷病者世帯 25%	母子世帯 4%	その他 16%

高齢者世帯が最も多い

● **世帯人員別**

単身世帯 84%	2人以上世帯 16%

単身世帯が約8割

資料：厚生労働省「被保護者調査」（令和4年度）

▶生活保護の原理・原則　生活保護法1950（昭和25）年公布

基本原理	第1条	国家責任の原理	●憲法第25条の理念に基づき、国が生活に困窮するすべての国民に対し、その最低限度の生活を保障するとともに、その自立を助長する
	第2条	無差別平等の原理	●すべて国民は、この法律の定める要件を満たす限り、保護を無差別平等に受けることができる ●保護を要する状態に立ち至った原因の如何や、社会的な身分や信条などにより優先的又は差別的に取り扱われることはない
	第3条	最低生活の原理	●保障される最低限度の生活は、健康で文化的な生活水準を維持することができるものでなければならない
	第4条	保護の補足性の原理	●その利用し得る資産、能力その他あらゆるものを、その最低限度の生活の維持のために活用することを要件として行われる ●民法に定める扶養義務者の扶養が生活保護法による保護に優先して行われる
保護の原則	第7条	申請保護の原則	●「要保護者」「扶養義務者」「同居の親族」の申請に基づいて開始する ●急迫した状況にあるときは、保護の申請がなくても、必要な保護を行うことができる
	第8条	基準及び程度の原則	●厚生労働大臣の定める基準により測定した要保護者の需要を基とし、そのうち、その者の金銭又は物品で満たすことのできない不足分を補う程度において保護を行う ●基準は、必要な事情を考慮した最低限度の生活の需要を満たすに十分なものであって、かつ、これを超えないものでなければならない
	第9条	必要即応の原則	●要保護者の年齢別、性別、健康状態などその個人又は世帯の実際の必要の相違を考慮して、有効かつ適切に行う
	第10条	世帯単位の原則	●世帯単位を原則とする。これによりがたいときは、個人を単位とすることもできる

▶被保護者の権利及び義務

権利	不利益変更の禁止	●正当な理由がなければ、既に決定された保護を、不利益に変更されることがない
	公課禁止	●保護金品及び進学・就職準備金を標準として租税その他の公課を課せられることがない
	差押禁止	●既に給与を受けた保護金品及び進学・就職準備金又はこれを受ける権利を差し押さえられることがない
義務	譲渡禁止	●保護又は就労自立給付金若しくは進学・就職準備金の支給を受ける権利を譲り渡すことができない
	生活上の義務	●常に、能力に応じて勤労に励み、支出の節約を図り、その他生活の維持、向上に努めなければならない
	届出の義務	●収入、支出その他生計の状況に変動があったとき、又は居住地、世帯の構成に異動があったときは、速やかに、保護の実施機関又は福祉事務所長にその旨を届け出なければならない
	指示等に従う義務	●保護の実施機関が、被保護者に対し、必要な指導又は指示をしたときは、これに従わなければならない
	費用返還義務	●急迫した事情で資力があるにもかかわらず保護を受けた場合、保護の実施機関の定める額を返還しなければならない

▶用語の定義

保護	要保護者	●現に保護を受けているいないにかかわらず、保護を必要とする状態の人
	被保護者	●現に保護を受けている人
給付	現物給付	●物品の給与又は貸与、医療の給付、介護サービスなど金銭以外で保護を行う
	金銭給付	●金銭の給与又は貸与によって保護を行う

▶保護の種類

生活保護は利用者のニーズに応じて8つに分かれる

①出産扶助	金銭給付	子どもを出産する費用	出産
②教育扶助	金銭給付	義務教育にかかる費用	学校
③生業扶助	金銭給付	職業訓練など仕事にかかる費用	就職
④住宅扶助	金銭給付	家賃などにかかる費用	独立
⑤生活扶助	金銭給付	日常生活費	生活
⑥医療扶助	現物給付	医療にかかる費用	病気
⑦介護扶助	現物給付	介護にかかる費用	介護
⑧葬祭扶助	金銭給付	葬式にかかる費用	死亡

生まれてから、独立そして死を迎えるまでのライフイベントの流れで覚えると忘れにくい

▶生活扶助基準の算定方法

1946年～1947年 （昭和21年～昭和22年）	標準生計費方式	●当時の経済安定本部が定めた世帯人員別の標準生計費を基に算出し、生活扶助基準とする方式
1948年～1960年 （昭和23年～昭和35年）	マーケット・バスケット方式	●最低生活維持に必要な、食料、衣服、光熱水費用などの品目をバスケット（買い物かご）に入れるように選び、それを市場価格に換算して最低生活費を算出する方式
1961年～1964年 （昭和36年～昭和39年）	エンゲル方式	●家計に占める飲食物費の割合（エンゲル係数）をもとに、最低生活費を算出する方式
1965年～1983年 （昭和40年～昭和58年）	格差縮小方式	●民間最終消費支出の伸び率を基礎として、格差縮小分を加味して生活扶助基準の改定率を算出する方式
1984年～ （昭和59年～）	水準均衡方式	●民間最終消費支出の伸び率を基礎として、一般世帯の消費支出水準を勘案して生活扶助基準の改定率を算出する方式

▶保護の範囲及び方法

種　類		内　容
生活扶助	生活扶助の範囲	①衣食その他日常生活の需要を満たすために必要なもの ②移送
	生活扶助の方法	●原則として金銭給付によって行う（必要があるときは、現物給付も行うことができる） ●保護金品は、原則として1月分以内を限度として前渡しする ●居宅において生活扶助を行う場合は、世帯単位に計算し、世帯主に交付する（必要があるときは、被保護者個々に交付できる） ●施設介護を受けている場合は、施設の長に対して交付することができる

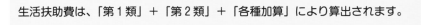
生活扶助費は、「第1類」＋「第2類」＋「各種加算」により算出されます。

種類		内　容
生活扶助	第1類	●食費・被服費等の個人単位の経費（年齢別に設定されている）
	第2類	●光熱費、家具什器等の世帯単位の経費（世帯人員別に設定されている）
	冬季加算	●冬季の暖房費など（地区別に期間が異なる） ●Ⅰ・Ⅱ区（10～4月）、Ⅲ・Ⅳ区（11～4月）、Ⅴ・Ⅵ区（11～3月）
	入院患者日用品費	●病院等に入院している被保護者の一般生活費
	介護施設入所者基本生活費	●介護施設に入所している被保護者の一般生活費
	各種加算 妊産婦加算	●妊婦及び産後6か月までの妊婦に対する栄養補給に対する加算
	母子加算	●父母の一方若しくは両方が欠けている場合などに加算（父子世帯も対象）
	障害者加算	●身体障害1～3級、精神障害1～2級、障害基礎年金1～2級の障害者の特別な需要に対して加算
	介護施設入所者加算	●介護施設に入所中の教養娯楽等特別な需要に対する加算
	在宅患者加算	●在宅患者の栄養補給等のための特別な需要に対する加算
	放射線障害者加算	●原爆放射能による負傷、疾病等の状態にある者に対する特別な需要に対する加算
	児童養育加算	●高校生までの児童の教養文化的経費等の特別な需要に対する加算
	介護保険料加算	●介護保険の第1号被保険者の介護保険料に対する加算
	期末一時扶助	●年末（12月）の特別需要に対する経費
	一時扶助	●保護開始時、出生、入学準備、入退院等に際して、緊急やむを得ない場合などの経費

種　類		内　容
出産扶助	扶助の範囲	①分べんの介助　②分べん前及び分べん後の処置　③脱脂綿、ガーゼその他の衛生材料
	扶助の方法	●原則、金銭給付によって行う（必要があるときは、現物給付） ●現物給付は、指定を受けた助産師に委託して行う ●保護金品は、被保護者に対し交付する
教育扶助	扶助の範囲	①義務教育に伴って必要な教科書その他の学用品 ②学校給食費、通学のための交通費 ③学習支援費（クラブ活動費用など）
	扶助の方法	●原則、金銭給付によって行う（必要があるときは、現物給付） ●保護金品は、被保護者、その親権者、未成年後見人、被保護者が通学する学校の長に対して交付する
生業扶助	扶助の範囲	①生業費（生業に必要な資金、器具又は資料） ②技能修得費（技能を修得するための経費、高等学校等への就学費用） ③就職支度費（就職のために直接必要となる洋服代、履物等の購入費用）
	扶助の方法	●原則、金銭給付によって行う（必要があるときは、現物給付） ●現物給付は、授産施設等に委託して行う ●保護金品は、被保護者に交付する。技能の修得費などは、授産施設の長に交付できる
住宅扶助	扶助の範囲	①住居（借家・借間の場合の家賃・間代等や、転居時の敷金、契約更新料等） ②補修その他住宅の維持のために必要なもの（家屋の補修費又は建具、水道設備等の修理経費等）
	扶助の方法	●原則、金銭給付によって行う（必要があるときは、現物給付） ●現物給付は、宿所提供施設に委託して行う ●保護金品は、世帯主に交付する
医療扶助	扶助の範囲	①診察　②薬剤又は治療材料 ③医学的処置、手術及びその他の治療並びに施術 ④居宅における療養上の管理及び療養に伴う世話その他の看護 ⑤病院又は診療所への入院及びその療養に伴う世話その他の看護　⑥移送
	扶助の方法	●原則、現物給付によって行う（必要があるときは、金銭給付） ●医療の給付は、医療保護施設又は指定医療機関に委託して行う ●国の開設した医療機関は、厚生労働大臣が、その他の医療機関は都道府県知事が指定する
介護扶助	扶助の範囲	①居宅介護（介護予防）（居宅介護支援計画（介護予防支援計画）に基づき行うものに限る） ②福祉用具（介護予防福祉用具）　③住宅改修（介護予防住宅改修）　④施設介護　⑤移送
	扶助の方法	●原則、現物給付によって行う（必要があるときは、金銭給付） ●居宅介護等の給付は、指定介護機関に委託して行う ●保護金品は、被保護者に対し交付する（実際は法定代理受領方式）
葬祭扶助	扶助の範囲	①検案　②死体の運搬　③火葬又は埋葬　④納骨その他葬祭のために必要なもの
	扶助の方法	●原則、金銭給付によって行う（必要があるときは、現物給付） ●保護金品は、葬儀を行う者に交付する ●死亡した被保護者に葬祭を行う扶養義務者がいないときは、葬儀を行う者に対して葬祭扶助を行うことができる

▶生活保護利用の流れ

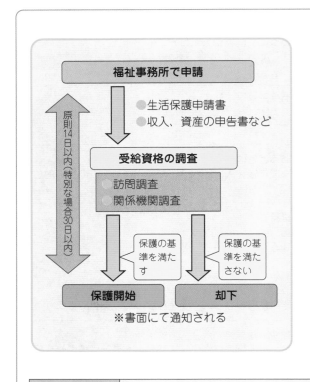

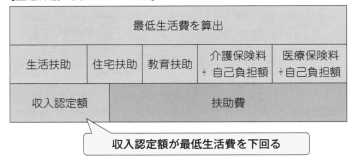

【生活保護が受けられる場合】

最低生活費を算出				
生活扶助	住宅扶助	教育扶助	介護保険料＋自己負担額	医療保険料＋自己負担額
収入認定額	扶助費			

収入認定額が最低生活費を下回る

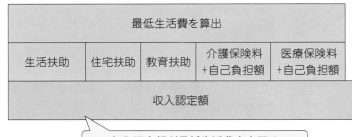

【生活保護が受けられない場合】

最低生活費を算出				
生活扶助	住宅扶助	教育扶助	介護保険料＋自己負担額	医療保険料＋自己負担額
収入認定額				

収入認定額が最低生活費を上回る

収入認定額	●就労収入、公的年金や親族等からの援助などは原則として収入として扱われる （ただし、就学のための貸付金や香典などの社会通念上収入として扱うのが不適切なものは除く） ●就労収入は、必要経費の実費控除や勤労控除を除いた金額が収入認定される 　収入認定額 ＝ 「就労収入」－「実費控除」－「勤労控除」

※勤労収入を得るために必要な経費や勤労意欲の増進・自立助長を促進するために一定額が控除される。

申請による保護の開始	●保護の開始を申請する者は、申請書を保護の実施機関に提出しなければならない
	●保護の開始の申請があったときは、保護の要否、種類、程度及び方法を決定し、申請者に対して決定の理由を附した書面を通知しなければならない
	●通知は、申請のあった日から14日以内にしなければならない （ただし、特別な理由がある場合は、30日以内まで延ばすことができる）
	●申請をしてから30日以内に通知がないときは、申請者は、保護の実施機関が申請を却下したものとみなすことができる
	●保護の実施機関は、知れたる扶養義務者が民法の規定による扶養義務を履行していないと認められる場合、あらかじめ、扶養義務者に対して書面で通知しなければならない
職権による保護の開始及び変更	●保護の実施機関は、要保護者が急迫した状況にあるときは、すみやかに、職権で保護を決定し、保護を開始しなければならない

▶生活保護における指導指示・訪問調査等

指導及び指示	●保護の実施機関は、被保護者に対して、生活の維持、向上その他保護の目的達成に必要な指導又は指示をすることができる ●指導又は指示は、被保護者の自由を尊重し、必要の最少限度に止めなければならない ●被保護者の意に反して、指導又は指示を強制し得るものと解釈してはならない
相談及び助言	●保護の実施機関は、要保護者から求めがあったときは、要保護者の自立を助長するために、要保護者からの相談に応じ、必要な助言をすることができる
調査及び検診	●保護の実施機関は、必要があるときは、要保護者の資産状況などを調査するために、職員に、要保護者の居住の場所に立ち入り調査をさせることができる ●保護の実施機関は、必要があるときは、健康状態を調査するために、要保護者に対して、保護の実施機関の指定する医師の検診を受けるよう命ずることができる
扶養義務者に対する報告の求め	●保護の実施機関は、保護の決定等に必要があるときは、調査するために要保護者の扶養義務者等に対して、報告を求めることができる
資料の提供等	●保護の実施機関は、必要があるときは、要保護者又は要保護者であった者（扶養義務者も含む）の資産・収入等について、調査することができる ●官公署等は、保護の実施機関から求められた場合は、資料の提供等を行わなければならない

▶自立支援プログラム

概　要		●実施機関である福祉事務所が、管内の生活保護受給者の状況や自立阻害要因について類型化を図り、それぞれの類型ごとに取り組むべき自立支援の具体的内容・実施手順等を定め、個々の生活保護受給者に必要な支援を組織的に実施するもの
対象者		●被保護者が対象
プログラムの種類		●自立支援は、「経済的自立」に加えて、「社会生活自立」「日常生活自立」を含む
	経済的自立プログラム	●就労による経済的自立のためのプログラム
	社会生活自立プログラム	●社会的なつながりを回復・維持し、地域社会の一員として充実した生活を送ることをめざすプログラム
	日常生活自立プログラム	●身体や精神の健康を回復・維持し、自分で自分の健康・生活管理を行うなど日常生活において自立した生活を送ることをめざすプログラム

▶生活保護制度の就労支援

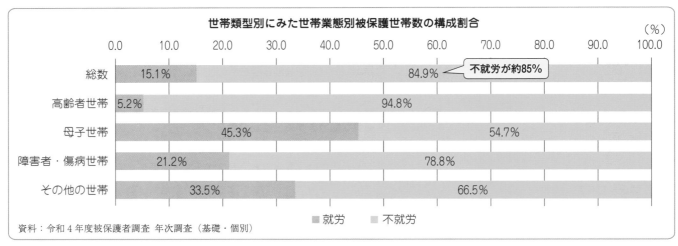

世帯類型別にみた世帯業態別被保護世帯数の構成割合

世帯類型	就労	不就労
総数	15.1%	84.9%（不就労が約85%）
高齢者世帯	5.2%	94.8%
母子世帯	45.3%	54.7%
障害者・傷病世帯	21.2%	78.8%
その他の世帯	33.5%	66.5%

資料：令和4年度被保護者調査 年次調査（基礎・個別）

 生活保護受給世帯の自立支援を強化するために、被保護者のニーズに応じた就労支援が行われています。

		就労に向けた困難度		
		職業紹介で就労が可能	就労に向け一定の支援が必要	就労に向けて準備が必要
就労までの支援	就労準備段階の支援			被保護者就労準備支援事業
	就労支援員による支援		被保護者就労支援事業	
	ハローワークによる支援	生活保護受給者等就労自立促進事業		
	就労	就労自立給付金、勤労控除		

●被保護者就労準備支援事業

被保護者就労準備支援事業		●就労意欲が低い者や基本的な生活習慣に課題を有する者など、就労に向けた課題をより多く抱える被保護者に対し、一般就労に向けた準備として、就労意欲の喚起や一般就労に従事する準備としての日常生活習慣の改善を計画的に実施する事業
	実施主体	●都道府県、市、福祉事務所を設置する町村（社会福祉法人、NPO法人等に委託可）
	対象者	●保護の実施機関が就労可能と判断する被保護者であって、日常生活習慣、基礎技能等を習得することにより就労が見込まれる者
	支援内容	●日常生活自立に関する支援（適切な生活習慣の形成を促す） ●社会生活自立に関する支援（社会的能力の形成を促す） ●就労自立に関する支援（一般就労に向けた技法や知識の習得等を促す）

序章

第1章

第2章

第3章

第4章

第5章

社会保障制度を理解する科目 ▼ ⑪公的扶助

●被保護者就労支援事業

被保護者就労支援事業	●被保護者の自立の促進を図ることを目的とし、被保護者の就労の支援に関する問題について、被保護者からの相談に応じ、必要な情報提供及び助言を行う事業	
	実施主体	●都道府県、市、福祉事務所を設置する町村（社会福祉法人、NPO法人等に委託可）
	対象者	●保護の実施機関が就労可能と判断する被保護者であって、就労による自立に向け個別支援を行うことが効果的と思われる者
	支援内容	●就労支援員による、ハローワークへの同行支援、キャリアコンサルティング、履歴書の作成指導、個別求人開拓、面接対策、就労後のフォローアップ等

●生活保護受給者等就労自立促進事業

生活保護受給者等就労自立促進事業	●生活保護受給者を含め生活困窮者を広く対象として、ハローワークと地方自治体の協定等による連携を基盤としたチーム支援方式により、支援対象者の就労による自立を促進	
	対象者	●生活保護受給者、児童扶養手当受給者、住居確保給付金受給者、生活困窮者
	就労支援チーム	●就職支援ナビゲーター、ハローワーク職員、福祉部門担当コーディネーターなどからなる就労支援チームを設置し、密接な連携による就労支援を実施
	支援内容	●個別の就労支援プラン策定 ●キャリア・コンサルティング、職業相談・職業紹介、職業準備プログラム、トライアル雇用、公的職業訓練等による能力開発、個別求人開拓などさまざまなメニューから選択する

●就労自立給付金

就労自立給付金	●生活保護受給者の就労による自立の促進を図ることを目的として、安定した職業に就いたこと等により、保護を必要としなくなった者に対して、就労自立給付金を支給する	
	支給方法	●保護廃止月から起算して前6か月間の収入充当額（就労収入から勤労控除・必要経費等を控除した額）に10%を乗じた額を最低給付額（単身者：2万円、複数世帯：3万円）に上乗せし、世帯を単位として、一括して支給
	対象者	●安定した職業（おおむね6か月以上雇用見込み）に就いたことにより保護を必要としなくなった人
	支給額	●上限額　単身世帯10万円、複数世帯15万円 ●最低給付額　単身世帯2万円、複数世帯3万円

▶進学・就職に関する支援

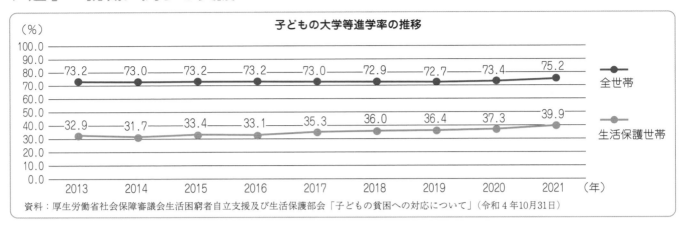

子どもの大学等進学率の推移

（％）

	2013	2014	2015	2016	2017	2018	2019	2020	2021（年）
全世帯	73.2	73.0	73.2	73.2	73.0	72.9	72.7	73.4	75.2
生活保護世帯	32.9	31.7	33.4	33.1	35.3	36.0	36.4	37.3	39.9

資料：厚生労働省社会保障審議会生活困窮者自立支援及び生活保護部会「子どもの貧困への対応について」（令和4年10月31日）

2024（令和6）年 4月改正 **進学・就職準備給付金**	●都道府県知事、市長及び福祉事務所を管理する町村長は、その管理に属する福祉事務所の所管区域内に居住地を有する被保護者（18歳に達する日以後の最初の3月31日までの間にある者その他厚生労働省令で定める者に限る。）で、次のいずれかに該当するものに対して、進学・就職準備給付金を支給する		
	対象者	1	●特定教育訓練施設（大学、短大、専修学校等）に確実に入学すると見込まれる者
		2	●安定した職業に確実に就くと見込まれる者その他これに準ずる者として厚生労働省令で定める者
	支給額	●転居する場合　　　　　　　　　　　　30万円 ●自宅から通学・通勤する場合　　　　　10万円	
2024（令和6）年 10月施行 **子どもの進路選択支援事業**	●保護の実施機関は、被保護者である子どもの進路選択における教育、就労及び生活習慣に関する問題につき、訪問その他の方法により、子ども及び保護者からの相談に応じ、必要な情報提供及び助言をし、関係機関との連絡調整を行う事業を実施することができる		

▶調整会議

2025（令和7）年 4月施行 **調整会議**	●保護の実施機関は、地域における福祉、就労、教育、住宅その他の被保護者に対する支援に関する業務を行う関係機関等により構成される会議を組織することができる	
	検討内容	●調整会議は、被保護者に対する自立の助長を図るために必要な情報の交換を行うとともに、被保護者が地域において日常生活及び社会生活を営むのに必要な支援体制に関する検討を行うものとする
	関係機関等 との連携	●調整会議は、情報交換及び検討を行うために必要があると認めるときは、関係機関等に対し、被保護者に関する資料又は情報の提供、意見の開陳その他必要な協力を求めることができる
	支援会議 との連携	●調整会議は、生活困窮者自立支援法又は社会福祉法に規定する「支援会議」が組織されているときは、被保護者に対する支援の円滑な実施のため、これらの会議と相互に連携を図るように努める

▶保護施設

保護施設は5種類

救護施設が最も多い

種別		施設種類	概　要	施設数
第一種社会福祉事業	1	救護施設	●身体上又は精神上著しい障害があるために日常生活を営むことが困難な要保護者を入所させて、生活扶助を行うことを目的とする施設	186
	2	更生施設	●身体上又は精神上の理由により養護及び生活指導を必要とする要保護者を入所させて、生活扶助を行うことを目的とする施設	19
	3	授産施設	●身体上もしくは精神上の理由又は世帯の事情により就業能力の限られている要保護者に対して、就労又は技能の修得のために必要な機会及び便宜を与えて、その自立を助長することを目的とする施設	14
	4	宿所提供施設	●住居のない要保護者の世帯に対して、住宅扶助を行うことを目的とする施設	14
第二種	5	医療保護施設	●医療を必要とする要保護者に対して、医療の給付を行うことを目的とする施設	57

資料：厚生労働省「令和4年社会福祉施設等調査の概況」

▶無料低額宿泊所等（社会福祉法）

第二種社会福祉事業	無料低額宿泊所	●生計困難者のために、無料又は低額な料金で、簡易住宅を貸し付け、又は宿泊所その他の施設を利用させる事業
	日常生活支援住居施設	●無料低額宿泊所であって、被保護者に対する日常生活上の支援を行う施設として都道府県知事の認定を受けたもの ●入所者それぞれの課題等に応じた個別支援計画に基づいて必要な支援を行う
	無料低額診療事業	●生計困難者のために、無料又は低額な料金で診療を行う事業
	無料低額介護老人保健施設利用事業	●生計困難者に対して、無料又は低額な費用で介護保険法に規定する介護老人保健施設を利用させる事業
	隣保事業	●隣保館等の施設を設け、無料又は低額な料金でこれを利用させることその他その近隣地域における住民の生活の改善及び向上を図るための各種の事業

25 生活困窮者支援

重要度
A
★★★

▶生活困窮者自立支援法 ← 2013（平成25）年公布

2024（令和6）年4月、生活困窮者等の自立の更なる促進を図るため、生活困窮者自立支援法等の一部を改正する法律が成立しました。

目的			●生活困窮者自立相談支援事業の実施、生活困窮者住居確保給付金の支給その他の生活困窮者に対する自立の支援に関する措置を講ずることにより、生活困窮者の自立の促進を図ることを目的とする
実施主体			●福祉事務所を設置する自治体（都道府県、市、福祉事務所を設置する町村）
定義	生活困窮者		●就労の状況、心身の状況、地域社会との関係性などの事情により、現に経済的に困窮し、最低限度の生活を維持することができなくなるおそれのある者（要保護者以外の生活困窮者）
	特定被保護者		●被保護者であって、その状況に照らして将来的に保護を必要としなくなることが相当程度見込まれる者その他厚生労働省令で定める者に該当すると認められる者　2025（令和7）年4月追加
必須事業	自立相談支援事業		●主任相談支援員、相談支援員、就労支援員を配置
		支援内容	①生活困窮者からの相談に応じ、必要な情報の提供及び助言 ②認定生活困窮者就労訓練事業の利用についてのあっせん ③自立支援計画の作成、自立支援に基づく支援
	住居確保給付金		●離職等により住宅を失った生活困窮者等に対し家賃相当の「住居確保給付金」を支給（原則3か月。最長9か月）
		対象要件　1	●離職などにより経済的に困窮し、居住する住宅の権利を失い、又は現に賃借して居住する住宅の家賃を支払うことが困難となった者で、就職を容易にするため住居を確保する必要があると認められるもの
		対象要件　2	●収入が著しく減少することなどにより経済的に困窮し、居住する住宅の権利を失い、又は現に賃借して居住する住宅の家賃を支払うことが困難となった者で、家計を改善するため新たな住居を確保する必要があると認められるもの　2025（令和7）年4月追加
努力義務	就労準備支援事業		●雇用による就業が困難な生活困窮者及び特定被保護者に対し、就労に必要な知識及び能力の向上のために必要な訓練を行う事業
	家計改善支援事業		●生活困窮者及び特定被保護者に対し、収入、支出その他家計の状況を適切に把握すること及び家計の改善の意欲を高めることを支援するとともに、生活に必要な資金の貸付けのあっせんを行う事業
	一時生活支援事業（居住支援事業（2025（令和7）年4月変更）		●一定の住居を持たない生活困窮者に対し、宿泊場所の供与、食事の提供その他当該宿泊場所において日常生活を営むのに必要な便宜を供与する事業 ●現在の住居を失うおそれのある生活困窮者及び特定被保護者に対し、訪問による必要な情報の提供及び助言その他現在の住居において日常生活を営むのに必要な便宜を供与する事業
任意事業	子どもの学習・生活支援事業		●生活困窮者である子どもに対し、学習の援助を行う事業 ●子ども及び保護者に対し、子どもの生活習慣及び育成環境の改善に関する助言を行う事業
支援会議			●都道府県等は、関係機関等により構成される会議（支援会議）を組織するように努める

2025（令和7）年4月より、特定被保護者も利用できる

▶ホームレス対策

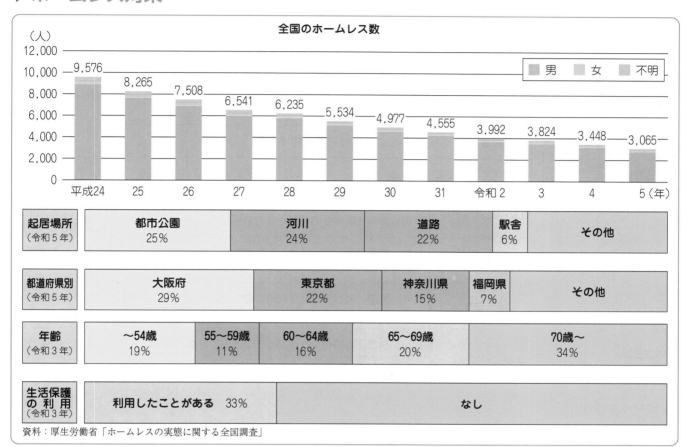

全国のホームレス数

（人）

年	人数
平成24	9,576
25	8,265
26	7,508
27	6,541
28	6,235
29	5,534
30	4,977
31	4,555
令和2	3,992
3	3,824
4	3,448
5（年）	3,065

凡例：男・女・不明

起居場所 （令和5年）	都市公園 25%	河川 24%	道路 22%	駅舎 6%	その他

都道府県別 （令和5年）	大阪府 29%	東京都 22%	神奈川県 15%	福岡県 7%	その他

年齢 （令和3年）	～54歳 19%	55～59歳 11%	60～64歳 16%	65～69歳 20%	70歳～ 34%

生活保護 の利用 （令和3年）	利用したことがある　33%	なし

資料：厚生労働省「ホームレスの実態に関する全国調査」

ホームレス自立支援法	●正式名称：ホームレスの自立の支援等に関する特別措置法 ●ホームレスを定義し、ホームレスに関する問題について、国と地方公共団体の責務を定めた法律
有効期限	●2002（平成14）年8月　10年間の時限立法として成立 ●2012（平成24）年6月　有効期限を5年間延長 ●2017（平成29）年6月　有効期限を10年間延長（2027（令和9）年8月まで）
ホームレスの定義	●都市公園、河川、道路、駅舎その他の施設を故なく起居の場所とし、日常生活を営んでいる者
実施計画等	●厚生労働大臣及び国土交通大臣は、ホームレスの自立の支援等に関する基本方針を策定しなければならない ●都道府県は、必要があると認められるときは、基本方針に即し、実施計画を策定しなければならない ●実施計画を策定するにあたっては、地域住民及びホームレスの自立支援等を行う民間団体の意見を聴くように努める
全国調査	●国は、ホームレスの自立の支援等に関する施策の策定及び実施に資するため、地方公共団体の協力を得て、ホームレスの実態に関する全国調査を行わなければならない

▶生活福祉資金貸付制度の概要

実施主体		●都道府県社会福祉協議会（窓口業務などは市区町村社会福祉協議会で実施）
貸付対象者	低所得世帯	●必要な資金を他から借り受けることが困難な世帯（市町村民税非課税程度）
	障害者世帯	●身体障害者手帳、療育手帳、精神障害者保健福祉手帳の交付を受けた者などの属する世帯
	高齢者世帯	●65歳以上の高齢者の属する世帯
申込方法		●「市区町村社会福祉協議会」（相談・申し込み）→「都道府県社会福祉協議会」（貸付の審査・決定）
貸付の要件	自立相談支援事業	●総合支援資金、緊急小口資金は、原則として生活困窮者自立支援制度における自立相談支援事業の利用が貸付の要件
	連帯保証人	●総合支援資金と福祉費は、原則として、連帯保証人を立てることが必要だが、連帯保証人を立てない場合も借入できる
	重複貸付	●同一世帯に対して資金を同時に貸し付ける場合には、資金の性格から判断して貸し付けられる
償還免除		●死亡その他やむを得ない事由により貸付金を償還することができなくなったときは、貸付金の償還未済額の全部又は一部の償還を免除することができる

▶貸付の種類

資金の種類			貸付利子
総合支援資金	生活支援費	●生活再建までの間に必要な生活費	①無利子（連帯保証人あり）②年1.5％（連帯保証人なし）
	住宅入居費	●敷金・礼金等住宅の賃貸借契約を結ぶために必要な費用	
	一時生活再建費	●生活を再建するために一時的に必要な費用など	
福祉資金	福祉費	●生業を営むための費用、技能習得に必要な費用、障害者用自動車の購入費用など	
	緊急小口資金	●緊急かつ一時的に生計の維持が困難となった場合に貸し付ける少額の費用	
教育支援資金	教育支援費	●低所得世帯に属する者が高等学校、大学又は高等専門学校に就学するのに必要な経費	無利子
	就学支度金	●高等学校、大学又は高等専門学校への入学に際し必要な経費	
不動産担保型生活資金		●「低所得」「要保護」の高齢者世帯に対し、一定の居住用不動産を担保として生活資金を貸し付ける資金	年3％又は長期プライムレートのいずれか低い利率

根拠法	児童手当法（昭和46年公布）	児童扶養手当法（昭和36年公布）	特別児童扶養手当等の支給に関する法律（昭和39年公布）		
名　称	児童手当	児童扶養手当	特別児童扶養手当	障害児福祉手当	特別障害者手当
支給要件児童等	●15歳（令和6年10月から18歳）に達する日以後の最初の3月31日までの間にある児童	●18歳に達する日以後の最初の3月31日までの間にある児童（障害児は20歳未満）	●20歳未満で精神又は身体に障害を有する児童	●精神又は身体に重度の障害を有するため、日常生活において常時の介護を必要とする在宅の20歳未満の者	●精神又は身体に著しく重度の障害を有するため、日常生活において常時特別の介護を必要とする在宅の20歳以上の者
支給要件	「父母等に支給」 ●支給要件児童を監護し、かつ児童と生計を同じくする父又は母等（未成年後見人がある場合は未成年後見人） 「施設等設置者に支給」 ●児童養護施設、障害児入所施設、里親などに委託されているとき	「父母に支給」 ●父母が離婚、父又は母の死亡、障害、DV保護命令を受けたときなど 「養育者に支給」 ●上記に該当する場合で、父又は母以外の者が児童を養育するとき	「父母に支給」 ●障害児の父もしくは母がその障害児を監護するとき 「養育者に支給」 ●障害児の父母以外の者でその障害児を養育するとき	「本人に支給」	「本人に支給」
手当月額（令和6年4月現在）	（下記参照）	（下記参照）	●1級　55,350円 ●2級　36,860円	15,690円	28,840円

児童手当 手当月額：

	現状	令和6年10月支給分より
0〜2歳	15,000円	15,000円
3歳〜小学生	10,000円 第3子以降 15,000円	10,000円 第3子以降 30,000円
中学生	10,000円	10,000円
高校生	なし	10,000円
	所得制限以上 5,000円	所得制限なし

児童扶養手当 手当月額：

	全部支給	一部支給
児童1人目	45,500円	45,490円〜10,740円
児童2人目	10,750円	10,740円〜5,380円
児童3人目以降	6,450円	6,440円〜3,230円

※令和6年10月分より、児童3人目以降の額を2人目と同額に引き上げる

支給制限	住　所	●原則として、児童が日本国内に住所がないときは支給しない				
	施設入所	●施設等設置者に支給	●児童福祉施設（母子生活支援施設・保育所・通園施設を除く）に入所しているときは支給しない			●施設入所、3か月を超えて入院しているときは支給しない
	所得制限	●令和4年10月支給分から一定所得以上の世帯は支給されなかったが、令和6年10月より所得制限は撤廃される	●所得が一定の額以上であるときは支給しない			
費用負担		●国2/3、地方1/3 ●被用者（3歳未満）は事業主負担あり	●国1/3 ●地方2/3	●国1/1	●国3/4 ●地方1/4	

27 福祉計画

『穴埋めチェック2025』
P.117〜P.124参照

重要度 **B** ★★☆

▶ 福祉計画の全体像

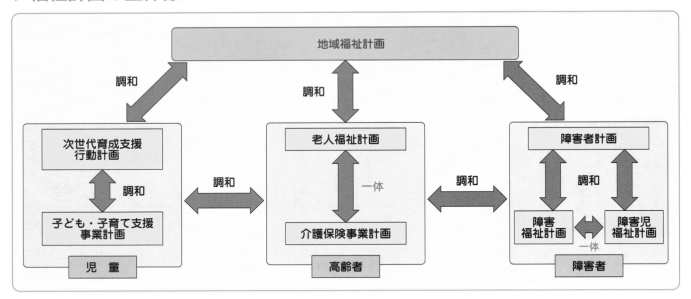

計 画	概 要	都道府県	市町村	事業主	根拠法
地域福祉（支援）計画	●地域福祉の推進に関する計画	△	△		社会福祉法
老人福祉計画	●老人福祉事業の供給体制の確保に関する計画	○	○		老人福祉法
介護保険事業（支援）計画	●介護保険事業にかかる保険給付の円滑な実施に関する計画（3年を1期）	○	○		介護保険法
障害者計画	●障害者のための施策に関する基本的な計画	○	○		障害者基本法
障害福祉計画	●障害福祉サービスの提供体制の確保その他の業務の円滑な実施に関する計画（3年を1期）	○	○		障害者総合支援法
障害児福祉計画	●障害児通所支援、障害児入所支援及び障害児相談支援の提供体制の確保に関する計画	○	○		児童福祉法
次世代育成支援行動計画	●次世代育成支援対策の実施に関する計画（都道府県・市町村行動計画は、5年を1期）	△	△	□	次世代育成支援対策推進法
子ども・子育て支援事業（支援）計画	●子ども・子育て支援給付及び地域子ども・子育て支援事業の円滑な実施に関する計画（5年を1期）	○	○		子ども・子育て支援法

○　「〜定めるものとする」「策定しなければならない」など義務規定　　△　「努めるものとする」など努力規定
□　労働者数が100人を超える事業主は策定し、届け出なければならない

▶地域福祉計画

●地域福祉計画の概要

地域福祉計画は、2000（平成12）年6月の社会福祉事業法等の改正により、社会福祉法に新たに規定された事項であり、都道府県地域福祉支援計画及び市町村地域福祉計画からなります。

		都道府県地域福祉支援計画		市町村地域福祉計画
策定する事項		都道府県は、市町村地域福祉計画の達成に資するために、各市町村を通ずる広域的な見地から、市町村の地域福祉の支援に関する事項として次に掲げる事項を一体的に定める都道府県地域福祉支援計画を策定するよう努めるものとする		市町村は、地域福祉の推進に関する事項として次に掲げる事項を一体的に定める市町村地域福祉計画を策定するよう努めるものとする
	1	地域における高齢者の福祉、障害者の福祉、児童の福祉その他の福祉に関し、共通して取り組むべき事項	1	地域における高齢者の福祉、障害者の福祉、児童の福祉その他の福祉に関し、共通して取り組むべき事項
	2	市町村の地域福祉の推進を支援するための基本的方針に関する事項	2	地域における福祉サービスの適切な利用の推進に関する事項
	3	社会福祉を目的とする事業に従事する者の確保又は資質の向上に関する事項	3	地域における社会福祉を目的とする事業の健全な発達に関する事項
	4	福祉サービスの適切な利用の推進及び社会福祉を目的とする事業の健全な発達のための基盤整備に関する事項	4	地域福祉に関する活動への住民の参加の促進に関する事項
	5	市町村による地域生活課題の解決に資する支援が包括的に提供される体制の整備の実施の支援に関する事項	5	地域生活課題の解決に資する支援が包括的に提供される体制の整備に関する事項
住民等の意見の反映		都道府県は、都道府県地域福祉支援計画を策定しようとするときは、あらかじめ、公聴会の開催等住民その他の者の意見を反映させるよう努めるとともに、その内容を公表するよう努めるものとする		市町村は、市町村地域福祉計画を策定しようとするときは、あらかじめ、地域住民等の意見を反映させるよう努めるとともに、その内容を公表するよう努めるものとする
調査、分析、評価、計画の変更		都道府県は、定期的に、調査、分析及び評価を行うよう努めるとともに、必要があると認めるときは、当該都道府県地域福祉支援計画を変更するものとする		市町村は、定期的に、調査、分析及び評価を行うよう努めるとともに、必要があると認めるときは、当該市町村地域福祉計画を変更するものとする

●地域福祉計画の策定状況

都道府県地域福祉支援計画	策定済み　47都道府県（100%）

2020（令和2）年に100%になった

策定予定　4%

市町村地域福祉計画	策定済み　1492市町村（86%）	策定未定 10%

資料：厚生労働省「市町村地域福祉計画策定状況等調査結果 令和5年4月1日時点調査」

▶障害者基本計画

						(年度)
平成5		平成15		平成25	平成30	令和5 令和9

障害者施策に関する新長期計画 （第1次計画）		障害者基本計画（第2次）		障害者基本計画 （第3次）	障害者基本計画 （第4次）	障害者基本計画 （第5次）
	障害者プラン～ノーマラ イゼーション7か年戦略	重点施策実施5か 年計画（前期）	重点施策実施5か 年計画（後期）			

●障害者基本計画（第5次）

位置づけ	●障害者基本計画は、障害者基本法第11条第1項の規定及び障害者情報アクセシビリティ・コミュニケーション施策推進法（※）（2022（令和4）年5月制定）第9条第1項の規定に基づき策定される、政府が講ずる障害者のための施策の最も基本的な計画として位置づけられる		
計画期間	●2023（令和5）年度から2027（令和9）年度までの5年間		
基本理念	●共生社会の実現に向け、障害者が、自らの決定に基づき社会のあらゆる活動に参加し、その能力を最大限発揮して自己実現できるよう支援するとともに、障害者の社会参加を制約する社会的障壁を除去するため、施策の基本的な方向を定める		
各分野における障害者施策の基本的な方向	1	差別の解消、権利擁護の推進及び虐待の防止	●社会のあらゆる場面における障害者差別の解消
	2	安全・安心な生活環境の整備	●移動しやすい環境の整備、まちづくりの総合的な推進
	3	情報アクセシビリティの向上及び意思疎通支援の充実	●障害者に配慮した情報通信・放送・出版の普及、意思疎通支援の人材育成やサービスの利用促進
	4	防災、防犯等の推進	●災害発生時における障害特性に配慮した支援
	5	行政等における配慮の充実	●司法手続や選挙における合理的配慮の提供等
	6	保健・医療の推進	●精神障害者の早期退院と地域移行、社会的入院の解消
	7	自立した生活の支援・意思決定支援の推進	●意思決定支援の推進、相談支援体制の構築、地域移行支援・在宅サービス等の充実
	8	教育の振興	●インクルーシブ教育システムの推進・教育環境の整備
	9	雇用・就業、経済的自立の支援	●総合的な就労支援
	10	文化芸術活動・スポーツ等の振興	●障害者の芸術文化活動への参加、スポーツに親しめる環境の整備
	11	国際社会での協力・連携の推進	●文化芸術・スポーツを含む障害者の国際交流の推進

（※）正式名称：障害者による情報の取得及び利用並びに意思疎通に係る施策の推進に関する法律

▶障害者計画と障害福祉計画

	障害者計画 （障害者基本法に基づく計画）	障害福祉計画 （障害者総合支援法に基づく計画）
国	●政府は、障害者の自立及び社会参加の支援等のための施策の総合的かつ計画的な推進を図るため、障害者基本計画を策定しなければならない ●障害者政策委員会が実施状況の監視や勧告を行う	●主務大臣は、障害福祉サービス、相談支援、地域生活支援事業の提供体制を整備し、自立支援給付、地域生活支援事業の円滑な実施を確保するための基本指針を定める
都道府県	●都道府県は、都道府県障害者計画を策定しなければならない	●基本指針に即して、各市町村を通ずる広域的な見地から、3年を1期とする都道府県障害福祉計画を定める
	●定める事項 ・障害者基本計画を基本とし、都道府県における障害者の状況等を踏まえた施策に関する事項	●定める事項 ・障害福祉サービス等の種類ごとの必要な量の見込み ・指定障害者支援施設の必要入所定員総数 ・地域生活支援事業の種類ごとの実施に関する事項など
	必要入所定員総数を超過することを根拠として、指定をしないことができる	●都道府県障害児福祉計画と一体のものとして作成することができる ●都道府県障害者計画、都道府県地域福祉支援計画と調和が保たれたものでなければならない ●医療計画と相まって、精神障害者の退院の促進に資するものでなければならない
		●都道府県は、協議会を設置したときは、あらかじめ意見を聴くよう努めなければならない
	●計画を策定するにあたっては、障害者基本法第36条第1項の合議制の機関の意見を聴かなければならない	
市町村	●市町村は、市町村障害者計画を策定しなければならない	●基本指針に即して、3年を1期とする市町村障害福祉計画を定める
	●定める事項 ・障害者基本計画及び都道府県障害者計画を基本とするとともに、市町村における障害者の状況等を踏まえた施策に関する事項	●定める事項 ・指定障害福祉サービス等の種類ごとの必要な量の見込み ・地域生活支援事業の種類ごとの実施に関する事項
		●市町村障害者計画、市町村地域福祉計画と調和が保たれたものでなければならない ●市町村障害児福祉計画と一体のものとして作成することができる ●市町村は、国が提供したデータなどを分析したうえで、その結果等を勘案して、市町村障害福祉計画を作成するよう努める
		●市町村は、協議会を設置したときは、あらかじめ意見を聴くよう努めなければならない
	●計画を策定するにあたっては、障害者基本法第36条第4項の合議制の機関が設置されている場合にはその意見を聴かなければならない	

▶子どもに関する計画

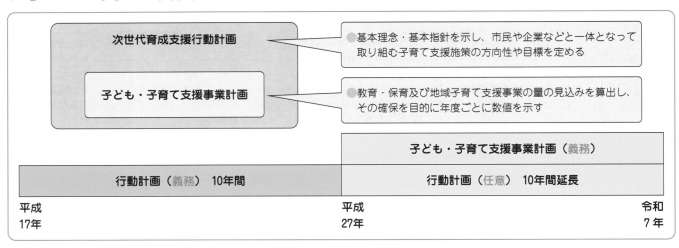

▶子ども・子育て支援事業計画

国	●内閣総理大臣は、基本指針を定めるものとする ●内閣総理大臣は、基本指針を定め、又は変更しようとするときは、あらかじめ、文部科学大臣その他の関係行政機関の長に協議するとともに、こども家庭審議会の意見を聴かなければならない
都道府県	●基本指針に即して、5年を1期とする都道府県子ども・子育て支援事業支援計画を定める
	【定める事項】 ●特定教育・保育施設に係る必要利用定員総数、提供体制の確保の内容及びその実施時期 ●子ども・子育て支援給付に係る教育・保育の一体的提供及び体制の確保の内容 ●特定教育・保育等に従事する者の確保及び資質の向上のために講ずる措置に関する事項 ●保護を要する子どもの養育環境の整備、障害児に対して行われる保護など専門的な知識及び技術を要する支援に関する施策の実施に関する事項
	●都道府県地域福祉支援計画、教育振興基本計画等と調和が保たれたものでなければならない ●都道府県は、計画を定め、又は変更しようとするときは、あらかじめ、合議制の機関を設置している場合はその意見を、その他の場合は子どもの保護者など当事者の意見を聴かなければならない ●都道府県は、計画を定め、又は変更したときは、内閣総理大臣に提出しなければならない
市町村	●基本指針に即して、5年を1期とする市町村子ども・子育て支援事業計画を定める
	教育・保育提供区域 市町村が、地理的条件、人口、交通事情その他の社会的条件、教育・保育を提供するための施設の整備の状況その他の条件を総合的に勘案して定める区域
	【定める事項】 ●教育・保育提供区域ごとの特定教育・保育施設に係る必要利用定員総数、提供体制の確保の内容 ●教育・保育提供区域ごとの地域子ども・子育て支援事業の量の見込み、提供体制の確保の内容 ●子ども・子育て支援給付に係る教育・保育の一体的提供及び体制の確保の内容
	●市町村地域福祉計画、教育振興基本計画等と調和が保たれたものでなければならない ●市町村は、計画を定め、又は変更しようとするときは、あらかじめ、合議制の機関を設置している場合はその意見を、その他の場合は子どもの保護者など当事者の意見を聴かなければならない ●市町村は、計画を定め、又は変更しようとするときは、あらかじめ、都道府県に協議しなければならない ●市町村は、計画を定め、又は変更したときは都道府県知事に提出しなければならない

▶次世代育成支援行動計画 <次世代育成支援対策推進法（2025（令和7）年3月までの時限立法）

次世代育成支援対策推進法の基本理念	●次世代育成支援対策は、父母その他の保護者が子育てについての第一義的責任を有するという基本的認識の下に、家庭その他の場において、子育ての意義についての理解が深められ、かつ、子育てに伴う喜びが実感されるように配慮して行わなければならない
国	●主務大臣は、基本理念にのっとり行動計画策定指針を定めなければならない
都道府県行動計画	●5年を1期として策定（策定は任意） 【定める事項】 ①次世代育成支援対策の実施により達成しようとする目標 ②実施しようとする次世代育成支援対策の内容及びその実施時期
市町村行動計画	
一般事業主行動計画 （従業員101人以上は策定義務）	●一般事業主で、常時雇用する労働者の数が100人を超えるものは、行動計画策定指針に即して、一般事業主行動計画を策定し、厚生労働大臣に届け出なければならない
くるみん認定 （プラチナくるみん認定）	●一般事業主行動計画を策定した企業のうち、計画に定めた目標を達成し、一定の基準を満たした企業は、「子育てサポート企業」として、厚生労働大臣の認定（くるみん認定）を受けることができる ●平成27年度より、くるみん認定を既に受け、相当程度両立支援の制度の導入や利用が進み、高い水準の取組を行っている企業に対する、プラチナくるみん認定が始まった

▶障害児福祉計画

国	●内閣総理大臣は、基本指針を定めるものとする
都道府県	●基本指針に即して、都道府県障害児福祉計画を定める
	【定める事項】 ●障害児通所支援、障害児入所支援及び障害児相談支援の提供体制の確保に係る目標に関する事項 ●当該都道府県が定める区域ごとの各年度の指定通所支援又は指定障害児相談支援の種類ごとの必要な見込量 ●各年度の指定障害児入所施設等の必要入所定員総数
	●都道府県障害児福祉計画は、都道府県障害福祉計画と一体のものとして作成することができる
	●障害児通所支援や障害児入所支援については、都道府県障害児福祉計画の達成に支障を生ずるおそれがあると認めるとき（計画に定めるサービスの必要な量に達している場合等）、都道府県は事業所等の指定をしないことができる
市町村	●基本指針に即して、市町村障害児福祉計画を定める
	【定める事項】 ●障害児通所支援及び障害児相談支援の提供体制の確保に係る目標に関する事項 ●各年度における指定通所支援又は指定障害児相談支援の種類ごとの必要な見込量
	●市町村障害児福祉計画は、市町村障害福祉計画と一体のものとして作成することができる

▶老人福祉計画と介護保険事業計画

	老人福祉計画	介護保険事業（支援）計画
	老人福祉法に基づく計画	介護保険法に基づく計画
国	●厚生労働大臣は市町村老人福祉計画に参酌すべき標準を定める	●厚生労働大臣は、基本指針を定める ●厚生労働大臣は、基本指針を定め、又はこれを変更するときは、あらかじめ、総務大臣その他関係行政機関の長に協議しなければならない
都道府県	●各都道府県は、各市町村を通ずる広域的な見地から、都道府県老人福祉計画を定める	●基本指針に即して、3年を1期とする都道府県介護保険事業支援計画を定める
	●定める事項 ・老人保健福祉圏域ごとの養護老人ホーム及び特別養護老人ホームの必要入所定員総数その他老人福祉事業の量の目標 ・都道府県は、特別養護老人ホームの必要入所定員総数を定めるに当たっては、介護保険事業計画の必要入所（利用）定員を勘案しなければならない	●定める事項 ・老人保健福祉圏域ごとの介護専用型特定施設入居者生活介護、地域密着型特定施設入居者生活介護及び地域密着型介護老人福祉施設入所者生活介護に係る必要利用定員総数 ・介護保険施設の種類ごとの必要入所定員総数 ・介護給付等対象サービスの量の見込み 必要入所定員総数を超過することを根拠として、指定・許可・認可をしないことができる
	●両者は一体のものとして作成されなければならない ●都道府県地域福祉支援計画と調和が保たれたものでなければならない ●遅滞なく、厚生労働大臣に提出しなければならない	
		●医療介護総合確保法に基づく都道府県計画及び医療法に基づく医療計画と整合性の確保が図られたものでなければならない
市町村	●市町村は、市町村老人福祉計画を定める	●基本指針に即して、3年を1期とする市町村介護保険事業計画を定める
	●定める事項 ・市町村において確保すべき老人福祉事業の量の目標 ・市町村は、目標を定めるに当たっては、介護保険事業計画の介護給付等対象サービスの種類ごとの量の見込みを勘案しなければならない	●定める事項 ・日常生活圏域ごとの認知症対応型共同生活介護、地域密着型特定施設入居者生活介護及び地域密着型介護老人福祉施設入所者生活介護に係る必要利用定員総数 ・介護給付等対象サービスの種類ごとの量の見込み ・地域支援事業の量の見込み 必要利用定員総数を超過することを根拠として、指定をしないことができる
	●両者は一体のものとして作成されなければならない ●市町村地域福祉計画と調和が保たれたものでなければならない ●あらかじめ、都道府県の意見を聴かなければならない ●遅滞なく、都道府県知事に提出しなければならない	
		●市町村は、施策の実施状況等に関する調査及び分析を行い、計画の実績に関する評価を行う
		●あらかじめ、被保険者の意見を反映させるために必要な措置を講ずる

174

28 保健・医療に関する計画

▶保健・医療に関連する計画

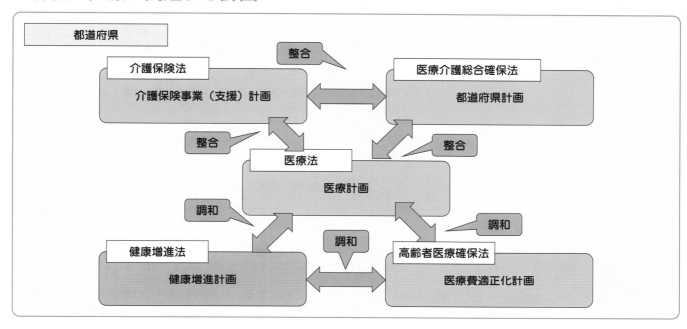

▶医療に関する計画の全体像

計 画	概 要	都道府県	市町村	根拠法
医療計画	●都道府県における医療提供体制の確保を図るための計画	○		医療法
健康増進計画	●住民の健康の増進の推進に関する施策についての計画	○	△	健康増進法
医療費適正化計画	●医療に要する費用の適正化を推進するための計画	○		高齢者の医療の確保に関する法律
介護保険事業(支援)計画	●介護保険事業に係る保険給付の円滑な実施に関する計画（3年を1期）	○	○	介護保険法
医療介護総合確保法に基づく計画	●地域における医療及び介護の総合的な確保のための事業の実施に関する計画	△	△	医療介護総合確保法(※)

○ 策定義務　△ 任意規定
（※）正式名称：地域における医療及び介護の総合的な確保の促進に関する法律

序章

第1章

第2章

第3章

第4章

第5章

社会保障制度を理解する科目▼ ⑫行政計画

▶医療計画

医療計画とは			●都道府県は、基本方針に即して、かつ、地域の実情に応じて、当該都道府県における医療提供体制の確保を図るための計画（医療計画）を定めるものとする
計画期間			●6年ごと（在宅医療その他必要な事項は3年ごと）に調査、分析及び評価を行い、必要がある場合、医療計画を変更する
定める事項	**基準病床数**		●基準病床は、都道府県が医療圏ごとに割り当てられる病床数。基準病床数に達している場合は増床の許可を与えないことができる
		一般病床、療養病床	二次医療圏ごとに算定する
		精神病床、結核病床、感染症病床	都道府県の区域ごとに算定する
	医療連携体制	5疾病	①がん、②脳卒中、③心筋梗塞等の心血管疾患、④糖尿病、⑤精神疾患
		6事業及び在宅医療	①救急医療、②災害時における医療、③へき地の医療、④周産期医療、⑤小児医療（小児救急医療を含む）、⑥新興感染症等の感染拡大時における医療＋在宅医療
	地域医療構想		●将来人口推計をもとに2025年に必要となる病床数を4つの医療機能ごとに推計したうえで、病床の機能分化と連携を進め、効率的な医療提供体制を実現するための施策
		高度急性期機能	急性期の患者に対し、状態の早期安定化に向けて、診療密度が特に高い医療を提供する機能
		急性期機能	急性期の患者に対し、状態の早期安定化に向けて、医療を提供する機能
		回復期機能	急性期を経過した患者への在宅復帰に向けた医療や、リハビリテーションを提供する機能
		慢性期機能	長期にわたり療養が必要な患者を入院させる機能
	その他		●地域医療支援病院の整備 ●医療連携体制や医療機能に関する情報提供の推進 ●救急医療、災害時における医療、へき地医療などの確保 ●医療従事者の確保 ●居宅等における医療の確保 ●医療の安全の確保　など
他の計画との関係			●都道府県は、医療計画を作成するに当たっては、都道府県計画及び都道府県介護保険事業支援計画との整合性の確保を図らなければならない
			●医療計画の作成に当たっては、他の法律の規定による計画であって医療の確保に関する事項を定めるものとの調和が保たれるようにするとともに、公衆衛生、薬事、社会福祉その他医療と密接に関連を有する施策との連携を図るよう努めなければならない
保険者協議会等の意見聴取			●都道府県は、医療計画を定め、又は変更しようとするときは、あらかじめ、都道府県医療審議会、市町村、保険者等が都道府県ごとに組織する保険者協議会の意見を聴かなければならない
厚生労働大臣に提出			●都道府県は、医療計画を定め、又は変更したときは、遅滞なく、これを厚生労働大臣に提出するとともに、その内容を公示しなければならない

（2024（令和6）年度より⑥を追加）

▶圏　域

●医療圏のイメージ

東京都　二次医療圏

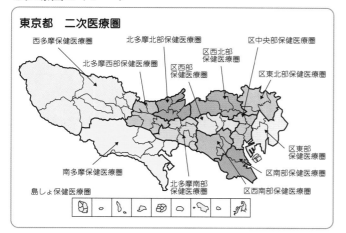

●日常生活圏域のイメージ

医療法		●医療法第30条の4の規定により、都道府県が、病院の病床及び診療所の病床の整備を図るべき地域的単位として定める圏域
	一次医療圏	●地域住民の日常的な疾病や外傷等の診断、治療など、身近で頻度の高い医療サービスを提供する地域的単位で、原則市町村を単位として設定
	二次医療圏	●自然的条件及び社会的条件を考慮して、一体の区域として病院等における入院に係る医療（特殊な医療等を除く）を提供する体制の確保を図ることが相当であると認められるものを単位として複数の市町村を1つの単位として設定
	三次医療圏	●特殊な医療等を提供する病院の病床確保を図るべき地域的単位として原則都道府県の区域を単位として設定
	構想区域	●必要な病床の整備を図るとともに、地域における病床の機能分化及び連携を推進するための単位。二次医療圏及び老人福祉圏域を念頭に置いて設定
医療介護総合確保法		●医療介護総合確保法第4条第2項、第5条第2項の規定により、都道府県及び市町村が、地理的条件、人口、交通事情その他の社会的条件、医療機関の施設及び設備並びに公的介護施設等及び特定民間施設の整備の状況その他の条件からみて定める、医療及び介護の総合的な確保の促進を図るべき区域
	医療介護総合確保区域	●都道府県における医療介護総合確保区域→二次医療圏及び老人福祉圏域を念頭に置いて設定 ●市町村における医療介護総合確保区域→日常生活圏域を念頭に置いて設定
老人福祉法・介護保険法		●介護保険法第118条第2項第1号の規定により、都道府県が、介護給付等サービスの種類ごとの量の見込みを定める単位となるものとして設定する圏域
	老人福祉圏域	●都道府県が、介護給付等サービスの種類ごとの量の見込みを定める単位として二次医療圏を念頭に置いて設定
介護保険法		●介護保険法第117条第2項の規定により、各市町村の高齢化のピーク時までに目指すべき地域包括ケアシステムを構築する区域を念頭に置いて定める圏域
	日常生活圏域	●市町村が、その住民が日常生活を営んでいる地域として、地理的条件、人口、交通事情その他の社会的条件、介護給付等対象サービスを提供するための施設の整備状況その他の条件を総合的に勘案して定める区域

177

▶健康増進計画

	●健康増進法第 8 条に基づき策定する計画	
健康増進計画	基本指針	●厚生労働大臣は、国民の健康の増進の総合的な推進を図るための基本的な方針を定める
	定める事項	●国民の健康の増進の推進に関する基本的な方向 ●国民の健康の増進の目標に関する事項 ●都道府県健康増進計画、市町村健康増進計画の策定に関する基本的な事項 ●国民健康・栄養調査等に関する基本的な事項 ●健康増進事業実施者間における連携及び協力に関する基本的な事項 ●食生活、運動、休養、飲酒、喫煙、歯の健康の保持その他の生活習慣に関する正しい知識の普及に関する事項
	都道府県健康増進計画	●都道府県は、基本方針を勘案して、都道府県の住民の健康の増進の推進に関する施策についての基本的な計画を定める（策定義務）
	市町村健康増進計画	●市町村は、基本方針及び都道府県健康増進計画を勘案して、市町村の住民の健康の増進の推進に関する施策についての計画を定めるよう努める（努力義務） ●国は、市町村健康増進計画に基づいて、住民の健康増進のために必要な事業を行う市町村に対し、予算の範囲内で事業費の一部を補助することができる

▶医療費適正化計画

	●高齢者の医療の確保に関する法律第 8 条に基づき策定する計画	
医療費適正化計画	医療費適正化基本方針	●厚生労働大臣は、医療費適正化に関する施策についての基本的な方針を定める
	定める事項	●都道府県医療費適正化計画において定めるべき目標に係る参酌すべき標準 ●都道府県医療費適正化計画の達成状況の評価に関する基本的な事項 ●医療に要する費用の調査及び分析に関する基本的な事項　など
	全国医療費適正化計画	●厚生労働大臣は、 6 年を 1 期として、医療費適正化を推進するための計画を定める
	都道府県医療費適正化計画	●都道府県は、医療費適正化基本方針に即して、 6 年を 1 期とする、都道府県医療費適正化計画を定める ●都道府県医療費適正化計画では、医療費適正化を推進するための計画期間における医療に要する費用の見込みに関する事項を定める ●都道府県医療費適正化計画は、医療計画、都道府県介護保険事業支援計画、都道府県健康増進計画と調和が保たれたものでなければならない

序章

第1章

第2章

第3章

第4章

第5章

社会保障制度を理解する科目 ▼ ⑫ 行政計画

▶地域医療介護総合確保基金

「効率的かつ質の高い医療提供体制の構築」「地域包括ケアシステムの構築」のため、消費税増収分を活用した「地域医療介護総合確保基金」を各都道府県に設置し、各都道府県は、都道府県計画を作成し、計画に基づき事業を実施します。

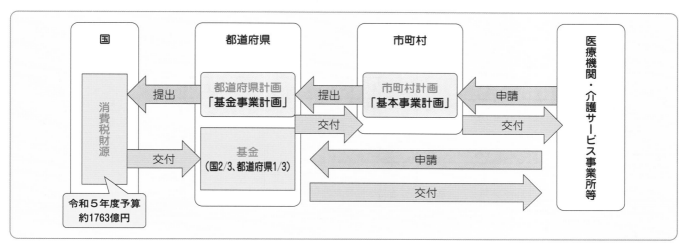

▶医療介護総合確保法に基づく計画

医療介護総合確保法に基づく計画		● 「地域における医療及び介護の総合的な確保の促進に関する法律」に基づき策定する計画
	総合確保方針	● 厚生労働大臣は、「総合確保方針」を定めなければならない
	都道府県計画	● 都道府県は、総合確保方針に即して、「都道府県計画」を作成することができる ● 医療介護総合確保区域ごとの医療及び介護の総合的な確保に関する目標及び計画期間、実施する事業などを定める ● 都道府県は、都道府県計画を作成するにあたっては、医療計画及び都道府県介護保険事業支援計画との整合性の確保を図らなければならない
	市町村計画	● 市町村は、総合確保方針に即して、「市町村計画」を作成することができる ● 医療介護総合確保区域ごとの医療及び介護の総合的な確保に関する目標及び計画期間、実施する事業などを定める ● 市町村は、市町村計画を作成するにあたっては、市町村介護保険事業計画との整合性の確保を図らなければならない
	基金の対象事業	1　地域医療構想の達成に向けた医療機関の施設又は設備の整備に関する事業
		2　居宅等における医療の提供に関する事業
		3　介護施設等の整備に関する事業
		4　医療従事者の確保に関する事業
		5　介護従事者の確保に関する事業

▶虐待防止関連法のまとめ

		高齢者虐待防止法 （平成18年4月施行） 平成17年11月公布	障害者虐待防止法 （平成24年10月施行） 平成23年6月公布	児童虐待防止法 （平成12年11月施行） 平成12年5月公布	配偶者暴力防止法 （平成13年10月施行） 平成13年4月公布
虐待の定義	対象	65歳以上の者 （65歳未満の養介護施設に入所する障害者等を含む）	身体障害者 知的障害者 精神障害者（発達障害を含む）	保護者が監護する児童（18歳未満）	配偶者（事実婚を含む）等からの暴力を受けた者
	身体的虐待	○	○	○	配偶者からの身体に対する暴力又はこれに準ずる心身に有害な影響を及ぼす言動
	心理的虐待	○	○	○	
	性的虐待	○	○	○	
	ネグレクト	○	○	○	
	経済的虐待	○	○		
通報	発見した人	●虐待を発見し、高齢者の生命又は身体に重大な危険が生じている場合は通報義務 ●虐待を受けたと思われる高齢者を発見した場合は、通報努力義務	●虐待を受けたと思われる障害者を発見した者は通報義務	●虐待を受けたと思われる児童を発見した者は通報義務	●配偶者からの暴力（身体的暴力のみ）を受けている者を発見した者は、通報努力義務
	専門職等	●関係団体、専門職は、高齢者虐待の早期発見努力義務 ●施設従事者等は、職員による虐待を「受けたと思われる」者を発見した場合は、通報義務	●関係団体、専門職は、障害者虐待の早期発見努力義務 ●施設従事者等による虐待を受けたと思われる者を発見した場合は、通報義務 ●使用者による虐待を受けたと思われる者を発見した場合は、通報義務	●関係団体、専門職は、児童虐待の早期発見努力義務	●医療関係者は、暴力によって負傷などした者を発見したときは、通報することができる ●通報は、本人の意思を尊重するよう努めなければならない
	通報先	●市町村	●市町村など	●市町村、児童相談所など	●配偶者暴力相談支援センター、警察官
対応	通報を受けた場合	●事実確認 ●立入調査など	●事実確認 ●立入調査など	●児童の安全確認 ●児童委員や児童福祉司等による立入調査など	●配偶者暴力相談支援センターによる助言など ●福祉事務所による自立支援など
	一時保護	●市町村による老人短期入所施設等への措置	●市町村による障害者福祉施設等への措置	●児童相談所による一時保護	●女性相談支援センター等による一時保護
	警察署長等	●立入調査などに協力	●立入調査などに協力	●立入調査などに協力	●被害の発生を防止するために必要な援助
	措置等	●面会の制限 ●市町村長による成年後見開始の審判など	●面会の制限 ●市町村長による成年後見開始の審判など	●施設入所等の措置 ●面接・通信の制限 ●接近禁止 ●親権の喪失の審判など	●地方裁判所の保護命令 ・接近禁止（1年間） ・住居からの退去（2か月）など

▶高齢者虐待防止法の内容

序章

第1章

第2章

第3章

第4章

第5章

社会保障制度を理解する科目 ▼ ⑬ 虐待

通報義務	養護者による虐待	●養護者による高齢者虐待を受けたと思われる高齢者を発見した者は、高齢者の生命又は身体に重大な危険が生じている場合は、速やかに、これを市町村に通報しなければならない
	養介護施設従事者等による虐待	●養介護施設従事者等は、施設従事者等による高齢者虐待を受けたと思われる高齢者を発見した場合は、速やかに、市町村に通報しなければならない ●養介護施設従事者等は、この通報をしたことを理由として、解雇その他不利益な取扱いを受けない
		●高齢者虐待の通報は、守秘義務に関する法律の規定に妨げられない
養護者による虐待への対応	通報等を受けた場合の措置	●通報を受けた市町村は、速やかに、当該高齢者の安全の確認など、通報又は届出に係る事実確認を行い、地域包括支援センターなどと対応策を検討する
	居室の確保	●市町村は、養護者による高齢者虐待を受けた高齢者について、老人福祉法の規定による措置を採るために必要な居室を確保するための措置を講ずる
	立入調査	●虐待により、高齢者の生命又は身体に重大な危険が生じているおそれがある場合は、地域包括支援センターの職員などに、高齢者の住所、居所などに立ち入り、必要な調査又は質問をさせることができる
	警察署長に対する援助要請	●市町村は、立入調査又は質問をさせる場合、必要がある場合は、警察署長に援助を求めることができる
	老人福祉法による措置	●市町村は、必要に応じ、高齢者を一時保護するために、特別養護老人ホームへの入所など老人福祉法に基づく措置などを行う
	面会の制限	●老人福祉法に基づく措置が採られた場合は、市町村長又は施設長は、養護者について高齢者との面会を制限することができる
養介護施設従事者による虐待への対応	通報等を受けた場合の措置	●市町村が施設内虐待の通報を受けたときは、市町村長は、速やかに老人福祉法又は介護保険法の規定による権限を適切に行使しなければならない
	公表	●都道府県知事は、毎年度、養介護施設従事者等による高齢者虐待の状況、虐待があった場合にとった措置その他厚生労働省令で定める事項を公表するものとする

▶虐待高齢者への対応

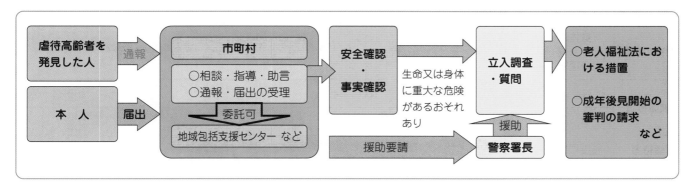

▶高齢者虐待のデータ

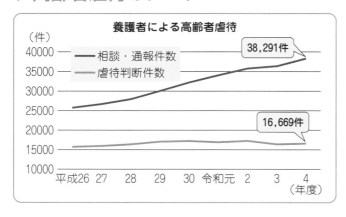

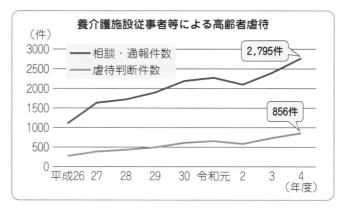

●養護者による虐待

<table>
<tr><td rowspan="3">虐待の種類</td><td>身体的</td><td colspan="6">11,167件（65%）</td></tr>
<tr><td>心理的</td><td colspan="6">6,660件（39%）</td></tr>
<tr><td>介護等放棄</td><td colspan="6">3,370件（20%）　　身体的虐待が最も多い</td></tr>
</table>

虐待の種類	身体的	11,167件（65%）				
	心理的	6,660件（39%）				
	介護等放棄	3,370件（20%）			身体的虐待が最も多い	
被虐待者	性別	女性　76%			男性　24%	
	年齢	65〜74歳 21% / 75〜79歳 19% / 80〜84歳 25% / 85〜89歳 21% / 90歳以上 14%				
	要介護認定	認定済み　69%			未申請等	
	認知症	認知症自立度Ⅱ以上 74%		Ⅰ又はなし		
虐待者	家族形態	虐待者のみと同居　53%		虐待者及び他家族と同居　34%	虐待者と別居 12%	
	続柄	息子 39%	夫 23%	娘 19%	妻 7%	その他
対応状況	相談・通報者	警察 34%	介護支援専門員 25%	介護保険事業所職員5% / 家族・親族 8% / 本人 6%	その他	
	分離	被虐待者と分離 20%	分離していない 53%			
	分離の方法	介護保険サービス利用 34%	医療機関への一時入院17%	やむを得ない事由等による措置16% / 緊急一時保護10%	その他	

●養介護施設従事者等による虐待

虐待の種類	身体的	810件（58%）					
	心理的	464件（33%）					
被虐待者	性別	女性　72%				男性　28%	
	年齢	65〜74歳 8% / 75〜79歳 10% / 80〜84歳 15%	85〜89歳 24%		90〜94歳 24%	95歳以上 14%	その他
虐待者	施設の種別	特別養護老人ホーム 32%	有料老人ホーム 26%		認知症対応型共同生活介護 12% / 介護老人保健施設 11%	その他	

資料：「高齢者虐待の防止、高齢者の養護者に対する支援等に関する法律に基づく対応状況などに関する調査結果」（令和4年度）

30 障害者虐待

▶障害者虐待のデータ

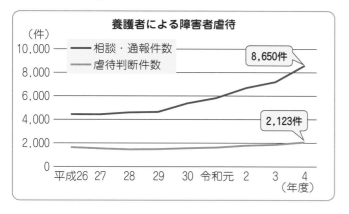

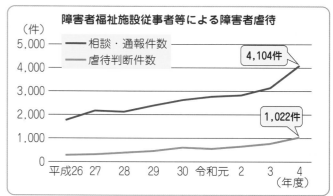

●養護者による虐待

虐待の種類	身体的	1,455件（69%）			
	心理的	681件（32%）			
被虐待者	性別	女性 66%		男性 34%	
	障害種別	知的障害 45%	精神障害 43%		身体障害 19%
虐待者	同居・別居	虐待者と同居 85%			別居
	続柄	父 25%	母 23%	兄弟姉妹 16% / 夫 16%	その他
対応状況	相談・通報者	警察 51%	本人による届出 13% / 相談支援専門員 11% / 施設・事業所職員 11%		その他
	分離	分離していない 46%	被虐待者と分離 34%		その他
	分離の方法	障害福祉サービス利用 47%	医療機関への一時入院13% / 緊急一時保護13% / やむを得ない事由等による措置 7%		その他

●障害者福祉施設従事者等による虐待

虐待の種類	身体的	497件（52%）				
	心理的	444件（46%）				
被虐待者	性別	男性 63%			女性 36%	
	障害種別	知的障害 73%		身体障害 21%		精神障害 16%
虐待者	施設の種別	共同生活援助 26%	障害者支援施設 22%	生活介護 14%	就労継続支援B型 12% / 放課後等デイサービス 10%	その他

●使用者による虐待

対応状況	相談・通報者	本人による届出 45%	家族・親族 11%	相談支援専門員 7%	障害者福祉施設従事者等 7%	その他

資料：「障害者虐待の防止、障害者の養護者に対する支援等に関する法律に基づく対応状況等に関する調査結果」（令和4年度）

▶障害者虐待防止法の内容

定義	障害者		●身体障害、知的障害、精神障害（発達障害を含む）その他の心身の機能の障害がある者であって、障害及び社会的障壁により継続的に日常生活又は社会生活に相当な制限を受ける状態にあるものをいう
	障害者虐待		●障害者虐待とは、養護者による障害者虐待、障害者福祉施設従事者等による障害者虐待、使用者による障害者虐待をいう
	虐待の種類	身体的虐待	●障害者の身体に外傷が生じ、もしくは生じるおそれのある暴行を加え、又は正当な理由なく障害者の身体を拘束すること
		心理的虐待	●障害者に対する著しい暴言又は著しく拒絶的な対応その他の障害者に著しい心理的外傷を与える言動を行うこと
		性的虐待	●障害者にわいせつな行為をすること又は障害者をしてわいせつな行為をさせること
		ネグレクト	●障害者を衰弱させるような著しい減食又は長時間の放置、養護者以外の同居人による虐待の放置等養護を著しく怠ること
		経済的虐待	●養護者又は障害者の親族が当該障害者の財産を不当に処分することその他当該障害者から不当に財産上の利益を得ること
機関	市町村障害者虐待防止センター		●市町村は、障害者福祉に関する事務を所掌する部局又は市町村が設置する施設において、市町村障害者虐待防止センターとしての機能を果たすようにする ●市町村は、市町村障害者虐待対応協力者のうち適当と認められるものに、業務の全部又は一部を委託することができる
	都道府県障害者権利擁護センター		●都道府県は、障害者福祉に関する事務を所掌する部局又は都道府県が設置する施設において、都道府県障害者権利擁護センターとしての機能を果たすようにする
通報義務	養護者による虐待		●養護者による障害者虐待を受けたと思われる障害者を発見した者は、速やかに、これを市町村に通報しなければならない
	障害者福祉施設従事者等による虐待		●障害者福祉施設従事者等による障害者虐待を受けたと思われる障害者を発見した場合は、速やかに、市町村に通報しなければならない ●障害者福祉施設従事者は、通報をしたことを理由として、解雇その他不利益な取扱いを受けない ●市町村が通報又は届出を受けた場合においては、通報又は届出をした者を特定させるものを漏らしてはならない
	使用者による障害者虐待		●使用者による障害者虐待を受けたと思われる障害者を発見した者は、速やかに、市町村又は都道府県知事に通報しなければならない ●労働者は、通報をしたことを理由として、解雇その他不利益な取扱いを受けない
			●障害者虐待の通報は、守秘義務に関する法律の規定に妨げられない

184

▶障害者虐待への対応

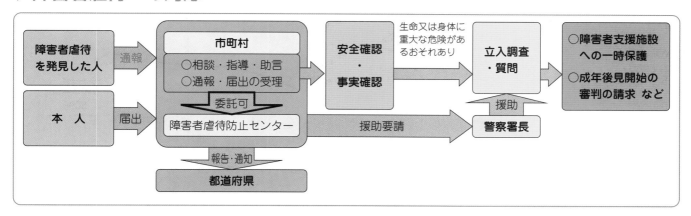

▶市町村や都道府県等の障害者虐待への対応

養護者による虐待	対応の協議	●市町村は、通報又は届出を受けたときは、速やかに、障害者の安全の確認、事実の確認のための措置を講じ、対応について協議を行う
	立入調査	●市町村長は、障害者の生命又は身体に重大な危険が生じているおそれがあると認めるときは、障害者の住所又は居所に立ち入り、必要な調査又は質問をさせることができる
	援助要請	●市町村長は、立入り及び調査又は質問をさせようとする場合に、必要があると認めるときは、障害者の所在地を管轄する警察署長に対し援助を求めることができる
	一時保護	●市町村は、養護者による障害者虐待により生命又は身体に重大な危険が生じているおそれがあると認められる場合は、障害者支援施設等に一時保護することができる
	面会の制限	●一時保護の措置が採られた場合は、市町村長又は障害者支援施設等は、虐待を行った養護者について障害者との面会を制限することができる
障害者福祉施設従事者等による虐待	都道府県に報告	●市町村は、通報又は届出を受けたときは、障害者虐待に関する事項を、都道府県に報告しなければならない
	市町村、都道府県の対応	●通報等を受けた場合は、市町村長又は都道府県知事は、社会福祉法、障害者総合支援法その他関係法律の規定による権限を適切に行使する
	公　表	●都道府県知事は、毎年度、障害者福祉施設従事者等による障害者虐待の状況等を公表する
使用者による障害者虐待	都道府県に通知	●市町村は通報又は届出を受けたときは、障害者虐待に係る事業所の所在地の都道府県に通知しなければならない
	都道府県労働局に報告	●都道府県は、通報、届出又は通知を受けたときは、障害者虐待に係る事業所の所在地を管轄する都道府県労働局に報告しなければならない
	都道府県労働局長の対応	●都道府県労働局が報告を受けたときは、都道府県労働局長等は、都道府県との連携を図りつつ、労働基準法、障害者の雇用の促進等に関する法律、個別労働関係紛争の解決の促進に関する法律等の規定による権限を適切に行使する
	公　表	●厚生労働大臣は、毎年度、使用者による障害者虐待の状況等を公表する

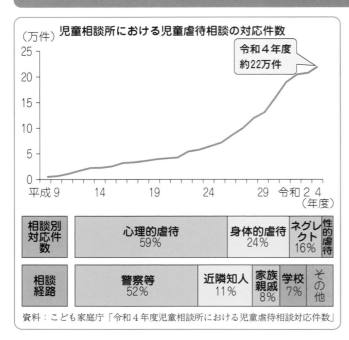

資料：こども家庭庁「令和4年度児童相談所における児童虐待相談対応件数」

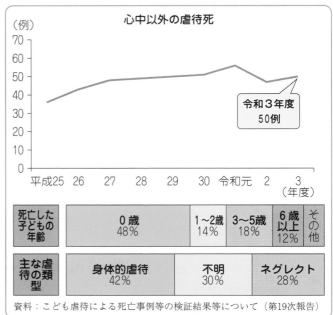

資料：こども虐待による死亡事例等の検証結果等について（第19次報告）

▶児童虐待防止法の内容

定義	児童虐待		●保護者（親権を行う者、未成年後見人等で、児童を現に監護するもの）が、その監護する児童（18歳に満たない者）について行う次の虐待行為をいう
	虐待の種類	身体的虐待	●児童の身体に外傷が生じ、又は生じるおそれのある暴行を加えること
		心理的虐待	●児童に対する著しい暴言又は著しく拒絶的な対応、児童が同居する家庭における配偶者に対する暴力その他の児童に著しい心理的外傷を与える言動を行うこと
		性的虐待	●児童にわいせつな行為をすること又は児童をしてわいせつな行為をさせること
		ネグレクト	●児童の心身の正常な発達を妨げるような著しい減食又は長時間の放置、保護者以外の同居人による虐待の放置等保護者としての監護を著しく怠ること
児童に対する虐待の禁止			●何人も、児童に対し、虐待をしてはならない
早期発見			●児童福祉に業務上関係のある団体及び児童福祉に職務上関係のある人は、児童虐待を発見しやすい立場にあることを自覚し、児童虐待の早期発見に努めなければならない
2024（令和6）年4月施行 児童の人格の尊重等			●児童の親権を行う者は、児童のしつけに際して、児童の人格を尊重するとともに、その年齢及び発達の程度に配慮しなければならず、かつ、体罰その他の児童の心身の健全な発達に有害な影響を及ぼす言動をしてはならない
通報義務	保護者による虐待		●児童虐待を受けたと思われる児童を発見した者は、速やかに、これを市町村、都道府県の設置する福祉事務所、児童相談所に通告しなければならない
	被措置児童等虐待（児童福祉法）		●被措置児童等虐待を受けたと思われる児童を発見した者は、速やかに、児童相談所等に通告しなければならない ●施設職員等は、この通報をしたことを理由として、解雇その他不利益な取扱いを受けない
			●児童虐待の通報は、守秘義務に関する法律の規定に妨げられない

対応	通告又は送致を受けた場合の措置	●市町村又は都道府県の設置する福祉事務所が通告を受けたときは、市町村又は福祉事務所長は、児童との面会など児童の安全確認の措置を講じ、必要に応じ次に掲げる措置を採る	
		措置	●児童を児童相談所に送致すること ●出頭の求め及び調査、質問、立入り及び調査、一時保護の実施が適当であると認めるものを都道府県知事又は児童相談所長へ通知すること
	出頭要求等	●都道府県知事は、児童虐待が行われているおそれがあると認めるときは、児童の保護者に対し、児童を同伴して出頭することを求め、児童委員又は児童の福祉に関する事務に従事する職員に必要な調査又は質問をさせることができる	
	立入調査等	●都道府県知事は、児童虐待が行われているおそれがあると認めるときは、児童委員又は児童の福祉に関する事務に従事する職員をして、児童の住所又は居所に立ち入り、必要な調査又は質問をさせることができる	
	臨検、捜索等	●都道府県知事は、児童の保護者が正当な理由なく立入調査等を拒んだ場合は、安全を確保するため、裁判所の裁判官があらかじめ発する許可状により、臨検させ、又は当該児童を捜索させることができる	
		方法等	●臨検又は捜索の許可状は、これらの処分を受ける者に提示しなければならない ●臨検又は捜索をするにあたって必要があるときは、錠をはずし、その他必要な処分をすることができる
	警察署長に対する援助要請等	●児童相談所長は、必要があると認めるときは、警察署長に対し援助を求めることができる	
	面会等の制限等	●児童虐待を受けた児童について施設入所等の措置や一時保護が行われた場合、児童虐待を行った保護者について、児童との面会、児童との通信を制限することができる ●児童の保護に支障をきたすと認めるとき等は、児童相談所長は、保護者に対し、児童の住所又は居所を明らかにしないものとする	
	保護者の接触制限	●都道府県知事は、施設入所等の措置が採られ、かつ、児童との面会が制限されている場合、6か月を超えない期間を定めて、保護者に対し、児童の住所もしくは居所、学校などにおいて児童の身辺につきまとい、又ははいかいしてはならないことを命ずることができる	

▶児童虐待への対応

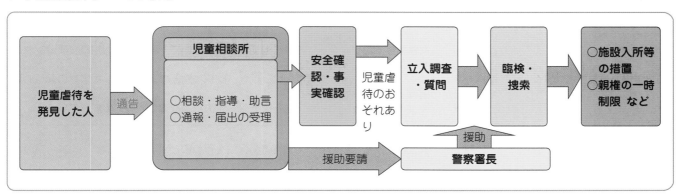

187

32 DV

配偶者からの暴力の防止及び被害者の保護等に関する法律
2001（平成13）年公布

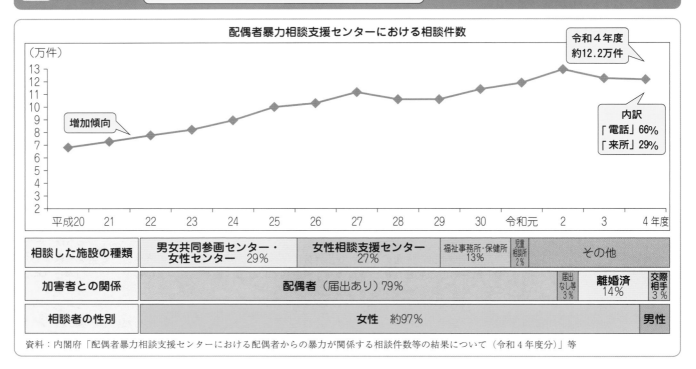

配偶者暴力相談支援センターにおける相談件数

令和4年度
約12.2万件

（万件）

増加傾向

内訳
「電話」66%
「来所」29%

平成20　21　22　23　24　25　26　27　28　29　30　令和元　2　3　4年度

相談した施設の種類	男女共同参画センター・女性センター　29%	女性相談支援センター　27%	福祉事務所・保健所13%	児童相談所2%	その他

加害者との関係	配偶者（届出あり）79%	届出なし等3%	離婚済14%	交際相手3%

相談者の性別	女性　約97%	男性

資料：内閣府「配偶者暴力相談支援センターにおける配偶者からの暴力が関係する相談件数等の結果について（令和4年度分）」等

▶配偶者暴力防止法の内容

定義	配偶者からの暴力	●配偶者からの身体に対する暴力又はこれに準ずる心身に有害な影響を及ぼす言動をいい、配偶者からの身体に対する暴力等を受けた後に、その者が離婚をし、又はその婚姻が取り消された場合にあっては、当該配偶者であった者から引き続き受ける身体に対する暴力等を含む
	配偶者	●「配偶者」には、婚姻の届出をしていないが事実上婚姻関係と同様の事情にある者を含む ●「離婚」には、婚姻の届出をしていないが事実上婚姻関係と同様の事情にあった者が、事実上離婚したと同様の事情に入ることを含む
準用		●生活の本拠を共にする交際をする関係にある相手からの暴力及びその被害についても、この法律を準用する
通報		●配偶者からの暴力（配偶者又は配偶者であった者からの身体に対する暴力に限る）を受けている者を発見した者は、その旨を配偶者暴力相談支援センター又は警察官に通報するよう努めなければならない
配偶者暴力相談支援センター		●都道府県は、女性相談支援センターその他の適切な施設において、配偶者暴力相談支援センターとしての機能を果たすようにするものとする ●配偶者暴力相談支援センターは、情報の提供、助言、関係機関との連絡調整、被害者の緊急時における安全の確保及び一時保護などを行う ●一時保護は、女性相談支援センターが自ら行うか、一定の基準を満たす者に委託して行う
	女性自立支援施設における保護	●都道府県は、女性自立支援施設において被害者の保護を行うことができる
協議会		●都道府県は、単独で又は共同して、配偶者からの暴力の防止及び被害者の保護を図るため、関係機関等により構成される協議会を組織するように努めなければならない

被害者の保護	保護についての説明等	●配偶者暴力相談支援センターは、通報又は相談を受けた場合は、被害者に対し、配偶者暴力相談支援センターが行う業務の内容について説明及び助言を行うとともに、必要な保護を受けることを勧奨する
	警察官による被害の防止	●警察官は、暴力の制止、被害者の保護その他の配偶者からの暴力による被害の発生を防止するために必要な措置を講ずるよう努めなければならない
	警察本部長等の援助	●警視総監もしくは警察本部長又は警察署長は、配偶者からの暴力による被害を自ら防止するための援助を受けたい旨の申出があり、その申出を相当と認めるときは、被害を自ら防止するための措置の教示その他配偶者からの暴力による被害の発生を防止するために必要な援助を行う
保護命令		●裁判所は、身体に対する暴力、生命・身体に対する脅迫、自由・名誉・財産に対する脅迫により、生命・心身に対する重大な危害を受けるおそれが大きいときは、配偶者に対し、接近禁止命令や退去命令を命ずることができる
	2024（令和6）年4月施行	●裁判所は、被害者の申立てにより、当該配偶者に対し、命令の効力が生じた日から起算して「1年間」、被害者の身辺につきまとい、又は被害者の住居、勤務先などの付近をはいかいしてはならないことを命ずるものとする
	接近禁止命令等	被害者への電話等禁止命令：●被害者に対する、「面会の要求」、「行動の監視の告知等」、「著しく粗野乱暴な言動」「無言電話・緊急時以外の連続した電話・メール・SNS等の送信」「GPSによる位置情報取得」などを禁止する命令
		被害者の子への接近禁止命令：●被害者の子（被害者と同居する未成年の子）の身辺につきまとったり、当該子の住居、学校等の付近をはいかいすることを禁止する命令
		被害者の子への電話等禁止命令：●被害者の子に対する、「行動の監視の告知等」、「著しく粗野乱暴な言動」「無言電話・緊急時以外の連続した電話・メール・SNS等の送信」などを禁止する命令
		被害者の親族等への接近禁止命令：●被害者の親族等（被害者の成年の子を含む）の身辺につきまとったり、当該親族等の住居、勤務先等の付近をはいかいすることを禁止する命令
	退去等命令	●配偶者からの身体に対する暴力又は生命等に対する脅迫を受けた被害者が、配偶者から更に身体に対する暴力を受けることにより、その生命又は身体に重大な危害を受けるおそれが大きいときは、裁判所は、被害者の申立てにより、当該配偶者に対し、命令の効力が生じた日から起算して2か月間（建物の所有者又は賃借人が被害者のみである場合は、6か月間）、被害者と共に生活の本拠としている住居から退去すること及び当該住居の付近をはいかいしてはならないことを命ずるものとする。
	罰則	●保護命令に違反した場合は、2年以下の懲役又は200万円以下の罰金に処せられる

▶DVへの対応

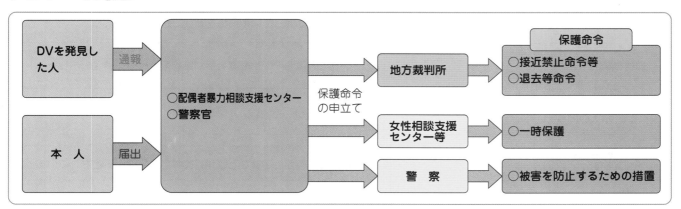

33 成年後見制度

『穴埋めチェック2025』P.131〜P.138参照

重要度 **B** ★★☆

▶成年後見制度の分類

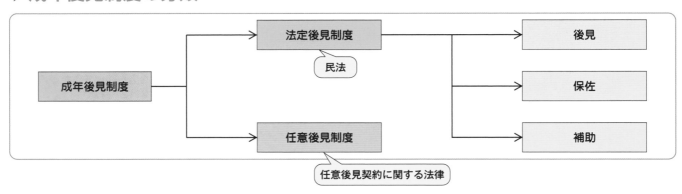

▶法定後見制度

	後　見	保　佐	補　助
対象となる人	判断能力が欠けているのが通常の人	判断能力が著しく不十分な人	判断能力が不十分な人
鑑定の要否	原則として必要 （明らかに鑑定が必要のない場合は不要）		原則として診断書等で可
取消権又は同意権の範囲	「日常生活」や「身分行為」に関する行為「以外」の行為の取消権	民法第13条第1項の所定の行為 1. 元本を領収し、又は利用すること 2. 借財又は保証をすること 3. 不動産等に関する権利の得喪 4. 訴訟行為 5. 贈与、和解又は仲裁合意 6. 相続の承認・放棄、遺産の分割 7. 贈与の拒絶、遺贈の放棄等 8. 新築、改築、増築、大修繕 9. 短期賃貸借期間を超える賃貸借 ※上記以外の行為も請求により家庭裁判所の審判を受けることができる	民法第13条第1項の所定の行為の一部
取消権又は同意権を付与する場合の本人の同意	不要		必要
取消権の制限	●日用品の購入、日常生活に関する行為に関しては取消権を行使できない		
代理権の範囲	財産に関するすべての法律行為	申立ての範囲内で家庭裁判所が審判で定める「特定の法律行為」	
代理権を付与する場合の本人の同意	不要	必要	
代理権の制限	●身分行為（結婚・離婚・認知など）は、代理権の対象とならない ●入院手続きなど医療契約の代理はできるが、手術など医療行為の同意権はないとされている		

▶成年後見制度手続きの流れ

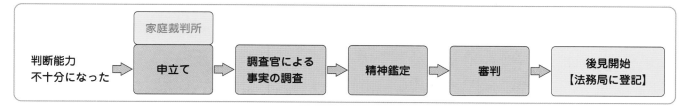

後見開始の審判	●家庭裁判所は申立て者の請求により、後見開始・保佐開始・補助開始の審判をすることができる（本人以外の者の請求により補助開始の審判をするときは、本人の同意が必要）		
申立てができる人	●本人・配偶者・4 親等内の親族、検察官など ※申立て権者が見つからない等の場合は、市町村長も可		
後見人の選任	●家庭裁判所は、成年後見開始の審判をするときは、職権で成年後見人を選任する（保佐人及び補助人についても同様に職権で選任） ●成年後見人を選任するには、成年被後見人の心身の状態、生活及び財産の状況、成年後見人となる者の職業及び経歴、利害関係の有無、成年被後見人の意見などを考慮しなければならない		
後見人になれる人	家　族	●配偶者、子、孫、兄弟姉妹などの親族	
	第三者	●（個人）社会福祉士、弁護士、司法書士など ●（法人）社会福祉法人、株式会社、社会福祉協議会など	
	複数人の選択	●身上監護を家族後見人、財産管理を第三者後見人が担うなど、複数の後見人を選任して役割分担することもできる	
後見人の欠格事由	●未成年者、家庭裁判所で免ぜられた法定代理人等、破産者、被後見人に対して訴訟をした者、行方の知れない者など		
後見人の辞任	●後見人は、正当な事由があるときは、家庭裁判所の許可を得て、その任務を辞することができる		
後見人の解任	●後見人に不正な行為、著しい不行跡その他後見の任務に適しない事由があるときは、家庭裁判所は、後見監督人等の請求により又は職権で解任することができる		
後見監督人	●家庭裁判所は、必要があると認めるときは、本人、その親族もしくは後見人の請求により、又は職権で、後見（保佐、補助）監督人を選任することができる ●後見監督人又は家庭裁判所は、いつでも、後見人に対し後見の事務や被後見人の財産の状況を調査することができる		
後見監督人の欠格事由	●後見人の配偶者、直系血族及び兄弟姉妹は、後見監督人となることができない		
後見監督人の職務	●後見人の事務を監督すること ●後見人が欠けた場合に、遅滞なくその選任を家庭裁判所に請求すること ●急迫の事情がある場合に、必要な処分をすること ●後見人又はその代表する者と被後見人との利益が相反する行為について被後見人を代表すること		

▶後見人の職務

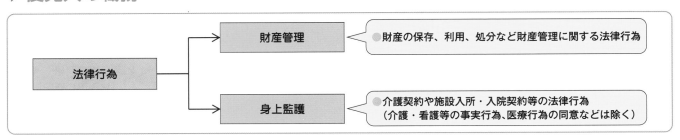

財産の調査及び目録の作成	●後見人は、遅滞なく被後見人の財産の調査に着手し、1か月以内にその調査を終え、かつ、その目録を作成しなければならない
意思の尊重及び身上の配慮	●成年後見人は、成年被後見人の生活、療養看護及び財産の管理に関する事務を行うにあたっては、成年被後見人の意思を尊重し、心身の状態及び生活の状況に配慮しなければならない
後見人が数人ある場合の権限の行使等	●成年後見人が数人あるときは、家庭裁判所は、職権で、数人の成年後見人が、共同して又は事務を分掌して、その権限を行使すべきことを定めることができる ●成年後見人が数人あるときは、第三者の意思表示は、その一人に対してすれば足りる
居住用不動産の処分についての許可	●成年後見人は、成年被後見人に代わって、その居住用の不動産を処分をするには、家庭裁判所の許可を得なければならない
郵便物等の管理	●家庭裁判所は、成年後見人の請求により、信書の送達の事業を行う者に対し、6か月以内の期間を定めて、成年被後見人に宛てた郵便物等を成年後見人に配達すべき旨を嘱託することができる
死亡後の権限	●成年被後見人の遺体の火葬又は埋葬に関する契約の締結は、家庭裁判所の許可を得なければならない
後見人の報酬	●家庭裁判所は、後見人及び被後見人の資力その他の事情によって、被後見人の財産の中から、相当な報酬を後見人に与えることができる
利益相反行為	●本人と利益が相反する行為については、後見人（保佐人、補助人）は、特別代理人（臨時保佐人、臨時補助人）の選任を家庭裁判所に請求しなければならない ●家庭裁判所で選任された特別代理人は、審判で定められた範囲内で代理行為を行うことができる
善管注意義務	●後見人は、善良な管理者の注意をもって、事務を処理する義務を負う
後見の事務の監督	●後見監督人又は家庭裁判所は、いつでも、後見人に対し後見の事務の報告もしくは財産の目録の提出を求め、又は後見の事務もしくは被後見人の財産の状況を調査することができる

▶任意後見制度

任意後見制度は、『任意後見契約に関する法律』で規定されています。認知症などにより判断能力が不十分になったときなどのために、『事前に』後見人になってくれる人と後見事務の内容をあらかじめ契約によって決めておく制度です。

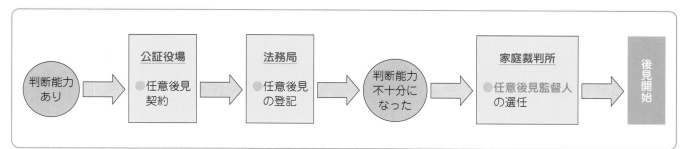

任意後見契約	●委任者が、受任者に対し、判断能力が不十分な状況における自己の生活、療養看護及び財産の管理に関する事務の全部又は一部を委託し、その委託に係る事務について代理権を付与する委任契約であって、任意後見監督人が選任されたときからその効力を生ずる旨の定めのあるものをいう
任意後見契約の方式	●任意後見契約は、公証役場で、「公正証書」によってしなければならない
登　記	●任意後見契約の公正証書が作成されると、公証人の嘱託により法務局に登記される
任意後見監督人の選任	●本人の事理を弁識する能力が不十分な状況にあるときは、家庭裁判所は、本人、配偶者、4親等内の親族又は任意後見受任者の請求により、任意後見監督人を選任する
欠格事由	●任意後見受任者又は任意後見人の配偶者、直系血族及び兄弟姉妹は、任意後見監督人となることができない
職　務	●任意後見人の事務を監督すること ●任意後見人の事務に関し、家庭裁判所に定期的に報告をすること ●急迫の事情がある場合に、任意後見人の代理権の範囲内において、必要な処分をすること ●任意後見人と本人との利益が相反する行為について本人を代表すること
任意後見人の解任	●任意後見人に不正な行為、著しい不行跡その他その任務に適しない事由があるときは、家庭裁判所は、任意後見監督人、本人、その親族又は検察官の請求により、任意後見人を解任することができる
任意後見契約の解除	●任意後見監督人が選任される前においては、本人又は任意後見受任者は、いつでも、公証人の認証を受けた書面によって、任意後見契約を解除することができる ●任意後見監督人が選任された後においては、本人又は任意後見人は、正当な事由がある場合に限り、家庭裁判所の許可を得て、任意後見契約を解除することができる
法定後見との関係	●任意後見契約が登記されている場合には、家庭裁判所は、本人の利益のため特に必要があると認めるときに限り、後見開始の審判等をすることができる ●任意後見監督人が選任された後において本人が後見開始の審判等を受けたときは、任意後見契約は終了する

▶成年後見制度の市区町村長申立て

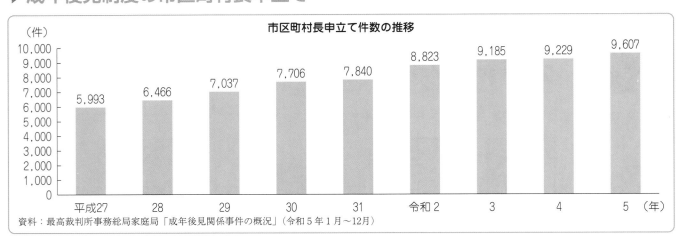

市区町村長申立て件数の推移

（件）
- 平成27　5,993
- 28　6,466
- 29　7,037
- 30　7,706
- 31　7,840
- 令和2　8,823
- 3　9,185
- 4　9,229
- 5　9,607

資料：最高裁判所事務総局家庭局「成年後見関係事件の概況」（令和5年1月～12月）

市区町村長申立てに係る根拠法	老人福祉法	●市町村長は、65歳以上の者につき、福祉を図るために必要がある場合は、後見、保佐及び補助の審判の請求をすることができる
	知的障害者福祉法	●市町村長は、知的障害者につき、福祉を図るために必要がある場合は、後見、保佐及び補助の審判の請求をすることができる
	精神保健福祉法	●市町村長は、精神障害者につき、福祉を図るために必要がある場合は、後見、保佐及び補助の審判の請求をすることができる

▶後見登記制度

登記制度	●「法務局」に登記される
登記の流れ	●後見開始の審判により開始する後見などは裁判所書記官の嘱託により、任意後見契約は公証人の嘱託により登記される
登記事項証明書	●本人、法定後見人の住所・氏名、法定後見人の権限の範囲、任意後見契約の内容など、登記所に登記されている事項を証明するもの ●申立てができるのは、本人、配偶者、4親等内の親族など ●成年被後見人として登記されていない者は、登記されていないことの証明書の交付を受けることができる

▶成年後見制度利用支援事業

事業の概要	●権利擁護を図るために、成年後見制度の利用が有効にもかかわらず、利用が困難な人に対し制度の利用を支援する制度 ●介護保険法では、地域支援事業の任意事業として、障害者総合支援法では、地域生活支援事業の必須事業として実施している
利用対象者	●認知症高齢者、知的障害者又は精神障害者で、成年後見制度の必要経費の助成を受けなければ制度の利用が困難な人
補助の対象	●申立て費用（登記印紙代、鑑定費用など）、後見人などの報酬の助成 ●パンフレットの作成・配布、説明会の開催など

▶市民後見人

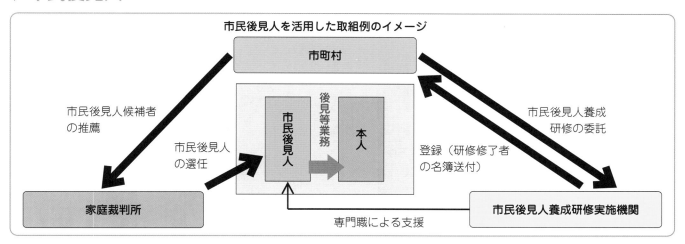

市民後見人を活用した取組例のイメージ

市町村

市民後見人候補者の推薦

市民後見人養成研修の委託

市民後見人の選任

後見等業務

市民後見人 → 本人

登録（研修修了者の名簿送付）

家庭裁判所

専門職による支援

市民後見人養成研修実施機関

市民後見人	●弁護士や司法書士などの資格はもたないものの社会貢献への意欲や倫理観が高い一般市民のなかから、成年後見に関する一定の知識・態度を身につけた良質の第三者後見人等の候補者 ●成年後見人等に就任すべき親族がおらず、本人に多額の財産がなく紛争性もない場合について、本人と同じ地域に居住する市民が、地域のネットワークを利用した地域密着型の事務を行う ●市民後見人の養成者数は2万1476人、成年後見人等として選任されている市民後見人数は1716人（2022（令和4）年4月1日時点）	
体制整備	**老人福祉法**	●市町村は、成年後見の審判の請求の円滑な実施に資するよう、民法に規定する後見、保佐及び補助の業務を適正に行うことができる人材の育成及び活用を図るため、研修の実施、後見等の業務を適正に行うことができる者の家庭裁判所への推薦その他の必要な措置を講ずるよう努めなければならない
	障害者総合支援法	●市町村地域生活支援事業の必須事業として、市民後見人等の人材育成・活用を図るための研修事業が含まれる

▶成年後見制度の利用の促進に関する法律 〔2016（平成28）年4月公布〕

目 的	●この法律は、成年後見制度の利用の促進について、その基本理念を定め、国の責務等を明らかにし、及び基本方針その他の基本となる事項を定めること等により、成年後見制度の利用の促進に関する施策を総合的かつ計画的に推進することを目的とする
成年後見制度利用促進会議	●政府は、関係行政機関相互の調整を行うことにより、成年後見制度の利用の促進に関する施策の総合的かつ計画的な推進を図るため、成年後見制度利用促進会議を設ける
基本計画	●政府は、成年後見制度の利用の促進に関する施策の総合的かつ計画的な推進を図るため、「成年後見制度利用促進基本計画」を定めなければならない ●計画の対象期間は概ね5年間（第二期成年後見制度利用促進基本計画：2022（令和4）年3月閣議決定）
市町村の講ずる措置	●市町村は、成年後見制度利用促進基本計画を勘案して、当該市町村の区域における成年後見制度の利用の促進に関する施策についての基本的な計画を定めるよう努める

▶成年後見制度関係事件の概況

●成年後見制度の申立件数と利用者数の推移

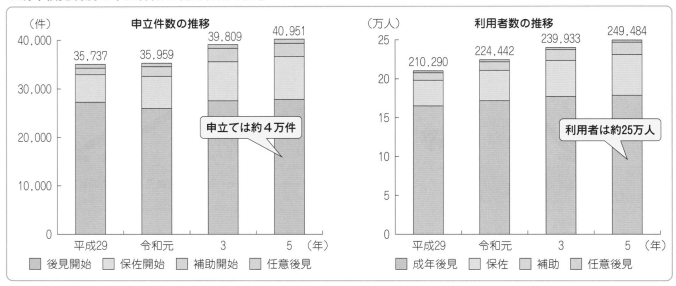

申立件数の推移

（件）

平成29	令和元	3	5（年）
35,737	35,959	39,809	40,951

申立ては約4万件

凡例：後見開始　保佐開始　補助開始　任意後見

利用者数の推移

（万人）

平成29	令和元	3	5（年）
210,290	224,442	239,933	249,484

利用者は約25万人

凡例：成年後見　保佐　補助　任意後見

●2023（令和5）年1月〜12月の処理状況

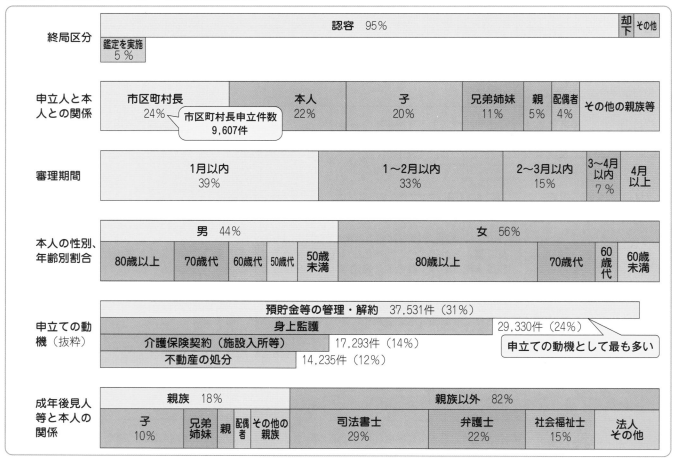

終局区分：認容 95%　／　鑑定を実施 5%　／　却下　その他

申立人と本人との関係：市区町村長 24%（市区町村長申立件数 9,607件）／本人 22%／子 20%／兄弟姉妹 11%／親 5%／配偶者 4%／その他の親族等

審理期間：1月以内 39%／1〜2月以内 33%／2〜3月以内 15%／3〜4月以内 7%／4月以上

本人の性別、年齢別割合：男 44%（80歳以上／70歳代／60歳代／50歳代／50歳未満）／女 56%（80歳以上／70歳代／60歳代／60歳未満）

申立ての動機（抜粋）：預貯金等の管理・解約 37,531件（31%）／身上監護 29,330件（24%）申立ての動機として最も多い／介護保険契約（施設入所等）17,293件（14%）／不動産の処分 14,235件（12%）

成年後見人等と本人の関係：親族 18%（子 10%／兄弟姉妹／親／配偶者／その他の親族）／親族以外 82%（司法書士 29%／弁護士 22%／社会福祉士 15%／法人その他）

資料：最高裁判所事務総局家庭局「成年後見関係事件の概況」（令和5年1月〜12月）

序章

第1章

第2章

第3章

第4章

第5章

社会保障制度を理解する科目▼⑭権利擁護

▶成年後見制度・日常生活自立支援事業の比較

	成年後見制度	日常生活自立支援事業
法　律	●民法	●社会福祉法
管　轄	●法務省	●厚生労働省
機　関	●家庭裁判所	●都道府県・指定都市社会福祉協議会
対象者	●認知症高齢者・知的障害者・精神障害者 ●後見＝判断能力を欠く常況にある者 ●保佐＝判断能力が著しく不十分な者 ●補助＝判断能力が不十分な者	●判断能力が不十分な者
手続き	●家庭裁判所に申立て 　（本人・配偶者・4親等内の親族・検察官・市町村長） ※本人の同意（後見・保佐は不要、補助は必要）	●社会福祉協議会に相談・申込 　（本人、家族、関係者・機関等） ※本人と社会福祉協議会との契約
意思能力の確認・審査や鑑定・診断	●医師の鑑定書・診断書を家庭裁判所に提出	●「契約締結判定ガイドライン」により確認困難な場合は「契約締結審査会」で審査
援助の方法	●家庭裁判所による援助内容の決定	●本人と社会福祉協議会による援助内容の決定
援助者	●後見人、保佐人、補助人、任意後見人	●専門員、生活支援員
援助の種類	●財産管理・身上監護に関する法律行為 　（財産管理、遺産分割協議、介護保険サービス契約、身上監護等に関する法律行為） **同意権・取消権** ●補助＝家庭裁判所が定める特定の法律行為 ●保佐＝民法第13条第1項の所定の行為 ●後見＝日常生活に関する行為以外の行為 **代理権** ●補助・保佐は申立ての範囲内で家庭裁判所が定める特定の法律行為 ●後見は、財産に関するすべての法律行為	●福祉サービスの利用援助 ●日常的金銭管理 ●書類等の預かり
費　用	●本人の財産から支弁	●社会福祉事業として、契約締結までの費用は公費負担。契約締結後の援助は利用者負担
費用の減免・助成	●成年後見制度利用支援事業等	●生活保護利用者は公費補助
両制度の併用	●本人に契約能力がある場合は、成年後見制度を利用していても日常生活自立支援事業の利用ができる ●本人に契約能力がない場合、後見人等との間で利用契約の締結ができる（補助、保佐は代理権をもつ場合）	

34 日常生活自立支援事業

重要度 **B** ★★☆

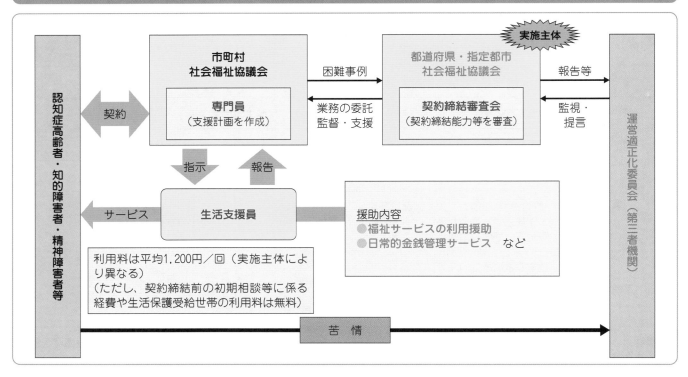

事業名	●第二種社会福祉事業に規定された「福祉サービス利用援助事業」、福祉サービス利用援助事業の従事者の資質の向上のための事業、普及・啓発事業などを総称して「日常生活自立支援事業」という	
利用対象者	●認知症高齢者・知的障害者・精神障害者等で、判断能力が不十分な人 （本事業の契約内容が判断できる能力が必要）	
実施体制等	生活支援員	●支援計画に基づき援助する
	専門員	●支援計画の作成や契約締結の業務、生活支援員の指導等を行う ●原則として、社会福祉士・精神保健福祉士などから任用される
	契約締結審査会	●利用希望者の契約締結能力について、専門的な見地から審査し、確認する
	運営適正化委員会	●事業の実施状況の定期的報告を受け、必要に応じ勧告を行う等、事業の監視、提言をする
援助内容	福祉サービスの利用援助	●福祉サービスの利用に関する援助 ●福祉サービスの利用に関する苦情解決制度の利用援助 ●住宅改造、居住家屋の賃借、日常生活上の消費契約、行政手続き（住民票の届出等）に関する援助など
	日常的金銭管理など	●預金の払い戻し、預金の解約、預金の預け入れの手続きなど ●定期的な訪問による生活変化の察知
	援助の方法	●原則として、情報提供、助言、契約手続、利用手続等の同行又は代行によって行う
利用にあたって	●入院・入所した場合でも、日常生活自立支援事業を利用することができる ●一定の要件を満たせば、成年後見制度と日常生活自立支援事業とを併用することができる	

▶日常生活自立支援事業実施状況

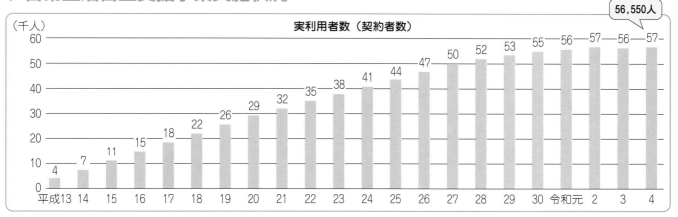

実利用者数（契約者数）

（千人）

平成13	4
14	7
15	11
16	15
17	18
18	22
19	26
20	29
21	32
22	35
23	38
24	41
25	44
26	47
27	50
28	52
29	53
30	55
令和元	56
2	57
3	56
4	57

56,550人

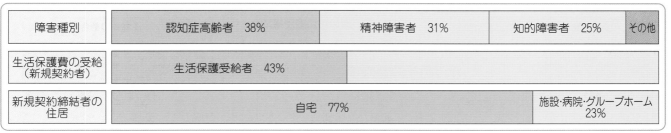

障害種別	認知症高齢者 38%	精神障害者 31%	知的障害者 25%	その他
生活保護費の受給（新規契約者）	生活保護受給者 43%			
新規契約締結者の住居	自宅 77%		施設・病院・グループホーム 23%	

資料：社会福祉法人全国社会福祉協議会地域福祉部「日常生活自立支援事業実施調査」（令和4年度）

▶運営適正化委員苦情受付状況

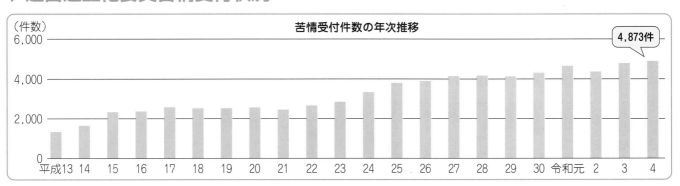

苦情受付件数の年次推移

（件数）

4,873件

サービス分野別受付件数の割合	障害者 56%	高齢者 18%	児童 14%	その他
苦情の受付方法	電話 86%		電子メール 10%	その他
苦情申出人の属性	利用者 54%	家族 37%		その他
苦情の種類	職員の接遇 44%	サービスの質や量 18%	説明・情報提供 11% / 被害・損害 6% / 権利侵害 5% / 利用料 3%	その他

資料：社会福祉法人全国社会福祉協議会「苦情受付・解決の状況 実績報告」（令和5年10月）

序章

第1章

第2章

第3章

第4章

第5章

社会保障制度を理解する科目 ▼ ⑭ 権利擁護

35 刑事司法と少年司法

『穴埋めチェック2025』
P.139〜P.146参照
重要度 A ★★★

▶刑法犯の検挙人員

刑法犯検挙人員（令和4年）	検挙人員　16万9409人			
	20歳未満 9％	20歳以上65歳未満 68％		65歳以上 23％
	窃盗　47％	暴行 14％ ／ 傷害 10％ ／ 詐欺 6％ ／ 横領 6％		その他

▶刑法犯の年齢層別構成比

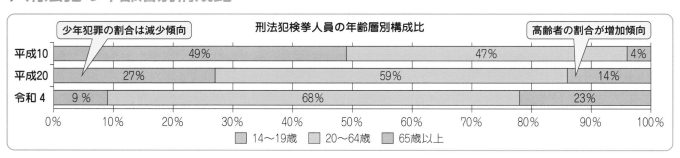

刑法犯検挙人員の年齢層別構成比

少年犯罪の割合は減少傾向

高齢者の割合が増加傾向

	14〜19歳	20〜64歳	65歳以上
平成10	49％	47％	4％
平成20	27％	59％	14％
令和4	9％	68％	23％

▶刑事施設

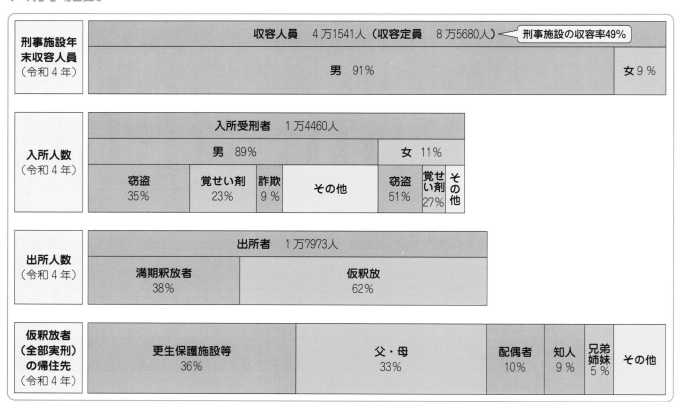

刑事施設年末収容人員（令和4年）	収容人員　4万1541人（収容定員　8万5680人） 刑事施設の収容率49％	
	男　91％	女9％

入所人数（令和4年）	入所受刑者　1万4460人						
	男　89％				女　11％		
	窃盗 35％	覚せい剤 23％	詐欺 9％	その他	窃盗 51％	覚せい剤 27％	その他

出所人数（令和4年）	出所者　1万7973人	
	満期釈放者 38％	仮釈放 62％

仮釈放者（全部実刑）の帰住先（令和4年）	更生保護施設等 36％	父・母 33％	配偶者 10％	知人 9％	兄弟姉妹 5％	その他

資料：法務省『令和5年版犯罪白書』

序章

第1章

第2章

第3章

第4章

第5章

社会保障制度を理解する科目 ▼ ⑮ 更生保護

▶保護観察開始人員

(令和4年現在)

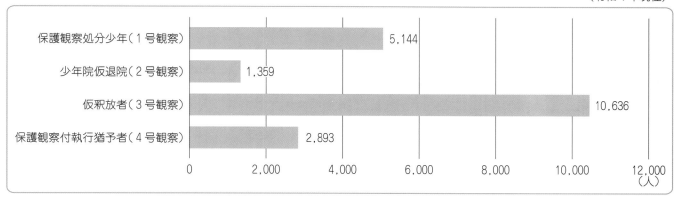

- 保護観察処分少年（1号観察） 5,144
- 少年院仮退院（2号観察） 1,359
- 仮釈放者（3号観察） 10,636
- 保護観察付執行猶予者（4号観察） 2,893

（横軸：0　2,000　4,000　6,000　8,000　10,000　12,000 （人））

▶応急の救護等・更生緊急保護の措置の実施状況

(単位：人)

	対象者		保護観察所において直接行う保護				更生保護施設等へ宿泊を伴う保護の委託
応急の救護等	保護観察対象者	4,700	衣料給与	食事給与	旅費給与	一時保護事業を営む者へのあっせん	5,880
			565	137	78	707	
更生緊急保護	満期釈放者、保護観察に付されない執行猶予者等	4,990	衣料給与	食事給与	旅費給与	一時保護事業を営む者へのあっせん	4,280
			573	167	229	1,531	

▶更生保護施設・自立準備ホームへの委託実人員

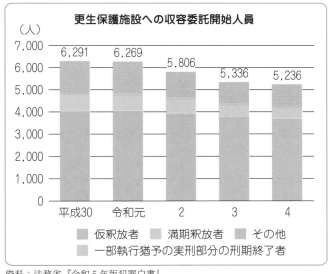

更生保護施設への収容委託開始人員

（人）

- 平成30: 6,291
- 令和元: 6,269
- 2: 5,806
- 3: 5,336
- 4: 5,236

■ 仮釈放者　■ 満期釈放者　■ その他
■ 一部執行猶予の実刑部分の刑期終了者

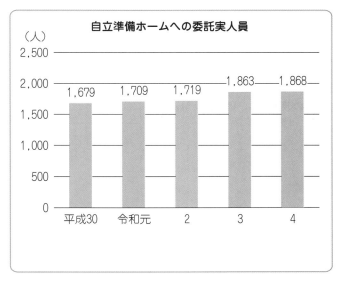

自立準備ホームへの委託実人員

（人）

- 平成30: 1,679
- 令和元: 1,709
- 2: 1,719
- 3: 1,863
- 4: 1,868

資料：法務省『令和5年版犯罪白書』

201

▶更生保護の概要（刑事司法の流れ）

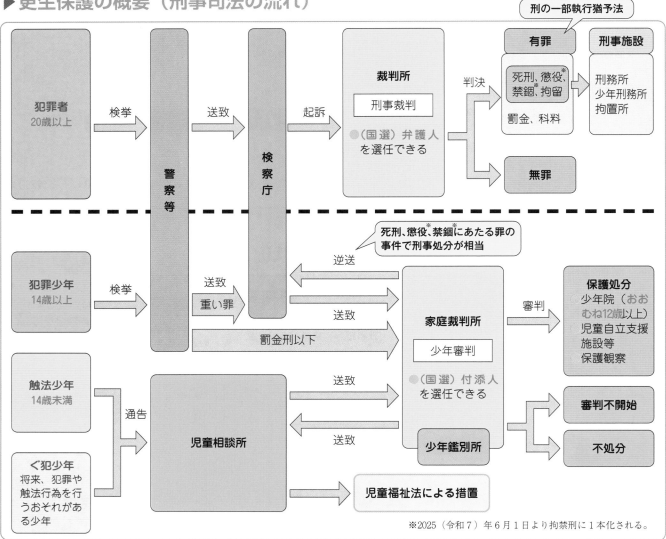

※2025（令和7）年6月1日より拘禁刑に1本化される。

少年の保護事件の審判に付すべき少年	犯罪少年	●14歳以上20歳未満の罪を犯した少年
	触法少年	●14歳未満で刑罰法令に触れる行為を行った少年
	ぐ犯少年	●その性格又は環境に照らして、将来、罪を犯し、又は刑罰法令に触れる行為をするおそれのある少年（2022（令和4）年4月より特定少年は適用しない）
少年法改正		●2022（令和4）年4月より、18歳・19歳も「特定少年」として引き続き少年法が適用されることとなった。ただし、原則逆送対象事件の拡大や逆送決定後は20歳以上の者と原則同様に取り扱われるなど、17歳以下の者とは異なる取扱いがされる ●特定少年のとき犯した事件について起訴された場合には、犯人の実名・写真等の報道の禁止が解除される
	特定少年	●18歳以上の少年

202

▶非行少年の処遇

家庭裁判所送致までの手続	犯罪少年	●警察等は、犯罪少年を検挙した場合、罰金以下の刑に当たる犯罪の被疑事件は家庭裁判所に送致し、それ以外の刑に当たる犯罪の被疑事件は検察官に送致する ●検察官は、犯罪の嫌疑があると認めるとき、又は家庭裁判所の審判に付すべき事由があると認めるときは、事件を家庭裁判所に送致する
	触法少年及びぐ犯少年	●触法少年及び14歳未満のぐ犯少年については、児童福祉法上の措置が優先される ●要保護児童を発見した者は、児童相談所等に通告しなければならない ●警察官は、触法少年のうち一定の重大な罪に係る刑罰法令に触れるものであると思料する場合等には、事件を児童相談所長に送致しなければならない ●児童相談所長は、送致を受けた少年のうち一定の重大な罪に係る刑罰法令に触れる行為を行った触法少年については、原則として、家庭裁判所に送致しなければならない ●14歳以上のぐ犯少年を発見した者は、原則として家庭裁判所に通告しなければならない ●家庭裁判所は、児童相談所長から送致を受けたときに限り、触法少年及び14歳未満のぐ犯少年を審判に付することができる
家庭裁判所における手続	家庭裁判所の調査	●家庭裁判所は、検察官等から事件の送致等を受けたときは、事件について調査しなければならず、家庭裁判所調査官に命じて必要な調査を行わせることができる
	少年鑑別所の鑑別	●家庭裁判所は、審判を行うため必要があるときは、観護措置の決定により、少年を少年鑑別所に送致する ●少年鑑別所は、送致された少年を収容して、医学、心理学、教育学、社会学その他の専門的知識及び技術に基づいて、鑑別（審判鑑別）を行うとともに、必要な観護処遇を行う
	家庭裁判所の審判	●家庭裁判所は、調査の結果に基づき、審判不開始又は審判開始の決定をする ●家庭裁判所は、審判の結果、児童福祉法上の措置を相当と認めるときは、事件を児童相談所長に送致する ●死刑、懲役又は禁錮*に当たる罪の事件について、刑事処分を相当と認めるときは、事件を検察官に送致する ●犯行時16歳以上の少年による故意の犯罪行為により被害者を死亡させた罪の事件については、原則として、事件を検察官に送致しなければならない 　（特定少年は、上記に加え、死刑、無期又は短期1年以上の懲役・禁錮*の罪の事件も原則逆送対象事件に含まれる） ●これらの場合以外は、保護観察、児童自立支援施設・児童養護施設送致（18歳未満の少年に限る）又は少年院送致（おおむね12歳以上の少年に限る）のいずれかの決定を行う
保護処分に係る手続	保護観察	●保護観察に付された少年は、原則として20歳に達するまで（その期間が2年に満たない場合には2年間）又は保護観察が解除されるまで、保護観察官又は保護司から指導監督及び補導援護を受ける
	児童自立支援施設等送致	●児童自立支援施設・児童養護施設送致の決定を受けた少年は、児童福祉法による施設である児童自立支援施設又は児童養護施設に入所措置される
	少年院送致	●少年院は、保護処分もしくは少年院において懲役又は禁錮*の刑の執行を受ける者に対し、矯正教育その他の必要な処遇を行う施設 ●少年院の収容期間は、原則として20歳に達するまでであるが、家庭裁判所は、一定の場合には、少年院の長の申請により、23歳を超えない期間を定めて、収容を継続する決定をする

※2025（令和7）年6月1日より拘禁刑に1本化される。

36 更生保護制度

更生保護制度は、1949（昭和24）年に施行された犯罪者予防更生法によって創設されました。2008（平成20）年に、犯罪者予防更生法と執行猶予者保護観察法が「更生保護法」として整理・統合されました。

更生保護法の目的	●社会を保護し、個人及び公共の福祉を増進するために次の取組みを行う ・犯罪者及び非行少年に対し、社会内において適切な処遇を行うことにより自立し、改善更生することを助ける ・恩赦の適正な運用を図る ・犯罪予防の活動の促進等を行う

▶実施体制

中央更生保護審査会		●法務省に設置 ●特赦、特定の者に対する減刑、刑の執行の免除又は特定の者に対する復権の実施についての申出などを行う
地方更生保護委員会		●法務省の地方支分部局として全国に8か所設置 ●3人以上15人（任期3年）以内の委員で組織される
	所掌事務	●仮釈放を許し、又はその処分を取り消すこと ●仮出場を許すこと ●少年院からの仮退院又は退院を許すこと ●保護観察所の事務を監督すること　など
保護観察所		●各地方裁判所の管轄区域ごとに全国50か所に設置 ●更生保護及び精神保健観察の第一線の実施機関として、保護観察、更生緊急保護、恩赦の上申、犯罪予防活動、精神保健観察などを実施
	保護観察官 （更生保護法）	●法務省採用の国家公務員で、地方更生保護委員会、保護観察所に配置される ●保護観察官は、法務省専門職員（人間科学）採用試験がある ●保護観察、調査、生活環境の調整など、更生保護や犯罪の予防に関する事務に従事する
	保護司 （保護司法）	●法務大臣の委嘱を受ける。非常勤の国家公務員、任期2年（再任可） ●給与は支給されないが、職務に要した費用は実費弁償の形で支給される ●地方更生保護委員会、保護観察所の長の指揮監督を受けて、保護観察の実施、犯罪予防活動等の更生保護に関する活動を行う
		●保護司のデータ（2009（平成21）年　48,936人　→　2023（令和5）年　46,956人） 男　73%／女　27% ◀──── 46,956人、平均年齢65.6歳 ────▶
	更生保護 サポートセンター	●地域における更生保護活動の拠点として、保護司の処遇活動に対する支援や関係機関との連携による地域ネットワークの構築等を行う

▶仮釈放

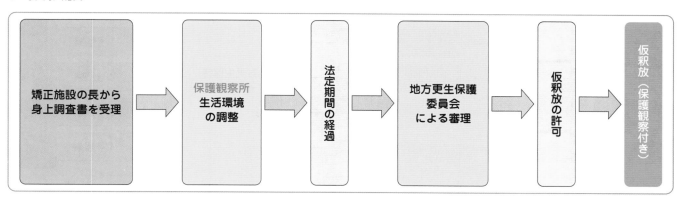

序章

第1章

第2章

第3章

第4章

第5章

社会保障制度を理解する科目 ▼ ⑮更生保護

概　要	●矯正施設に収容されている人を収容期間が満了する前に矯正施設から仮に釈放する措置 ●少年院からは「仮退院」、刑務所からは「仮釈放」という		
身上調査書の受理	●矯正施設の長は、新たに収容したときは地方更生保護委員会、保護観察所の長に身上調査書を通知する		
生活環境の調整	●保護観察所の長は、社会復帰を円滑にするために必要があると認められるときは、釈放後の住居、就業先その他の生活環境の調整を行う		
法定期間	●矯正施設の長は、法定期間が経過したときは、地方更生保護委員会に通告しなければならない		
	有期刑	執行すべき刑期の3分の1を経過する末日など	
	無期刑	10年を経過する末日（少年のときに言渡しを受けた場合は7年）	
地方更生保護委員会の審理	●3人の委員で構成される合議体で仮釈放の適否を審理		
	審理における調査	●審理において必要があると認めるときは、審理対象者との面接、関係人に対する質問その他の方法により、調査を行うことができる	
	委員による面接等	●審理においては、その構成員である委員に、審理対象者と面接させなければならない	
	被害者等の意見等の聴取	●被害者等から、審理対象者の仮釈放、仮釈放中の保護観察等に関する意見及び被害に関する心情を述べたい旨の申出があったときは、意見などを聴取する	
	許可基準	●以下に掲げる改悛の状があるときは、仮釈放することができる ①悔悟の情が認められること ②改善更生の意欲が認められること ③再犯のおそれがないと認められること ④社会の感情が釈放を是認すると認められること　など	
身上調査書の受理	●仮釈放を許す処分及び仮出場を許す処分は、地方更生保護委員会の決定をもって行われる ●仮釈放を許された者は、仮釈放の期間中、保護観察に付される		

▶保護観察

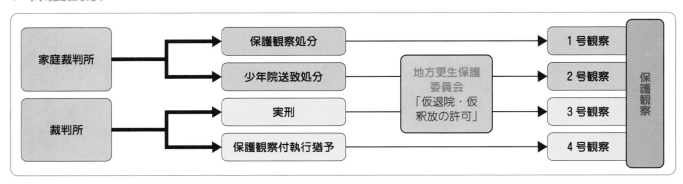

保護観察の種類と期間	●保護観察は、刑事施設や少年院で行う施設内処遇と異なり、保護観察官や保護司の指導・監督を受けながら、社会内で更生の処遇が実施される		
	1号観察	家庭裁判所で保護観察処分に付された少年	20歳に達するまで（その期間が2年に満たない場合は2年）
	2号観察	少年院からの仮退院を許された少年	仮退院期間
	3号観察	刑事施設から仮釈放を許された人	残刑期間
	4号観察	刑の執行を猶予され保護観察に付された人	執行猶予の期間
保護観察の方法	●保護観察は、保護観察対象者の改善更生を図ることを目的として保護観察官及び保護司が協働して、指導監督及び補導援護を行う		
	指導監督	●面接などにより保護観察対象者と接触を保ち、その行状を把握する ●遵守事項を遵守し、生活行動指針に即して生活、行動するよう必要な指示その他の措置をとる ●特定の犯罪的傾向を改善するための専門的処遇を実施	
	補導援護	●適切な住居を得たり、同所に帰住するように助ける ●医療・療養、職業補導、就職、教養訓練を得ることを助ける ●生活環境の改善・調整、生活指導等を行う など	
遵守事項	●保護観察対象者は、遵守事項が定められ、違反した場合は矯正施設への収容などの不良措置がとられることがある		
	一般遵守事項	●健全な生活態度を保持すること、保護観察官・保護司による指導監督を誠実に受けること など ●保護観察所の長に届出をした住所に居住すること、転居又は7日以上の旅行をするときは、あらかじめ保護観察所の長の許可を受けること など	
	特別遵守事項	●保護観察対象者の改善更生に特に必要と認められる範囲内で、1号・4号観察の場合は保護観察所の長が、2号・3号観察の場合は地方更生保護委員会が定める	

▶保護観察者に対する処遇

保護観察対象者に対する処遇は、段階別処遇と類型別処遇等の問題性に応じた処遇を軸として行われます。

段階別処遇	●保護観察対象者を、改善更生の進度や再犯の可能性の程度等に応じ、4区分された段階に編入し、各段階に応じて処遇を実施する制度	
	S	特別の態勢及び内容による処遇を行う段階
	A	処遇が著しく困難であると認められた者に対する処遇を行う段階
	B	処遇が困難であると認められた者に対する処遇を行う段階
	C	処遇が困難ではないと認められた者に対する処遇を行う段階
類型別処遇	●保護観察対象者の問題性を類型化して把握し、類型ごとに共通する問題性等に焦点を当てた効率的な処遇を実施する制度	
特定暴力対象者等に対する処遇	●仮釈放者又は保護観察付執行猶予者のうち、暴力的犯罪を繰り返していた者で、シンナー等乱用、覚せい剤事犯、問題飲酒、暴力団関係、精神障害等、家庭内暴力等、処遇上特に注意を要する者に対する処遇	
専門的処遇プログラム	●ある種の犯罪的傾向を有する保護観察対象者に対し、専門的処遇プログラムとして、認知行動療法を理論的基盤として開発され、体系化された手順による処遇が行われている ●仮釈放者及び保護観察付執行猶予者のうち性犯罪、覚せい剤、暴力的犯罪等を繰り返す者に対し、処遇を受けることを特別遵守事項として義務づけて実施	
	1	性犯罪者処遇プログラム
	2	薬物再乱用防止プログラム
	3	暴力防止プログラム
	4	飲酒運転防止プログラム
保護観察対象者に対する措置	●保護観察対象者に対する措置として、良好措置や不良措置がある	
	良好措置	●保護観察対象者が健全な生活態度を保持し、善良な社会の一員として自立し、改善更生することができると認められる場合に執られる措置 ●保護観察付執行猶予者に対して、保護観察を仮に解除する仮解除などがある
	不良措置	●保護観察対象者に遵守事項違反又は再犯等があった場合に執られる措置 ●仮釈放者に対する仮釈放の取消し及び保護観察付執行猶予者に対する刑の執行猶予の言渡しの取消しがある

▶更生緊急保護

対象者		●次の者が、刑事上の手続又は保護処分による身体の拘束を解かれた後、親族や公的機関などからの援助を受けることができない場合
	1	懲役、禁錮*又は拘留の刑の執行を終わった者（又は免除を得た者）
	2	懲役又は禁錮*につき刑の全部の執行猶予の言渡しを受け、その裁判が確定するまでの者（又は保護観察に付されなかった者）
	3	懲役又は禁錮*につき刑の一部の執行猶予の言渡しを受け、その猶予の期間中保護観察に付されなかった者で、その刑のうち執行が猶予されなかった部分の期間の執行を終わったもの
	4	罰金又は科料の言渡しを受けた者
	5	少年院から退院し、又は仮退院を許された者（保護観察に付されなかった者）など
更生緊急保護の開始		●更生緊急保護は、対象となる者の申出があった場合で、保護観察所の長がその必要があると認めたときに限り行う
内　容		●金品の給与又は貸与、宿泊場所の供与・帰住を支援、医療・療養の支援、就職又は教養訓練の支援、社会生活に適応させるために必要な生活指導などを行う
期　間		●身体の拘束を解かれた後、原則として6か月以内（さらに6か月を超えない範囲内で延長できる）
費用負担		●更生保護委託費は、国が負担する

※2025（令和7）年6月1日より拘禁刑に1本化される。

▶刑務所出所者等を支援する施設

更生保護施設		●主に保護観察所から委託を受けて、住居がなかったり、頼るべき人がいないなどの理由で直ちに自立することが難しい保護観察又は更生緊急保護の対象者を宿泊させ、食事を給与するほか、就職援助、生活指導等を行う施設
		●法務大臣の認可を受けて運営 ●全国に102施設のうち、更生保護法人により99施設が運営されている（令和5年4月現在）
	自立準備ホーム	●更生保護施設だけでは定員に限界があることなどから、社会の中にさらに多様な受皿を確保する方策として、平成23年度から「緊急的住居確保・自立支援対策」を実施 ●あらかじめ保護観察所に登録されたNPO法人、社会福祉法人などがそれぞれの特徴を生かして自立を促す ●登録事業者数　506（令和5年4月現在）
自立更生促進センター		●仮釈放者等を対象として、入所者個々の問題性に応じ、専門的処遇プログラムや生活指導、対人関係指導等を集中的に実施（現在、福島市と北九州市に2か所設置）
	就業支援センター	●主として農業等の職業訓練を実施し、就農による自立を支援するとともに、保護観察官による生活指導や社会技能訓練等を実施（現在、北海道沼田町と茨城県ひたちなか市に2か所設置）

▶民間協力者及び団体

BBS会	●非行のある少年や悩みをもつ子供たちに、兄や姉のような立場で接しながら、その立ち直りや成長を支援する活動等（BBS運動（Big Brothers and Sisters Movement））を行う青年のボランティア団体 ●BBS会の地区会数は446、会員数は4404人（令和5年1月現在）
更生保護女性会	●地域の犯罪予防や青少年の健全育成、犯罪者・非行少年の改善更生に協力する女性のボランティア団体 ●更生保護女性会の地区会数は1276、会員数は約13万人（令和5年4月現在）
協力雇用主	●犯罪・非行の前歴等のために定職に就くことが容易でない保護観察又は更生緊急保護の対象者を、その事情を理解したうえで雇用し、改善更生に協力する民間の事業主 ●協力雇用主は2万5202社（令和4年10月現在）

協力雇用主の業種	建設業　56%	サービス業 16%	製造業 9%	その他

▶更生保護における犯罪被害者施策

意見等聴取制度	●地方更生保護委員会が行う加害者の仮釈放・仮退院の審理において、意見等を述べることができる ●申し出や意見等を述べることができるのは、仮釈放等の審理期間中に限られる	
	被害者等の範囲	●被害者本人、被害者の法定代理人、被害者が死亡した場合又はその心身に重大な故障がある場合におけるその配偶者、直系の親族又は兄弟姉妹
心情等伝達制度	●保護観察中の加害者に対し、保護観察所を通じて、被害に関する心情などを伝えることができる ●申し出や心情を述べることができるのは、加害者の保護観察中に限られる	
	被害者等の範囲	●意見等聴取制度と同じ
被害者等通知制度	●加害者の仮釈放・仮退院審理や保護観察の状況等に関する情報を、被害者等に通知する制度 ●被害者等の申し出に基づき実施され、通常文書の郵送により行われる	
相談・支援	●主に保護観察所が、被害者や遺族等のための制度や手続き等に関する情報を提供、関係機関・団体等の紹介等を行う	

▶地域生活定着促進事業

地域生活定着促進事業は、高齢又は障害を有するため、福祉的な支援を必要とする矯正施設退所予定者及び退所者等の社会復帰と地域への定着をより促進する事業です。

実施主体	●都道府県 ●地域生活定着支援センターを原則として都道府県に1か所設置		
対象者	●次に掲げる者で高齢であり、又は障害を有するため、福祉的な支援を必要とする者		
	1	矯正施設退所予定者及び退所者	
	2	身体を拘束された被疑者又は被告人及び起訴猶予の処分を受けた者、罰金若しくは科料の言い渡しを受けた者又は刑の全部の執行猶予の言い渡しを受けた者	
	3	その他、センターが必要と認める者	
地域生活定着支援センター	●センターの職員は、6人の配置を基本として、社会福祉士、精神保健福祉士等を1名以上配置		
事業内容	●センターは、刑事司法関係機関、福祉関係機関と連携・協働して次の業務を実施する		
	1	矯正施設退所予定者の帰住地調整支援を行うコーディネート業務	
	2	矯正施設退所者を受け入れた施設等への助言等を行うフォローアップ業務	
	3	被疑者、被告人の福祉サービス等の利用調整や釈放後の継続的な援助等を行う被疑者等支援業務	
	4	犯罪を犯した者、非行少年等への福祉サービス等についての相談支援業務	

▶矯正施設を退所し受入れ先に帰住した者の内訳

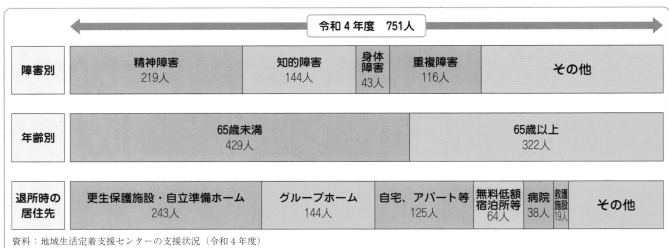

資料：地域生活定着支援センターの支援状況（令和4年度）

37 医療観察制度

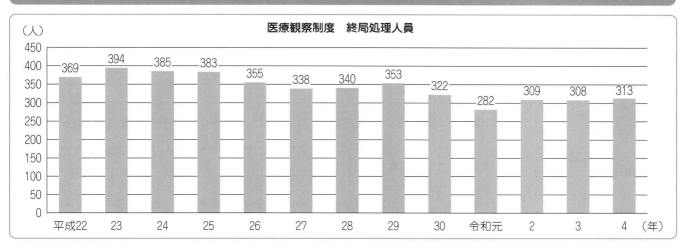

医療観察制度　終局処理人員

▶地方裁判所の審判の終局処理人員

（令和4年現在）

		総数	入院決定	通院決定	医療を行わない旨の決定	却下
	審判の数	313	248	24	37	4
1	殺　人	84	66	7	9	2
2	傷　害	106	88	4	13	1
3	放　火	100	76	12	11	1
4	強　盗	9	8	―	1	―
5	強制性交等・強制わいせつ	14	10	1	3	―

資料：法務省『令和5年版犯罪白書』

▶医療観察制度における処遇

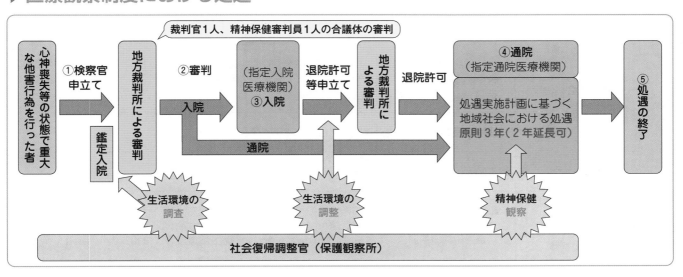

▶医療観察制度

目　的		●心神喪失等の状態で重大な他害行為を行った者に対し、継続的かつ適切な医療、観察及び指導を行うことによって、その病状の改善及びこれに伴う同様の行為の再発の防止を図り、もってその社会復帰を促進することを目的とする
心神喪失者等医療観察制度の対象		●不起訴処分において、対象行為を行ったこと及び心神喪失又は心神耗弱であることが認められた者 ●対象行為について、心神喪失を理由に無罪の確定裁判を受けた者、又は、心神耗弱を理由に刑を減軽する旨の確定裁判を受けた者
	対象行為	①殺人、②傷害、③放火、④強盗、⑤不同意性交等、⑥不同意わいせつ
医療観察制度における処遇	**①検察官申立てと鑑定入院**	●対象行為を行い心神喪失や心神耗弱であることが認められ、不起訴処分や無罪の裁判などが確定した場合は、原則として検察官は、裁判所に対し、処遇の要否・内容の決定を求める申立てを行う ●検察官からの申立てがなされると、鑑定を行う医療機関での入院等が行われる ●審判に当たり、地方裁判所は、保護観察所の長に対し、対象者の生活環境の調査を求めることができる
	鑑定入院期間	原則2か月以内（1か月延長可）
	②地方裁判所による審判	●1人の裁判官と1人の精神保健審判員の合議体による審判で、処遇の要否と内容（入院、通院）を決定 ●精神保健参与員は、審判において精神保健福祉の観点から必要な意見を述べる
	③指定入院医療機関による医療	●保護観察所は、対象者の円滑な社会復帰を図るため、入院当初から、退院に向けた生活環境の調整を行う ●指定入院医療機関の管理者は、6か月ごとに入院継続の確認の申立てをしなければならず、入院処遇の必要がなくなった場合は、退院の許可の申立てを行う ●対象者又はその保護者若しくは弁護士である付添人は、いつでも、退院の許可又は医療の終了の申立てをすることができる
	入院期間	期間の定めはないが、ガイドラインで概ね18か月を目標としている
	④地域社会における処遇	●地方裁判所の通院決定又は退院許可決定を受けた者は、原則として3年間、指定通院医療機関による、入院によらない医療を受けるとともに、その期間中、保護観察所による精神保健観察に付される
	通院処遇期間	原則3年間（さらに2年まで延長可）
	⑤処遇の終了	●本制度の処遇を終了し、一般の精神医療・精神保健を継続
指定医療機関		●指定入院医療機関は、厚生労働大臣の指定を受けた国、都道府県、特定独立行政法人等である精神医療を専門に実施している医療機関（令和5年4月現在35か所856床） ●指定通院医療機関は、厚生労働大臣の指定を受けた病院、診療所等（令和5年4月現在4069か所）

序章

第1章

第2章

第3章

第4章

第5章

社会保障制度を理解する科目▼⑮更生保護

精神保健審判員	任命	●精神保健審判員の職務を行うのに必要な学識経験を有する精神保健判定医から任命する ●厚生労働大臣は、精神保健判定医の名簿を最高裁判所に送付する ●処遇事件ごとに、名簿から地方裁判所が任命する（特別職の国家公務員）
	職務	●心神喪失者等医療観察法による医療を受けさせる必要性の判断及び入院、通院、退院、医療の終了等について意見を述べる
精神保健参与員	指定	●精神障害者の保健及び福祉に関する専門的知識を有する精神保健福祉士等から任命する ●厚生労働大臣は、精神保健福祉士等の名簿を地方裁判所に送付する ●処遇事件ごとに、名簿から地方裁判所が指定する（特別職の国家公務員）
	職務	●審判において裁判官と精神保健審判員が行う処遇決定に対し、精神保健福祉の観点から必要な意見を述べる
社会復帰調整官	資格	●保護観察所に配置される ●精神障害者の保健及び福祉に関する専門的知識を有する精神保健福祉士等でなければならない
	職務	●生活環境の調査、生活環境の調整、精神保健観察の実施、関係機関相互間の連携の確保に関することなどを行う

保護観察所		●保護観察所は、生活環境の調査、生活環境の調整、精神保健観察の実施、関係機関相互間の連携の確保に関することなどを行う
生活環境の調査		●社会復帰調整官は、鑑定医による鑑定が行われる場合、本人との面接、家族等関係者との面接などで、住居、生計、家族の状況など生活環境について調査を行う ●保護観察所の長は、意見を付して調査結果を裁判所に報告する
生活環境の調整		●社会復帰調整官は、入院医療を受けている人について、円滑に社会復帰ができるように、関係機関と連携協力しながら退院後に必要な医療や援助の実施体制の整備を進める ●保護観察所の長は、意見書を作成し、指定入院医療機関に提出する
処遇の実施計画		●保護観察所の長は、関係機関と協議の上、処遇の実施計画を定めなければならない ●実施計画には、指定通院医療機関による医療、社会復帰調整官が実施する精神保健観察などの援助の内容及び方法を記載する
精神保健観察		●通院医療の期間は、精神保健観察に付される ●精神保健観察に付されている者と適当な接触を保ち、必要な医療を受けているか否かなど、生活の状況を見守る
	守るべき事項	●一定の住居に居住すること ●住居を移転し、又は長期の旅行をするときは、あらかじめ、保護観察所の長に届け出ること ●保護観察所の長から出頭又は面接を求められたときは、これに応ずること

『穴埋めチェック2025』
P.147〜P.154参照

重要度 A ★★★

▶行政組織に関するキーワード

行政主体	●行政を行う権利と義務をもち、自己の名と責任で行政を行うもの（国や地方公共団体など）		
行政庁	●「行政主体」の法律上の意思決定を行い、それを外部に表示する権限を有する（大臣や知事など）		
補助機関	●「行政庁」の意思決定を補助する機関（児童福祉司、社会福祉主事など）		
行政事務の種類	法定受託事務	第1号	●国が本来果たすべき役割にかかる事務
		第2号	●都道府県が本来果たすべき役割にかかる事務
	自治事務	●地方公共団体が処理する事務のうち、法定受託事務以外のもの	
指定管理者	●公の施設の管理を、株式会社をはじめとした民間法人にもさせることができるという制度 ●指定には、普通地方公共団体の議会の議決を経なければならない		

▶行政組織

国			●法令の制定など制度の基本的な枠組みの設定などを行う	
行政主体　地方公共団体	普通地方公共団体	都道府県	●広域的な事務、高度な技術や専門性を必要とする事務、市町村に対する連絡調整等を行う	
		市町村	●基礎的な地方公共団体。住民に身近な事務を行う	1718
		市	●人口5万人以上を有すること等が要件	市　792
			政令指定都市：●人口50万人以上等が要件　●都道府県が実施する事務の多くが委譲される	(20)
			中核市：●人口20万人以上等が要件　●政令指定都市が処理することができる事務の一部が委譲される（身体障害者手帳の交付、母子父子寡婦福祉資金の貸付など）	(62)
		町村	●「町」の要件は、都道府県がそれぞれ条例で定める要件を満たすこと	町　743 村　183
	特別地方公共団体	特別区	●東京23区（市に準ずる基礎的な地方公共団体）	
		地方公共団体の組合　広域連合	●広域にわたり処理することが適当な事務に関し設けることができる ●後期高齢者医療広域連合。介護保険の保険者にもなることができる	
		一部事務組合	●一部の事務を共同処理するために設けることができる	

※市町村数は、2024（令和6）年4月現在

「どこに」「どのような相談機関があって」「誰が配置されているのか」といった全体像をつかみましょう。

▶社会福祉の実施体制

序章

第1章

第2章

第3章

第4章

第5章

社会保障制度を理解する科目 ▼ ⑯ 実施機関と専門職

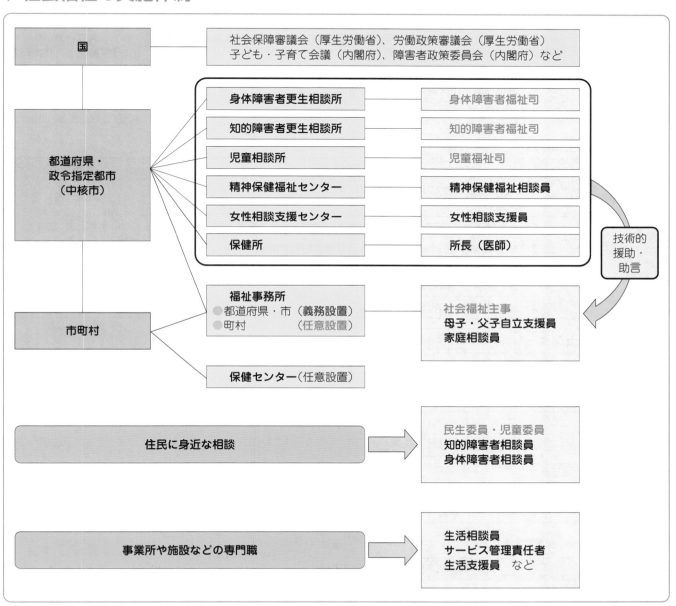

国	社会保障審議会（厚生労働省）、労働政策審議会（厚生労働省） 子ども・子育て会議（内閣府）、障害者政策委員会（内閣府）など	

都道府県・ 政令指定都市 （中核市）	身体障害者更生相談所 ── 身体障害者福祉司	
	知的障害者更生相談所 ── 知的障害者福祉司	
	児童相談所 ── 児童福祉司	
	精神保健福祉センター ── **精神保健福祉相談員**	
	女性相談支援センター ── **女性相談支援員**	
	保健所 ── **所長（医師）**	

技術的援助・助言

市町村	**福祉事務所** ●都道府県・市（**義務設置**） ●町村　　　（任意設置）	社会福祉主事 **母子・父子自立支援員** **家庭相談員**
	保健センター（任意設置）	

住民に身近な相談	⇒	民生委員・児童委員 知的障害者相談員 身体障害者相談員

事業所や施設などの専門職	⇒	生活相談員 サービス管理責任者 生活支援員　など

▶専門機関

●身体障害者更生相談所 ← 身体障害者福祉法

			業務内容	配置職員
身体障害者更生相談所			●都道府県は、身体障害者更生相談所を設けなければならない（指定都市は任意設置）	●身体障害者福祉司 ●医師 ●心理判定員 ●職能判定員 ●ケースワーカー ●理学療法士、作業療法士、義肢装具士、言語聴覚士 ●保健師、看護師 など
	業務内容	1	身体障害者に関する専門的な知識及び技術を必要とする相談及び指導業務	
		2	身体障害者の医学的、心理学的及び職能的判定並びに補装具の処方及び適合判定業務	
		3	市町村に対する専門的な技術的援助及び助言、情報提供、市町村相互間の連絡調整、市町村職員に対する研修	
		4	地域におけるリハビリテーションの推進	

●知的障害者更生相談所 ← 知的障害者福祉法

			業務内容	配置職員
知的障害者更生相談所			●都道府県は、知的障害者更生相談所を設けなければならない（指定都市は任意設置）	●知的障害者福祉司 ●医師 ●心理判定員 ●職能判定員 ●ケースワーカー ●保健師又は看護師、理学療法士、作業療法士 など
	業務内容	1	知的障害者に関する専門的な知識及び技術を必要とする相談及び指導業務	
		2	知的障害者の医学的、心理学的及び職能的判定業務	
		3	市町村に対する専門的な技術的援助及び助言、情報提供、市町村相互間の連絡調整、市町村職員に対する研修	
		4	地域生活支援の推進に関する業務	

●精神保健福祉センター ← 精神保健福祉法

			業務内容	配置職員
精神保健福祉センター			●都道府県、指定都市は、精神保健の向上及び精神障害者の福祉の増進を図るための機関を置くものとする（義務設置）	●医師 ●精神保健福祉士 ●臨床心理技術者 ●保健師 ●看護師 ●作業療法士 ●精神保健福祉相談員 など
	業務内容	1	精神医療審査会の審査に関する事務	
		2	自立支援医療（精神通院医療）の判定	
		3	精神障害者保健福祉手帳の判定	
		4	精神障害者福祉に関する相談及び指導のうち、複雑又は困難なもの	
		5	調査研究、普及啓発、技術指導、企画立案、人材育成など	

●児童相談所 ← 児童福祉法

			業務内容	配置職員
児童相談所			●都道府県、指定都市、児童相談所設置市に義務設置 ●中核市、特別区は任意設置	●医師 ●児童福祉司 ●児童心理司 ●心理療法担当職員 ●保健師 ●理学療法士 など
	業務内容	1	専門的な知識及び技術を必要とする相談	
		2	児童及びその家庭につき、必要な調査並びに医学的、心理学的、教育学的、社会学的及び精神保健上の判定	
		3	特別児童扶養手当及び療育手帳の判定	
		4	児童の一時保護を行う（2か月を超えて引き続き一時保護を行おうとするときに家庭裁判所の承認が必要）	

● 女性相談支援センター　困難女性支援法

		業務内容	配置職員
女性相談支援センター 2024（令和6）年4月〜		●都道府県は、女性相談支援センターを設置しなければならない ●女性相談支援センターには、一時保護を行う施設を設けなければならない	女性相談支援員など
	1	困難な問題を抱える女性の立場に立って相談に応ずること	
業務内容	2	困難な問題を抱える女性の緊急時における安全の確保及び一時保護を行うこと	
	3	困難な問題を抱える女性の心身の健康の回復を図るため、医学的又は心理学的な援助その他の必要な援助を行うこと	
	4	困難な問題を抱える女性が自立して生活することを促進するため、就労の支援、住宅の確保、援護、児童の保育等に関する制度の利用等について、情報の提供、助言、関係機関との連絡調整その他の援助を行うこと	

● 保健所　地域保健法

		業務内容	配置職員
保健所		●保健所は、都道府県、指定都市、中核市その他の政令で定める市又は特別区が設置	●所長（医師） ●医師・歯科医師 ●薬剤師 ●獣医師 ●保健師・助産師・看護師 など
業務内容	1	難病等により長期に療養を必要とする者の保健に関する事項	
	2	精神保健に関する事項	
	3	感染症その他の疾病の予防に関する事項	
	4	栄養の改善及び食品衛生に関する事項　など	
市町村保健センター		●市町村は、市町村保健センターを設置することができる ●市町村保健センターは、住民に対し、健康相談、保健指導及び健康診査その他地域保健に関し必要な事業を行う	

● 公共職業安定所　職業安定法

		業務内容	配置職員
公共職業安定所 **（ハローワーク）**		●公共職業安定所は、職業紹介、職業指導、雇用保険その他この法律の目的を達成するために必要な業務を行い、無料で公共に奉仕する機関	●就職支援ナビゲーター ●精神・発達障害者雇用トータルサポーター など
業務内容	1	障害者雇用に対する技術的助言・指導	
	2	職業相談、職業紹介、職場定着・継続雇用の支援	
	3	公共職業訓練の受講あっせん	
	4	失業認定、助成金・給付金の支給　など	

● 労働基準監督署　労働基準法等

		業務内容	配置職員
労働基準監督署		●労働基準監督署とは、労働基準法などの法律に基づいて労働条件や安全衛生の指導、労災保険の給付などをする機関 ●労働基準監督官は、労働基準監督官試験に合格した者から採用され、特別司法警察職員の身分が与えられる	●労働基準監督官 ●厚生労働事務官 ●厚生労働技官
業務内容	1	労働基準法を遵守しているか確認・指導	
	2	労働安全衛生法を遵守しているか確認・指導	
	3	労働者災害補償保険法に基づき調査・保険給付	
	4	労働に関する相談など	

●福祉事務所 ← 社会福祉法

設置	●都道府県及び市は、条例で、福祉事務所を設置しなければならない ●町村は、条例で、福祉事務所を設置することができる 　（2024（令和6）年4月現在、都道府県（203か所）、市（994か所）、町村（47か所）の福祉事務所が設置されている）
福祉事務所を 設置しない町村長	●急迫時の応急的な保護や、要保護者を発見した場合の実施機関への通報、保護の申請書を受け取った場合に実施機関へ送付などを行う
所管事務	●1993年4月に老人及び身体障害者福祉分野で、2003年4月に知的障害者福祉分野で、それぞれ施設入所措置事務等が都道府県から町村へ移譲され、都道府県福祉事務所では、従来の福祉六法から次の三法を所管することとなった
都道府県福祉事務所	●福祉事務所を設置していない町村を管轄する ●福祉三法（生活保護法、児童福祉法、母子及び父子並びに寡婦福祉法）に定める事務を司る
市町村福祉事務所	●福祉六法（生活保護法、児童福祉法、母子及び父子並びに寡婦福祉法、老人福祉法、身体障害者福祉法、知的障害者福祉法）に定める事務を司る
主な配置職員	●福祉事務所には、社会福祉法第15条に基づいて、次の所員を置かなければならない ●指導監督を行う所員と現業を行う所員は、社会福祉主事でなければならない
所長	●都道府県知事又は市町村長の指揮監督を受けて、所務を掌理する
指導監督を行う所員 （査察指導員）	●所長の指揮監督を受けて、現業事務の指導監督を行う
現業を行う所員	●所長の指揮監督を受けて、援護を要する者等に面接し、本人の資産、環境等を調査し、保護の必要の有無及びその種類を判断し、本人に対し生活指導を行う等の事務を行う

現業を行う所員 → 所員の定員
- ●都道府県　被保護世帯390以下の場合　6人（65を増すごとに1人）
- ●市　被保護世帯240以下の場合　3人（80を増すごとに1人）
- ●町村　被保護世帯160以下の場合　2人（80を増すごとに1人）

事務員	●所長の指揮監督を受けて、所の庶務を行う

●家庭裁判所 ← 裁判所法

		業務内容	配置職員
家庭裁判所		●家事事件の審判と調停および少年事件の調査・審判を行う裁判所で、地方裁判所と同格の司法機関 ●家庭裁判所調査官が置かれ、家事審判、家事調停及び少年審判に必要な調査や環境調整などの事務を行っている	●裁判官 ●家庭裁判所調査官 ●書記官 ●家事調停委員 など
	業務内容 1	家事事件手続法で定める家庭に関する事件の審判及び調停（成年後見、親子、相続など）	
	2	人事訴訟法で定める人事訴訟の第一審の裁判（離婚の訴え、認知の訴えなど）	
	3	少年法で定める少年の保護事件の審判	

●保護観察所 ← 法務省設置法及び更生保護法

		業務内容	配置職員
保護観察所		●各地方裁判所の管轄区域ごとに全国50か所に設置 ●更生保護及び精神保健観察の第一線の実施機関として、保護観察、更生緊急保護、恩赦の上申、犯罪予防活動、精神保健観察などを実施	●保護観察官 ●社会復帰調整官
	業務内容 1	保護観察、更生緊急保護	
	2	精神保健観察	
	3	恩赦の上申	
	4	犯罪予防活動など	

●基幹相談支援センター　← 障害者総合支援法

		業務内容	配置職員
基幹相談支援センター		●市町村は、基幹相談支援センターを設置するように努めなければならない ●基幹相談支援センターは、地域における相談支援の中核的な役割を担う機関として、次の事業などを行う	●精神保健福祉士 ●社会福祉士 ●保健師 ●主任相談支援専門員 ●相談支援専門員 など地域の実情に応じて配置
	業務内容	1　総合的・専門的な相談支援の実施	
		2　地域の相談支援体制の強化の取組	
		3　地域移行・地域定着の促進の取組	
		4　権利擁護・虐待の防止	
自立支援協議会		●地方公共団体は、障害者等への支援の体制の整備を図るため、関係機関等により構成される協議会を置くように努めなければならない ●協議会は、関係機関等が相互の連絡を図ることにより、地域における障害者等への支援体制に関する課題について情報を共有し、関係機関等の連携の緊密化を図り、地域の実情に応じた体制の整備について協議を行う	

●地域包括支援センター　← 介護保険法

		業務内容	配置職員
地域包括支援センター		●市町村は、地域包括支援センターを設置することができる ●地域包括支援センターは、「介護予防ケアマネジメント」及び「包括的支援事業」その他厚生労働省令で定める事業を実施する	●保健師 ●主任介護支援専門員 ●社会福祉士
	業務内容	1　介護予防ケアマネジメント	
		2　包括的継続的ケアマネジメント支援	
		3　総合相談・支援	
		4　権利擁護	
地域ケア会議		●市町村は、包括的・継続的ケアマネジメント支援事業の効果的な実施のために、地域ケア会議を置くように努めなければならない ●地域ケア会議は、要介護被保険者等への適切な支援を図るために必要な検討を行うとともに、地域において自立した日常生活を営むために必要な支援体制に関する検討を行う	

●こども家庭センター　← 児童福祉法

		業務内容	配置職員
こども家庭センター		●市町村は、こども家庭センターの設置に努めなければならない ●児童及び妊産婦の福祉に関する包括的な支援を行う	●統括支援員 ●保健師 ●こども家庭支援員 など
	業務内容	1　児童及び妊産婦の福祉や母子保健の相談等	
		2　実情の把握・情報提供、必要な調査・指導等	
		3　支援を要する子ども・妊産婦等へのサポートプランの作成、連絡調整	
		4　保健指導、健康診査等	
要保護児童対策 地域協議会		●こども家庭センターは、要保護児童対策協議会の調整機関として、個別ケースの情報整理と関係機関などへの連絡調整、また、合同ケース会議を開催し、児童福祉・母子保健の双方の機能で連携した支援方針の決定と役割分担の調整など地域における支援体制の調整を行う	

▶公的機関等に配置される専門職

福祉従事者	設置場所	資格要件・業務内容など
身体障害者福祉司	身体障害者更生相談所・福祉事務所（任意）	●社会福祉士、社会福祉主事（2年以上経験）など ●身体障害者更生相談所の長の命を受けて、身体障害者に関する専門的な知識及び技術を必要とする相談及び指導を行う
知的障害者福祉司	知的障害者更生相談所・福祉事務所（任意）	●社会福祉士、社会福祉主事（2年以上経験）など ●知的障害者更生相談所の長の命を受けて、知的障害者に関する専門的な知識及び技術を必要とする相談及び指導を行う
児童福祉司	児童相談所	●社会福祉士、社会福祉主事（2年以上経験）など ●児童相談所長の命を受けて、児童の保護その他児童の福祉に関する事項について、相談に応じ、専門的技術に基づいて必要な指導を行う
児童心理司	児童相談所	●精神保健に関して学識経験のある医師、大学において心理学を専修する学科等の課程を修めて卒業した者等 ●心理に関する専門的な知識等を必要とする指導を行う
精神保健福祉相談員	精神保健福祉センター・市町村・保健所など	●都道府県及び市町村は、精神保健福祉センター及び保健所等に配置できる（任意） ●精神保健福祉士その他政令で定める資格を有する者のうちから、都道府県知事又は市町村長が任命する
女性相談支援員	女性相談支援センター・福祉事務所など	●都道府県知事が委嘱（市長も可） ●要保護女子につき、その発見に努め、相談、指導等を行う
社会福祉主事	福祉事務所	●都道府県、市、福祉事務所設置町村に配置（補助機関） ●都道府県知事又は市町村長のもとで措置に関する事務を行う
母子・父子自立支援員	福祉事務所	●都道府県知事、市長、福祉事務所設置町村長が委嘱 ●母子・父子及び寡婦に対し、各種相談、職業支援等を行う
家庭相談員	福祉事務所（家庭児童相談室）	●社会福祉主事（2年以上経験）など ●家庭児童福祉に関する専門的な相談、助言指導などを行う
家庭裁判所調査官	家庭裁判所、高等裁判所	●家庭内の紛争や非行の原因などの調査や、児童福祉施設入所等の適否を判断するための調査等を行う
知的障害者相談員	（民間奉仕者）	●市町村から委託される ●知的障害者又はその保護者の相談、更生のために必要な援助を行う
身体障害者相談員	（民間奉仕者）	●市町村から委託される ●身体に障害のある者の相談、更生のために必要な援助を行う
介護サービス相談員	（民間奉仕者）	●市町村から委嘱される ●介護サービス施設・事業所に出向いて、利用者の疑問や不満、不安を受け付け、問題の改善や介護サービスの質の向上につなげる

▶民生委員・児童委員

		●民生委員は、社会奉仕の精神をもって、常に住民の立場に立って相談に応じ、及び必要な援助を行い、もって社会福祉の増進に努めるものとする
民生委員 **民生委員法**	定　数	●厚生労働大臣が定める基準を参酌して、市町村ごとに都道府県の条例で定める
	委　嘱	●民生委員は、都道府県知事の推薦によって、厚生労働大臣がこれを委嘱する
	推　薦	●都道府県知事の推薦は、市町村に設置された民生委員推薦会が推薦した者について、地方社会福祉審議会の意見を聴いてこれを行う
	給　与	●民生委員には、給与を支給しないものとする
	任　期	●民生委員の任期は、3年とする。ただし、補欠の民生委員の任期は、前任者の残任期間とする
	担当区域	●民生委員は、その市町村の区域内において、担当の区域又は事項を定めて、その職務を行うものとする
	職　務	●住民の生活状態を必要に応じ適切に把握しておくこと ●援助を必要とする者がその有する能力に応じ自立した日常生活を営むことができるように生活に関する相談に応じ、助言その他の援助を行うこと　など
	守秘義務	●民生委員は、非常勤特別職の地方公務員とみなされ、守秘義務が課せられる
	指揮監督	●民生委員は、その職務に関して、都道府県知事の指揮監督を受ける
民生委員協議会		●民生委員は、都道府県知事が市町村長の意見をきいて定める区域ごとに、民生委員協議会を組織しなければならない ●民生委員協議会は、民生委員の職務に関して必要と認める意見を関係各庁に具申することができる
児童委員 **児童福祉法**		●民生委員法による民生委員は、児童委員に充てられたものとする
	職　務	●児童及び妊産婦につき、その生活及び取り巻く環境の状況を適切に把握しておくこと ●児童及び妊産婦につき、その保護、保健その他福祉に関し、サービスを適切に利用するために必要な情報の提供その他の援助及び指導を行うこと　など
主任児童委員		●厚生労働大臣は、児童委員のうちから、主任児童委員を指名する
		●主任児童委員は、児童委員の職務について、児童の福祉に関する機関と児童委員との連絡調整を行うとともに、児童委員の活動に対する援助及び協力を行う

▶医療系の専門職

●医師 ◁ 医師法

医師法に規定された医師の業務	●医師は、医療及び保健指導を掌ることによって公衆衛生の向上及び増進に寄与し、もって国民の健康な生活を確保するものとする	
	業務独占	●医師でなければ、医業をなしてはならない
	名称独占	●医師でなければ、医師又はこれに紛らわしい名称を用いてはならない
	拒否の禁止	●診療に従事する医師は、診察治療の求めがあった場合には、正当な事由がなければ、これを拒んではならない
	警察署に届け出	●医師は、死体又は妊娠4月以上の死産児を検案して異状があると認めたときは、24時間以内に所轄警察署に届け出なければならない
	処方せん	●医師は、患者に対し治療上薬剤を調剤して投与する必要があると認めた場合には、患者又は現にその看護に当っている者に対して処方せんを交付しなければならない
	保健指導	●医師は、診療をしたときは、本人又はその保護者に対し、療養の方法その他保健の向上に必要な事項の指導をしなければならない
	診療録	●医師は、診療をしたときは、遅滞なく診療に関する事項を診療録に記載しなければならない（診療録は5年間保存しなければならない）
秘密漏示（刑法134条）	●医師、薬剤師、医薬品販売業者、助産師、弁護士、弁護人、公証人又はこれらの職にあった者が、正当な理由がないのに、その業務上取り扱ったことについて知り得た人の秘密を漏らしたときは、6月以下の懲役又は10万円以下の罰金に処する	

●歯科医師 ◁ 歯科医師法

歯科医師	●歯科医師は、歯科医療及び保健指導をつかさどることによって、公衆衛生の向上及び増進に寄与し、もって国民の健康な生活を確保するものとする

●薬剤師 ◁ 薬剤師法

薬剤師	●薬剤師は、調剤、医薬品の供給その他薬事衛生をつかさどることによって、公衆衛生の向上及び増進に寄与し、もって国民の健康な生活を確保するものとする

●保健師 ◁ 保健師助産師看護師法

保健師	●保健師とは、厚生労働大臣の免許を受けて、保健師の名称を用いて、保健指導に従事することを業とする者をいう

●助産師 ◁ 保健師助産師看護師法

助産師	●助産師とは、厚生労働大臣の免許を受けて、助産又は妊婦、じょく婦若しくは新生児の保健指導を行うことを業とする女子をいう

序章

第1章

第2章

第3章

第4章

第5章

社会保障制度を理解する科目 ▼ ⑯ 実施機関と専門職

● 看護師 ← 保健師助産師看護師法

看護師	●看護師とは、厚生労働大臣の免許を受けて、傷病者若しくはじょく婦に対する療養上の世話又は診療の補助を行うことを業とする者をいう

● 理学療法士 ← 理学療法士及び作業療法士法

理学療法士	●理学療法士とは、厚生労働大臣の免許を受けて、理学療法士の名称を用いて、医師の指示の下に、理学療法を行うことを業とする者いう	
	理学療法	●身体に障害のある者に対し、主としてその基本的動作能力の回復を図るため、治療体操その他の運動を行わせ、及び電気刺激、マッサージ、温熱その他の物理的手段を加えることをいう

● 作業療法士 ← 理学療法士及び作業療法士法

作業療法士	●作業療法士とは、厚生労働大臣の免許を受けて、作業療法士の名称を用いて、医師の指示の下に、作業療法を行うことを業とする者をいう	
	作業療法	●身体又は精神に障害のある者に対し、主としてその応用的動作能力又は社会的適応能力の回復を図るため、手芸、工作その他の作業を行わせることをいう

● 言語聴覚士 ← 言語聴覚士法

言語聴覚士	●言語聴覚士とは、厚生労働大臣の免許を受けて、言語聴覚士の名称を用いて、音声機能、言語機能又は聴覚に障害のある者についてその機能の維持向上を図るため、言語訓練その他の訓練、これに必要な検査及び助言、指導その他の援助を行うことを業とする者をいう

● 義肢装具士 ← 義肢装具士法

義肢装具士	●義肢装具士とは、厚生労働大臣の免許を受けて、義肢装具士の名称を用いて、医師の指示の下に、義肢及び装具の装着部位の採型並びに義肢及び装具の製作及び身体への適合を行うことを業とする者をいう

● 管理栄養士 ← 栄養士法

管理栄養士	●管理栄養士とは、厚生労働大臣の免許を受けて、管理栄養士の名称を用いて、傷病者に対する療養のため必要な栄養の指導、個人の身体の状況、栄養状態等に応じた高度の専門的知識及び技術を要する健康の保持増進のための栄養の指導並びに特定多数人に対して継続的に食事を供給する施設における利用者の身体の状況、栄養状態、利用の状況等に応じた特別の配慮を必要とする給食管理及びこれらの施設に対する栄養改善上必要な指導等を行うことを業とする者をいう
栄養士	●栄養士とは、都道府県知事の免許を受けて、栄養士の名称を用いて栄養の指導に従事することを業とする者をいう

● 公認心理師 ← 公認心理師法

公認心理師	●公認心理師とは、登録を受け、公認心理師の名称を用いて、保健医療、福祉、教育その他の分野において、心理学に関する専門的知識及び技術をもって、次に掲げる行為を行うことを業とする者をいう	
	業務内容	●心理に関する支援を要する者の心理状態を観察し、その結果を分析すること ●心理に関する支援を要する者やその関係者に対し、その心理に関する相談に応じ、助言、指導その他の援助を行うこと ●心の健康に関する知識の普及を図るための教育及び情報の提供を行うこと

▶事業所・施設などの専門職

分野	名称		概要
高齢者	相談員	生活相談員	●指定通所介護事業所、指定介護老人福祉施設などに配置される
		支援相談員	●介護老人保健施設に配置される
	福祉用具専門相談員		●指定福祉用具貸与事業所、福祉用具販売事業所に配置される ●社会福祉士、看護師、理学療法士、作業療法士などは、福祉用具専門相談員の資格要件として認められる
障害者	サービス提供責任者		●介護保険法「指定訪問介護事業所」、障害者総合支援法「指定居宅介護事業所」などに配置される ●訪問（居宅）介護計画の作成、助言、指導などを行う ●資格要件は介護福祉士、居宅介護従業者養成研修課程修了者など
	サービス管理責任者		●障害福祉サービス事業所（療養介護、生活介護、共同生活援助など）に配置 ●個別支援計画の作成、相談、助言、連絡調整などを行う
	生活支援員		●障害福祉サービス事業所（療養介護、生活介護、共同生活援助など）に配置 ●相談援助、入退所手続き、連絡調整などを行う
	職業指導員		●就労移行支援、就労継続支援事業所に配置される ●職業上の技術を習得させる訓練、指導などを行う
児童	児童指導員		●児童養護施設、障害児施設などに配置 ●児童の生活指導、学習指導、職業指導、関係機関との連絡調整などを行う
	家庭支援専門相談員 （ファミリーソーシャルワーカー）		●乳児院、児童養護施設、児童心理治療施設、児童自立支援施設に配置 ●主に家庭復帰を支援し、家庭復帰後の地域での見守り体制の調整を行う ●資格要件は、社会福祉士、精神保健福祉士など
	里親支援専門相談員		●里親支援を行う児童養護施設及び乳児院に配置 ●里親委託の推進、里親支援の充実を図るための総合的な支援を行う ●資格要件は、社会福祉士、精神保健福祉士など
	母子支援員		●母子生活支援施設に配置される ●母の就労、母子の生活指導を行う
	児童生活支援員 児童自立支援専門員		●児童自立支援施設に配置される ●生活、学習、職業指導などを行う
	児童発達支援管理責任者		●障害児通所支援事業所や障害児入所施設に配置 ●児童発達支援計画の作成、相談、助言、連絡調整などを行う
福祉の資格	保育士		●児童福祉法に基づく国家資格 ●都道府県知事の登録を受け、保育士の名称を用いて、児童の保育及び児童の保護者に対する保育に関する指導を行うことを業とする
	介護福祉士		●社会福祉士及び介護福祉士法に基づく国家資格 ●介護福祉士の名称を用いて、心身の状況に応じた介護、介護に関する指導を業とする ●介護福祉士及び一定の研修を受けた介護職員等が、一定の条件下に「たんの吸引、経管栄養」を実施することができる

単元⑰：法学　共通
40 憲　法
『穴埋めチェック2025』
P.155～P.166参照
重要度 B ★★☆
序章　第1章　第2章　第3章　第4章　第5章
社会保障制度を理解する科目▼⑰法学

▶法の体系

法は、憲法や法律などの「成文法」と、慣習法などの「不文法」に分けることができます。各法について学ぶ前に、法令が適応される優先順位など、法の体系を整理しましょう。

憲法
法律
政令・省令
規則・条例等

成文法	憲　法	●日本国の最高法規に位置づけられる ●日本国憲法に反する法令や国家の行為は、違憲・無効とされる	日本国憲法 1946（昭和21）年11月公布
	条　約	●国際法上で国家間で結ばれる成文法 ●日本国内では、条約よりも憲法のほうが優るというのが通説（優先関係に争いがある）	
	法　律	●法律は、国会で制定され、内閣の助言と承認に基づいて天皇が公布する ●法律の公布は、慣例として官報によることとされている ●国民が、国会で成立した法律の適用を具体的に受けるようになるのは、その法律が施行されたときである	
	命　令　政　令	●内閣が制定する成文法。法律の実施に必要な規則や法律が委任する事項を定める	
	命　令　省　令	●各省大臣が発する命令。法律もしくは政令を施行するため、それぞれその機関の命令として発する	
	条例、規則	●地方公共団体が制定する自治法。法律の範囲内で制定される	
不文法	慣習法	●一定の範囲の人々の間で反復して行われるようになった行動様式などの慣習のうち、法としての効力を有するものをいう	
	判例法	●特定の裁判において裁判所が示した法律的判断	
	条　理	●「物事の道理」「すじみち」のこと ●制定法、慣習法、判例法のいずれにも適用すべき法がない場合には、法源となる	
ルール		●同じ国法形式の間では、特別法が一般法に優る ●同じ国法形式の間では、後法が前法に優る ●下位法が上位法に反する場合は無効である	

▶基本的人権

基本的人権とは、人が生まれながらにしてもっており、誰からも侵されない権利のことで、幸福追求権、平等権、自由権、社会権、基本的人権を守るための権利などがあります。

総論的規定	10条	国民たる要件	●日本国民たる要件は、法律でこれを定める
	11条	基本的人権	●国民は、すべての基本的人権の享有を妨げられない。この憲法が国民に保障する基本的人権は、侵すことのできない永久の権利として、現在及び将来の国民に与へられる
	12条	自由及び権利の保持義務と公共福祉性	●この憲法が国民に保障する自由及び権利は、国民の不断の努力によって、これを保持しなければならない。又、国民は、これを濫用してはならないのであって、常に公共の福祉のためにこれを利用する責任を負う
幸福追求権	13条	個人の尊重と公共の福祉	●すべて国民は、個人として尊重される。生命、自由及び幸福追求に対する国民の権利については、公共の福祉に反しない限り、立法その他の国政の上で、最大の尊重を必要とする
平等権	14条	平等原則、貴族制度の否認及び栄典の限界	●すべて国民は、法の下に平等であって、人種、信条、性別、社会的身分又は門地により、政治的、経済的又は社会的関係において、差別されない ●華族その他の貴族の制度は、これを認めない ●栄誉、勲章その他の栄典の授与は、いかなる特権も伴わない。栄典の授与は、現にこれを有し、又は将来これを受ける者の一代に限り、その効力を有する
	24条	家族関係における個人の尊厳と両性の平等	●婚姻は、両性の合意のみに基いて成立し、夫婦が同等の権利を有することを基本として、相互の協力により、維持されなければならない ●配偶者の選択、財産権、相続、住居の選定、離婚並びに婚姻及び家族に関するその他の事項に関しては、法律は、個人の尊厳と両性の本質的平等に立脚して、制定されなければならない
自由権	精神的自由権	19条	思想及び良心の自由
		20条	信教の自由
		21条	集会、結社及び表現の自由と通信秘密の保護
		23条	学問の自由
	経済的自由権	22条	居住、移転、職業選択、外国移住及び国籍離脱の自由
		29条	財産権

自由権の内容（精神的自由権・経済的自由権）:

●思想及び良心の自由は、これを侵してはならない

●信教の自由は、何人に対してもこれを保障する。いかなる宗教団体も、国から特権を受け、又は政治上の権力を行使してはならない
●何人も、宗教上の行為、祝典、儀式又は行事に参加することを強制されない
●国及びその機関は、宗教教育その他いかなる宗教的活動もしてはならない

●集会、結社及び言論、出版その他一切の表現の自由は、これを保障する
●検閲は、これをしてはならない。通信の秘密は、これを侵してはならない

●学問の自由は、これを保障する

●何人も、公共の福祉に反しない限り、居住、移転及び職業選択の自由を有する
●何人も、外国に移住し、又は国籍を離脱する自由を侵されない

●財産権は、これを侵してはならない
●財産権の内容は、公共の福祉に適合するように、法律でこれを定める
●私有財産は、正当な補償の下に、これを公共のために用いることができる

	身体的自由権	18条	奴隷的拘束及び苦役の禁止	●何人も、いかなる奴隷的拘束も受けない。又、犯罪に因る処罰の場合を除いては、その意に反する苦役に服させられない
		31条	生命及び自由の保障と科刑の制約	●何人も、法律の定める手続によらなければ、その生命若しくは自由を奪われ、又はその他の刑罰を科せられない
		33条	逮捕の制約	●何人も、現行犯として逮捕される場合を除いては、権限を有する司法官憲が発し、且つ理由となつている犯罪を明示する令状によらなければ、逮捕されない
		34条	抑留及び拘禁の制約	●何人も、理由を直ちに告げられ、且つ、直ちに弁護人に依頼する権利を与えられなければ、抑留又は拘禁されない。又、何人も、正当な理由がなければ、拘禁されず、要求があれば、その理由は、直ちに本人及びその弁護人の出席する公開の法廷で示されなければならない
社会権		25条	生存権及び国民生活の社会的進歩向上に努める国の義務	●すべて国民は、健康で文化的な最低限度の生活を営む権利を有する ●国は、すべての生活部面について、社会福祉、社会保障及び公衆衛生の向上及び増進に努めなければならない
		26条	教育を受ける権利と受けさせる義務	●すべて国民は、法律の定めるところにより、その能力に応じて、ひとしく教育を受ける権利を有する ●すべて国民は、法律の定めるところにより、その保護する子女に普通教育を受けさせる義務を負う。義務教育は、これを無償とする
		27条	勤労の権利と義務、勤労条件の基準及び児童酷使の禁止	●すべて国民は、勤労の権利を有し、義務を負う ●賃金、就業時間、休息その他の勤労条件に関する基準は、法律でこれを定める ●児童は、これを酷使してはならない
		28条	勤労者の団結権及び団体行動権	●勤労者の団結する権利及び団体交渉その他の団体行動をする権利は、これを保障する
基本的人権を守るための権利	参政権	15条	公務員の選定罷免権、公務員の性質、普通選挙と秘密投票の保障	●公務員を選定し、及びこれを罷免することは、国民固有の権利である ●すべて公務員は、全体の奉仕者であって、一部の奉仕者ではない ●公務員の選挙については、成年者による普通選挙を保障する ●すべて選挙における投票の秘密は、これを侵してはならない。選挙人は、その選択に関し公的にも私的にも責任を問われない
	請求権	17条	公務員の不法行為による損害の賠償	●何人も、公務員の不法行為により、損害を受けたときは、法律の定めるところにより、国又は公共団体に、その賠償を求めることができる
		32条	裁判を受ける権利	●何人も、裁判所において裁判を受ける権利を奪われない
		40条	刑事補償	●何人も、抑留又は拘禁された後、無罪の裁判を受けたときは、法律の定めるところにより、国にその補償を求めることができる
	請願権	16条	請願権	●何人も、損害の救済、公務員の罷免、法律、命令又は規則の制定、廃止又は改正その他の事項に関し、平穏に請願する権利を有し、かかる請願をしたためにいかなる差別待遇も受けない

▶三大○○

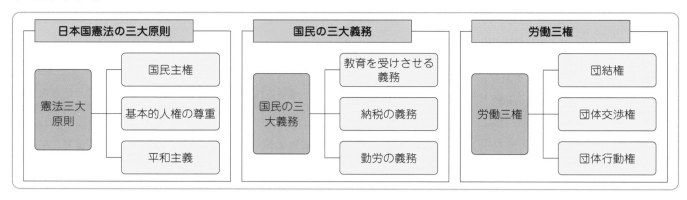

日本国憲法の三大原則

憲法三大原則
- 国民主権
- 基本的人権の尊重
- 平和主義

国民の三大義務

国民の三大義務
- 教育を受けさせる義務
- 納税の義務
- 勤労の義務

労働三権

労働三権
- 団結権
- 団体交渉権
- 団体行動権

▶選挙権と被選挙権

選挙権	●日本国民で、満18歳以上であること	
被選挙権	衆議院議員、市区町村長	●日本国民で、満25歳以上であること
	参議院議員、都道府県知事	●日本国民で、満30歳以上であること
選挙権、被選挙権を失う条件	●禁錮以上の刑に処せられその執行を終わるまでの者 ●禁錮以上の刑に処せられその執行を受けることがなくなるまでの者（刑の執行猶予中の者を除く） ●公職にある間に犯した収賄罪により刑に処せられ、実刑期間経過後5年間（被選挙権は10年間）を経過しない者。または刑の執行猶予中の者 ●選挙に関する犯罪で禁錮以上の刑に処せられ、その刑の執行猶予中の者	

▶裁判員制度

裁判員制度における判決人員
（人）

2016	2017	2018	2019	2020	2021	2022（年）
1,104	966	1,027	1,001	905	904	738

罪名別の新受人員（2022年）

- 不同意性交等致死傷 6%
- 覚醒剤取締法違反 7%
- 不同意わいせつ致死傷 9%
- 現住建造物等放火 10%
- その他 15%
- 殺人 27%
- 強盗致傷 16%
- 傷害致死 10%

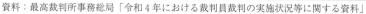

資料：最高裁判所事務総局「令和4年における裁判員裁判の実施状況等に関する資料」

目的	●裁判員制度は、裁判員が裁判官とともに裁判を行う制度で、国民の司法参加により市民が持つ日常感覚や常識といったものを裁判に反映するとともに、司法に対する国民の理解の増進とその信頼の向上を図ることが目的
裁判員	●地方裁判所ごとに衆議院議員の選挙権を有する人のなかから、くじで選んで裁判員候補者名簿を作成 ●事件ごとに裁判員候補者名簿のなかから、くじで裁判員候補者を選任
合議体の構成	●原則、裁判官3名、裁判員6名の計9名で構成
対象事件	●地方裁判所で行われる刑事裁判（第一審）のうち殺人罪、傷害致死罪、強盗致死傷罪など、一定の重大な犯罪についての裁判

憲法14条	非嫡出子法定相続差別事件	●非嫡出子と嫡出子の法定相続分が異なる規定は、法律婚が定着しているとしても、子が自ら選択修正できないことを理由に不利益を及ぼすことは許されず、個人として尊重し権利を保障すべきであり、憲法14条1項に反し違憲である ●民法900条は2013（平成25）年12月に改正され、非嫡出子の法定相続分が嫡出子の相続分と同等になった
憲法15条	成年被後見人の選挙権	●2013（平成25）年3月、東京地方裁判所は、成年被後見人の選挙権を剥奪する公職選挙法11条1項1号を違憲無効とし、成年被後見人の選挙権を認める判決を言い渡した ●2013（平成25）年5月、成年被後見人の選挙権の回復等のための公職選挙法等の一部を改正する法律が成立、公布され、同年7月以後に公示・告示される選挙について、選挙権・被選挙権を有することとなった
	外国人参政権	●憲法93条2項の住民とは日本国民のことであり、在留外国人に地方参政権を保障したものではない ●憲法は地方公共団体と定住外国人に対し地方参政権を付与することを禁止していないが、それは国の立法政策にかかわることなので、そのような立法を行わないからといって違憲の問題は生じない ●選挙権を日本国民たる住民に限るものとした地方自治法、公職選挙法の規定は違憲ではない
憲法24条	夫婦同姓	●夫婦が婚姻の際に定めるところに従い夫又は妻の氏を称するとする民法750条は、憲法24条に違反しない
憲法25条	朝日訴訟	●憲法25条2項は、すべての国民が健康で文化的な最低限度の生活を営み得るように国政を運営すべきことを国の責務として宣言したにとどまり、直接個々の国民に対して具体的権利を賦与したものではない（プログラム規定説） ●何が健康で文化的な最低限度の生活であるかの認定判断は、厚生大臣の合目的的な裁量に委されている ●ただし、厚生大臣の裁量権の範囲を超えて設定された生活保護基準は、司法審査の対象となる
	堀木訴訟	●複数の社会保障給付が同一人に併給されるのを禁止または制限する「給付調整」の規定は、立法政策上の裁量事項であり、それが低額であるからといって当然に憲法25条違反とはいえない
	外国人に対する生活保護	●「生活に困窮する外国人に対する生活保護の措置について」（昭和29年厚生省社会局長通知）によって行われる生活保護の給付や返還に関する措置はあくまでも行政措置として行われるものにすぎず、外国人に対する生活保護は、権利義務を形成することが法律上認められているものではない
	生活保護費預貯金訴訟	●支給された生活保護費と障害年金を原資とする預貯金の一部につき、その使途を限定する旨の指導指示は、被保護者の意に反してされた重大かつ明白な違法があるとして、無効である
憲法28条	全農林警職法事件	●公務員の争議行為等を禁止するは、勤労者を含めた国民の共同利益という観点からのやむを得ない制約で、憲法28条に違反しない
憲法29条	共有林分割請求事件	●森林法旧186条の規定の立法目的と、持分価値2分の1以下の共有者からの分割請求を禁止した規定に合理性・必要性を認めることはできないので、違憲である ●法律による財産権の制限は、立法府の判断が合理的裁量の範囲を超えていれば、憲法に違反し無効となる

序章

第1章

第2章

第3章

第4章

第5章

社会保障制度を理解する科目▼⑰法学

▶権利の主体

権利能力を有するものには、「自然人（生存している人間）」と「法人」があります。

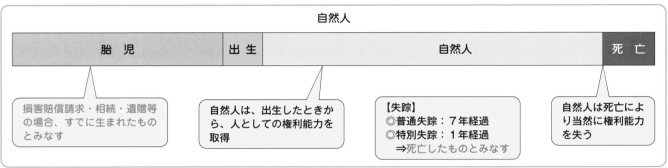

行為能力	●一人で確定的に、有効な法律行為ができる能力	
行為能力者	●年齢18歳以上（2022（令和４）年４月施行）	
制限行為能力者	●未成年者、成年被後見人・被保佐人・被補助人	
	取消権	●制限行為能力者がした法律行為は、取り消すことができる ●取り消された場合、その行為によって「現に利益を受けている限度」において返還義務を負う
代　理	●ある行為について、権限を与えられた人が、その権限の範囲内で、本人のためにすることを示して、その法律効果を本人に帰属させること	
	法定代理人	●親権者、未成年後見人、成年後見人など
	任意代理	●本人が自らの意思によって、他人に権限を与える代理
代理権の発生と消滅	発　生	●代理権限を与えること（制限能力者を選任することも可）
	消　滅	①本人の死亡 ②代理人の死亡、破産、後見開始 ③委任の終了
無権代理	●代理権をもっていない者が、勝手に代理行為をすること。本人に法律効果は帰属しないが、本人が追認すれば有効になる	
	表見代理	●無権代理人が真実の代理人であるかのような外観が作出され、その外観を信頼して取引した相手方を保護する制度

▶意思表示

	区　分	定　義	原　則	例　外
意思の 不存在	心裡留保	●表意者が意思と不一致を知りながらする意思表示	有　効	相手が、悪意又は有過失のときは無効
	虚偽表示	●相手方と通じて行った、真意ではない意思表示	無　効	善意の第三者には、無効を対抗できない
	錯　誤	●意思と表示に不一致があり、表意者がそれを知らない意思表示	取消可能	善意でかつ無過失の第三者に対抗できない
瑕疵ある 意思表示	詐欺による意思表示	●だまされて行った意思表示	取消可能	善意の第三者に対抗できない
	強迫による意思表示	●強迫行為により行った意思表示	取消可能	なし

効力

無　効	●最初から効力が生じない
取　消	●その意思表示によって、成立したときにさかのぼって無効となる

▶時　効

債権等の消滅時効	●債権者が権利を行使することができることを知ったときから5年 ●権利を行使することができるときから10年
債権等以外の消滅時効	●債権又は所有権以外の財産権は、権利を行使することができるときから20年
不法行為による損害賠償請求	●損害及び加害者を知ったときから3年間（人の生命又は身体を害する不法行為は5年間）
社会保険の消滅時効	●医療保険、介護保険、労働保険などの保険給付を受ける権利は原則2年、年金の支給を受ける権利などは原則5年で時効により消滅

▶不法行為

責任能力 （民法713条）	●精神上の障害により自己の行為の責任を弁識する能力を欠く状態にある間に他人に損害を加えた者は、その賠償の責任を負わない ●ただし、故意又は過失によって一時的にその状態を招いたときは、この限りでない
責任無能力者の監督義務者等の責任 （民法714条）	●責任無能力者がその責任を負わない場合において、その責任無能力者を監督する法定の義務を負う者は、その責任無能力者が第三者に加えた損害を賠償する責任を負う ●ただし、監督義務者がその義務を怠らなかったとき、又はその義務を怠らなくても損害が生ずべきであったときは、この限りでない
使用者等の責任 （民法715条）	●ある事業のために他人を使用する者は、被用者がその事業の執行について第三者に加えた損害を賠償する責任を負う ●ただし、使用者が被用者の選任及びその事業の監督について相当の注意をしたとき、又は相当の注意をしても損害が生ずべきであったときは、この限りでない

▶契　約

契　約		●契約は、契約の内容を示してその締結を申し入れる意思表示に対して相手方が承諾をしたときに成立する ●民法では、契約の類型として、下記の13種類を規定している
1	贈　与	●当事者の一方がある財産を無償で相手方に与える意思を表示し、相手方が受諾をすることによって、その効力を生ずる
2	売　買	●当事者の一方がある財産権を相手方に移転することを約し、相手方がこれに対してその代金を支払うことを約することによって、その効力を生ずる
3	交　換	●当事者が互いに金銭の所有権以外の財産権を移転することを約することによって、その効力を生ずる
4	消費貸借	●当事者の一方が種類、品質及び数量の同じ物をもって返還をすることを約して相手方から金銭その他の物を受け取ることによって、その効力を生ずる
5	使用貸借	●当事者の一方がある物を引き渡すことを約し、相手方がその受け取った物について無償で使用及び収益をして契約が終了したときに返還することを約することによって、その効力を生ずる
6	賃貸借	●当事者の一方がある物の使用及び収益を相手方にさせることを約し、相手方がこれに対してその賃料を支払うこと及び引き渡しを受けた物を契約が終了したときに返還することを約することによって、その効力を生ずる
7	雇　用	●当事者の一方が相手方に対して労働に従事することを約し、相手方がこれに対してその報酬を与えることを約することによって、その効力を生ずる
8	請　負	●当事者の一方がある仕事を完成することを約し、相手方がその仕事の結果に対してその報酬を支払うことを約することによって、その効力を生ずる
9	委　任	●当事者の一方が法律行為をすることを相手方に委託し、相手方がこれを承諾することによって、その効力を生ずる（例：日常生活自立支援事業の日常的金銭管理）
	準委任 契約	●法律行為でない事実行為の事務の委託（例：医療契約、訪問看護、介護契約など）
10	寄　託	●当事者の一方がある物を保管することを相手方に委託し、相手方がこれを承諾することによって、その効力を生ずる
11	組　合	●各当事者が出資をして共同の事業を営むことを約することによって、その効力を生ずる
12	終身定期金 契約	●当事者の一方が、自己、相手方又は第三者の死亡に至るまで、定期に金銭その他の物を相手方又は第三者に給付することを約することによって、その効力を生ずる
13	和　解	●当事者が互いに譲歩をしてその間に存する争いをやめることを約することによって、その効力を生ずる

▶保証債務

保証人の責任等	●保証人は、主たる債務者がその債務を履行しないときに、その履行をする責任を負う ●保証契約は、書面でしなければ、その効力を生じない
保証債務の範囲	●保証債務は、主たる債務に関する利息、違約金、損害賠償その他その債務に従たるすべてのものを包含する ●保証人は、その保証債務についてのみ、違約金又は損害賠償の額を約定することができる

▶消費者契約法

消費者契約法		●消費者が誤認・困惑した場合について契約の意思表示を取り消すこと、消費者の利益を不当に害することとなる条項を無効とすることができる規定などを定めることにより、消費者の利益の擁護を図る
		●次の行為により誤認をして契約をしたときは取り消すことができる
	取　消	●不実告知、不利益事実の不告知、断定的判断の提供、不退去・退去妨害、不安をあおる告知など
		●消費者の利益を不当に害する契約条項は無効
	無　効	●事業者は責任を負わないとする条項、消費者はどんな理由でもキャンセルできないとする条項、成年後見制度を利用すると契約が解除されてしまう条項など

▶特定商取引に関する法律

特定商取引に関する法律			●特定商取引（訪問販売、通信販売、電話勧誘販売、連鎖販売など）の勧誘行為の規制、紛争を回避するための規制、クーリング・オフ制度等の紛争解決手続を設けた法律
	クーリング・オフ		●訪問販売などで契約をした場合でも、契約書面受領日から一定期間内であれば、書面通知によって無条件で申込の撤回や契約の解除ができる ●書面を発信した日に効力を生じる ●役務が提供されている場合でも、その対価、損害賠償、違約金などを支払う必要はない ●通信販売には、クーリング・オフ制度はない
		8日間	●訪問販売（キャッチセールス等を含む） ●電話勧誘販売 ●特定継続的役務提供（エステティック、語学教室、学習塾等） ●訪問購入（業者が消費者の自宅等を訪ねて、商品の買い取りを行うもの）
	クーリング・オフ期間	20日間	●連鎖販売取引（マルチ商法） ●業務提供誘引販売取引（内職商法、モニター商法等）

▶ 親 族

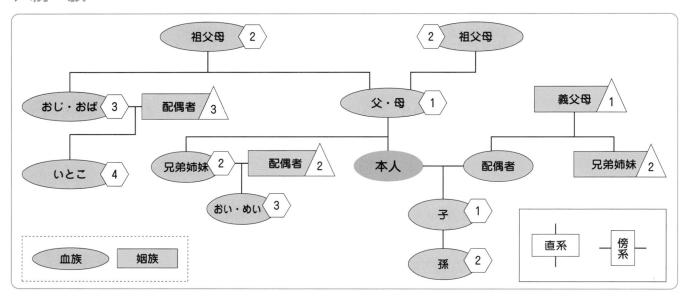

親族の範囲		① 6 親等内の血族、② 配偶者、③ 3 親等内の姻族
	親等の計算	●親等は、親族間の世代数を数えて計算する ●傍系親族の親等を定めるには、その一人又はその配偶者から同一の祖先にさかのぼり、その祖先から他の一人に下るまでの世代数による
	扶け合い義務	●直系血族及び同居の親族は、互いに扶け合わなければならない
扶養義務	絶対的扶養義務	●直系血族及び兄弟姉妹は、互いに扶養をする義務がある
	相対的扶養義務	●家庭裁判所は、特別の事情があるときは、3 親等内の親族間においても扶養の義務を負わせることができる
		●扶養義務者が数人ある場合の扶養をすべき者の順序、扶養の程度又は方法について、当事者間に協議が調わないときは、家庭裁判所が定める ●扶養を受ける権利は、処分することができない
届出主義		●「婚姻」「離婚」「認知」「養子縁組」の身分行為は届出によって成立する
姻族関係		●姻族関係は、「離婚」「夫婦の一方が死亡した場合において、生存配偶者が姻族関係を終了させる意思を表示したとき」に終了する

序章

第1章

第2章

第3章

第4章

第5章

社会保障制度を理解する科目 ▼ ⑰法学

▶婚姻・離婚

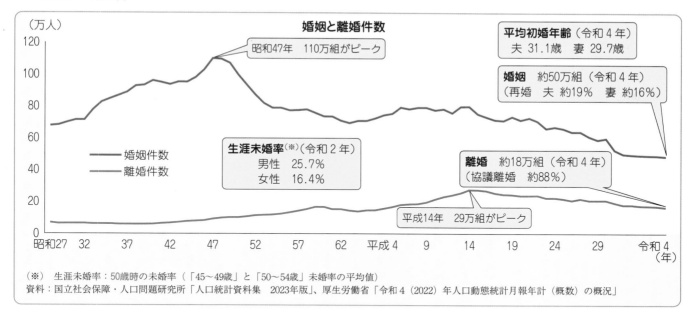

婚姻と離婚件数

昭和47年　110万組がピーク

平均初婚年齢（令和4年）
夫 31.1歳　妻 29.7歳

婚姻　約50万組（令和4年）
（再婚　夫 約19%　妻 約16%）

生涯未婚率^(※)（令和2年）
男性　25.7%
女性　16.4%

離婚　約18万組（令和4年）
（協議離婚　約88%）

平成14年　29万組がピーク

婚姻件数
離婚件数

（※）　生涯未婚率：50歳時の未婚率（「45～49歳」と「50～54歳」未婚率の平均値）
資料：国立社会保障・人口問題研究所「人口統計資料集　2023年版」、厚生労働省「令和4（2022）年人口動態統計月報年計（概数）の概況」

婚姻	要　件		①婚姻の意思があること ②婚姻障害がないこと 　（男子18歳以上・女子18歳以上、近親婚（直系血族又は3親等内の傍系血族）でないことなど） 　（※2022（令和4）年4月より女子も18歳以上）
	効　力		●婚姻は、戸籍法の定めにより届け出ることによって、その効力を生ずる
	氏		③夫婦はいずれかの氏を称する ●夫婦の一方が死亡したときは、生存配偶者は、婚姻前の氏に復することができる
	義　務		●夫婦は同居し、互いに協力し扶助しなければならない ④日常の家事等の法律行為は連帯して責任を負う ●夫婦間でした契約は、婚姻中、いつでも、夫婦の一方からこれを取り消すことができる
	財　産		●夫婦は、その資産、収入等の事情を考慮して、婚姻から生ずる費用を分担する ●夫婦の一方が婚姻前から有する財産及び婚姻中自己の名で得た財産は、その特有財産（夫婦の一方が単独で有する財産）とする ●夫婦のいずれに属するか明らかでない財産は、その共有に属するものと推定する
離婚	種　類	協議離婚	●夫婦は、その協議で、離婚をすることができる
		裁判離婚	●配偶者に「不貞な行為」があったとき、「悪意で遺棄」されたとき、「3年以上生死不明」のときなどは離婚の訴えを提起できる
	氏		●婚姻によって氏を改めた夫又は妻は、協議上の離婚によって婚姻前の氏に復する ●離婚の日から3か月以内に届け出ることによって、離婚の際の氏を称することができる
	子の監護		●未成年の子がいる場合、子の利益を最も優先して、監護者、子との面会・交流、監護の費用の分担などを協議で定める。協議が調わないときは家庭裁判所が定める
	財　産		●協議上の離婚をした者の一方は、相手方に対して財産の分与を請求することができる ●離婚の財産分与請求権の時効は、離婚が成立した日から「2年」^(※)

（※）2024（令和6）年5月4日に民法の改正法が公布され、公布日より2年以内に「5年」に改正される予定

▶親　権

親権者	●成年に達しない子は、父母の親権に服する ●親権は、父母の婚姻中は、父母が共同して行う。ただし、父母の一方が親権を行うことができないときは、他の一方が行う	
離婚又は認知の場合の親権者	●父母が協議上の離婚をするときは、その協議で、その一方を親権者と定めなければならない^(※)※注 ●子の出生前に父母が離婚した場合には、親権は、母が行う	
親権の効力	●親権を行う者は、子の利益のために子の監護及び教育をする権利を有し、義務を負う	
親権の喪失	●親権者による親権又は管理権が不適切であり、子の利益を害しているときは、家庭裁判所に親権喪失の審判、親権停止の審判、管理権喪失の審判を申し立てることで、親権を制限することができる	
	申立権者	●子、親族、未成年後見人、未成年後見監督人、検察官 ●児童相談所長（児童福祉法第33条の7）
親権喪失の審判	●父又は母による虐待又は悪意の遺棄があるとき等は、家庭裁判所は、請求により、その父又は母について、親権喪失の審判をすることができる	
親権停止の審判	●父又は母による親権の行使が困難又は不適当であるとき等は、家庭裁判所は、請求により、2年を超えない範囲内で、その父又は母について、親権停止の審判をすることができる	
管理権喪失の審判	●父又は母による管理権の行使が困難又は不適当であることにより子の利益を害するときは、家庭裁判所は、請求により、その父又は母について、管理権喪失の審判をすることができる	

（※）2024（令和6）年5月24日に民法の改正法が公布され、公布日より2年以内に、離婚後の「共同親権」の規定が施行予定

▶養子縁組

普通養子縁組	●戸籍上は、養子と実親との関係は残り、二重の親子関係となる縁組	
	養　親	●20歳以上 ●養親の戸籍には「養子」と記載される
	養　子	●養子が養親の尊属、年長者でないこと ●15歳未満は、法定代理人の承諾が必要 ●養子の戸籍には実父母に加えて養父母が記載される
特別養子縁組	●養子と実方の血族との親族関係を終了させる養子縁組 ●実方の父母の同意、養親による6か月以上の期間監護などを経て、家庭裁判所の審判で成立する	
	養　親	●夫婦（一方が25歳以上、他方は20歳以上） ●養親の戸籍には「長男」など、実子と同じ記載がされる ●養親から離縁を請求することはできない
	養　子	●養子は請求時15歳未満（引き続きの場合、18歳未満） ●養子となる者が15歳に達している場合は、本人の同意が必要 ●養子の戸籍には、「父」「母」として養親が記載される

▶相 続

法定相続	●「遺言」がない場合、「法定相続人」に下表の割合で相続される

相続人 順番	常に相続人 配偶者	第1順位 子（※）	第2順位 直系尊属	第3順位 兄弟姉妹
1	1／2	1／2		
2	2／3		1／3	
3	3／4			1／4
4	1			

※子が亡くなっている場合は孫が代襲相続する
※相続開始のときに懐胎されていた胎児は、出生すれば相続時にさかのぼって相続人となる
※2013（平成25）年12月民法が改正され、非嫡出子の相続分が嫡出子と同等となった

生前贈与	●共同相続人中に、生前贈与を受けた者があるときは、被相続人が相続開始のときにおいて有した財産の価額にその贈与の価額を加えたものを相続財産とみなし、相続分のなかからその贈与の価額を控除した残額をもってその者の相続分とする
相続の放棄	●相続人は、自己のために相続の開始があったことを知ったときから3か月以内に、相続について、単純もしくは限定の承認又は放棄をしなければならない
遺 言	●遺言は満15歳に達した者が行うことができる ●成年被後見人が事理を弁識する能力を一時回復したときにおいて遺言をするには、医師2人以上の立会いがなければならない ●被保佐人が遺言を作成するには、保佐人の同意は不要である

自筆証書遺言		●遺言者が、その全文、日付及び氏名を自書し、これに押印する
	財産目録	●自筆証書遺言に添付する財産目録については自書でなくてもよい（ただし、財産目録の各頁に署名押印は必要）
	遺言書保管法	●自筆証書遺言について法務大臣の指定する法務局に遺言書の保管を申請することができる
公正証書遺言		●証人2人以上の立会いのもと、公証人に口授し、公証人が筆記し、各自署名押印する
秘密証書遺言		●遺言者が遺言書を作成して封印し、公証人と2人以上の証人の前で自分の遺言書であることを申し述べる

遺留分	●法定相続人（兄弟姉妹を除く）に一定の割合で財産を保障する制度 ●遺留分侵害額請求権を行使することで遺留分を受け取ることができる
	直系尊属のみが相続人 被相続人の財産の3分の1
	上記以外 被相続人の財産の2分の1
特別の寄与の制度	●相続人以外の被相続人の親族が無償で被相続人の療養看護等を行った場合には、相続人に対して金銭の請求をすることができる

▶行政行為

●行政行為の分類

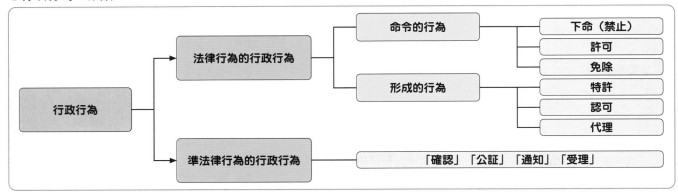

羈束行為	●法律が要件・内容などをほとんど決めており、それに基づいて単に法の具体化・執行を行う行為のこと
裁量行為	●行政による裁量が一定の範囲で認められる行為

●行政行為の効力

公定力	●違法な行政行為も、当然無効の場合は別として、正当な権限を有する機関による取消しのあるまでは、一応適法の推定を受ける
拘束力	●行政行為が外形的に存在すると、当事者（その行政行為の相手方その他の関係人及び行政庁自身）がその行政行為の法律効果に拘束される効力
執行力	●行政行為の内容を自力で実現し得る効力
不可争力	●行政行為について一定の法定期間内に限り争訟が認められるが、その期間を経過するともはやその行政行為について争うことができなくなる効力
不可変更力	●行政行為の性質上、又は一定の手続きを経た結果として、処分行政庁もその行政行為を自由に変更できない状態に置かれる

●瑕疵ある行政行為

取り消し得べき行政行為	●その成立に瑕疵があるが、正当な権限を有する行政庁又は裁判所が取り消すまでは有効な行為
無効な行政行為	●「重大かつ明白な瑕疵」がある場合には、初めから法的効力が発生していないとされる行政行為

●取消しと撤回

行政行為の「取消し」	●行政行為の成立時にさかのぼり、初めから行政行為がなかったのと同様の状態に復することをいう
行政行為の「撤回」	●行政行為を、後発的事情の変化で、将来に向かって消滅させることをいう

▶行政手続法

行政手続法	●行政手続法は行政手続きを定めた一般法であり、処分、行政指導及び届出に関する手続きに関して他の特別の定めがある場合は、その定めるところに従って手続きが進められる
審査基準	●行政庁は許認可などをするか否かの判断をするために必要な判断基準（審査基準）を定めなければならない（義務）
標準処理期間	●申請から処分まで、通常要する標準的な期間（標準処理期間）を定めるよう努めなければならない（努力義務）
審査・応答・情報提供	●申請書類が到着したときは、行政庁は遅滞なくその審査を開始しなければならない。形式不備などがある場合は、速やかに補正を求め、又は許認可などを拒否しなければならない
不利益処分	●行政庁は不利益処分をしようとする場合には、聴聞又は弁明の機会の付与により、意見陳述の手続きをとらなければならない（義務）
聴聞・弁明の機会	●聴聞は、許認可などを取り消す不利益処分などの場合に行われ、原則出頭などの形で行う ●弁明の機会の付与は不利益処分などに該当しない場合に行われ、原則、書面を提出する
行政指導	●行政機関が、行政目的を実現するため一定の作為又は不作為を求める指導、勧告、助言その他の行為で、処分に該当しないもの ●行政指導は、相手方の任意の協力によってのみ実現されるもので、相手方が行政指導に従わなかったことを理由に、何らかの不利益な取扱いをしてはいけない ●行政指導をする際は、相手方に対して、権限を行使しうる根拠となる法令の条項などを示さなければならない ●相手方は、行政指導が法律に規定する要件に適合しないと思料するときは、行政指導の中止を求めることができる

▶行政強制

強制執行	代執行	●私人が義務を履行しないときに、行政機関が自ら義務者のなすべき行為を行う。法律上の根拠が必要
	強制徴収	●行政上の一定の金銭債権について、民事執行法上の強制執行の手続きによらないで行政機関が強制的に徴収する
	執行罰	●行政上の義務の不履行に対して過料を課し、間接的に履行を促進する制度
	直接強制	●義務者の身体又は財産に直接実力を加えて義務が履行されたのと同一の状態を実現する作用で、代執行以外のもの
即時強制		●私人の履行義務を前提とせず、目前急迫の障害を除くために、行政機関が直接に私人の身体や財産に実力を加えて行政目的を実現すること。法律上の根拠が必要

▶行政事件訴訟法

行政事件訴訟法は、行政処分が行われた後に、国民の権利・利益の救済を図る「事後救済」に関する法律であり、抗告訴訟、当事者訴訟、民衆訴訟および機関訴訟の4類型があります。

●行政事件訴訟の4類型

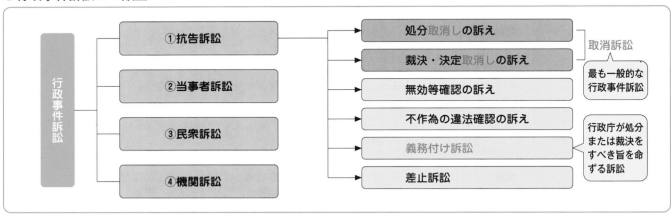

●取消訴訟

取消訴訟	処分の取消しの訴え	●行政庁の処分その他公権力の行使にあたる行為の取消しを求める訴訟
	裁決の取消しの訴え	●審査請求その他の不服申立てに対する行政庁の裁決、決定その他の行為の取消しを求める訴訟
原告適格	●取消訴訟は、当該処分の取消しを求めることについて、法律上の利益を有するものだけが提起することができる	
被告適格	●処分又は裁決をした行政庁が国又は公共団体に所属する場合には、当該処分又は裁決をした行政庁の所属する国又は公共団体を被告として提起しなければならない	
出訴期間	●取消訴訟は、処分又は裁決があったことを知った日から6か月以内に提起しなければならない ●処分又は裁決があったことを知らなかった場合でも、処分又は裁決があった日から1年を経過すると提起できなくなる	
審査請求との関係	●法令の規定により審査請求ができることとされている処分についても、原則として直ちに取消訴訟を提起できる（自由選択主義） ●ただし、「審査請求に対する裁決を経た後でなければ提起できない」という定めがある場合は原則審査請求が先になる（審査請求前置主義）	
執行不停止の原則	●原則として、処分取消しの訴えの提起があっても、処分の効力、処分の執行又は手続きの続行は停止しない	

▶国家賠償と損失補償

国家賠償	●憲法第17条では「何人も、公務員の不法行為により、損害を受けたときは、法律の定めるところにより、国又は公共団体に、その賠償を求めることができる」と規定しており、これを受けて国家賠償法が制定されている	
	公権力の行使にかかわる損害	●国又は公共団体の「公権力の行使」にあたる公務員が、その職務を行うにあたって「故意又は過失」により、「違法」に他人に損害を与えた場合は、国や公共団体は、被害者に対してその損害を賠償する責任を負う
		●「公務員」には、国家公務員、地方公務員の他、公庫や公団などの特殊法人の職員も含まれる
		●当該公務員に、「故意又は重大な過失」があった場合は、国又は公共団体から求償権を行使されることがある
	公の営造物の設置・管理にかかわる損害	●「公の営造物」とは、道路、河川、国公立の学校、港湾、官公庁庁舎、それらの建築物、設備、自動車などをいう
		●「公の営造物」に、瑕疵があったために他人に損害を与えたときは、国又は公共団体は被害者に対し、その損害を賠償する責任を負う ●設置、管理関係者の故意・過失の有無に関係ない「無過失責任」主義をとっている
	相互保証	●外国で日本人が外国政府に同様の請求ができる場合は、その国の外国人も国家賠償法上の請求ができる
損失補償	●憲法第29条第3項では「私有財産は、正当な補償の下に、これを公共の福祉のために用いることができる」と規定している	
	●公権力の行使が適法であったとしても、それが特定の人に対して財産上の損失を与えた場合は、国又は公共団体はその損失を償わなければならない ●損失補償は、適法な公権力の行使により国民に損失を生じた場合に行われる（例：公益上適法に土地を収用する場合など）	

▶情報公開法

情報公開法	●正式名：行政機関の保有する情報の公開に関する法律 ●「国民主権の理念」にのっとり、行政文書の開示を請求する権利について定めることなどにより、公正で民主的な行政の推進に資することを目的としている	
開示請求	**請求権者**	●日本国民のみならず、外国人にも開示請求権が認められている ●開示請求は、行政機関の長あてに、書面で行う
	請求対象	●行政機関の職員が職務上作成し、又は取得した文書、図面及び磁気的記録など
	対象外	●官報、白書、新聞、雑誌、書籍その他不特定多数に販売することを目的として発行されるもの、特定歴史公文書など
情報公開・個人情報保護審査会	●不服申立てについて調査審議するため、内閣府に情報公開・個人情報保護審査会を置く	

▶不服・苦情申立てのイメージ

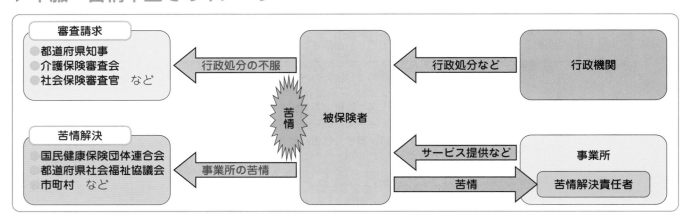

	申立て先	申立て内容
審査請求	社会保険審査官	●年金、健康保険の被保険者の資格に関する処分、給付に関する処分など
	国民健康保険審査会	●国民健康保険の保険給付や保険料についての処分など
	雇用保険審査官	●雇用保険の給付の支給・不支給の決定処分など
	労働者災害補償保険審査官	●労災保険の給付の支給・不支給の決定処分など
	介護保険審査会	●介護保険の要介護認定、保険給付、保険料などに対する不服など
	都道府県知事	●生活保護、その他市町村長（福祉事務所長）がした処分など
	障害者介護給付費等 不服審査会	●障害者総合支援法の障害支援区分、サービス種類・支給量・利用者負担等に対する処分など
審査請求期間		●処分があったことを知った日の翌日から起算して 3 か月以内
審査請求前置主義		●社会保険や障害者総合支援法などの給付費等に係る処分の取消しを求める訴訟は、原則として審査請求に対する裁決を経た後でなければ提起できない
サービス への苦情	介護サービス苦情処理委員会	●「国民健康保険団体連合会」に設置され、介護サービス事業者に対する苦情を受けつける
	運営適正化委員会	●「都道府県社会福祉協議会」に設置され、福祉サービスに関する苦情を受けつける
	市町村	●保険者、実施主体として利用者からの苦情を受けつける

▶行政不服審査法

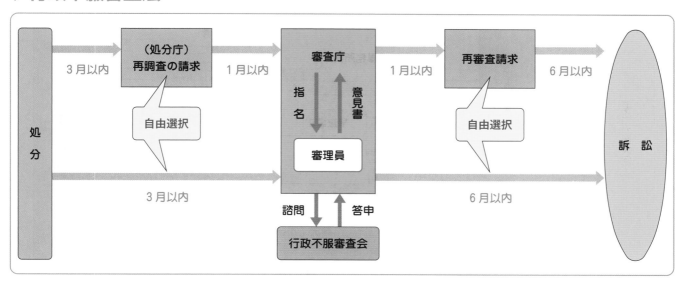

目　的	●行政庁の違法又は不当な処分に関し、国民が簡易迅速かつ公正な手続の下で広く行政庁に対する不服申立てをすることができるための制度を定めることにより、国民の権利利益の救済を図る	
不服申立ての種類	●審査請求が原則	
	再調査の請求	●個別法に特別の定めがある場合に限り、審査請求の前に処分庁に対して再調査の請求をすることができる
審査請求先	●処分庁の最上級行政庁（例：大臣、都道府県知事、市町村長等） ●処分庁に上級行政庁がない場合には、処分庁	
申立て期間	審査請求	●処分があったことを知った日の翌日から起算して3月以内 （※再調査の請求の決定を経た後に審査請求をする場合は1月以内）
	再審査請求	●審査請求についての裁決があったことを知った日の翌日から起算して1月以内
審査請求の方式	●審査請求は、原則として、審査請求書を提出して行う ●他の法律又は条例で口頭で審査請求をすることを認めている場合は、口頭で行うことも可能	
	審理員	●審査請求をされた行政庁（審査庁）は、原則、審査庁に所属する職員の中から審査手続を行う者（審理員）を指名する ●審査請求に係る処分に関与した者などは審理員になることができない
	行政不服審査会	●審査庁が審理員意見書の提出を受けたときは、一定の場合を除き、審査庁は、行政不服審査会に諮問しなければならない ●行政不服審査会は、裁決の客観性や公正性を高めるため、第三者の立場から、審理員が行った審理手続の適正性や審査庁の判断の適否を審査する
審査請求についての裁決	●審査庁は、次のいずれかの裁決をする	
	却　下	●審査請求が期間経過後にされたものである場合その他不適法である場合
	棄　却	●審査請求は適法にされたが、本案審理の結果、審査請求に理由がない場合
	認　容	●審査請求が適法にされ、かつ、これに理由がある場合

▶生活保護の不服申立ての概要

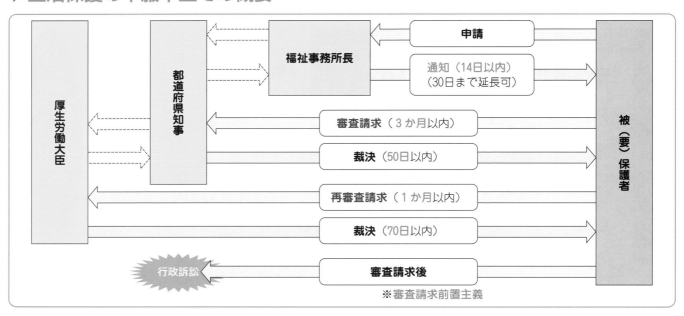

※審査請求前置主義

申 請	●保護開始の申請があった場合、「14日以内」に、保護の要否・種類・程度及び方法を決定し、申請者に対して「書面」で通知しなければならない ●特別な理由がある場合には、「30日」まで延ばすことができる。30日以内に通知がないときは、申請が却下されたものとみなすことができる
審査請求	●市長又は福祉事務所を設置している町村長の処分に対する審査請求は、都道府県知事に対して行う ●審査請求は、処分があったことを知った日の翌日から「3か月以内」に行う ●審査請求に対する裁決は、「50日（諮問をする場合は70日）以内」に行わなければならない。50日以内に通知がないときは、審査請求が棄却されたものとみなすことができる
再審査請求	●審査請求についての都道府県知事の裁決に不服がある者は、厚生労働大臣に対して再審査請求をすることができる ●再審査請求は、審査請求に対する裁決があったことを知った日の翌日から「1か月以内」に行う ●審査請求に対する裁決は、「70日以内」に行わなければならない。70日以内に通知がないときは、再審査請求が棄却されたものとみなすことができる
審査請求の前置	●処分の取消しの訴えは、当該処分についての審査請求に対する裁決を経た後でなければ、提起することができない
出訴期間	●処分の取消しの訴えは、処分又は裁決のあったことを知った日から6か月以内に提起しなければならない

第2章

社会の仕組みを
理解する科目

【科目編成のイメージ図】

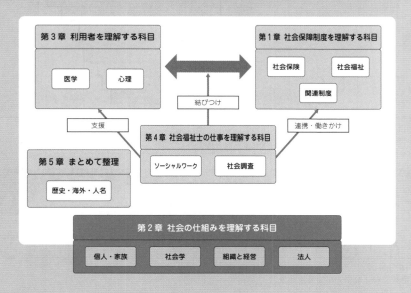

次に、社会の仕組みを理解する科目を確認しましょう！
本章では、私たちが生活している社会のシステムや組織と経営、法人
などについて整理していきます。

単元⑱：個人・家族 共通

43 個 人

『穴埋めチェック2025』
P.169〜P.176参照

重要度
B
★★☆

▶現在の日本の人口

（2023（令和5）年10月1日現在）

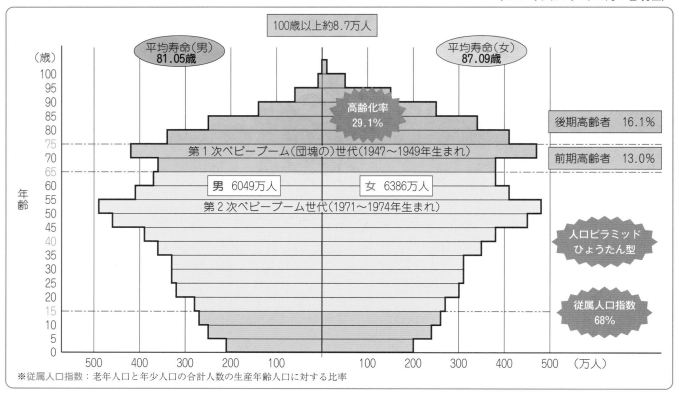

100歳以上約8.7万人

平均寿命（男）
81.05歳

平均寿命（女）
87.09歳

高齢化率
29.1%

後期高齢者　16.1%

第1次ベビーブーム（団塊の）世代（1947〜1949年生まれ）

前期高齢者　13.0%

| 男　6049万人 | 女　6386万人 |

第2次ベビーブーム世代（1971〜1974年生まれ）

人口ピラミッド
ひょうたん型

従属人口指数
68%

※従属人口指数：老年人口と年少人口の合計人数の生産年齢人口に対する比率

日本の総人口	内　訳		
	年少人口（0〜14歳）	生産年齢人口（15〜64歳）	老年人口（65歳〜）
約1億2435万人 （内、外国人約316万人）	1417万人	7395万人	3623万人
	11.4%	59.5%	29.1%

※外国人は総人口－日本人人口から算出
資料：総務省「人口推計」、厚生労働省「令和4年簡易生命表」

●都道府県別

（2023（令和5）年10月1日現在）

都道府県	内　訳		
	年少人口 （0〜14歳）	生産年齢人口 （15〜64歳）	老年人口 （65歳〜）
秋田県	9.1%	51.9%	39.0%（老年人口割合が最も高い）
東京都	10.7%	66.5%（生産年齢人口割合が最も高い）	22.8%
沖縄県	16.1%（年少人口割合が最も高い）	60.1%	23.8%

資料：総務省「人口推計」

▶日本の人口の推移

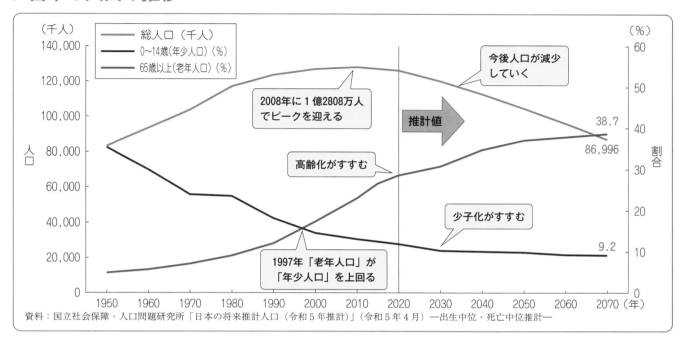

資料：国立社会保障・人口問題研究所「日本の将来推計人口（令和5年推計）」（令和5年4月）―出生中位・死亡中位推計―

	韓国	日本	ドイツ	スウェーデン	フランス
高齢化社会（高齢化率7％）	2000年	**1970年**	1932年	1887年	1864年
高齢社会（高齢化率14％）	2018年	**1994年**	1972年	1972年	1979年
超高齢社会（高齢化率21％）	―	2007年	―	―	―
7％→14％の所要年数（倍加年数）	18年	24年	40年	85年	115年

資料：内閣府『令和5年版高齢社会白書』

高齢化のスピードが早い

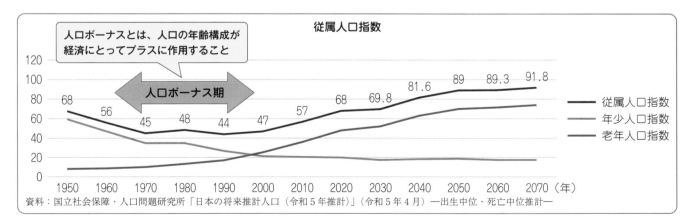

資料：国立社会保障・人口問題研究所「日本の将来推計人口（令和5年推計）」（令和5年4月）―出生中位・死亡中位推計―

▶合計特殊出生率

2022(令和4)年 出生数	77.1万人	男	39.5万人
		女	37.6万人

> 男が多い

合計特殊出生率	1.26

※「15～49歳」までの女性の年齢別出生数の合計

人口置換水準	2.07

※人口が増加も減少もしない均衡した状態となる合計特殊出生率

●出生数及び合計特殊出生率の年次推移

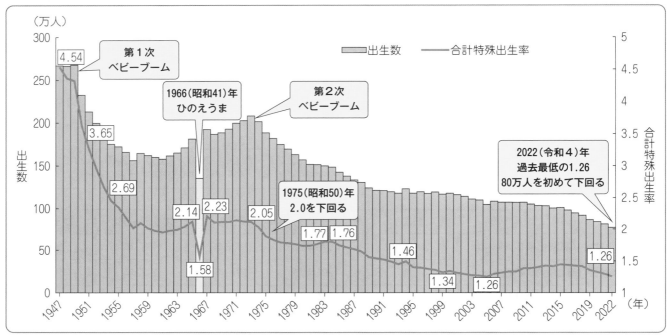

資料：厚生労働省「令和4年（2022）人口動態統計（確定数）の概況」（令和5年9月）

●都道府県別合計特殊出生率

1	2	3	4	････	43	45	46	47
沖縄県	宮崎県	鳥取県	島根県・長崎県	全国	埼玉県・神奈川県	北海道	宮城県	東京都
1.70	1.63	1.60	1.57	1.26	1.17	1.12	1.09	1.04

資料：厚生労働省「令和4年（2022）人口動態統計（確定数）の概況」（令和5年9月）

●各国の合計特殊出生率

韓国 （2020年）	イタリア （2021年）	日本 （2022年）	ドイツ （2021年）	イギリス （2018年）	アメリカ （2021年）	スウェーデン （2021年）	フランス （2021年）
0.84	1.25	1.26	1.58	1.68	1.66	1.67	1.84

資料：厚生労働省

●完結出生児数（夫婦の最終的な出生子ども数）

> 2.0人を割り込む

調査年次	1967年	1987年	1997年	2005年	2010年	2015年	2021年
完結出生児数	2.65人	2.19人	2.21人	2.09人	1.96人	1.94人	1.90人

※完結出生児数とは、結婚からの経過期間15～19年夫婦の平均出生子ども数であり、夫婦の最終的な平均出生子ども数とみなされる
資料：国立社会保障・人口問題研究所「第16回出生動向基本調査報告書」

▶死　因

		死因	
死因	1	悪性新生物	39万人
	2	心疾患	23万人
	3	老衰	18万人
	4	脳血管疾患	11万人
	5	肺炎	7.4万人
	6	誤嚥性肺炎	5.6万人
	7	不慮の事故	4.3万人
	8	腎不全	3.1万人
	9	アルツハイマー病	2.5万人
	10	血管性等の認知症	2.4万人

2022（令和4）年死亡数	157万人

生活習慣病関連疾病は、死因の約6割を占める

※生活習慣病関連疾病は、悪性新生物、高血圧性疾患、脳血管疾患、心疾患、糖尿病など

▶死因別にみた死亡率の年次推移

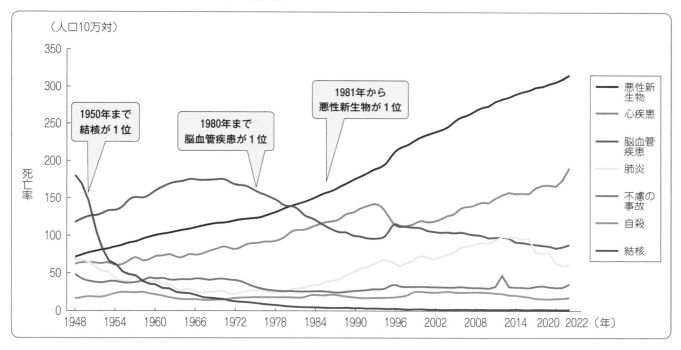

（人口10万対）

1950年まで結核が1位

1980年まで脳血管疾患が1位

1981年から悪性新生物が1位

凡例：悪性新生物、心疾患、脳血管疾患、肺炎、不慮の事故、自殺、結核

●年齢（5歳階級）別の死因

	第1位	第2位	第3位
0歳	先天奇形、変形及び染色体異常	周産期に特異的な呼吸障害等	不慮の事故
1～4歳		不慮の事故	悪性新生物
5～9歳	悪性新生物	先天奇形、変形及び染色体異常	不慮の事故
10～14歳	自殺	悪性新生物	不慮の事故
15～19歳		不慮の事故	悪性新生物
20～24歳		不慮の事故	悪性新生物
25～29歳		悪性新生物	不慮の事故
30～34歳		悪性新生物	心疾患
35～39歳		悪性新生物	心疾患
40～44歳	悪性新生物	自殺	心疾患
45～49歳	悪性新生物	自殺	心疾患

	第1位	第2位	第3位
50～54歳	悪性新生物	心疾患	自殺
55～59歳			脳血管疾患
60～64歳			脳血管疾患
65～69歳			脳血管疾患
70～74歳			脳血管疾患
75～79歳			脳血管疾患
80～84歳			脳血管疾患
85～89歳			老衰
90～94歳	老衰		悪性新生物
95～99歳			悪性新生物
100歳以上			脳血管疾患

資料：厚生労働省「令和4年（2022）人口動態統計（確定数）の概況」（令和5年9月）

▶ 平均余命

平均余命とは、ある年齢の人々が、その後何年生きられるかという期待値のことをいいます。0歳の平均余命のことを平均寿命といいます。

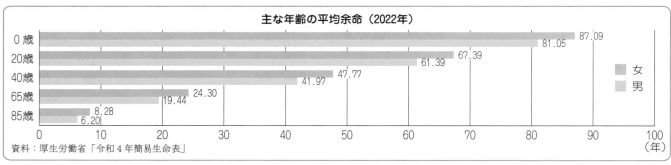

主な年齢の平均余命（2022年）

年齢	女	男
0歳	87.09	81.05
20歳	67.39	61.39
40歳	47.77	41.97
65歳	24.30	19.44
85歳	8.28	6.20

資料：厚生労働省「令和4年簡易生命表」

▶ 平均寿命

2022年の平均寿命は、男性81.05歳、女性87.09歳で、世界有数の長寿国であることを示しています。

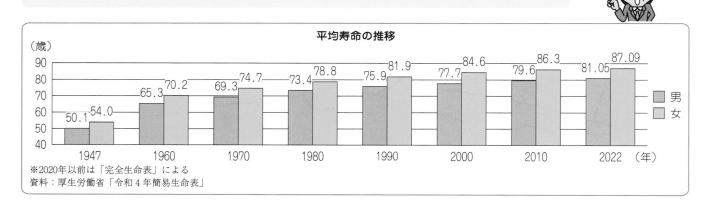

平均寿命の推移

（歳）

年	男	女
1947	50.1	54.0
1960	65.3	70.2
1970	69.3	74.7
1980	73.4	78.8
1990	75.9	81.9
2000	77.7	84.6
2010	79.6	86.3
2022	81.05	87.09

※2020年以前は「完全生命表」による
資料：厚生労働省「令和4年簡易生命表」

▶ 平均寿命と健康寿命

2019年時点で、平均寿命と健康寿命の差は、男性8.73年、女性12.07年となっており、この差が大きいほど、日常生活に制限のある「不健康な期間」が長いことになります。

男	平均寿命	81.41歳
	健康寿命	72.68歳　←　8.73年　→
女	平均寿命	87.45歳
	健康寿命	75.38歳　←　12.07年　→

資料：内閣府「令和5年版高齢社会白書」

▶個人に関する用語

ライフステージ	●人間の一生における乳幼児期、児童期、青年期、壮年期、老年期などのそれぞれの段階
ライフサイクル	●乳幼児期から老年期の各段階に固有の発達課題を達成していく過程を指す ●人間の出生から死に至る過程で設定されるライフステージごとに、人生を分析する
ライフコース	●標準的な段階設定をすることなく、社会的存在として、個人がたどる生涯の過程を示す概念
ライフスタイル	●個々人の人生の横断面に見られる生活の様式や構造、価値観を捉える概念
家族周期	●結婚、子どもの出生、配偶者の死亡といったライフイベントの時間的展開の規則性を説明する概念

▶福祉と就労に関する用語

ワークフェア	●公的扶助の受給条件として就労や職業訓練などの活動を義務づける政策
ベーシックインカム	●最低限所得保障の一種で、政府がすべての国民に対して一定の現金を定期的に支給するという政策
アクティベーション	●所得保障と並列して、就労促進のための職業訓練と社会サービスを提供する政策
ディーセント・ワーク	●働きがいのある、人間らしい仕事
アウトソーシング	●業務の一部を外部企業に委託すること
ワーク・ライフ・バランス	●仕事と個人の生活のバランスを維持しながら、仕事と生活の調和を目指すもの
アンペイドワーク	●賃金や報酬が支払われない労働や活動のことであり、家族による無償の家事、育児、介護が含まれる

▶近年の高齢者や介護に関する用語

老老介護	●介護を要する高齢者を65歳以上の高齢者が介護すること
認認介護	●認知症高齢者の介護を認知症である高齢の家族が行うこと
8050問題	●80代の親が50代の子どもを支えている状況であり、ひきこもりなどの困難を抱えつつ社会的に孤立している問題
ダブルケア	●1人の人や1つの世帯が同時期に介護と育児の両方に直面すること
介護離職	●家族を介護するために仕事を辞めること

▶ジェンダー

ジェンダー	●社会的・文化的に規定された性差（女性の差別問題と関連）
ジェンダー・バイアス	●男女の役割に無意識に固定的な偏見をもつことや、そのために社会的な評価や扱いが差別的になることを指す
ジェンダー・セグレゲーション	●男女の職務分離など。女性の構造的・空間的な差別現象
シャドウ・ワーク	●イリイチ, I. による社会学的用語 ●女性の家事労働をアンペイドワークと捉え、シャドーワークと呼んで家族における男女の不平等を明らかにした
ジェンダー・ギャップ	●社会的・文化的に作り出された性差によって生まれる不平等や格差のこと ●ジェンダー・ギャップ指数は、世界経済フォーラムが公表している世界の各国の男女間の不均衡を示す指標 ●2023年の日本のジェンダー・ギャップ指数は、146か国中125位（2022年は116位）
女性の労働	●日本女性の年齢階級別労働力率のグラフはM字型曲線を示す。最近は、M字の底が浅くなり、年齢も高くなってきた

男女共同参画社会基本法 （平成11年施行）		●男女共同参画社会の形成を総合的かつ計画的に推進することを目的とする ●政府は「男女共同参画基本計画」、都道府県は「都道府県男女共同参画計画」を定めなければならない
	第5次基本計画 成果目標例	●国家公務員の本省係長職以上の職員に占める女性の割合　令和4年7月：約28%（目標　令和7年度末までに30%以上） ●民間企業における男性の育児休業取得率　令和3年度：約14%（目標　令和7年30%）
男女雇用機会均等法(※1) （昭和61年施行）		●雇用の分野における男女の均等な機会及び待遇の確保等に関する法律 ●雇用管理全般において、性別を理由とする差別は禁止されている
	セクシュアル ハラスメント対策	●妊娠、出産、育児休業・介護休業等の取得等を理由とする上司・同僚等による就業環境を害する行為を防止するため、事業主に雇用管理上必要な措置が義務づけられている
女性活躍推進法(※2) （平成28年施行）		●常時雇用する労働者が101人以上の企業は、女性の活躍推進に向けた「一般事業主行動計画」の策定と公表が義務づけられている

（※1）正式名称：雇用の分野における男女の均等な機会及び確保等に関する法律
（※2）正式名称：女性の職業生活における活躍の推進に関する法律

▶性同一性障害

2003（平成15）年に、「性同一性障害者の性別の取扱いの特例に関する法律」が成立し、2022（令和4）年までに、1万1914人が性別の変更を認められています。

性同一性障害者の性別の取扱いの特例に関する法律	●性同一性障害者で一定の要件のいずれにも該当する人は、家庭裁判所に対して、性別の取扱いの変更の審判を請求することができる ●性別の取扱いの変更の審判を受けた者は、法律に別段の定めがある場合を除き、その性別につき他の性別に変わったものとみなす	
	性同一性障害の定義	●生物学的には性別が明らかであるにもかかわらず、心理的にはそれとは別の性別であるとの持続的な確信をもち、かつ、自己を身体的及び社会的に他の性別に適合させようとする意思を有する者であって、そのことについてその診断を的確に行うために必要な知識及び経験を有する2人以上の医師の一般に認められている医学的知見に基づき行う診断が一致しているものをいう
	性別の取扱いの変更の審判	●家庭裁判所は、性同一性障害者であって次のいずれにも該当するものについて、その者の請求により、性別の取扱いの変更の審判をすることができる
	要件	① 18歳以上であること ② 現に婚姻をしていないこと ③ 現に未成年の子がいないこと ④ 生殖腺がないこと又は生殖腺の機能を永続的に欠く状態にあること ⑤ その身体について他の性別に係る身体の性器に係る部分に近似する外観を備えていること

●LGBT理解増進法（※）　2023（令和5）年6月23日施行

LGBT理解増進法	●性的指向及びジェンダーアイデンティティの多様性を受け入れる精神を涵養し、もって性的指向及びジェンダーアイデンティティの多様性に寛容な社会の実現に資することを目的とする	
定義	性的指向	●恋愛感情又は性的感情の対象となる性別についての指向
	ジェンダーアイデンティティ	●自己の属する性別についての認識に関するその同一性の有無又は程度に係る意識
基本理念	●性的指向及びジェンダーアイデンティティの多様性に関する国民の理解の増進に関する施策は、性的指向及びジェンダーアイデンティティを理由とする不当な差別はあってはならないものであるとの認識の下に、相互に人格と個性を尊重し合いながら共生する社会の実現に資することを旨として行われなければならない	
基本計画	●政府は、基本理念にのっとり、性的指向及びジェンダーアイデンティティの多様性に関する国民の理解の増進に関する基本的な計画を策定しなければならない	
事業主等の努力	●事業主は、性的指向及びジェンダーアイデンティティの多様性に関する当該労働者の理解の増進に自ら努めるとともに、国又は地方公共団体が実施する施策に協力するよう努めるものとする ●学校の設置者は、性的指向及びジェンダーアイデンティティの多様性に関する当該学校の児童等の理解の増進に自ら努めるとともに、国又は地方公共団体が実施する国民の理解の増進に関する施策に協力するよう努めるものとする	

（※）正式名称：性的指向及びジェンダーアイデンティティの多様性に関する国民の理解の増進に関する法律

44 家族・世帯

▶家 族

家　族		●夫婦の婚姻関係や親子・兄弟の血縁関係によって結ばれた親族関係を基礎にして成立する小集団
家族の類型	夫婦家族制	●夫婦を中心とする家族形態。既婚子とも同居せず、夫婦一代限りの家族
	直系家族制	●跡継ぎとなる子どもの家族と同居する家族形態。家族が世代的に再生産される
	複合家族制	●複数の子どもたちが結婚後も同居する家族形態
家族の分類	定位家族	●生まれ育った家族
	創設（生殖）家族	●結婚してつくる家族
家族内役割	手段的役割	●仕事・社会との調整
	表出的役割	●家事・家族内調整
家族の機能		●「生命維持機能」「生活維持機能」「パーソナリティ安定機能」「パーソナリティ形成機能」「ケア機能」などがある

▶世 帯

世　帯		●住居と生計を共にしている人々の集まり、又は一戸を構えて住んでいる単身者（一時的に別居している家族は含まない。同居の非家族は含む）
国勢調査		●国勢調査では、世帯を「一般世帯」と「施設等の世帯」の２種類に区分している
	一般世帯	●「一般世帯」とは、「施設等の世帯」以外の世帯
	施設等世帯	●学校の寮・寄宿舎の学生・生徒、病院・療養所などの入院者、社会施設の入所者、矯正施設の入所者などから成る世帯
世帯構造	単独世帯	●世帯員が１人だけの世帯
	核家族世帯	●夫婦と未婚の子、夫婦のみ、ひとり親と未婚の子のみの世帯
	三世代世帯	●世帯主を中心とした直系三世代以上の世帯
住民基本台帳		●市町村長は、個人を単位とする住民票を世帯ごとに編成して、住民基本台帳を作成しなければならない（世帯を単位とすることもできる）
DINKs（ディンクス）		●（Double income no kids）共働きで子どもをもたない夫婦
DEWKs（デュークス）		●（Double employed with kids）共働きをしながら子どもを育てる夫婦
ステップファミリー		●前のパートナーとの子どもを連れて再婚した家族
ネットワークファミリー		●血縁・姻縁にこだわらずに選択的に形成された家族

▶日本の世帯

2022（令和4）年の日本の平均世帯人員は「2.25人」となっています。今後、人口は減少し、世帯数は増加傾向にあり、平均世帯人員がますます減少していくと予測されています。

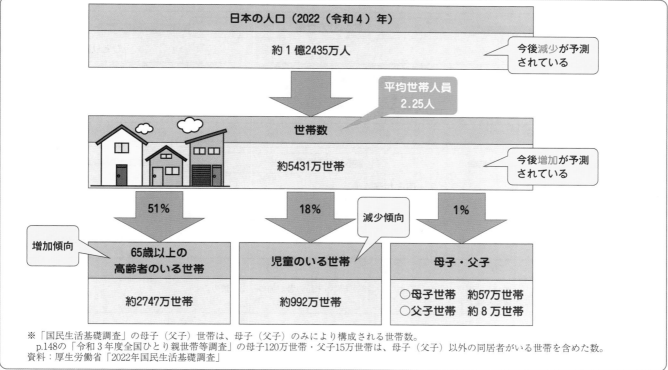

日本の人口（2022（令和4）年）

約1億2435万人

今後減少が予測されている

平均世帯人員 2.25人

世帯数

約5431万世帯

今後増加が予測されている

51%	18%	1%
増加傾向	減少傾向	
65歳以上の高齢者のいる世帯	児童のいる世帯	母子・父子
約2747万世帯	約992万世帯	○母子世帯　約57万世帯 ○父子世帯　約8万世帯

※「国民生活基礎調査」の母子（父子）世帯は、母子（父子）のみにより構成される世帯数。
　p.148の「令和3年度全国ひとり親世帯等調査」の母子120万世帯・父子15万世帯は、母子（父子）以外の同居者がいる世帯を含めた数。
資料：厚生労働省「2022年国民生活基礎調査」

▶世帯数と平均世帯人員の推移

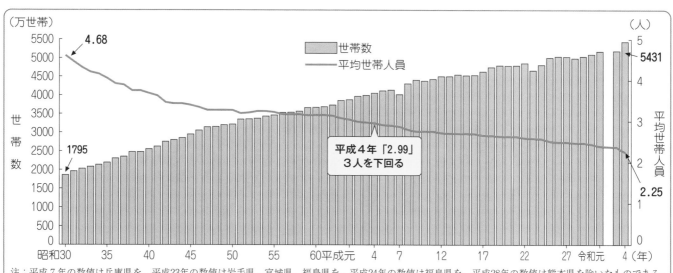

（万世帯）　　　　　　　　　　　　　　　　　　　　　　　　（人）

4.68

世帯数
平均世帯人員

5431

1795

平成4年「2.99」
3人を下回る

2.25

世帯数　　平均世帯人員

昭和30　35　40　45　50　55　60平成元　4　7　12　17　22　27　令和元　4（年）

注：平成7年の数値は兵庫県を、平成23年の数値は岩手県、宮城県、福島県を、平成24年の数値は福島県を、平成28年の数値は熊本県を除いたものである。
　　令和2年は調査を実施していない。
資料：厚生労働省「2022年国民生活基礎調査」

▶世帯の構造と類型

2022（令和4）年の世帯数約5431万世帯を「構造別」「類型別」にながめてみましょう。

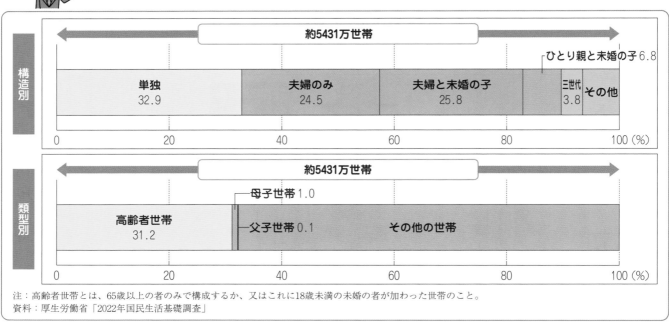

構造別

約5431万世帯

| 単独 32.9 | 夫婦のみ 24.5 | 夫婦と未婚の子 25.8 | ひとり親と未婚の子6.8 | 三世代 3.8 | その他 |

0　　　　20　　　　40　　　　60　　　　80　　　　100 (%)

類型別

約5431万世帯

母子世帯 1.0

| 高齢者世帯 31.2 | 父子世帯 0.1 | その他の世帯 |

0　　　　20　　　　40　　　　60　　　　80　　　　100 (%)

注：高齢者世帯とは、65歳以上の者のみで構成するか、又はこれに18歳未満の未婚の者が加わった世帯のこと。
資料：厚生労働省「2022年国民生活基礎調査」

▶世帯の将来推計

今後、世帯総数は2030年まで増加し、さらに、世帯構造が変化していきます。

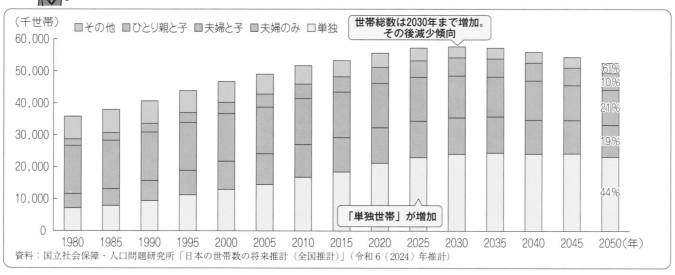

（千世帯）　□その他　□ひとり親と子　□夫婦と子　□夫婦のみ　□単独

世帯総数は2030年まで増加。その後減少傾向

「単独世帯」が増加

6%
10%
21%
19%
44%

1980　1985　1990　1995　2000　2005　2010　2015　2020　2025　2030　2035　2040　2045　2050（年）

資料：国立社会保障・人口問題研究所「日本の世帯数の将来推計（全国推計）」（令和6（2024）年推計）

▶65歳以上の者のいる世帯の推移

65歳以上の者のいる世帯は、単独世帯・夫婦のみの世帯・親と未婚の子のみの世帯が増加傾向にあり、三世代世帯が減少しています。

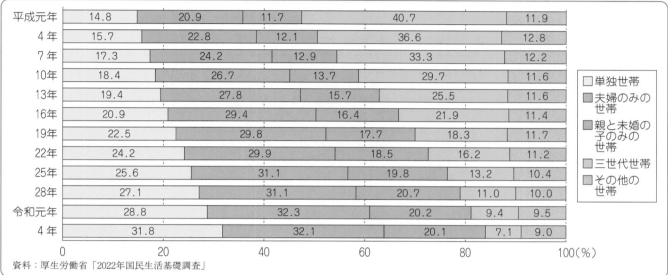

	単独世帯	夫婦のみの世帯	親と未婚の子のみの世帯	三世代世帯	その他の世帯
平成元年	14.8	20.9	11.7	40.7	11.9
4年	15.7	22.8	12.1	36.6	12.8
7年	17.3	24.2	12.9	33.3	12.2
10年	18.4	26.7	13.7	29.7	11.6
13年	19.4	27.8	15.7	25.5	11.6
16年	20.9	29.4	16.4	21.9	11.4
19年	22.5	29.8	17.7	18.3	11.7
22年	24.2	29.9	18.5	16.2	11.2
25年	25.6	31.1	19.8	13.2	10.4
28年	27.1	31.1	20.7	11.0	10.0
令和元年	28.8	32.3	20.2	9.4	9.5
4年	31.8	32.1	20.1	7.1	9.0

資料：厚生労働省「2022年国民生活基礎調査」

▶児童のいる世帯の推移

児童のいる世帯は、核家族世帯が増加し、三世代世帯が減少しています。

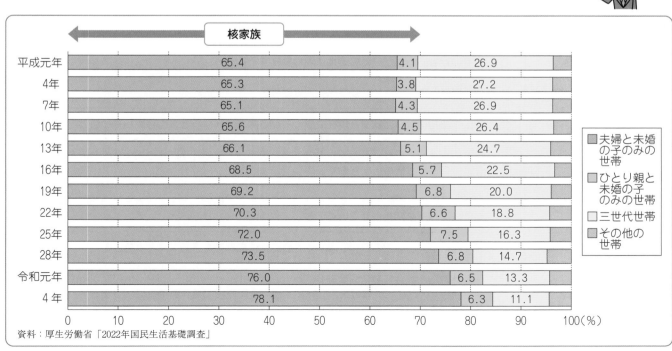

核家族

	夫婦と未婚の子のみの世帯	ひとり親と未婚の子のみの世帯	三世代世帯	その他の世帯
平成元年	65.4	4.1	26.9	
4年	65.3	3.8	27.2	
7年	65.1	4.3	26.9	
10年	65.6	4.5	26.4	
13年	66.1	5.1	24.7	
16年	68.5	5.7	22.5	
19年	69.2	6.8	20.0	
22年	70.3	6.6	18.8	
25年	72.0	7.5	16.3	
28年	73.5	6.8	14.7	
令和元年	76.0	6.5	13.3	
4年	78.1	6.3	11.1	

資料：厚生労働省「2022年国民生活基礎調査」

45 社会システム

『穴埋めチェック2025』
P.177〜P.186参照

重要度 **B** ★★☆

▶政治的支配の形態

社会システムの概念	●パーソンズ, T. は、社会システムは構造及び機能をもっているとし（構造機能主義）、社会システムのサブシステムとして、AGIL理論を提唱した	
	A	適応（Adaptation）
	G	目標達成（Goal attainment）
	I	統合（Integration）
	L	潜在的パターンの維持・緊張処理（Latent pattern maintenance and tension management）
ホッブズ問題	●人々の私的利益の追求は利害対立を生み、万人の万人に対する闘争状態が予想されるなかで、社会秩序がなぜ可能となるのかを問うことをいう	

▶社会階層

社会階層		●人々の社会的地位等の序列で、社会的資源が不平等に配分され格差が生じている状態
	属性主義	●人間を評価したり、その人に地位や役割を割り当てたりするとき、その人の生得的特性を考慮する ●生まれながらにして、その人の職業を決定するような社会を属性主義社会という
	業績主義	●人間を評価したり、その人に地位や役割を割り当てたりするとき、その人の業績を考慮する ●本人の能力や努力の結果を評価し、職業選択に結びつけることを前提とした社会を業績主義社会という

▶社会移動

社会移動		●人々の社会的地位が、異なる地点間で変化すること
	世代間移動	●親の職業と子どもの職業が異なるときに移動しているとみる
	世代内移動	●個人が最初についた職業と現在従事している職業が異なるときに移動しているとみる
	庇護移動	●既成エリートがエリートたるものの基準を設定し、その基準に合う次世代のものを早期に選抜し、その選抜以後の上昇移動を保障していくこと
	トーナメント移動	●選抜・競争の各段階で勝者にのみ次の競争への参加資格を与え、敗者をその都度競争から排除してメンバーを変化させていくこと
	構造移動	●産業構造や人口動態の変化によって社会的地位の移動を余儀なくされること
SSM調査		●「社会階層と社会移動全国調査」（The national survey of Social Stratification and social Mobility）の略。1955年以来、10年に１度、全国規模で無作為抽出により実施されている、社会学者による日本最大規模の調査

▶社会的行為

社会的行為	●行為とは、主観的意味（行為者自身にとってどのような意味をもつか）があり、他者から観察可能な振る舞いを意味する
社会的行為の類型	●他の人々とのかかわりでなされるもので、ヴェーバー, M. は、社会的行為を4つに分類した
目的合理的行為	●将来の予測を立て、ある目的を達成するために行われる行為
価値合理的行為	●祈願や祈祷などのように、結果を度外視した信奉する価値の実現のために行われる行為
感情的行為	●個人の内面における感情の表現が重視される行為
伝統的行為	●昔から家族や地域共同体等で行われてきたもので、季節の行事や慣習的な行為
理解社会学	●ヴェーバー, M. によって提唱された社会学の立場で、社会的行為の主観的意味を理解することを通して、その過程及び結果を説明しようとする考え方
主意主義的行為理論	●パーソンズ, T. の社会的行為論 ●人間の行為は客観的条件に規定されつつも、行為者の主観的な意図に方向づけられているとする理論
象徴的相互作用論	●ブルーマー, H. などの社会的行為論 ●人間は、事物に何らかの「意味」や「象徴」を付与し行動するが、この「意味」「象徴」は、社会的に与えられたものではなく、相互作用を通して生まれるとする理論
主我と客我	●ミード（Mead, G.）は、自我とは主我（I）と客我（me）の2つの側面から成立しており、他者との関係が自己自身への関係へと転換されることによって形成されることを指摘した

▶政治的支配

政治的支配	●ヴェーバー, M. は、政治的支配の形態を3つに分類した
合法的支配	●正当な手続により制定された法に従うことで成立する支配
伝統的支配	●伝統や慣習により、正当化される支配
カリスマ的支配	●支配者のリーダーシップや資質、魅力によって正当化される支配

▶社会的役割

社会的役割		●社会的状況のなかで示される一定の規則性をもった行為
	役割期待	●個人の行動パターンに対する他者の期待を指し、規範的な意味をもつ
	役割取得	●個人が、他者や集団の観点から自身を見て自らの行為のあり方を形成していく過程 （子どもが「ごっこ」遊びで親の役割などをまねることを通して自己を形成していく）
	役割距離	●他者の期待と少しずらして行動すること（外科医が手術中に冗談を言うなど）
	役割猶予 （モラトリアム）	●特定の役割を取得する前に、いろいろな役割に挑戦できる猶予期間
	役割葛藤	●保有する複数の役割間の矛盾や対立から心理的緊張を感じること
	役割形成	●既存の役割規定の枠を越えて、新しい人間行為を展開すること

▶社会関係資本

社会関係資本 （ソーシャル・キャピタル）		●信頼、規範、ネットワークなど、人々や組織の調整された諸活動を活発にする資源
	結束型	●集団の内部において同質的な人と人を結びつけるネットワーク ●結束が強すぎると、集団を閉鎖的で排他的なものにする危険性がある
	橋渡し型	●異なる集団間で異質な人や組織を結びつけるネットワーク

▶社会的ジレンマ

社会的ジレンマ		●個人レベルでの最適な選択が、集団・社会レベルでは最適な選択とはならない状態
	囚人のジレンマ	●協力し合うことが互いの利益になるにもかかわらず、非協力への個人的誘因が存在する状況を指す
	共有地の悲劇	●それぞれの個人が合理的な判断の下で自己利益を追求した結果、全体としては不利益な状況を招いてしまうことを指す
	フリーライダー	●ある財やサービスの対価を払うことなく、利益のみを享受する人のこと
	選択的誘因	●協力行動には報酬を、非協力行動には制裁を与え、協力行動を選択するほうが合理的であるようにする方法

▶集団に関する理論

テンニース, F.	ゲマインシャフト	●共同社会 ●本質意志によって結ばれた自然発生的集団。家族、村落など
	ゲゼルシャフト	●利益社会 ●利害や本人の意志によって結ばれた人為的集団。大都市、国民社会など
クーリー, C. H.	第一次集団	●メンバーの間に直接的つながりと親密な関係が存在する集団 ●家族、仲間など
	第二次集団	●一定の目的や利害関心に基づいてつくられた人為的集団 ●企業、政党など
マッキーヴァー, R.	コミュニティ	●共同生活の基礎 ●近隣集団・村落・都市など、地域性、共同生活、共属感情を満たす集団
	アソシエーション	●特定の関心や目的を実現するためにつくられた人為的集団 ●コミュニティの生活課題を分担する機関。家族、教会など

▶組　織

官僚制		●比較的規模の大きい社会集団や組織における管理・支配のシステム
	ヴェーバー, M. による官僚制の特徴	●権限の原則（規則によって、権限が秩序づけられている） ●階層の原則（上下関係がはっきりした職階制を採る） ●専門性の原則（専門的な職員が採用される） ●文書主義（文書による事務処理が行われる）
	マートン, R. K. による官僚制の逆機能についての指摘	●秘密主義・画一的傾向 ●権威主義的傾向（意思決定や判断において、権威に盲従する） ●繁文縟礼（申請や届け出に際して、多くの書類の提出を求められる） ●セクショナリズム（部局割拠主義）
社会集団		●成員であることの自己認知とともに他者からの認知があり、また、成員間の相互作用が存在するなどの特徴をもっている
協働システム		●バーナード, C. は、組織を協働システムとしてとらえ、組織成立の要件は、①共通目的、②コミュニケーション、③貢献意欲としている
ホーソン調査		●メイヨー, G. E. のホーソン工場での生産能率実験。労働者の生産意欲を高めるのは、賃金、照明などの環境だけでなく、職場のインフォーマルな人間関係が重要であるとした
フォーマルグループ		●企業や官庁のような一定の目的のために成文化された規則と命令系統を持つ組織
インフォーマルグループ		●職場内で個人的な接触などによって自然発生的に形成されるグループのこと
準拠集団		●その集団の標準的な行動スタイルがその人の行動、態度の拠り所となっているような集団 （例：プロ野球やJリーグのファン、大学のサークルなど）
プラットフォーム		●住民や地域関係者、行政などがその都度集い、相談、協議し、学び合う場

▶都市化と地域社会

大衆社会	●大衆社会とは、社会の近代化・産業化とともに出現した大衆によって動かされる社会のこと ●「人間の個性の喪失・生活様式の画一化」「社会の組織化と官僚化」「大量生産・大量消費」などの特徴がある
インナーシティ	●インナーシティ（都市の内部）にありながらも、その都市全体の市民との交流が隔絶された低所得世帯が密集する住宅地域 ●企業流出、人口減少、高齢化、施設老朽化などにより、大都市中心部の周辺地域が衰退化する
スプロール現象	●都市の市街化地域が無秩序に拡大して工住混合地域が発生するなど、都市周辺部が蚕食されていく現象をいう（スプロールは、むやみに広がるという意味）
ジェントリフィケーション	●専門職、管理職などの高所得層を、郊外から呼び戻すことによる大都市衰退地区の再活性化現象をいう
コンパクトシティ	●拡散した都市機能を集約させ、生活圏の再構築を図る都市
エコロジー的近代化	●経済成長がある段階を超えると、技術革新や環境意識の向上によって省エネ、省資源化が進み、環境保全を図ろうとする生産と消費のあり方が模索されるようになるという近代化のあり方
ケアリングコミュニティ	●福祉サービスを必要とする人を社会的に排除するのではなく、地域社会を構成する一人として包摂し、日常生活圏域の中で支えていく機能を有しているコミュニティ
リスク社会	●ベック（Beck, U.）が提唱した、産業社会の発展に伴う環境破壊等によって人々の生活や社会が脅かされ、何らかの対処が迫られている社会を示す概念
第2の近代	●ベックは、単純な近代化の時代（第1の近代）から、再帰的近代化が進行する時代（第2の近代）に進行するとしている
エスニシティ	●言語や歴史、社会的価値観などを共有する集団における所属意識やアイデンティティのこと
限界集落	●過疎化と高齢化によって高齢化率が50％を超え、共同体機能の維持が困難になっている集落

▶過疎対策

過疎地域の持続的発展の支援に関する特別措置法（令和3年4月施行）		●過疎地域について、総合的かつ計画的な対策を実施するために制定された（令和13年3月までの10年間の時限）
	過疎地域	●過疎地域の持続的発展の支援に関する特別措置法では、「過去の人口減少率等が一定率以上」「財政力指数が一定数以下」の要件を満たす地域を過疎地域に指定している
過疎地域の現状		●過疎地域が全国に占める割合 **市町村数**（全国1719市町村）　過疎 51.5%　非過疎 **人口**（全国1億2615万人）　過疎 9.3%　非過疎 **面積**（全国37.8万km²）　過疎 63.2%　非過疎 資料：総務省「令和3年度版「過疎対策の現況」について」 ●過疎地域の人口は全国の9.3%を占めるに過ぎないが、市町村数では約半数、面積では国土の約6割を占めている

序章

第1章

第2章

第3章

第4章

第5章

社会の仕組みを理解する科目 ▼ ⑲社会学

▶地域包括ケアシステム

地域包括ケアシステム	●地域包括ケアシステムとは、重度な要介護状態になっても、住み慣れた地域で自分らしい暮らしを人生の最後まで続けることができるよう、おおむね30分以内に必要なサービスが提供される中学校区などの日常生活圏域内において、医療、介護、予防、住まい、生活支援サービスが切れ目なく、有機的かつ一体的に提供される体制のことをいう	
	構成要素	①医療、②介護、③介護予防、④住まい、⑤生活支援・福祉サービス
	日常生活圏域	●市町村介護保険事業計画において、日常生活圏域はそれぞれの市町村において、小学校区、中学校区、旧行政区、住民の生活形態、地域づくりの単位など、面積や人口だけでなく、地域の特性などを踏まえて設定する

▶被災者支援

災害対策基本法	●災害対策全体を体系化し、総合的かつ計画的な防災行政の整備及び推進を図ることを目的としている ●災害予防、災害応急対策、災害復旧という段階ごとに、各実施責任主体の果たすべき役割や権限を規定 ●被災者保護対策として、避難行動要支援者名簿及び個別避難計画の事前作成などを規定	
災害救助法	●災害に対して、国や地方公共団体などが、国民の協力の下に、応急的に、必要な救助を行い、被災者の保護と社会秩序の保全を図ることを目的としている	
福祉避難所	●災害発生時に、要配慮者を受け入れる避難所で、国のガイドラインによって各市町村で確保するよう求められている	
	指定避難所の基準	●要配慮者の円滑な利用の確保、要配慮者が相談し、又は助言その他の支援を受けることができる体制が整備された施設で、災害対策基本法施行令の基準を満たすもの
	要配慮者	●災害時において、高齢者、障害者、乳幼児その他の特に配慮を要する者
	利用対象	●身体等の状況が特別養護老人ホーム又は老人短期入所施設等へ入所するには至らない程度の者であって、避難所での生活において、特別な配慮を要する者及びその家族
EMIS （広域災害救急医療情報システム）	●被災した都道府県を越えて災害時に医療機関の稼動状況など災害医療に関わる情報を共有し、被災地域での迅速かつ適切な医療・救護に関わる各種情報を集約・提供することを目的としたシステム	
DMAT （災害派遣医療チーム）	●医師、看護師、業務調整員（医師、看護師以外の医療職及び事務職員）で構成され、大規模災害や多傷病者が発生した事故などの現場に、急性期（おおむね48時間以内）から活動できる機動性をもった、専門的な訓練を受けた医療チーム	
DPAT （災害派遣精神医療チーム）	●自然災害や航空機・列車事故、犯罪事件などの集団災害の後、被災地域に入り、精神科医療及び精神保健活動の支援を行う専門的なチーム	

▶企業の社会貢献活動

社会的企業	●社会的課題の解決を目的として収益事業に取り組む企業
メセナ	●企業の文化や芸術に対する援助のこと
フィランソロピー	●医療・福祉・教育などに対する寄附や奉仕など（慈善活動）
マッチング・ギフト	●従業員の意志でする「寄附」に対して、会社が「同額」を上乗せするシステム

▶ボランティア

ボランティア	●自発性に基づき他人や社会に貢献すること。無報酬での活動を指すことが多いが、有償の場合もある
ボランティア コーディネーター	●ボランティアをしたい人と受けたい人をつなぐ人。市町村社会福祉協議会のボランティアセンターなどに配置されている
ボランティア保険	●全国社会福祉協議会が契約者、ボランティアが被保険者。申込みは市町村社会福祉協議会で行う。傷害や賠償事故などを対象にしている
ボランティアの種類	<table><tr><th>分類</th><th>活動する人</th><th>特徴</th></tr><tr><td>行政委嘱型</td><td>民生委員・保護司など</td><td>法、条例に依拠</td></tr><tr><td>専門技術提供型</td><td>手話通訳者、弁護士など</td><td>技能や知識の専門性</td></tr><tr><td>日常活動型</td><td>家庭の主婦など</td><td>日常的な生活支援</td></tr><tr><td>アクション型</td><td>障害者の家族・支援者など</td><td>当事者との協働性</td></tr><tr><td>地域ぐるみ活動型</td><td>町内会、自治会など</td><td>半義務性</td></tr></table>
災害対策基本法	●国及び地方公共団体は、ボランティアによる防災活動が災害時において果たす役割の重要性に鑑み、その自主性を尊重しつつ、ボランティアとの連携に努めなければならない ●防災基本計画では、国、地方公共団体及び関係団体は、相互に協力し、ボランティアに対する被災地のニーズの把握に努めるとともに、ボランティアの受付、調整等その受入れ体制を確保するよう努めるものとしている
防災とボランティア の日	●「防災とボランティアの日」（1月17日）、「防災とボランティア週間」（1月15日〜21日）
災害ボランティア センター	●主に災害発生時のボランティア活動を効率よく推進するための組織 ●センターには、被災者のニーズと災害ボランティアをマッチングすることに加え、プログラムの開発、関係機関との調整などに高い専門性が求められる

47 社会問題

▶社会問題に関する重要事項

構築主義	●社会問題は、ある状態を解決されるべき問題とみなす人々のクレイム申立てとそれに対する反応を通じて作り出されるという捉え方
ヴァルネラビリティ	●弱さや脆弱性という意味で、生存、健康、生活、尊厳、つながり、環境などが脅かされたり、そうなる恐れがある状態
社会的逸脱	●個人又は集団が、その所属する集団や社会の標準から外れた状態にあったり、標準的でない行為をすること
ラベリング	●誰かから社会的なラベルを貼られることによって、貼られた人物の主観面に大きな影響を及ぼす
アノミー	●社会規範が失われて、無規範状態になり、社会秩序が乱れ混乱した状態 ●マートン（Merton, R. K.）は、文化的目標とそれを達成するための制度的手段との不統合が存在する場合にアノミーが生じるとした
スティグマ	●他者や社会集団によって個人に押し付けられた「負の烙印」
エイジズム	●高齢者への偏見が強まり、差別を正当視すること
マイノリティ・グループ	●身体的特性や文化的特性が劣っているとして差別を受ける社会集団。自らもそれを自覚し、集団的アイデンティティを有する集団
セルフネグレクト	●医療・介護サービスの利用を拒否するなどにより、社会から孤立し、生活行為や心身の健康維持ができなくなっている状態
アファーマティブ・アクション	●「積極的差別是正措置」のこと。差別を解消するために、特定の民族あるいは階級に対して優遇措置を制度上採用する方策 ●「機会の平等」よりも「結果の平等」を重視する。「逆差別」の問題もある
ニンビー（NIMBY）	●「Not In My Back Yard」の略 ●ニンビー（NIMBY）と呼ばれる社会運動では、施設が建設されると、地域住民に対して環境被害をもたらすと主張し、反対運動を起こすことがある
犯罪	**ホワイトカラー犯罪**	●組織で働く、名望ある社会的地位の高い中・上層の者が、職業的な課題を遂行するなかで、犯罪を犯すこと
	被害者なき犯罪	●賭博、麻薬、談合、売買春、堕胎など、被害者がいないようにみえる犯罪
	割れ窓理論	●建物の窓ガラスが割れたまま放置されていると、管理人がいないと思われ、凶悪な犯罪が増えるという理論（軽微な犯罪を徹底的に取り締まることで凶悪犯罪を含めた犯罪を抑止できる）

序章 第1章 第2章 第3章 第4章 第5章

社会の仕組みを理解する科目▼ ⑲社会学

▶環境問題

「国連環境開発会議」（地球サミット）	● 1992年に、リオデジャネイロで地球サミットが開催され、「持続可能な開発」を理念とするリオ宣言が採択された ● リオ宣言の詳細な行動計画である「アジェンダ21合意」を採択したほか、生物多様性条約の署名が開始された
京都議定書	● 1997年に気候変動枠組条約に基づき、京都市で開かれた地球温暖化防止京都会議での議決した議定書。二酸化炭素などの排出削減率を国ごとに定めた
ミレニアム開発目標（MDGs）	● 2001年に、国連ミレニアム宣言（2000年）と国際開発目標を統合し1つの共通の枠組みとしてまとめられた ● MDGsは、2015年までに達成すべき目標として8つのゴールと21のターゲット項目を掲げている
生物多様性基本法	● 2008年5月に成立し、同年6月に施行 ● 生物多様性の保全と持続可能な利用に関する施策を総合的・計画的に推進することで、豊かな生物多様性を保全し、その恵みを将来にわたり享受できる自然と共生する社会を実現することを目的としている
持続可能な開発のための2030アジェンダ	● 2015年9月、ニューヨーク国連本部において、「国連持続可能な開発サミット」が開催され、その成果文書として、我々の世界を変革する：持続可能な開発のための2030アジェンダが採択された

持続可能な開発目標（SDGs）			● ミレニアム開発目標（MDGs）の後継として、「持続可能な開発のための2030アジェンダ」に記載された、2030年までに持続可能でよりよい世界を目指す国際目標 ● 持続可能でよりよい世界をつくるために、17の目標を掲げており、2030年までにこれらの目標の達成を目指している
	目標（一部抜粋）	**目標1**	● あらゆる場所で、あらゆる形態の貧困に終止符を打つ
		目標2	● 飢餓をゼロに
		目標3	● あらゆる年齢のすべての人々の健康的な生活を確保し、福祉を増進する
		目標4	● すべての人々に包摂的かつ公平で質の高い教育を提供し、生涯学習の機会を促進する
		目標5	● ジェンダーの平等を達成し、すべての女性と女児のエンパワメントを図る
		目標8	● すべての人々のための持続的、包摂的かつ持続可能な経済成長、生産的な完全雇用およびディーセント・ワークを推進する
		目標13	● 気候変動とその影響に立ち向かうため、緊急対策を取る

パリ協定	● 2015年12月パリ協定採択 ● 世界各国が世界共通の長期目標として、世界的な平均気温上昇を工業化以前に比べて2℃より十分低く保つとともに、1.5℃に抑える努力を追求することなどを掲げている
第五次環境基本計画	● 2018年4月17日に第五次環境基本計画を閣議決定 ● 環境基本計画とは、環境基本法第15条に基づき、環境の保全に関する総合的かつ長期的な施策の大綱等を定めるもの（計画は約6年ごとに見直し） ● 分野横断的な6つの重点戦略（経済、国土、地域、暮らし、技術、国際）を設定

序章

第1章

第2章

第3章

第4章

第5章

社会の仕組みを理解する科目 ▼ ⑲社会学

▶ひきこもり

外出をほとんどしない状態が長期間続くいわゆる「ひきこもり」の人は、15歳から64歳までの年齢層の2％余りにあたる約146万人に上ると推計されています。

区 分	年 齢	15歳〜39歳	40歳〜64歳
準ひきこもり群	普段は家にいるが、自分の趣味に関する用事のときだけ外出する	0.95%	0.70%
狭義のひきこもり群	普段は家にいるが、近所のコンビニなどには出かける	0.74%	1.17%
	自室からは出るが、家からは出ない又は自室からほとんど出ない	0.30%	0.07%
	自室からほとんど出ない	0.06%	0.07%
広義のひきこもり群		2.05%	2.02%

資料：内閣府「こども・若者の意識と生活に関する調査（令和4年度）」

ひきこもりの定義	●様々な要因の結果として、社会的参加（義務教育を含む就学、非常勤職員を含む就労、家庭外での交遊）を回避し、原則的には6か月以上にわたって概ね家庭にとどまり続けている状態（他者と交わらない形での外出をしていてもよい）	
ひきこもり地域支援センター事業	●都道府県、指定都市、市町村に設置（民間団体へ委託できる） ●ひきこもり支援コーディネーターを2名以上配置（うち1名以上は、社会福祉士、精神保健福祉士、保健師、公認心理士等）	
	業務内容	●対象者からの電話や来所等による相談に応じ、適切な助言を行うとともに、必要に応じて訪問支援を行う ●ひきこもり状態にある本人が、社会参加をするための第一歩となる居場所づくりを行う

▶ヘイトスピーチ解消法(※) ◀ 2016（平成28）年6月公布

目 的	●本邦外出身者に対する不当な差別的言動の解消が喫緊の課題であることに鑑み、その解消に向けた取組について、基本理念を定め、及び国等の責務を明らかにするとともに、基本的施策を定め、これを推進することを目的とする
基本理念	●国民は、本邦外出身者に対する不当な差別的言動の解消の必要性に対する理解を深めるとともに、本邦外出身者に対する不当な差別的言動のない社会の実現に寄与するよう努めなければならない
相談体制の整備	●国は、本邦外出身者に対する不当な差別的言動に関する相談に的確に応ずるとともに、これに関する紛争の防止又は解決を図ることができるよう、必要な体制を整備するものとする

（※）正式名称：本邦外出身者に対する不当な差別的言動の解消に向けた取組の推進に関する法律

▶自殺対策基本法 2006（平成18）年公布

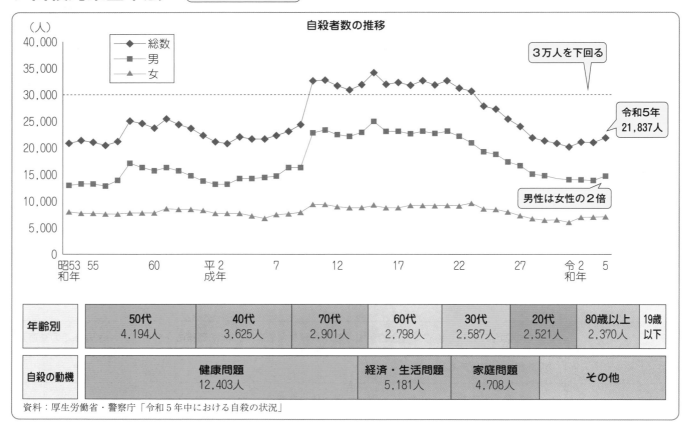

資料：厚生労働省・警察庁「令和5年中における自殺の状況」

自殺対策基本法	目 的	●誰も自殺に追い込まれることのない社会の実現を目指して、自殺対策の基本となる事項を定めること等により、国民が健康で生きがいを持って暮らすことのできる社会の実現に寄与することを目的とする
	基本理念	●自殺対策は、生きることの包括的な支援として、すべての人がかけがえのない個人として尊重されるとともに、生きる力を基礎として生きがいや希望を持って暮らすことができるよう実施されなければならない
	自殺総合対策大綱	●政府は、自殺総合対策大綱（2022（令和4）年10月閣議決定。5年に1度見直し）を定めなければならない
	自殺対策計画	●都道府県は、自殺総合対策大綱及び地域の実情を勘案して、「都道府県自殺対策計画」を定めるものとする ●市町村は、自殺総合対策大綱及び都道府県自殺対策計画並びに地域の実情を勘案して、「市町村自殺対策計画」を定めるものとする
	自殺予防週間	●自殺予防週間は9月10日から9月16日までとし、自殺対策強化月間は3月とする
地域自殺対策推進センター		●すべての都道府県・指定都市に「地域自殺対策推進センター」を設置し、市町村等を直接的かつ継続的に支援する体制及び機能を強化。自死遺族等に対する専門相談及び必要となるさまざまな支援情報の提供を行う

48 グローバリゼーション

▶在留外国人数の推移とわが国の総人口に占める割合の推移

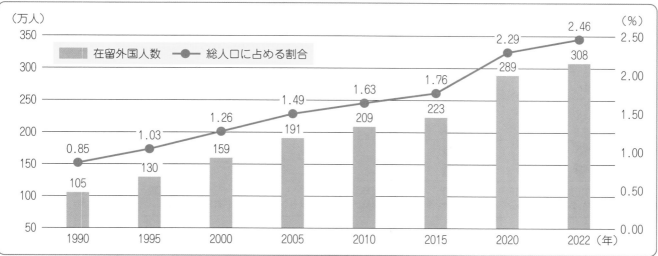

資料：法務省 2023年版「出入国在留管理」

在留資格別	永住者 28%	技能実習 11%	技術・人文知識・国際業務 10%	留学 10%	特別永住者 9%	定住者 7%	家族滞在 7%	その他

在留外国人　308万人

国籍別	中国 25%	ベトナム 16%	韓国 13%	フィリピン 10%	ブラジル 7%	その他

在留資格		●在留資格は、活動資格（日本で何をするか）と居住資格（どのような身分か）がある
	活動資格	●外交、公用、教授、芸術、宗教、報道、高度専門職、経営・管理、法律・会計業務、医療、研究、教育、技術・人文知識・国際業務、企業内転勤、介護、興行、技能、技能実習、特定技能 ●文化活動、短期滞在、留学、研修、家族滞在、特定活動
	居住資格	●永住者、日本人の配偶者等、永住者の配偶者等、定住者
特別永住者		●「日本国との平和条約に基づき日本の国籍を離脱した者等の出入国管理に関する特例法」により定められた在留の資格 ●特別永住者には、特別永住者証明書が交付される
在留管理制度		●在留資格をもっている中長期在留者は、在留管理制度の対象となる ●中長期在留者に対し、在留カードが交付される ●在留期間の上限は最長5年
	中長期在留者	●3か月以下、短期滞在、外交又は公用の在留資格などに該当しない人

▶外国人と社会保障

外国人労働者数
（千人）

- 2010年: 650
- 2015年: 908
- 2020年: 1,724
- 2023年: 2,049

資料：厚生労働省「外国人雇用状況」の届出状況まとめ（令和5年10月末時点）

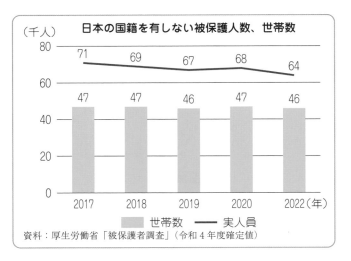

日本の国籍を有しない被保護人数、世帯数
（千人）

実人員
- 2017年: 71
- 2018年: 69
- 2019年: 67
- 2020年: 68
- 2022年: 64

世帯数
- 2017年: 47
- 2018年: 47
- 2019年: 46
- 2020年: 47
- 2022年: 46

資料：厚生労働省「被保護者調査」（令和4年度確定値）

外国人雇用状況の届出	●労働施策総合推進法^{（※）}に基づき、事業主は、新たに外国人を雇い入れた場合又は離職した場合には、その者の氏名、在留資格、在留期間その他厚生労働省令で定める事項について確認し、厚生労働大臣（公共職業安定所）に届け出なければならない		
年　金	●国民年金は、日本国内に住所を有する20歳以上60歳未満の人は、国籍に関わらず加入しなければならない ●第2号被保険者の加入要件に該当する場合は、厚生年金に加入する ●第2号被保険者の被扶養配偶者は、国内に居住している場合は、第3号被保険者に該当する		
	社会保障協定	●日本と社会保障協定を締結している国（2024年4月現在23か国発効）は、日本の年金加入期間を協定を結んでいる国の年金制度に加入していた期間とみなして取り扱い、その国の年金を受給できる	
	脱退一時金	●第1号被保険者又は厚生年金の保険料納付済期間が6か月以上の外国人が、出国後2年以内に請求した場合は、脱退一時金が支給される	
医療保険	●在留期間が3か月を超えると認められる場合は、原則として、75歳未満は国民健康保険に、75歳以上は後期高齢者医療制度に加入しなければならない ●被用者保険の加入要件に該当する場合は、原則として、被用者保険に加入する		
雇用保険	●1週間の所定労働時間が20時間以上、かつ31日以上の雇用見込がある場合は、原則として、雇用保険の被保険者となる（留学やワーキングホリデーなどで就労する場合は除く）		
労災保険	●事業主との雇用関係が発生していれば、原則として、国籍や雇用形態を問わず、適用される		
介護保険	●在留期間が3か月を超えると認められる場合は、原則として、65歳以上は第1号被保険者、40歳以上65歳未満の医療保険加入者は第2号被保険者となる		
生活保護	●生活保護制度は、憲法第25条を根源とするものであり、日本国民のみを対象としている ●適法に日本に滞在し、活動に制限を受けない永住、定住等の在留資格を有する外国人については、国際道義上、人道上の観点から、予算措置として、生活保護法を準用している		

（※）正式名称：労働施策の総合的な推進並びに労働者の雇用の安定及び職業生活の充実等に関する法律

▶外国人介護人材受入れの仕組み

序章
第1章
第2章
第3章
第4章
第5章

社会の仕組みを理解する科目▼ ⑲社会学

```
                    外国人介護人材受入れ制度
```

経済連携協定（EPA） （2008(平成20)年7月〜）	在留資格「介護」 （2017(平成29)年9月〜）	技能実習 （2017(平成29)年11月〜）	特定技能1号 （2019(平成31)年4月〜）
二国間の経済連携の強化	専門的・技術的な分野に対する外国人の受入れ	国際貢献として、日本から相手国への技術移転	介護現場の人手不足をカバーするため、一定の専門性と技術をもつ外国人の受入れ

経済連携協定（EPA）に基づく外国人		●二国間の協定に基づき経済連携の強化を目的とする協定
	対象国	●インドネシア（2008年度〜）、フィリピン（2009年度〜）、ベトナム（2014年度〜）
	在留資格	●特定活動
	在留期間	●介護福祉士候補者（上限4年）、看護師候補者（上限3年）
在留資格「介護」をもつ外国人		●日本の介護福祉士養成施設を卒業して介護福祉士国家資格を取得した留学生に対して、国内で介護福祉士として業務に従事することを可能とする在留資格 ●2020（令和2）年4月より、介護福祉士の資格を取得したルートにかかわらず、在留資格「介護」が認められることとなった
	対象国	●制限なし
	在留資格	●介護福祉士を取得する前：留学、特定活動、特定技能など ●介護福祉士を取得した後：介護
	在留期間	●介護福祉士の資格を取得した後は、制限なしで更新でき、永続的な就労が可能
外国人技能実習制度		●国際貢献として、技能、技術又は知識の開発途上国等への移転を図り、開発途上国等の経済発展を担う「人づくり」に協力することが目的
	対象国	●制限なし（技能移転のニーズがある国）
	在留資格	●1年目：技能実習1号、2〜3年目：技能実習2号、4〜5年目：技能実習3号
	在留期間	●技能実習1号：最長1年、技能実習2号：最長2年、技能実習3号：最長2年 → 合計最長5年
在留資格「特定技能1号」をもつ外国人		●深刻化する人手不足に対応するため、人材を確保することが困難な状況にある産業上の分野において、一定の専門性・技能を有し即戦力となる外国人を受け入れ
	特定技能1号 /	●特定産業分野に属する相当程度の知識又は経験を必要とする技能を要する業務に従事する外国人向けの在留資格
	特定産業分野（12分野）	●介護、ビルクリーニング、素形材・産業機械・電気電子情報関連製造業、建設、造船・舶用工業、自動車整備、航空、宿泊、農業、漁業、飲食料品製造業、外食業
	在留期間	●1年を超えない範囲で、個々に指定する期間であって、通算で5年が上限（定期的な更新が必要）

49 組織と経営理論

『穴埋めチェック2025』
P.187〜P.194参照

重要度
B ★★☆

▶組織と経営管理の体系

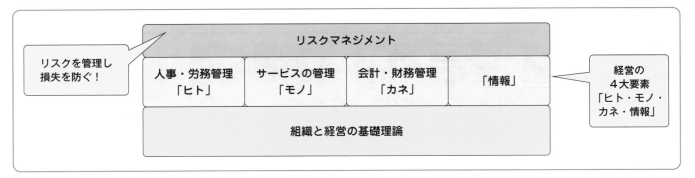

リスクを管理し
損失を防ぐ！

リスクマネジメント			
人事・労務管理「ヒト」	サービスの管理「モノ」	会計・財務管理「カネ」	「情報」
組織と経営の基礎理論			

経営の
4大要素
「ヒト・モノ・
カネ・情報」

▶組織と経営の基礎理論

経営戦略	●経営戦略は、組織の長期的・大局的な「方針」や「計画」 ●経営理念、経営ビジョン、経営目標などを設定、環境を分析して効果的な戦略を策定することが大切 ●経営目標は、経営理念に沿って示されねばならない	
事業計画	●経営ビジョンを達成するための、ある期間（年度ごとなど）の到達目標を達成するために定められる計画	
組織形態	ライン組織	トップから下位への指揮命令系統が明確なピラミッド型の組織。意思決定はトップダウン型
	ライン・アンド・スタッフ組織	ライン組織を基本として、経理部門や人事部門など、各組織を補佐する専門家組織（スタッフ）を位置づけた組織
	逆ピラミッド型組織	顧客最重視の発想で、ライン組織の逆の形態。「上司は、部下が仕事をしやすいようにバックアップする存在」という考え方
意思決定	●アンゾフは経営における意思決定を、次の3層に区分した	
	戦略的意思決定	トップマネジメント（非構造的）
	管理的意思決定	ミドルマネジメント（半構造的）
	日常的意思決定	ロワー・マネジメント（構造的）
ガバナンス	●法人が1つの人格をもって行動するための意思決定、監査やチェックの仕組み（統治のあらゆるプロセス）	
ディスクロージャー	●企業がそのステークホルダーに対し情報を公開・開示すること	
コンプライアンス	●法人の経営者や従業員が「法律」や「規則」及びそれらの精神を守ること ●コンプライアンスを達成するには、ガバナンスが重要である	
コンティンジェンシーアプローチ	●あらゆる環境に適した組織化の唯一最善の方法が存在するという考え方ではなく、環境が異なれば、有効な組織は異なるという考え方	

（意思決定のピラミッド図：戦略的／管理的／日常的）

ソーシャル・マーケティング	●ターゲット及び社会に便益をもたらすターゲットの行動に対して影響を与えるため、価値を創造し、伝達、流通させるというマーケティングの原理・手法を適用するプロセスである		
社会的企業	●事業を通じて社会的な困難や課題に取り組む企業 ●ノーベル平和賞を受賞した、バングラデシュで貧しい農民に自立資金を貸すグラミン銀行など		
CSR	●企業の社会的責任（Corporate Social Responsibility）。企業活動を通じて市民や地域、社会の要請に対し積極的に貢献すべきとする考え		
CSV	●共通価値の創造（Creating Shared Value）。社会的価値の創出と企業の経済利益活動を同時に実現すること		
3 C分析	●「自社（Company）」「競合（Competitor）」「顧客（Customer）」のそれぞれをリサーチし、戦略を考えるフレームワーク		
公式組織の3要素	●バーナード（Barnard, C.）によれば、公式組織の3要素とは、「コミュニケーション」「貢献意欲」「共通目的」である		
組織内コンフリクト（葛藤・対立）	●組織内で集団業績に負の影響を与えるような過剰なコンフリクトは、組織にとって有害であるが、適度なコンフリクトは、変革を推進しやすくなる、新しいアイデアが生まれるなどのメリットもある		
官僚制	●ルールや手続き、専門分化と分業、権限の階層構造などの特徴をもち、組織を有効に機能させる上で利点がある		
管理システム	有機的	●外部環境の変化が激しく不確実な環境の下で有効な組織とされている ●権限や統制の階層構造が少なく、水平方向のコミュニケーション	
	機械的	●外部環境が安定しているときに有効な組織とされている ●権限や統制の厳格な階層構造があり、垂直方向のコミュニケーション	
キャリア	キャリアパス	●組織にとって、必要な人材のキャリアやスキルを段階的に設定し、将来の目的や昇進プラン、キャリアアッププランを具体化すること	
	キャリアプラトー	●年数が経つにつれてキャリアの高原状態に入ること	
	キャリアアンカー	●キャリアを選択する際に、何があっても犠牲にしたくない価値観や欲求など	
サービス・マネジメント	●ドナベディアンによれば、ヘルスケアの質は「構造」「過程」「結果」の3つで評価される		
	構造（ストラクチャー）	●設備、備品などの物的資源、専門職者などの人的資源など	
	過程（プロセス）	●実際に行われた診療の適切さなど医療の過程を評価。早期リハビリテーション開始率など	
	結果（アウトカム）	●治療成績など行われた医療の結果。死亡率、患者満足度など	

社会の仕組みを理解する科目 ▼ ⑳組織と経営

チーム		●チームとは、共通の目標や職務の遂行のために、相互に依存し、協力し合う2人以上の人々からなる境界の明瞭な集合体	
	問題解決型チーム	●品質、効率、作業環境改善の方策など問題解決について話し合うチーム	
	自己管理型チーム	●管理者の担っていた責任をチームとして請け負い、課題を遂行し、結果にも責任を持つ、自己管理までを責任範囲としたチーム	
	機能横断型チーム	●組織内の多様な分野の専門家で構成され、ある課題を遂行するためのチーム	
多職種連携のモデル	マルチディシプリナリ・モデル	●階層構造のなかで、医師の指示・指導のもとに各職種がそれぞれの専門性を発揮するチーム	
	インターディシプリナリ・モデル	●階層性はないが、各職種の役割はおおむね固定されて、多職種が明確な役割分担に基づいて利用者に関わるチーム	
	トランスディシプリナリ・モデル	●他のモデルより課題達成のために多職種間で役割を横断的に共有(役割解放)することが多いチーム	
PDCAサイクル		●事業活動における生産管理や品質管理などの管理業務を円滑に進める手法の一つ ●Plan(計画)→Do(実行)→Check(評価)→Act(改善)の4段階を繰り返すことによって、業務を継続的に改善する	
	Plan(計画)	●目標を設定し、実績や将来の予測などをもとにして業務計画を作成する	
	Do(実行)	●計画に沿って業務を行う	
	Check(評価)	●業務の実施が計画に沿っているかどうかを検証・評価する	
	Act(改善)	●実施が計画に沿っていない部分を調べて改善すべき点を是正する	

▶リスクマネジメント

序章
第1章
第2章
第3章
第4章
第5章

社会の仕組みを理解する科目 ▼ ⑳組織と経営

リスクマネジメント	●リスクを組織的にマネジメントし、リスクの発生原因、損失などを事前に回避するプロセス		
リスクとは	●人事・労務（就職・退職、職場の人間関係、労働災害など）、サービス（事故、苦情、感染症、身体拘束、個人情報、クレームなど）、財務などさまざまなリスクがある		
	ハインリッヒの法則	●1件の重大事故の背後に29の軽微な事故と300のヒヤリハットが存在する	
	リーズンの軌道モデル	●事故はさまざまな要因が重なって発生するという考え	

ヒヤリハット（インシデント）報告書	●利用者に被害を及ぼすことはなかったが、日常の現場で、"ヒヤリ"としたり、"ハッ"とした経験を有する事例の報告書 ●重大な事故の裏には、軽微な事故や、多くのヒヤリハットがあるとされるので、ヒヤリハットの段階で対策をとることが重要　　　　重大事故／軽微な事故／ヒヤリハット

事故発生の防止及び発生時の対応 （介護保険施設の運営基準）	●事故発生の防止のための指針を整備しなければならない ●事故が発生した場合に、事故の改善策を従業者に周知徹底する体制を整備しなければならない ●事故発生の防止のための委員会や職員に対する研修を定期的に行わなければならない ●事故が発生した場合は、速やかに市町村、入所者の家族等に連絡を行わなければならない ●事故の状況及び事故に際して採った処置について記録しなければならない

監　査	●監査には、外部の第三者が行う外部監査、監事・監査役が行う監査役等監査、内部の組織・担当者が行う内部監査がある

業務管理体制	●法令を遵守する体制を確保するために、介護サービス事業者に、業務管理体制の整備及び届出が義務づけられている	
事業所数	20未満	●法令遵守責任者の選任
	20以上100未満	●法令遵守責任者の選任＋法令遵守規定の整備
	100以上	●法令遵守責任者の選任＋法令遵守規定の整備＋業務執行状況の監査

50 サービス管理・リーダーシップ

▶サービスの質の評価

社会福祉法	●社会福祉事業の経営者は、自らその提供する福祉サービスの質の評価を行い、常に福祉サービスを受ける者の立場に立って良質かつ適切な福祉サービスを提供するよう努めなければならない ●国は、社会福祉事業の経営者が行う福祉サービスの質の向上のための措置を援助するために、福祉サービスの質の公正かつ適切な評価の実施に資するための措置を講ずるよう努めなければならない
介護保険法	●指定居宅サービス事業者は、設備及び運営に関する基準に従い、要介護者の心身の状況等に応じて適切な指定居宅サービスを提供するとともに、自らその提供する指定居宅サービスの質の評価を行うことなどにより常にサービスを受ける者の立場に立ってこれを提供するように努めなければならない
障害者総合支援法	●指定事業者等は、その提供する障害福祉サービスの質の評価を行うことその他の措置を講ずることにより、障害福祉サービスの質の向上に努めなければならない
児童福祉法	●指定障害児入所施設等の設置者は、その提供する障害児入所支援の質の評価を行うことその他の措置を講ずることにより、障害児入所支援の質の向上に努めなければならない

▶公表制度と評価制度

		根拠法令	実施主体	実施	対象サービス
情報公表	介護サービス情報の公表	介護保険法	都道府県	義務 （調査は必要に応じて随時）	居宅サービス、地域密着型サービス、居宅介護支援、施設サービス等
	障害福祉サービス等情報の公表	障害者総合支援法・児童福祉法	都道府県	義務 （調査は必要に応じて随時）	指定障害福祉サービス、指定地域（計画）相談支援、指定通所支援、指定入所支援等
	有料老人ホーム情報の公表	老人福祉法	都道府県	義務 （調査は必要に応じて随時）	有料老人ホーム
	教育・保育情報の公表	子ども・子育て支援法	都道府県	義務 （調査は必要に応じて随時）	保育所、幼稚園、認定こども園、地域型保育事業
評価	地域密着型サービス外部評価	介護保険法 （指定地域密着型サービスの事業の人員、設備及び運営に関する基準）	都道府県の認証を受けた評価機関 （令和３年度より運営推進会議の評価も可）	義務 （少なくとも年に１回）	認知症対応型共同生活介護
	社会的養護施設第三者評価	児童福祉法 （児童福祉施設の設備及び運営に関する基準）	全国推進組織等の認証を受けた民間の評価機関	義務 （３年に１回以上）	乳児院、母子生活支援施設、児童養護施設、児童心理治療施設、児童自立支援施設
	福祉サービス第三者評価	社会福祉法	都道府県推進組織の認証を受けた評価機関	任意	福祉サービス （児童、障害、高齢、その他）

福祉サービスの プログラム評価		●福祉サービスのプログラムの実施と、その結果との因果関係を科学的方法によって確定させるための手法 ●実験群と統制群（サービスを提供する群と提供しない群）に分けて比較する評価が望ましい	
評価の次元から みた分類		●評価の次元は、投入、過程、産出、成果、効率性である	
	投　入	●予算額、職員数等	
	過　程	●ガイドラインに沿ったサービスの提供等	
	産　出	●サービス時間、利用者数等	
	成　果	●機能の改善維持、生活の質の向上等	
	効率性	●投入された資源量に見合った結果が得られるか等	
暗黙知と形式知		●暗黙知と形式知の、共同化、表出化、連結化、内面化からなる循環的な変換過程は、組織の知識を創発するのに有効である	
	暗黙知	●経験や勘に基づく知識など言語化されていない主観的な知識	
	形式知	●マニュアルなど言語化された客観的な知識	
経験学習モデル		●「具体的経験」→「内省的観察」→「抽象的概念化」→「能動的実験」というプロセスを踏み、循環させることによって学習するという考え方	
サービス・プロフィット・チェーン		●サービスへの利用者の満足度を高めるためには、従業員の仕事への満足度を高めることが重要である	
バランス・スコアカード		●「財務面」と「非財務面（顧客、業務プロセス、成長・学習）」の目標を設定、管理、評価する目標管理・業績評価手法	
組織学習		●組織学習は、組織が長期的に適応していくプロセスについて説明するための概念 ●ヘドバーグ（Hedberg, B.）は、組織にとって時代遅れとなったり、有効性が失われた知識を棄却するプロセスをアンラーニングと呼び、これが望ましい組織学習のうえで欠かせないと考えた	
	シングルループ学習	●既存の枠組みにしたがって問題解決を図っていく組織学習の形態	
	ダブルループ学習	●既存の枠組みとは異なる新しい可能性を探る組織学習の形態	

▶リーダーシップ

特性アプローチ	●優れたリーダーが、一般人と比べて優秀な資質を有しているという前提に立ったアプローチ ●リーダーシップという影響力の実体をリーダー個人の身体的・精神的資質として捉える
行動アプローチ	●優れたリーダーが実際にどのような行動をとっているのかを解明しようとする ●成功するリーダーの行動様式に着眼し、集団や組織が機能するために有効となるリーダーの行為行動を具体的に特定したものである

レヴィンのリーダーシップ類型	●リーダーシップのタイプを専制型、民主型、放任型の３つに分類した ●民主型リーダーシップが、作業の質、作業意欲、有効な行動等の点で最も有効であるとした

		概要	効果的な状況	特徴
	専制型	集団活動のすべてをリーダーが決定	緊急に意思決定を下す状況や未熟で安定していない集団	短期的には高い生産性を得ることができるが、長期的にメンバーの反発や不信感を抱くようになり効果的ではない
	民主型	リーダーの援助の下、集団で討議し方針を決定	通常の集団において最も望ましい	短期的には専制型より生産性が低いが、長期的には集団の団結力が上がり、高い生産性を上げる
	放任型	集団の行う行動にリーダーは関与しない	研究開発部門など、集団のレベルが高い専門家集団	組織のまとまりもなく、メンバーの士気も低く、仕事の量・質ともに低い

PM理論	●三隅二不二は、リーダーシップの行動面に注目して、集団の「集団維持機能（M機能）」と「課題達成機能（P機能）」の２次元で類型化した

PM型	●目標を達成する力があると同時に、集団を維持・強化する力もある
Pm型	●目標を達成することができるが、集団を維持・強化する力が弱い
pM型	●集団を維持・強化する力はあるが、目標を達成する力が弱い
pm型	●目標を達成する力も、集団を維持・強化する力も弱い

パス・ゴール理論	●メンバーの目標達成のための道筋を明示することが、リーダーシップの本質であるとしている
指示型	●リーダーは課題の達成方法やプロセスを具体的に示す
支援型	●リーダーは細かく指示を出さず、部下の状態に気遣い配慮を示す
参加型	●リーダーは業務の遂行や課題解決に際し、部下に意見を求め活用する
達成志向型	●リーダーは高い目標を示し、部下に努力を求める

コンティンジェンシー理論	●フィードラー（Fiedler, F. E.）の外部環境の変化に応じて、組織の管理方針を適切に変化させるべきというリーダーシップ理論	
SL理論 （状況対応型リーダーシップ）	●ハーシー（Hersey, P.）とブランチャード（Blanchard, K.）が提唱。メンバーの成熟度に応じて、リーダーシップスタイルを変化させ組織でリーダーシップを発揮する	
S1　教示的	●具体的に指示し、事細やかに監督する	
S2　説得的	●こちらの考えを説明し、疑問に応える	
S3　参加的	●考えを合わせて決められるように仕向ける	
S4　委任的	●行動遂行の責任を委ねる	
マネジリアル・グリッド論	●リーダーシップの行動スタイルを「人間に対する関心」「業績に対する関心」という2軸に注目し、典型的な5つのリーダーシップ類型（1・1型、1・9型、9・1型、9・9型、5・5型）に分類した	
1・1型	●生産にも人間にも無関心な放任型リーダー	
1・9型	●生産を犠牲にしても人間への関心が高い人情型リーダー	
9・1型	●人間を犠牲にしても生産最大化への関心が高い権力型リーダー	
9・9型	●生産にも人間にも最大の関心を示す理想型リーダー	
5・5型	●生産にも人間にもほどほどな関心を示す妥協型リーダー	
カリスマ的リーダーシップ	●超人的な能力でフォロワーから絶大な信頼を得て、フォロワーの信念や行動に大きな変化をもたらすようなリーダーシップ	
変革型リーダーシップ	●変化のメカニズムを組織内に定着させ、変革を実現するリーダーシップ	
交流型リーダーシップ	●リーダーがメンバーと相互交流のコミュニケーションを取りながら人間関係を調整してまとめるリーダーシップ	
ダイバーシティ・マネジメント	●多様性が企業の売り上げや発展に貢献し、競争力の源泉となるという考えに基づいているマネジメントアプローチ。人材の多様性は組織にさまざまな価値や利益をもたらすと考えられている	
シェアード・リーダーシップ	●それぞれのメンバーが、必要に応じてリーダーのように振る舞って他のメンバーに影響を与えるリーダーシップ	

▶人事労務関連

職場研修	OJT	On the Job Trainingのことで、職務を通じて、職場の上司が部下に実技、スキルなどを指導・育成する研修	
	OFF-JT	Off the Job Trainingのことで、職務を離れて行う社員研修（セミナー、教育機関での研修など）	
	SDS	Self Development Systemのことで、職場内外での自己啓発活動を支援する	
	エルダー制度	●エルダー（先輩社員）が新入社員などに対し、マンツーマンで実務の指導や職場生活上の相談を行う制度	
メンタルヘルス対策		●福祉サービス従事者の燃え尽き症候群が注目されているので、職場内のコーチングやスーパービジョンも大切になってくる	
人事考課		●人事管理の適切な遂行を目的として、職員一人ひとりの人事情報を収集・整理し、一定の基準に基づいて評価すること	
360度評価（多面評価）		●被評価者の上司や同僚、部下、他部署や他社の担当者など立場の違うさまざまな人から多角的・客観的に評価を受けながら行う制度	
目標管理制度		●経営管理者が組織全体の目標・方針を示し、各部門の責任者がそれを達成するための達成目標と方針を設定し、職員は自分の職務について成果の目標を定め、自己評価を通じて動機づけを図る制度	
賃金制度	職能給	●保有している能力やスキルに応じて、職員の給与に格差を設ける給与	
	職務給	●業務内容や種類に応じて、職員の給与に格差を設ける給与	
ジョブローテーション		●人材育成を目的として、多くの業務を経験させるために一人の人間を計画的に異動させること	

▶会計・財務管理

コスト	ランニングコスト	●事業運営に伴う経常的な運転資金	
	イニシャルコスト	●施設整備のため等に必要な初期費用	
金融	直接金融	●金融機関を介さずに、資金供給者から直接に資金を調達する金融方式（株式、債券など）	
	間接金融	●金融機関から資金を調達する金融方式	
財務諸表	貸借対照表	●期末における「財政状態」を明らかにする計算書類	貸借対照表 資産／負債／純資産
		借方（左側）	●資産（流動資産、固定資産など）
		貸方（右側）	●負債（流動負債、固定負債など）、純資産（資本金、利益剰余金など）
	損益計算書（事業活動計算書）	●一定の期間における「収益と費用の状態」を明らかにする計算書類	
	減価償却	●固定資産（土地と建設仮勘定を除く）の取得原価を、その耐用年数にわたって費用化する手続である	

▶個人情報の保護に関する法律

デジタル社会形成基本法に基づきデジタル社会の形成に関する施策を実施するため、個人情報の保護に関する法律においては、個人情報保護法、行政機関個人情報保護法、独立行政法人等個人情報保護法の3本の法律を1本の法律に統合し、全体の所管を個人情報保護委員会に一元化する等の改正が行われました（2022（令和4）年4月施行）。

序章
第1章
第2章
第3章
第4章
第5章

社会の仕組みを理解する科目▼ ⑳組織と経営

個人情報			●生存する個人に関する情報であって、氏名や生年月日その他の記述等により特定の個人を識別することができるもの、または個人識別符号が含まれるもの
	個人識別符号		●身体の一部の特徴を電子計算機の用に供するために変換した文字、番号、記号その他の符号（顔の骨格、声紋、指紋、DNAなど） ●役務の利用や書類において対象者ごとに割り振られる符号（基礎年金番号、免許証番号、マイナンバーなど）
	要配慮個人情報		●本人の人種、信条、社会的身分、病歴、犯罪の経歴、犯罪により害を被った事実その他本人に対する不当な差別、偏見その他の不利益が生じないようにその取扱いに特に配慮を要する記述等が含まれる個人情報
	匿名加工情報		●特定の個人を識別することができないように個人情報を加工して得られる個人に関する情報であって、当該個人情報を復元できないようにしたもの
個人情報取扱事業者			●個人情報データベース等をその事業活動に利用している者 （国の機関、地方公共団体、独立行政法人等を除く）
利用目的の特定・適正取得	利用目的の特定		●個人情報取扱事業者は、個人情報を取り扱うに当たっては、その利用の目的をできる限り特定しなければならない
	利用目的による制限		●個人情報取扱事業者は、あらかじめ本人の同意を得ないで、利用目的の達成に必要な範囲を超えて、個人情報を取り扱ってはならない
	不適正な利用の禁止		●個人情報取扱事業者は、違法又は不当な行為を助長し、又は誘発するおそれがある方法により個人情報を利用してはならない
	取得に際しての利用目的の通知等		●個人情報取扱事業者は、個人情報を取得した場合は、あらかじめその利用目的を公表している場合を除き、速やかに、その利用目的を、本人に通知し、または公表しなければならない
安全管理措置			●個人情報取扱事業者は、その取り扱う個人データの漏えい、滅失又はき損の防止その他の個人データの安全管理のために必要かつ適切な措置を講じなければならない
第三者提供の制限			●個人情報取扱事業者は、次に掲げる場合を除くほか、あらかじめ本人の同意を得ないで、個人データを第三者に提供してはならない
		1	●法令に基づく場合（令状による捜査の照会があった場合、税務署長に対する支払い調書等の提出の場合）
		2	●人の生命、身体又は財産の保護に必要であり、かつ、本人の同意を得ることが困難である場合
		3	●公衆衛生・児童の健全育成に特に必要な場合
		4	●国の機関等への協力（統計調査に協力、事業所が税務署の任意調査に個人情報を提出する場合）など

▶公益通報者保護法

公益通報者保護法			●公益通報をしたことを理由とする公益通報者の解雇の無効等並びに公益通報に関し事業者及び行政機関がとるべき措置を定めることにより、公益通報者の保護を図る
定　義	公益通報		●労働者が、不正の目的でなく、労務提供先等について「通報対象事実」が生じ又は生じようとする旨を、「通報先」に通報すること
	通報対象事実		●国民の生命、身体、財産その他の利益の保護にかかわる法律（刑法、食品衛生法等）に規定する罪の犯罪行為の事実
公益通報者の保護			●事業者は、公益通報をしたことを理由として、公益通報者に対して、降格、減給その他不利益な取扱いをしてはならない
行政機関がとるべき措置			●公益通報者から公益通報をされた行政機関は、必要な調査を行い、通報対象事実があると認めるときは、法令に基づく措置その他適当な措置をとらなければならない

2013（平成25）年公布

▶マイナンバー制度（行政手続における特定の個人を識別するための番号の利用等に関する法律）

マイナンバー（個人番号）	●マイナンバーとは、日本に住民票を有するすべての人（外国人の方も含む）がもつ12桁の番号
目　的	●マイナンバー制度の目的は、行政を効率化し、国民の利便性を高め、公平・公正な社会を実現すること
利用範囲	●利用範囲は、法律に規定された「社会保障」、「税」及び「災害対策」に関する事務
2024（令和6）年12月施行 健康保険証	●2024（令和6）年12月2日より、現行の健康保険証はマイナンバーカードと健康保険証が一体となった「マイナ保険証」に移行する（現行の健康保険証は発行されなくなる） ●マイナンバーカードを取得していない場合などは、資格確認書が発行され、引き続き一定の窓口負担で医療を受けることができる
国家資格	●医師、社会福祉士、精神保健福祉士、介護福祉士、保育士、税理士、理容師、美容師、建築士等の国家資格等の手続きがマイナポータルから可能
2024（令和6）年5月施行 その他	●自動車変更登録に関する事務 ●在留資格に係る許可に関する事務 ●その他、災害弔慰金に関する事務
預貯金口座への付番	●任意で預貯金者が金融機関にマイナンバーを届け出ることで、預貯金口座にマイナンバーを付番することができる制度
公的給付支給等口座	●公的給付支給等口座（公金受取口座）は、政府や地方自治体が国民に対してさまざまな給付や支給を行う際に使われる銀行口座のこと。マイナポータルから登録、変更できる

▶法人の理解

●権利・義務の主体

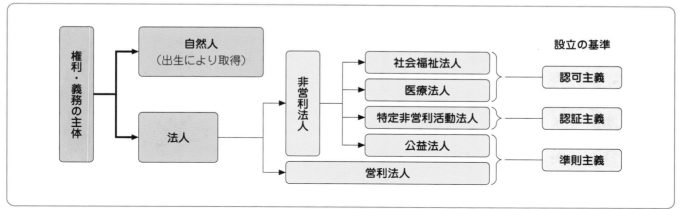

法人の基本形態	1	財団法人	●個人や法人から拠出された財産で設立された団体（社会福祉法人、学校法人、宗教法人、医療法人財団など）
		社団法人	●社員（構成員）の出資で設立された団体（特定非営利活動法人、医療法人社団、営利法人など）
	2	営利法人	●営利を目的とする法人で、構成員への利益分配を予定している社団（株式会社、合同会社など）
		非営利法人	●営利を目的としない法人で、構成員への利益配分を主たる目的としていない社団、財団（社会福祉法人、特定非営利活動法人など）
民法の規定		法人の成立等	●法人は、法律の規定によらなければ、成立しない ●法人は、法令の定めるところにより、登記をするものとする
		法人の能力	●法人は、法令の規定に従い、定款その他の基本約款で定められた目的の範囲内において、権利を有し、義務を負う
法人の基本規則		定　款	●法人の目的、名称、所在地をはじめ、法人の意思決定、組織、運営にかかわるルールが定められる
法人の組織		理事（取締役）	●法人の事務を処理し、法人を代表し、法人の代表権を行使する者
		理事会（取締役会）	●業務執行に関し、合議して意思決定する機関
		監事（監査役）	●理事、理事会の業務執行をチェックする機関
法人の設立		認可主義	●法定の要件を備えていれば、主務官庁は必ず設立を認可しなければならない ●社会福祉法人、医療法人、学校法人、生活協同組合など
		認証主義	●法律で定められた文書の記載等が正当な手続きによってなされていることを公の機関が確認・証明することによって設立 ●特定非営利活動法人、宗教法人など
		準則主義	●法定の設立要件を満たせば、当然に法人格が与えられるとする ●株式会社、一般社団（財団）法人、労働組合など

▶社会福祉法人

社会福祉法人数の推移

厚生労働大臣所管
都道府県知事等所管

資料：『令和5年版厚生労働白書』

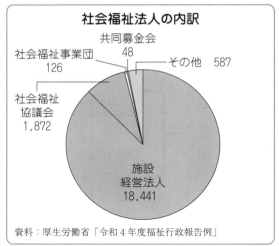

社会福祉法人の内訳

共同募金会 48
社会福祉事業団 126
その他 587
社会福祉協議会 1,872
施設経営法人 18,441

資料：厚生労働省「令和4年度福祉行政報告例」

定　義		●社会福祉法人とは、社会福祉事業を行うことを目的として、社会福祉法の定めるところにより設立された法人をいう
所轄庁		●所轄庁は、その主たる事務所の所在地の都道府県知事（以下の場合を除く）
	厚生労働大臣	●事業が2以上の地方厚生局にわたり全国組織として設立される法人
	市　長	●1つの市の区域のみを事業の対象とする法人
成立の時期		●社会福祉法人は、その主たる事務所の所在地において設立の登記をすることによって成立する
経営の原則等		●社会福祉法人は、自主的にその経営基盤の強化を図るとともに、その提供する福祉サービスの質の向上及び事業経営の透明性の確保を図らなければならない
		●社会福祉法人は、社会福祉事業及び公益事業を行うに当たっては、日常生活又は社会生活上の支援を必要とする者に対して、無料又は低額な料金で、福祉サービスを積極的に提供するよう努めなければならない
組　織	評議員会	●評議員の数は、理事の数を超える数（7名以上） ●評議員は、社会福祉法人の適正な運営に必要な識見を有する者のうちから選任 ●評議員は、理事、監事又は職員を兼ねることができない ●理事、監事、会計監査人の選任の決議などを行う
	理　事	●理事の員数は、6名以上 ●各理事について、その配偶者もしくは三親等以内の親族等が3名を超えて、又は理事の総数の3分の1を超えて含まれることになってはならない ●理事会は、社会福祉法人の業務執行の決定、理事の職務の執行の監督、理事長の選定などを行う
	監　事	●監事の員数は、2名以上 ●監事は、理事又は職員を兼ねることができない ●監事は、理事の職務の執行を監査する
	会計監査人	●一定規模以上の法人は、会計監査人を置かなければならない ●会計監査人は、社会福祉法人の計算書類及びその附属明細書を監査する

事業内容	事業内容 → 社会福祉事業 / 公益事業 / 収益事業	
	社会福祉事業	●第一種、第二種社会福祉事業
	公益事業	●公益を目的とする事業（居宅介護支援、有料老人ホームなど）
	収益事業	●その収益を社会福祉事業や公益事業の経営に充てることを目的とする事業（貸ビルの経営、駐車場の経営、売店の経営など）
資　産	●社会福祉事業を行うに必要な資産（基本財産、その他の財産など）を備えなければならない ●基本財産（社会福祉事業を行うに必要な土地、建物等の資産）は、法人所有でなければならない ●基本財産は、みだりに売却、廃棄などの処分が行えない ●基本財産として土地等を寄付した場合、その寄付者に株式会社のような出資持分は認められない	
特別の利益供与の禁止	●社会福祉法人は、その事業を行うにあたり、その評議員、理事、監事、職員その他の関係者に対し特別の利益を与えてはならない	
所轄庁への届出	●毎会計年度終了後3か月以内に、貸借対照表、事業活動計算書、財産目録等を作成し、所轄庁へ届け出なければならない	
情報の公開	●社会福祉法人は、定款、貸借対照表、収支計算書、役員報酬基準等を公表しなければならない（公表は、インターネットの利用により行う）	
解散及び合併	●他の社会福祉法人と合併することができる（登記によって効力を生じる） ●解散した際の残余財産は、社会福祉法人その他の社会福祉事業を行う者又は国庫に帰属する	
税制上の優遇措置	●法人税（収益事業以外からの所得は非課税）、固定資産税等について税制上の優遇措置がある ●個人が社会福祉法人に対して寄附した場合には、所得控除を受けることができる	
財務諸表	**資金収支計算書**	●毎年度における支払資金の増加・減少を記載したもの
	事業活動計算書	●毎年度における純資産の増加・減少を記載したもの
	貸借対照表	●事業年度末の資産・負債・純資産を記載し、財政状態を表示したもの ●資産　＝　負債　＋　純資産
社会福祉充実計画	●社会福祉法人は、毎会計年度、その保有する財産について、事業継続に必要な財産を控除したうえ、再投下可能な財産（社会福祉充実残額）を算定しなければならない ●その結果、社会福祉充実財産が生じる場合には、社会福祉充実計画を策定し、所轄庁の承認を得たうえで、当該財産を既存事業の充実又は新規事業の実施などに活用する	

社会の仕組みを理解する科目▼㉑法人

▶社会福祉連携推進法人

地域住民の複雑化・複合化した支援ニーズに対応する包括的な福祉サービス提供体制を整備するため、社会福祉事業に取り組む社会福祉法人やNPO法人等を社員として、相互の業務連携を推進する社会福祉連携推進法人制度が創設されます（2022（令和4）年4月施行）。

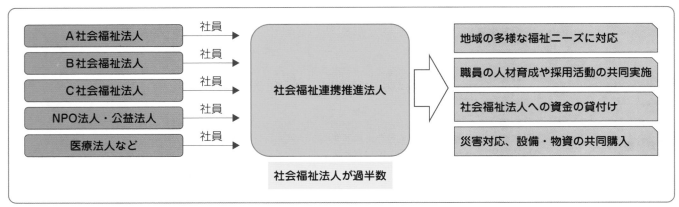

社会福祉連携推進法人		●次の社会福祉連携推進業務を行おうとする一般社団法人は、一定の基準に適合する一般社団法人であることについての所轄庁の認定を受けることができる
社会福祉連携推進業務	1	●地域福祉の推進に係る取組を社員が共同して行うための支援
	2	●災害が発生した場合における社員が提供する福祉サービスの利用者の安全を社員が共同して確保するための支援
	3	●社員が経営する社会福祉事業の経営に関する支援
	4	●社員である社会福祉法人への資金の貸付け
	5	●社員が経営する社会福祉事業の従事者の確保のための支援及びその資質の向上を図るための研修
	6	●社員が経営する社会福祉事業に必要な設備又は物資の供給
認定の基準		●その設立の目的について、社員の社会福祉に係る業務の連携を推進し、並びに地域における良質かつ適切な福祉サービスの提供及び社会福祉法人の経営基盤の強化に資することが主たる目的であること ●社員の構成について、社会福祉法人その他社会福祉事業を経営する者又は社会福祉法人の経営基盤を強化するために必要な者として厚生労働省令で定める者を社員とし、社会福祉法人である社員の数が社員の過半数であること　など
組織	役員	●理事6人以上、監事2人以上
	評議会	●福祉サービスを受ける立場にある者、社会福祉に関する団体、学識経験を有する者その他の関係者をもって組織
業務運営		●社会福祉連携推進法人は、社員の社会福祉に係る業務の連携の推進及びその運営の透明性の確保を図り、地域における良質かつ適切な福祉サービスの提供及び社会福祉法人の経営基盤の強化に資する役割を積極的に果たすよう努めなければならない ●社会福祉連携推進法人は、社会福祉事業を行うことができない

▶医療法人

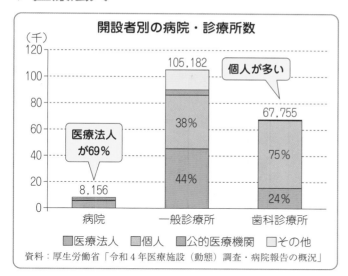

開設者別の病院・診療所数

個人が多い

医療法人が69%

- 病院 8,156
- 一般診療所 105,182（38%、44%）
- 歯科診療所 67,755（75%、24%）

凡例：■医療法人　■個人　■公的医療機関　□その他

資料：厚生労働省「令和4年医療施設（動態）調査・病院報告の概況」

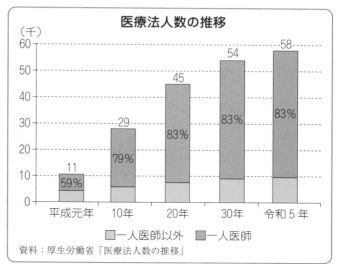

医療法人数の推移

- 平成元年 11（59%）
- 10年 29（79%）
- 20年 45（83%）
- 30年 54（83%）
- 令和5年 58（83%）

凡例：□一人医師以外　■一人医師

資料：厚生労働省「医療法人数の推移」

医療法人	●病院、医師若しくは歯科医師が常時勤務する診療所又は介護老人保健施設を開設しようとする社団又は財団は、医療法の規定により、これを法人とすることができる ●第5次医療法改正によって、出資持分の定めのある社団医療法人は、新規に設立できなくなった
設立	●医療法人は、その主たる事務所の所在地の都道府県知事の認可を受けなければならない
医療法人の役割	●自主的にその運営基盤の強化を図るとともに、その提供する医療の質の向上及びその運営の透明性の確保を図り、その地域における医療の重要な担い手としての役割を積極的に果たすよう努めなければならない

組織体制	役員	●原則として、理事を3人以上、監事を1人以上置かなければならない ●理事長は、医療法人を代表し、その業務を総理する
	その他	●医療法人社団は、少なくとも毎年1回、定時社員総会を開催する ●医療法人財団は、評議員会を設置する

非営利性	●営利を目的として、病院、診療所等を開設しようとする者に対しては、許可を与えないことができる ●毎会計年度終了後、事業報告書等を都道府県知事に届け出なければならない ●医療法人は、剰余金の配当をしてはならない
活動の範囲	●医療法人は、医療や保健衛生に関する業務の他に社会福祉関連事業（第二種社会福祉事業やケアハウス、有料老人ホームの設置など）も実施することができる
社会医療法人	●医療法人のうち、一定の公的要件を備えた医療法人（2022（令和4）年1月現在337法人が認定） ●社会医療法人は、収益業務や第一種社会福祉事業（特別養護老人ホーム等は除く）も実施することができる

社会の仕組みを理解する科目 ▼ ㉑ 法人

▶特定非営利活動法人（NPO法人）

●NPO法人数

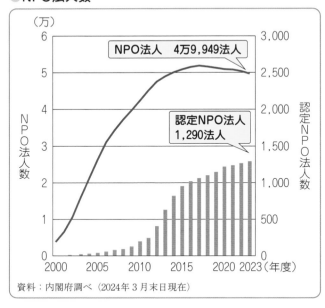

NPO法人　4万9,949法人

認定NPO法人　1,290法人

資料：内閣府調べ（2024年3月末日現在）

●活動の種類

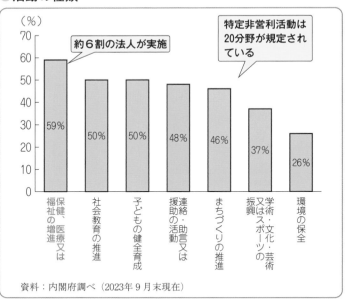

約6割の法人が実施

特定非営利活動は20分野が規定されている

福祉の増進又は保健、医療又は 59%
社会教育の推進 50%
子どもの健全育成 50%
連絡・助言又は援助の活動 48%
まちづくりの推進 46%
学術・文化・芸術又はスポーツの振興 37%
環境の保全 26%

資料：内閣府調べ（2023年9月末現在）

設　立		●所轄庁の認証を受けることが必要 ●所轄庁は、申請が設立基準に適合すると認めるときは設立を認証しなければならない ●設立の認証後、登記することにより法人として成立する
	所轄庁	●その主たる事務所が所在する都道府県知事 　（その事務所が一の指定都市の区域内のみに所在する場合は指定都市市長）
組織体制	役　員	●理事を3人以上、監事を1人以上置かなければならない ●報酬を得る役員は、役員総数の3分の1以下でなければならない
	社員総会	●最高の議決機関。少なくとも年1回以上開催する ●10人以上の社員がいることが必要 ●各社員の表決権は、平等とする
活動の範囲		●特定非営利活動の範囲は、「保健、医療又は福祉の増進を図る活動」「社会教育の推進を図る活動」「まちづくりの推進を図る活動」など、20分野に限定されている
情報開示		●毎事業年度初めの3か月以内に前事業年度の事業報告書等を作成し、すべての事務所において備え置き、その社員及び利害関係者に閲覧させなければならない
解散及び合併		●特定非営利活動法人は、他の特定非営利活動法人と合併することができる ●特定非営利活動法人の解散時の残余財産は、定款で定めた他の特定非営利活動法人等に帰属する
認定特定非営利活動法人制度		●NPO法人への寄附を促すために、税制上の優遇措置として設けられた制度 ●認定NPO法人に、寄附又は贈与をしたときは、所得税、法人税又は相続税の課税について寄附金控除等の特例の適用がある

▶その他の法人、団体

会 社	●会社は、営利を目的とする法人 ●株式会社、合同会社、合名会社、合資会社がある	
	株式会社	●出資者である株主に対して株式を発行することで設立される ●株主総会により重要事項の決議を行う
	合同会社	●有限責任社員のみで構成される ●会社の規律については、定款自治が認められている
	合名会社	●無限責任社員のみで構成される
	合資会社	●無限責任社員と有限責任社員で構成される
公益法人	●一般社団・財団法人法により設立された社団法人又は財団法人であって、公益法人認定法により公益性の認定を受けた法人 ※一般社団・財団法人法は、一般社団法人及び一般財団法人に関する法律の略 ※公益法人認定法は、公益社団法人及び公益財団法人の認定等に関する法律の略	
	一般社団法人 **一般財団法人** ↓ 申請	●一般社団・財団法人法により設立された法人 ●法人の設立は準則主義を採用（登記のみで設立）
	公益社団法人 **公益財団法人**	●一般社団・財団法人の申請に基づき、内閣総理大臣又は都道府県知事が公益性を認定する
日本赤十字社	●日本赤十字社法（1952（昭和27）年制定）によって設立された認可法人。世界の平和と人類の福祉に貢献するよう努めることなどがうたわれており、「社員」（加入、脱退は任意）をもって組織される	
協同組合	●共通の目的のために組合員が集まり、事業体を設立して民主的な管理運営を行っていく非営利の相互扶助組織	
	農業協同組合	●農業者が相互扶助を目的として、農業協同組合法に基づき設立された協同組合 ●指導事業、信用事業、共済事業、購買事業などのほか、介護サービス事業も実施している
	生活協同組合	●生活の向上を目的に、消費生活協同組合法に基づき設立された協同組合 ●生活物品の共同購買活動や共済事業、介護サービス事業などを実施している
町内会・自治会	●日本の都市内において町、丁を単位として形成される住民組織のこと。多くは法人ではなく任意団体であり、加入は義務ではない ●活動内容は福祉、保健衛生、防火防災、親睦など多様であり、収益事業も実施することができる ●地方自治法第260条の2に基づき、「認可地縁団体」として法人格をもつことができる ●加入は、「世帯単位」が原則。行政補完組織	

第3章

利用者を理解する科目

【科目編成のイメージ図】

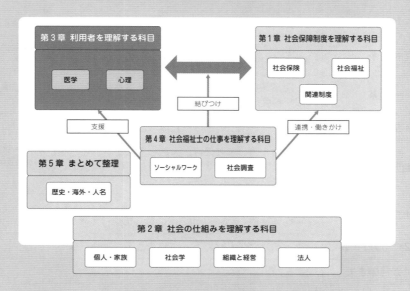

まずは、人の心と体の仕組みを整理し、疾病やリハビリテーション、状況に応じた介護や心理的支援などの利用者に対する支援の方法を学んでいきます。

52 発達と老化

『穴埋めチェック2025』
P.205〜P.216参照

重要度 **B** ★★☆

▶身体の成長と発達

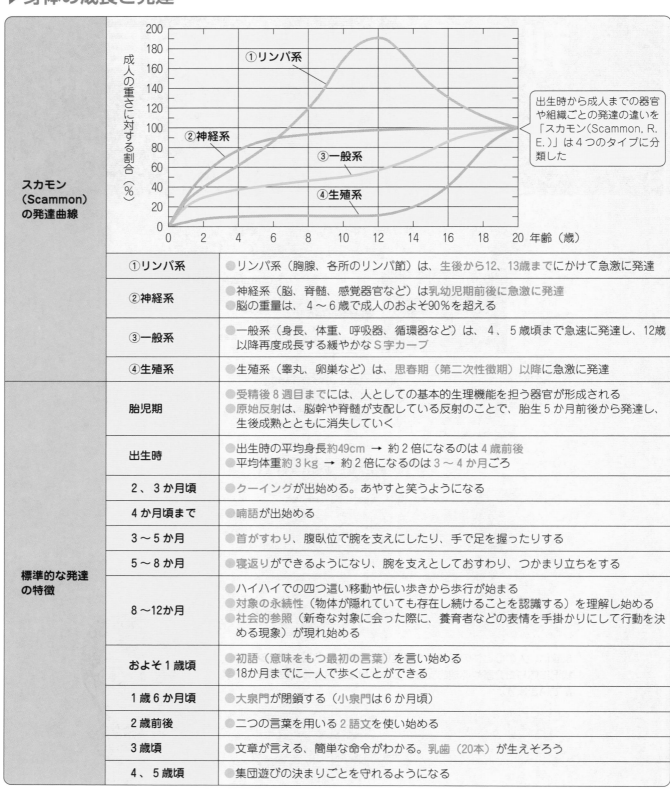

スカモン (Scammon) の発達曲線	①リンパ系	●リンパ系（胸腺、各所のリンパ節）は、生後から12、13歳までにかけて急激に発達
	②神経系	●神経系（脳、脊髄、感覚器官など）は乳幼児期前後に急激に発達 ●脳の重量は、4〜6歳で成人のおよそ90％を超える
	③一般系	●一般系（身長、体重、呼吸器、循環器など）は、4、5歳頃まで急速に発達し、12歳以降再度成長する緩やかなS字カーブ
	④生殖系	●生殖系（睾丸、卵巣など）は、思春期（第二次性徴期）以降に急激に発達
標準的な発達の特徴	胎児期	●受精後8週目までには、人としての基本的生理機能を担う器官が形成される ●原始反射は、脳幹や脊髄が支配している反射のことで、胎生5か月前後から発達し、生後成熟とともに消失していく
	出生時	●出生時の平均身長約49cm → 約2倍になるのは4歳前後 ●平均体重約3kg → 約2倍になるのは3〜4か月ごろ
	2、3か月頃	●クーイングが出始める。あやすと笑うようになる
	4か月頃まで	●喃語が出始める
	3〜5か月	●首がすわり、腹臥位で腕を支えにしたり、手で足を握ったりする
	5〜8か月	●寝返りができるようになり、腕を支えとしておすわり、つかまり立ちをする
	8〜12か月	●ハイハイでの四つ這い移動や伝い歩きから歩行が始まる ●対象の永続性（物体が隠れていても存在し続けることを認識する）を理解し始める ●社会的参照（新奇な対象に会った際に、養育者などの表情を手掛かりにして行動を決める現象）が現れ始める
	およそ1歳頃	●初語（意味をもつ最初の言葉）を言い始める ●18か月までに一人で歩くことができる
	1歳6か月頃	●大泉門が閉鎖する（小泉門は6か月頃）
	2歳前後	●二つの言葉を用いる2語文を使い始める
	3歳頃	●文章が言える、簡単な命令がわかる。乳歯（20本）が生えそろう
	4、5歳頃	●集団遊びの決まりごとを守れるようになる

▶加齢による身体機能の変化

神　経	●体温調節機能低下（低体温、高体温になりやすい） ●脳萎縮（物忘れしやすい） ●記憶障害では、長期記憶よりも短期記憶が低下しやすい	
筋骨格	●筋力低下（運動能力が低下） ●骨密度低下（骨折しやすい） ●変形性関節症（腰が湾曲したり、膝が伸びにくくなったりする）	
免疫機能	●免疫機能が低下し、がんや感染症にかかりやすくなる ●高齢者では、多臓器にわたって発生する重複がんが増加する	
咀嚼・消化機能	●歯肉の後退、歯周病、う歯（むし歯）になりやすい ●咀嚼機能の低下（歯の摩耗、口唇・口頬の筋力が低下） ●誤嚥しやすくなる	
循環器	●赤血球数が減少（疲れやすい、貧血症状がでやすい） ●血管壁が肥厚、弾力低下（高血圧になりやすい） ●加齢とともに収縮期血圧は上昇し、拡張期血圧は低下しやすく、収縮期血圧と拡張期血圧の差は大きくなりやすい	
呼吸器	●ガス交換機能が低下（血中酸素量が下がりやすい） ●肺活量が減少（息切れしやすくなる）	
泌尿器	●前立腺が肥大（頻尿・尿失禁しやすい） ●女性は腹圧性尿失禁が多くなりやすい	
消化器	●結腸、直腸、肛門の機能が低下（便秘になりやすい） ●肝機能が低下（薬の副作用がでやすい）	
内分泌・代謝	●血糖値が上がりやすい ●脱水になりやすい ●体重から体脂肪量を差し引いた、除脂肪体重が減少しやすい	
感覚器	視　覚	●老眼（遠近調節機能の低下） ●水晶体が混濁（明るいところではまぶしく、暗いところでは見えにくい）
	聴覚・平衡機能	●高音域の聴力が低下（言葉の聞き取りが困難） ●平衡感覚の低下（転倒しやすくなる）
睡　眠	●睡眠時間が減少し、中途覚醒が多くなる	
フレイル	●加齢とともに、心身の活力（筋力や認知機能など）が低下し、生活機能障害、要介護状態などの危険性が高くなった状態	
サルコペニア	●高齢期の筋量や筋力の低下、それに伴う身体機能低下のこと	

▶骨格

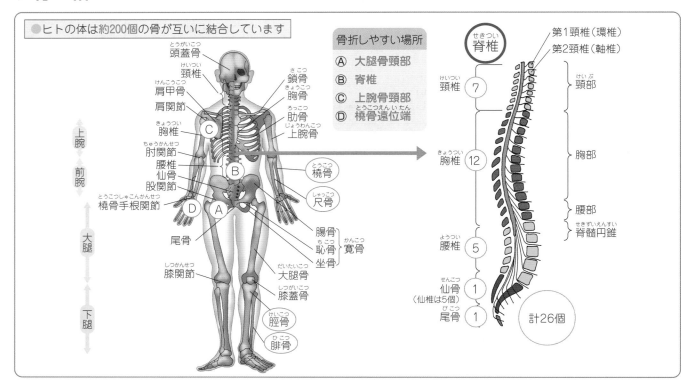

●ヒトの体は約200個の骨が互いに結合しています

頭蓋骨
頸椎
肩甲骨
肩関節
鎖骨
胸骨
肋骨
胸椎
上腕骨
肘関節
腰椎
仙骨
股関節
橈骨
尺骨
橈骨手根関節
尾骨
腸骨
恥骨
坐骨
寛骨
膝関節
大腿骨
膝蓋骨
脛骨
腓骨

上腕
前腕
大腿
下腿

骨折しやすい場所
Ⓐ　大腿骨頸部
Ⓑ　脊椎
Ⓒ　上腕骨頸部
Ⓓ　橈骨遠位端

脊椎
第1頸椎（環椎）
第2頸椎（軸椎）
頸椎 7
胸椎 12
腰椎 5
仙骨 1（仙椎は5個）
尾骨 1
頸部
胸部
腰部
脊髄円錐
計26個

▶筋肉

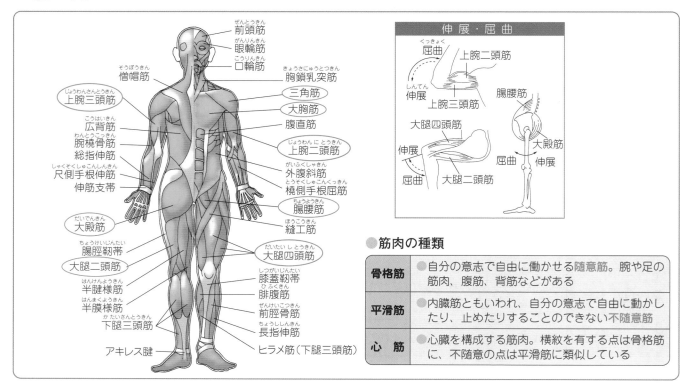

前頭筋
眼輪筋
口輪筋
僧帽筋
胸鎖乳突筋
上腕三頭筋
三角筋
大胸筋
広背筋
腹直筋
腕橈骨筋
上腕二頭筋
総指伸筋
外腹斜筋
尺側手根伸筋
橈側手根屈筋
伸筋支帯
腸腰筋
大殿筋
縫工筋
腸脛靭帯
大腿四頭筋
大腿二頭筋
膝蓋靭帯
半腱様筋
腓腹筋
半膜様筋
前脛骨筋
下腿三頭筋
長指伸筋
アキレス腱
ヒラメ筋（下腿三頭筋）

伸展・屈曲
屈曲
上腕二頭筋
伸展
上腕三頭筋
腸腰筋
大腿四頭筋
伸展
屈曲
大殿筋
屈曲
伸展
大腿二頭筋

●筋肉の種類

骨格筋	●自分の意志で自由に働かせる随意筋。腕や足の筋肉、腹筋、背筋などがある
平滑筋	●内臓筋ともいわれ、自分の意志で自由に動かしたり、止めたりすることのできない不随意筋
心　筋	●心臓を構成する筋肉。横紋を有する点は骨格筋に、不随意の点は平滑筋に類似している

▶脳の構造

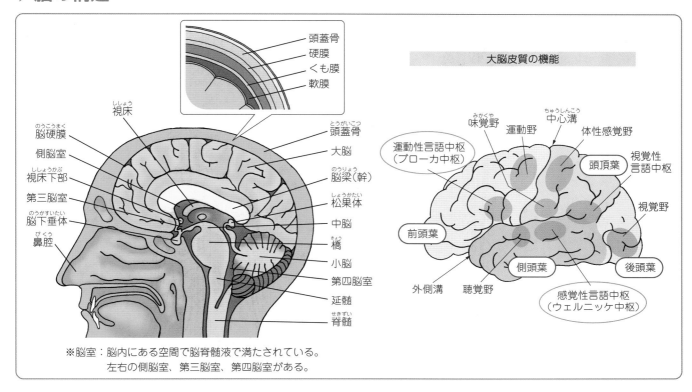

頭蓋骨
硬膜
くも膜
軟膜

視床

脳硬膜
側脳室
視床下部
第三脳室
脳下垂体
鼻腔

頭蓋骨
大脳
脳梁（幹）
松果体
中脳
橋
小脳
第四脳室
延髄
脊髄

大脳皮質の機能

味覚野
運動野
中心溝
体性感覚野
運動性言語中枢
（ブローカ中枢）
頭頂葉
視覚性
言語中枢
前頭葉
視覚野
側頭葉
後頭葉
外側溝
聴覚野
感覚性言語中枢
（ウェルニッケ中枢）

※脳室：脳内にある空間で脳脊髄液で満たされている。
　　　　左右の側脳室、第三脳室、第四脳室がある。

▶脳の部位と機能

大脳		●大脳は表面を大脳皮質が覆い、内部には大脳髄質がある。大脳髄質には大脳基底核が包み込まれている ●大脳は、前頭葉、側頭葉、頭頂葉、後頭葉に分けられている
	前頭葉	●中心溝から前の部分に運動野があり、対側の随意運動に関与 ●運動性言語中枢（ブローカ中枢）がある ●意欲や意志に関与している
	頭頂葉	●中心溝から後ろの部分に体性感覚野があり、対側の身体からの体性感覚を受ける ●視空間機能や遂行機能などの高次行為を担う
	側頭葉	●情動、記憶、視覚認知に関係する結合が行われている ●感覚性言語中枢（ウェルニッケ中枢）がある
	後頭葉	●視覚野があり、対側の視覚からの情報処理にかかわる
間脳	視床	●嗅覚以外のあらゆる感覚を大脳に伝える
	視床下部	●自律神経の中枢。体温、睡眠、性機能などの調整をする
脳幹	中脳	●身体の平衡、姿勢の保持、視覚感覚などの中枢
	橋	●大脳や小脳などの中枢と末梢との神経線維の中継点
	延髄	●心拍数の調節、血管の収縮と拡張、呼吸の調整、嚥下や嘔吐等の反射等の中枢
小脳		●平衡機能、姿勢反射、随意運動の調整など体の運動を調節する

利用者を理解する科目▼㉒医学

▶神　経

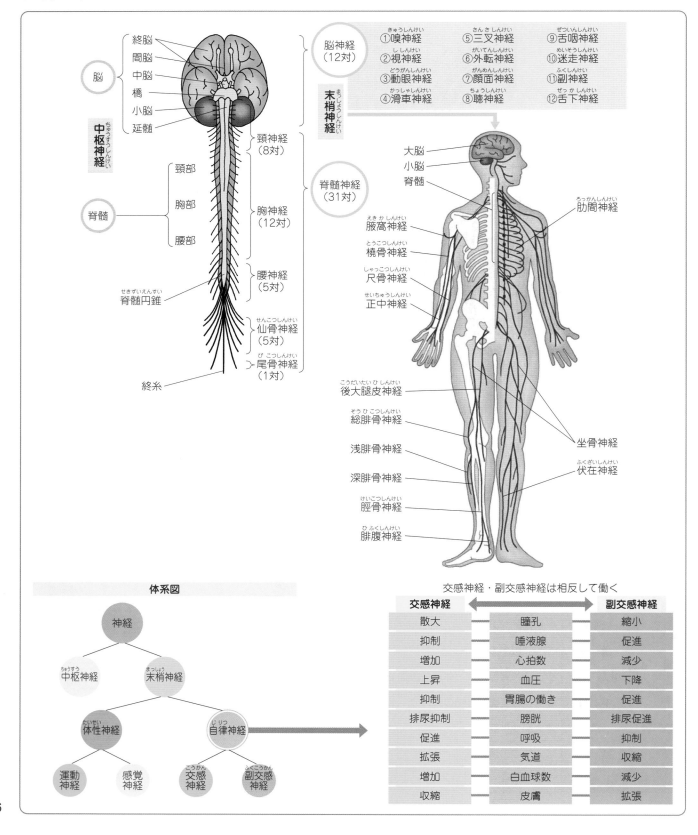

終脳
間脳
中脳
橋
小脳
延髄

脳

中枢神経

脊髄

頸部
胸部
腰部

頸神経
（8対）

胸神経
（12対）

腰神経
（5対）

せきずいえんすい
脊髄円錐

せんこつしんけい
仙骨神経
（5対）

びこつしんけい
尾骨神経
（1対）

終糸

末梢神経

脳神経
（12対）

脊髄神経
（31対）

きゅうしんけい
①嗅神経

ししんけい
②視神経

どうがんしんけい
③動眼神経

かっしゃしんけい
④滑車神経

さんさしんけい
⑤三叉神経

がいてんしんけい
⑥外転神経

がんめんしんけい
⑦顔面神経

ちょうしんけい
⑧聴神経

ぜついんしんけい
⑨舌咽神経

めいそうしんけい
⑩迷走神経

ふくしんけい
⑪副神経

ぜっかしんけい
⑫舌下神経

大脳
小脳
脊髄

えきかしんけい
腋窩神経

とうこつしんけい
橈骨神経

しゃっこつしんけい
尺骨神経

せいちゅうしんけい
正中神経

こうだいたいひしんけい
後大腿皮神経

そうひこつしんけい
総腓骨神経

浅腓骨神経

深腓骨神経

けいこつしんけい
脛骨神経

ひふくしんけい
腓腹神経

ろっかんしんけい
肋間神経

坐骨神経

ふくざいしんけい
伏在神経

体系図

神経

ちゅうすう
中枢神経

まっしょう
末梢神経

たいせい
体性神経

じりつ
自律神経

運動
神経

感覚
神経

こうかん
交感
神経

ふくこうかん
副交感
神経

交感神経・副交感神経は相反して働く

交感神経		副交感神経
散大	瞳孔	縮小
抑制	唾液腺	促進
増加	心拍数	減少
上昇	血圧	下降
抑制	胃腸の働き	促進
排尿抑制	膀胱	排尿促進
促進	呼吸	抑制
拡張	気道	収縮
増加	白血球数	減少
収縮	皮膚	拡張

▶心臓の構造と機能

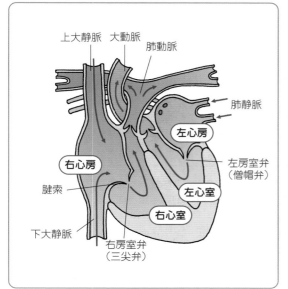

血 管	●動脈：心臓から送り出される血液が通る血管 ●静脈：心臓に戻る血液が通る血管
弁	●僧帽弁：左の心房と心室の間にある弁 ●三尖弁：右の心房と心室の間にある弁
脈 拍	●安静時は60〜80回／分
冠状動脈	●心筋に酸素を供給する動脈 ●大動脈起始部より分岐する
血液循環	●肺循環：右心室→肺動脈→肺→肺静脈→左心房 ●体循環：左心室→大動脈→全身の器官・組織→上・下大静脈→右心房

▶血液成分

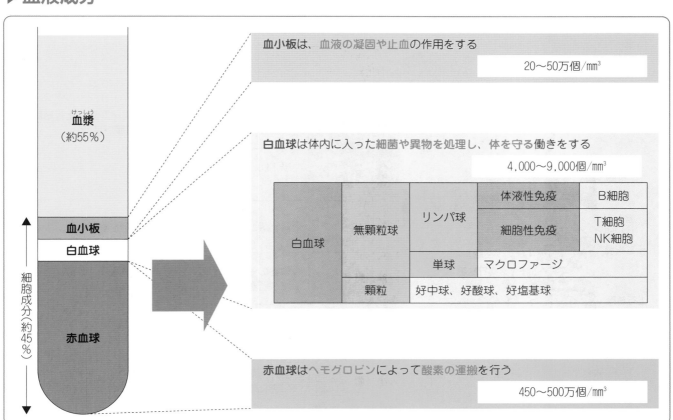

血小板は、血液の凝固や止血の作用をする

20〜50万個/mm³

白血球は体内に入った細菌や異物を処理し、体を守る働きをする

4,000〜9,000個/mm³

白血球	無顆粒球	リンパ球	体液性免疫	B細胞
			細胞性免疫	T細胞 NK細胞
		単球	マクロファージ	
	顆粒	好中球、好酸球、好塩基球		

赤血球はヘモグロビンによって酸素の運搬を行う

450〜500万個/mm³

▶呼吸器の構造と機能

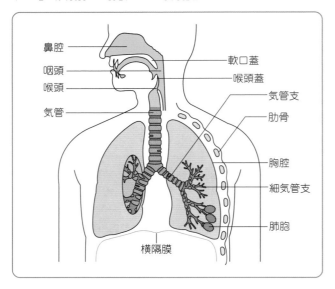

呼吸器	●呼吸器は、鼻腔、咽頭、喉頭、気管、気管支、細気管支、肺胞、胸郭からできている ●右肺は3つ、左肺は2つの肺葉に分かれている ●横隔膜：胸腔と腹腔の境界にあり、呼吸筋の1つ
呼吸数	●通常12～20回／分 ●吸気時には、横隔膜と肋間筋が収縮する ●通常、呼吸回数は、脳幹が血中の二酸化炭素濃度を感知することによって調節している
ガス交換	●外呼吸：肺胞内の空気と血液との間のガス交換 ●内呼吸：全身の細胞組織と血液との間のガス交換
蓋	●軟口蓋：嚥下の際、鼻腔と口腔を閉じる ●喉頭蓋：嚥下の際、気管の入り口を閉じる

▶消化器の構造と機能

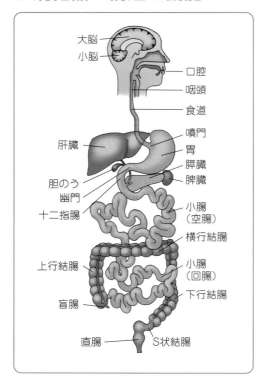

消化器	●消化器系は、食物を摂取し、分解、吸収して血液中に送る働きを担っている ●消化管には、平滑筋（不随意筋）が分布している
消化管の流れ	●口腔→食道→胃→十二指腸→空腸→回腸→上行結腸→横行結腸→下行結腸→S状結腸→直腸→肛門
嚥下（えんげ）	●嚥下時には、喉頭蓋が閉じることによって誤嚥を防止している
胃	●胃粘膜からは、強酸性の消化液が分泌される
肝臓	●栄養の処理・貯蔵、中毒性物質の解毒・分解、胆汁の分泌などを行っている
膵臓	●膵液を分泌し消化を助ける働きと、ホルモンを分泌する内分泌の働きがある
小腸	●胆汁、膵液、腸液などの消化液で消化し、腸絨毛（じゅうもう）により主に栄養分を吸収する
大腸	●小腸で吸収された残りのものから、水分や電解質などを吸収し、糞便を形成し、蓄積、排便する

▶内分泌器官と分泌ホルモン

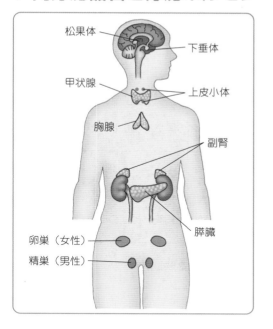

ホルモンの作用	①代謝活動の調節 ②血液成分の恒常性維持 ③消化液の成分 ④性と生殖など
下垂体	●成長ホルモン、バソプレッシンなど
松果体	●メラトニン（睡眠を調整する）
甲状腺	●甲状腺ホルモン（全身の代謝を活性化） ●副甲状腺ホルモン（カルシウムの代謝）
膵臓 （ランゲルハンス島）	●α細胞→グルカゴン（血糖値を上げる働き） ●β細胞→インスリン（血糖値を下げる働き）
性腺	●エストロゲン（女性ホルモン） ●アンドロゲン（男性ホルモン）

▶泌尿器の構造と機能

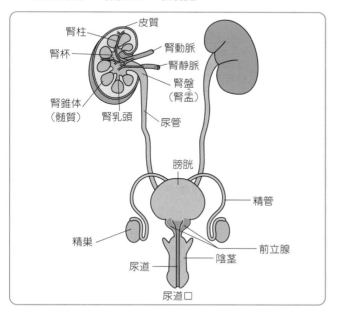

腎臓	●体に不要な老廃物や多くの摂り過ぎた物質を血液中から濾過し、尿として体外に排泄する働きをする ●尿は糸球体と尿細管によってつくられる
膀胱	●尿管によって送られてきた尿を蓄える。200〜300ml程度尿が溜まると、尿意を感じる
尿道	●尿を体外に排泄する管で、男性は十数cm、女性は3〜4cmと、男性のほうが長い
前立腺	●男性のみに存在する器官で、膀胱の真下にあり、尿道を取り囲んでいる
尿量	●1000〜2000ml／日

▶眼の構造と機能

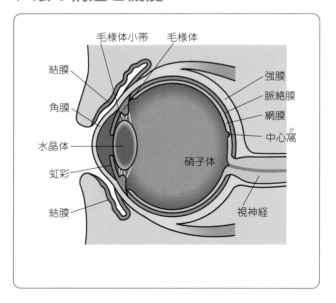

結 膜	●眼瞼結膜と眼球結膜がある
虹 彩	●光量調節を行う
毛様体	●水晶体の厚さを調節し、遠近調節を行う
水晶体	●両凸レンズ状で、焦点の調整をする
硝子体	●水晶体と網膜との間のゼリー状組織
網 膜	●光の像を映し出す

▶耳の構造と機能

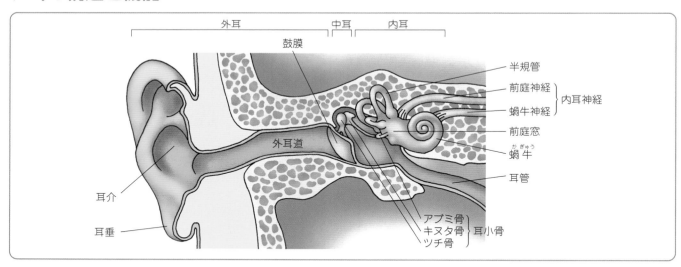

耳		●聴覚と体の平衡感覚をつかさどる器官で、外耳、中耳、内耳からなる
伝音系 （音を伝える）	外 耳	●耳介と外耳道（鼓膜までの部分）
	中 耳	●鼓膜及び耳小骨（ツチ骨、キヌタ骨、アブミ骨）
感音系 （音を聞き分ける）	内 耳	●中耳の奥の蝸牛、半規管などの部分 ●半規管は、体の平衡感覚をつかさどる
	聴覚中枢	●聴覚伝導路から大脳皮質の聴覚野で分析し、感じ取る

▶皮　膚

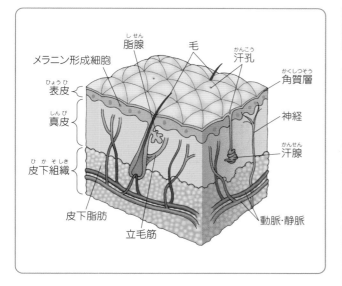

		メラニン形成細胞
	脂腺(しせん) 毛 汗孔(かんこう)	
メラニン形成細胞		角質層(かくしつそう)
表皮(ひょうひ)		神経
真皮(しんぴ)		汗腺(かんせん)
皮下組織(ひかそしき)		
皮下脂肪 立毛筋	動脈・静脈	

●皮膚は触覚、温度感覚（温・冷）、痛覚などの受容器があり、身体の保護、体温の調節などの働きをもっている

皮　膚		●表皮、真皮、皮下組織からなり、全身を包んで外界から身体を保護する。表面は弱酸性、ビタミンDの産生にかかわっている
角質層		●表面第1層で、古くなったものはフケやアカとして落ちていき、下から新しい皮膚が出てくる
汗　腺	アポクリン腺	●腋の下、乳首、陰部付近など特定部位に分布。精神的な緊張や性的な刺激によって汗を分泌する（濃い汗）
	エクリン腺	●口唇やまぶたを除く全身に分布。体温を下げる働きなどがある（うすい汗）
不感蒸泄(ふかんじょうせつ)		●発汗以外で皮膚、呼気から蒸発する水分 ●成人の不感蒸泄の量は1日に約900ml（皮膚から約600ml、呼気から約300ml）。発熱などで増加する

▶睡眠の仕組み

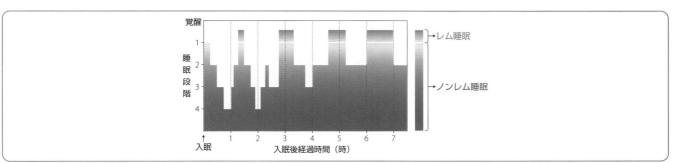

睡眠の働き	●睡眠は、レム睡眠とノンレム睡眠に大きく分けられ、90分～110分周期で繰り返し出現する ●ヒトの体内時計は、視床下部（視交叉上核）にある ●睡眠中は、成長ホルモンが分泌されたり、免疫系の活動が活発になる
レム睡眠	●急速眼球運動（Rapid Eye Movement）の頭文字をとっている ●身体が眠っているのに、脳が活動している状態。夢を見ることが多い
ノンレム睡眠	●レム睡眠以外の比較的深い眠りの状態

54 疾病と障害

▶認知症

認知症			●脳血管疾患、アルツハイマー病その他の要因に基づく脳の器質的な変化により日常生活に支障が生じる程度にまで記憶機能及びその他の認知機能が低下した状態 ●アルツハイマー病が最も多い
	アルツハイマー病		●脳の中にアミロイドβという蛋白質が溜まり、正常な脳の神経細胞を壊して脳萎縮させる ●記憶障害、見当識障害などの中核症状や妄想や徘徊などのBPSDがみられることがある ●女性に多く、症状はなだらかに進行していくことが多い
	血管性認知症		●脳血管障害によって神経細胞が壊れて認知症が現れる ●生活習慣病（糖尿病、脂質異常症、高血圧など）が原因となっていることが多い ●男性に多く、まだら認知症、感情失禁などがみられる
	レビー小体型認知症		●レビー小体という特殊な構造物が脳の大脳皮質にでき、神経細胞を障害することで発症 ●幻視、パーキンソン症状、日内変動などの特徴がある
	前頭側頭型認知症 （ピック病等）		●脳の前頭葉から側頭葉あたりにかけての部位が萎縮する病気で、初老期に多くみられる ●性格の変化や常同行動などの特徴がある
	慢性硬膜下血腫		●硬膜の下と脳の間に血腫ができる疾患で、血腫が脳を圧迫してさまざまな症状がみられる ●数か月前の転倒などによる頭部外傷が原因のことが多く、認知症に似た症状がみられることもある ●血腫を取り除く手術で、認知症が改善することがある
	正常圧水頭症		●特発性正常圧水頭症は、原因不明で、脳脊髄圧が正常範囲であるが、脳室拡大が起きてきて水頭症が進行してくる ●認知症、歩行障害、尿失禁などの症状がみられる ●髄液の流れを整えるシャント手術を行うことで、症状が改善することがある
	クロイツフェルト・ヤコブ病（CJD）		●異常なプリオン蛋白が脳に蓄積して神経細胞が変性し、認知症、けいれん、意識障害が進行していく。孤発性症例では進行が速く1～2年で死亡する例が多い
認知症の評価	質問式	長谷川式認知症スケール（HDS-R）	●面接し質問方式で行うもので高齢者のおおよその認知症の有無とその程度を判定。30点満点で、20点以下を認知症としている
		MMSE （ミニメンタルステート検査）	●長谷川式認知症スケールと違い、図形的能力などの動作性の課題が含まれる ●30点満点で、23点以下を認知症疑いとしている
	観察式	CDR （臨床認知症基準）	●記憶、見当識、判断力と問題解決、社会適応等6項目の段階を評価して認知症の程度を5段階に評価する
		FAST （アルツハイマー病の機能評価ステージ）	●アルツハイマー型認知症の重症度を評価 ●生活機能の面から分類した評価尺度で、認知症の程度を7段階に評価する

▶脳血管障害

脳血管障害（脳卒中）	脳梗塞	脳血栓	●脳内の動脈に血栓ができて、その動脈の支配領域に虚血性の壊死病変を生じる。安静時、血圧が低下しているときに生じやすい
		脳塞栓	●脳以外の部位でできた血栓等が脳細動脈をふさいで発症する。血栓は、心房細動などの心疾患で生じやすい
	頭蓋内出血	脳出血	●脳内の血管が何らかの原因で破れ、脳内に出血した状態。脳出血は、基底核部に好発する。高血圧が原因で起こることが多い
		くも膜下出血	●脳動脈瘤が破裂することなどにより、脳の表面とくも膜の間に出血した状態。昼間、活動時に発症することが多く、突発性の激しい頭痛が特徴で、嘔気・嘔吐を伴う
	症状	麻痺	●脳の損傷部位の反対側に片麻痺として現れることが多い
		その他	●パーキンソン症候群、高次脳機能障害、感覚障害、構音障害、嚥下障害、失行・失認など

左右の大脳半球の役割分担

左空間 右空間
左手足 右手足
左半球 言語 計算 行為 視覚野 脳梁 視覚野 空間 風景 顔 右半球

				対応方法
言語障害	失語症	運動性失語（ブローカ失語）	●「理解面」よりも「表出面」に低下のみられる失語 ●他人の話すことは理解するが、話そうとすると言葉にならない	閉じられた質問、絵カードなどを活用する
		感覚性失語（ウェルニッケ失語）	●「表出面」よりも「理解面」に低下のみられる失語 ●他人の話すことを理解することが難しい	身振り（ジェスチャー）などを活用する
	構音障害		●音声器官の形態上の障害や麻痺などにより引き起こされる発音上の障害	五十音表、筆談などを活用する
高次脳機能障害			●脳の器質的な損傷により、記憶障害、注意障害、遂行機能障害、社会的行動障害などの認知障害を主たる原因として、日常生活及び社会生活への適応に困難を有する障害 ●外傷性脳損傷、脳血管障害、脳炎、低酸素脳症などが原因	
失行			●運動機能が損なわれていないのに動作を遂行する能力が障害された状態	
	着衣失行		●服を着脱するときに裏表・上下などを間違い、うまく着られない	
失認			●感覚機能が損なわれていないのに対象を認識又は同定できない	
	半側空間無視		●脳の損傷の反対側に提示された刺激に反応したり、注意を向けたりするのに失敗する	

▶神経疾患

筋萎縮性側索硬化症（ALS）	●身体を動かすための神経系（運動ニューロン）が変性し、徐々に筋肉の萎縮と筋力の低下をきたす ●進行性の疾患で、運動障害、構音障害、嚥下障害、呼吸障害などを伴うことが多い ●知的な障害や感覚神経への障害は現れにくい ●介護保険の特定疾病及び指定難病の1つ
パーキンソン病	●大脳基底核の黒質と呼ばれる部位の神経細胞が変性するために、神経伝達物質であるドーパミンの産生量が低下し、運動がスムーズに行えなくなる。中年以降の発症が多い ●主な症状として、安静時振戦、筋固縮、動作緩慢、姿勢反射障害がある ●その他、仮面様顔貌、前かがみの姿勢、小刻み歩行、うつ症状、自律神経症状などがみられる ●パーキンソン病の治療の1つにL-ドーパの投与がある ●介護保険の特定疾病及び指定難病の1つ
脊髄小脳変性症	●小脳及び脳幹から脊髄にかけての神経細胞の変性で起きる（徐々に進行する） ●ふらつき、歩行困難などの運動失調（※）が主症状 （※）運動失調は、運動麻痺がないにもかかわらず、協調的運動ができない状態のこと ●自律神経症状として、起立性低血圧、排尿障害、発汗障害などがみられる ●介護保険の特定疾病及び指定難病の1つ
多系統萎縮症	●線条体黒質変性症、シャイ・ドレーガー症候群、オリーブ橋小脳萎縮症を病理学的見地から統一した名称 ●小脳症状、パーキンソン症状、自律神経症状（排尿障害、起立性低血圧）などの症状がみられる ●介護保険の特定疾病及び指定難病の1つ
多発性硬化症	●中枢神経系の神経細胞を被っている、髄鞘が破壊される脱髄疾患の1つ。脳、脊髄、視神経などに病変が起こり、多彩な神経症状が再発と寛解を繰り返す疾患
脊髄損傷	●脊髄が損傷すると損傷部位より下方の神経領域の感覚と運動機能が失われる （頸髄損傷⇒四肢麻痺、胸髄損傷⇒体幹、下肢麻痺、腰髄損傷⇒下肢麻痺（対麻痺））

脊髄損傷者の症状・介護

運動・知覚麻痺
排便・排尿障害
発汗障害
起立性低血圧
自律神経過反射

序章

第1章

第2章

第3章

第4章

第5章

利用者を理解する科目▼㉒医学

▶運動器疾患

骨粗鬆症	●女性は50代（閉経後）から、男性は80代から増加していく（女性に多い） ●原因：カルシウムの欠乏、女性ホルモンの低下、運動、栄養不足など ●骨折を伴う骨粗鬆症は介護保険の特定疾病の1つ	
変形性関節症	●老化のために関節の骨や軟骨がすり減り、関節に変形が生じるために起こる。変形性膝関節症、変形性股関節症、肩関節周囲炎（五十肩）などがある ●膝関節が最も多い。O脚変形を起こしやすく、膝の内側に痛みを生じることが多い ●両側の膝又は股関節に著しい変形を伴う変形性関節症は介護保険の特定疾病の1つ	
骨　折	●高齢者に多い骨折は、①脊椎圧迫骨折、②大腿骨頸部骨折、③上腕骨近位部骨折、④橈骨遠位端骨折 ●大腿骨頸部骨折の治療は、臥床期間短縮のため手術をすることが多い	
関節リウマチ	●原因不明で難治性・全身性の炎症性疾患で、中年女性に多い ●朝の手足のこわばり、関節の痛み、腫れ、変形、可動制限を起こす。手足の小さい関節から左右対称に始まる ●介護保険の特定疾病の1つ	
脊柱管狭窄症	●加齢により脊椎椎管が細くなり神経が圧迫され、腰痛や間欠性跛行などの症状が起こる（腰部に多い） ●介護保険の特定疾病の1つ	
後縦靭帯骨化症 （こうじゅうじんたい）	●脊椎の靭帯が骨化するため、手足のしびれや四肢全体に麻痺などを起こす ●介護保険の特定疾病の1つ	

▶循環器疾患

高血圧症	●最高血圧（収縮期血圧）140mmHg以上、最低血圧（拡張期血圧）90mmHg以上 ●高齢者は、収縮期血圧が高くなる傾向がある ●原因がわからない「本態性高血圧」と、何らかの原因疾患によって起こる「二次性高血圧」がある	
虚血性心疾患	狭心症	●冠動脈が狭くなり、先のほうへ必要な血液を送れない状態。ニトログリセリンの舌下投与が効果あり
	心筋梗塞	●冠動脈の血管がつまって、血液が送れなくなり心筋が壊死した状態。顔面蒼白、冷や汗、脂汗などの症状
心房細動	●不整脈の一種。心房の無秩序な興奮によって心房全体としての収縮リズムを失った状態 ●心房内に血栓を形成しやすく、脳塞栓などを起こしやすい	
心不全	●心臓のポンプ機能の障害のために、必要な血液量を全身に供給できなくなった状態	
閉塞性動脈硬化症	●下肢の比較的太い動脈が慢性的に閉塞し、足が冷たく感じたり、歩くと痛みやしびれ感、間欠性跛行などの症状がある ●介護保険の特定疾病の1つ	

▶呼吸器疾患

肺　炎		●肺炎は、病原体の感染で肺胞に炎症を起こす病気
	細菌性肺炎	●細菌が感染して起こる肺炎。発熱、咳、膿性の痰がみられ、胸痛がみられることもある
	ウイルス性肺炎	●インフルエンザウイルス等のウイルスの感染で起こる肺炎。痰を伴わない咳、又は白っぽい痰を伴う咳、頭痛、発熱、筋肉痛などの症状がみられる
	誤嚥性肺炎	●飲食物や胃液の逆流物が気管や気管支に入って起こる肺炎。特に就寝前の口腔ケアは、肺炎の予防に有効
慢性閉塞性肺疾患（COPD）		●肺胞の破壊や気道炎症が起き、緩徐進行性及び不可逆的に息切れが生じる ●男性に多い。主な危険因子は喫煙など ●喘鳴、咳、喀痰、労作性呼吸困難などの症状がある ●呼吸に伴うエネルギー消費亢進や食欲の低下などにより栄養障害を起こしやすい ●呼吸法として、口すぼめ呼吸や腹式呼吸がある
気管支喘息		●気道の炎症により粘液などが気管支の中にたまり、呼吸困難を起こす。胸部圧迫感、喘鳴などの症状がみられる

▶消化器疾患

肝硬変		●慢性の肝障害が進行した結果、肝臓が硬く変化し、肝機能が減衰した状態 ●原因としては、B型、C型肝炎が多い ●食道静脈瘤や肝細胞がんを合併しやすい
肝　炎	ウイルス肝炎	●肝炎ウイルスに感染し、肝内でウイルスが増殖し肝細胞が障害を受け、吐き気、全身倦怠感、黄疸などの状態を引き起こした状態
	アルコール性肝炎	●アルコールの摂取により引き起こされる肝炎。急性肝炎と長期摂取による慢性肝炎がある
膵　炎		●アルコールや胆石などが原因で起こる膵臓の炎症。急性膵炎と慢性膵炎がある
胆石症		●胆汁の成分が固まって臓器に溜まるもの。加齢に伴い、胆のう内に胆石を有する率は高くなる
消化器がん		●胃がんはヘリコバクター・ピロリ菌の感染が危険因子といわれている ●近年は、大腸がんの増加率が高い

▶泌尿器疾患

尿路感染症	●高齢者の尿路感染症の原因として、前立腺肥大症などの通過障害、女性の閉経後の尿道粘膜萎縮、留置カテーテルの使用、免疫力の低下などがある ●症状として、排尿痛、頻尿、残尿感、排尿困難などがある
前立腺肥大症	●男性のみにみられる疾患で、高齢者に多い。尿道付近の前立腺組織が肥大して尿道を圧迫するために起こる ●頻尿、残尿感、放尿力低下などの排尿障害を伴う。進行すると、尿が全く出なくなること（尿閉）もある
腎不全	●腎炎などの病気で、血液を濾過する糸球体の網の目がつまり腎臓の機能が落ち、老廃物を十分排泄できなくなる状態 ●進行すると、乏尿（400ml／日以下）や無尿（100ml／日以下）を生じ、最終的には尿毒症にいたる ●治療法として、血液透析、持続的携行腹膜透析（CAPD）などがある
ネフローゼ症候群	●糸球体障害により、大量のたんぱく尿が出て、それに伴って血液中のたんぱく質が減少するため、浮腫や脂質異常症などが起こる症候群
尿失禁	●尿失禁は、自分の意思とは関係なく尿が漏れてしまう状態。腹圧性尿失禁、切迫性尿失禁、溢流性尿失禁、機能性尿失禁、反射性尿失禁などのタイプがある

▶内分泌・代謝疾患

糖尿病		●インスリンの分泌不足やインスリンの作用が十分発揮されないために、高血糖が持続することを主因とする疾患。空腹時血糖値、ブドウ糖負荷試験血糖値、HbA1cなどで診断 ●症状として、口渇、多飲、多尿、夜間頻尿、倦怠感、体重減少などがある
	1型糖尿病	●（インスリン依存型）若年者に多く、発症が急激で進行が速い
	2型糖尿病	●（インスリン非依存型）中年以降に発症が多く、進行は遅く、肥満を伴うことが多い。生活習慣病
	三大合併症	●糖尿病性網膜症、糖尿病性腎症、糖尿病性神経障害 ●現在、糖尿病性腎症は透析導入に至る原疾患の第1位である
甲状腺疾患	甲状腺機能亢進症	●甲状腺ホルモンが過剰に合成・分泌された状態。発汗過多、体重減少、頻脈、眼球突出などの症状。バセドウ病など
	甲状腺機能低下症	●甲状腺ホルモンの不足のため生体代謝が低下した状態。浮腫、倦怠感、悪寒、ねむけ、皮膚の乾燥、便秘などの症状 ●先天性甲状腺機能低下症（クレチン症）は、生後5〜7日にマススクリーニングが行われる
脂質異常症		●血液中に含まれる脂質であるLDLコレステロール、中性脂肪（トリグリセリド）が過剰、又はHDLコレステロールが不足している状態
痛　風		●血液中に尿酸が増えすぎた状態。急性関節炎を主症状とする。発作は母趾のつけ根に起こりやすい。中年の男性に多い ●痛風の予防には、内臓類やビール等のプリン体の多い食品の過剰摂取に注意する

▶感覚器疾患

白内障	●水晶体が白く濁ってくる病気。「白そこひ」 ●先天性、老化現象、ぶどう膜炎、糖尿病などで起きる	
緑内障	●眼圧の上昇により、視神経が障害を起こし、視力が低下する。「青そこひ」 ●視神経が弱くなっていくにしたがい、視野が狭くなり、視力も落ちてくる。頭痛や吐気が起きることもある	
糖尿病性網膜症	●糖尿病の合併症の１つで、失明の主要な原因となっている	
網膜色素変性症	●網膜の視細胞のうち、杆体細胞の機能が失われるため、夜盲や求心性の視野狭窄が最初の症状になり、病気の末期になって錐体細胞が機能しなくなると、視力が低下してくる	文字を拡大すると読みにくい
加齢黄斑変性症	●網膜の中心にある黄斑部が変性するため、視力低下や中心暗点を自覚することが多く、病状が進行すると視力が失われる可能性がある	適切な大きさに拡大する
難　聴	●高齢者の難聴は、高音域が聞こえにくい、音がひずんで聞こえるという特徴がある ●難聴は、伝音性難聴、感音性難聴に区分できる ●補聴器は、伝音性難聴には効果があるが、感音性難聴には効果が低い	

難聴の区分：

	伝音性難聴	●外耳、鼓膜、中耳の障害で生じる難聴
	感音性難聴	●内耳又はそれ以降の神経系の障害に起因する難聴

▶先天性疾患

ダウン症候群	●体細胞の21番染色体に１本過剰な染色体が存在することで起こる ●筋緊張低下、運動発達遅滞、低身長、環軸椎不安定、心疾患などが特徴
脳性まひ	●受精から出生直後（生後４週まで）に何らかの原因で受けた脳の損傷によって引き起こされる運動機能の障害 ●痙直型（手足がこわばって硬くなる）、アテトーゼ型（不随意運動が生じる）、失調型（バランスがとりにくい）などがある
デュシェンヌ型筋ジストロフィー	●筋線維の変性・壊死を主病変とし、次第に筋萎縮と筋力低下が進行していく遺伝性疾患 ●基本的に男児のみに発症する ●歩行可能期（ステージⅠ～Ⅳ）、車いすが必要になる時期（ステージⅤ～Ⅶ）、呼吸管理の適応になる時期（ステージⅧ）と進行していく ●車いすを使用するようになっても、食事、書字動作などは自立できることが多い

▶感染症

結 核	●結核は、結核菌によって発生するわが国の主要な感染症の1つ ●結核は、空気中に浮遊する病原菌を吸入することで感染する（空気感染） ●結核菌は主に肺の内部で増えるため、咳、痰、発熱、呼吸困難等、風邪のような症状を呈することが多い
インフルエンザ	●インフルエンザウイルスの感染によって起こる（潜伏期間は、通常1〜2日） ●インフルエンザの大流行は、A型ウイルスによることが多い ●高熱や頭痛、筋肉痛、全身倦怠感などの症状がみられる
後天性免疫不全症候群 （AIDS）	●ヒト免疫不全ウイルス（HIV）の感染によって免疫不全が生じ、日和見感染症や悪性腫瘍などが発症する ●主な感染経路には、性的接触、母子感染、血液によるもの（輸血、臓器移植、医療事故、麻薬等の静脈注射など）がある
MRSA （メチシリン耐性黄色ブドウ球菌）	●メチシリンなどのペニシリン剤をはじめとして、多種の薬剤に対し多剤耐性を示す黄色ブドウ球菌による感染症 ●外科手術後の患者や免疫不全者、長期抗菌薬投与患者などに日和見感染し、腸炎、敗血症、肺炎などをきたす。接触感染、飛沫感染など
腸管出血性大腸菌感染症	●O157をはじめとするベロ毒素を産生する大腸菌による感染症 ●感染経路は、汚染された食物などを摂取することによって起こる感染、細菌が付着した手で口に触れることによる感染がある（経口感染）
疥 癬 （かい せん）	●疥癬虫（ヒゼンダニ）を病原体とする、皮膚寄生虫感染症 ●性器、指間、腋下などに小丘疹が多発して、特に夜間のかゆみが激しい ●衣服などを介して感染する
デング熱	●ネッタイシマカなどの蚊によって媒介されるデングウイルスの感染症 ●2〜14日（多くは3〜7日）の潜伏期の後に突然の高熱で発症する ●人から人への直接感染はないが、熱帯・亜熱帯に広く分布する
ノロウイルス感染症	●ノロウイルスによる食中毒や感染性胃腸炎は冬に流行することが多い ●貝類（二枚貝）が原因のことが多い。手指や食品などを介して感染し、おう吐、下痢、腹痛などを起こす（潜伏期間は通常1〜2日） ●調理器具等は、次亜塩素酸ナトリウムで拭くか、煮沸消毒することが有効
日和見感染症	●健常人には発病しないような弱毒微生物による感染症 ●ニューモシスチス肺炎、MRSA感染症、カンジダ症、サイトメガロウイルス感染症など
肝 炎	A型肝炎	●経口感染が主で、ウイルスに汚染された水、食物を介して感染 ●潜伏期は2〜7週で、慢性肝炎、肝硬変へ移行することは少ない ●A型肝炎ウイルスの感染予防のためのワクチンが実用化されている
	B型肝炎	●血液、体液を介してウイルスが体内に入り込むことで感染 ●感染しても不顕感染が多いが、発病するときは、急性肝炎として発病することもある ●B型肝炎ウイルスの感染予防のためのワクチンが実用化されている
	C型肝炎	●血液、体液を介してウイルスが体内に入り込むことで感染 ●感染時に無症状のことも多く、慢性肝炎になりやすい。肝がんへ進行することが多い ●C型肝炎ウイルスの感染予防のためのワクチンは実用化されていない

▶精神疾患

統合失調症	●思春期から青年期に発症することが多い	
	陽性症状	●健康な心理状態では認められない、幻覚（幻聴が多い）や妄想、言葉の歪曲と誇張、まとまりのない発語と行動、精神運動興奮、焦燥など
	陰性症状	●健康な心理状態では認められない、感情平板化や意欲低下、意思疎通不良、常同的思考など
気分障害	●感情の障害を主とし、その障害から発生すると想定される精神的・身体的症状を呈する状態 ●躁状態とうつ状態があり、交互に繰り返すタイプと一方のみ繰り返すタイプなどがある	
	うつ病	●抑うつ気分、興味又は喜びの著しい減退、不眠又は過眠、精神運動焦燥又は制止、無価値観、罪責感、死についての反復思考など
	躁病	●気分が持続的に高揚し、開放的又は易怒的となる、観念奔逸、誇大妄想、自尊心の肥大又は誇大、睡眠欲求の減少、多弁、注意散漫など
恐怖性障害	●ある状況や対象に対して、恐怖を抱くもの。恐怖対象に直面するとパニック発作を起こすことが多い	
	広場恐怖	●公共の場、人ごみ、乗り物など何か起きても逃げたり助けを求めたりするのが困難な場所を恐れ避ける
	社会（社交）恐怖	●特定の社会的状況を恐れる。対人恐怖症、赤面恐怖、自己臭恐怖などがある
摂食障害	●食事や体重などへの強いとらわれや食行動異常を主症状とする。幼少期の親子関係などが関連しているといわれている。思春期の女性に多い	
	神経性無食欲症	●患者の意図的あるいは無意識による体重の極端な減少が特徴。低栄養状態、低栄養による二次的な代謝障害、無月経症などがみられる
	神経性過食（大食症）	●発作的な過食と、嘔吐や下剤の使用などによる体重のコントロールに没頭することが特徴。電解質異常や身体合併症を生じる
不安障害	●不安を主症状とする神経症で、最も多い神経症。強い不安が発作的に現れると不安発作が起きることがある	
	全般性不安障害	●特定の状況によらず、全般的で持続的な不安が存在する。症状は動揺的で慢性化の傾向がある
	パニック障害	●パニック発作を主症状とするもの。発作に対する予期不安（パニック発作や過呼吸発作を起こした後、また発作が起きたらどうしようと強く不安に思うこと）が特徴的

境界性パーソナリティ障害	●その人本来の人格からくる偏った考え方や行動パターンのために、対人関係、自己像、感情などの不安定性及び著しい衝動性を示す	
解離性（転換性）障害	●ストレスが精神症状に現れたもの。自分の外傷的な体験や耐え難い出来事に対する防衛機制 ●解離性健忘、解離性遁走、解離性昏迷、解離性同一性障害などがある	
ギャンブル等依存症	●精神疾患の診断・統計マニュアル（DSM-5）において物質関連障害及び嗜癖性障害群に分類される ●ギャンブル等依存症とは、ギャンブル等にのめり込むことにより日常生活又は社会生活に支障が生じている状態	
心的外傷後ストレス障害（PTSD）	●圧倒的な外傷体験によって心理的なトラウマ（外傷）が生じ、回避、フラッシュバック、過覚醒などの症状が1か月以上継続する ●症状が1か月未満で消失する場合は、急性ストレス障害（ASD）と診断される	
自閉スペクトラム症	●社会的コミュニケーションの障害や限定、反復された行動などが特徴 ●男性に多い	
	社会的コミュニケーションの障害	●相互の対人的・情緒的関係の障害、非言語的コミュニケーションの障害など
	限定、反復された行動	●常同的で反復的な運動動作や物の使用又は会話、同一性への固執、限定され執着する興味など
注意欠如・多動症（AD／HD）	●不注意、多動、衝動性を特徴とした障害	
	不注意症状	●細かな注意ができずにケアレスミスをしやすい、注意を持続することが困難、話を聞けないようにみえるなど
	多動／衝動性の症状	●着席中に手足をソワソワする、着席が期待されている場面で離席する、不適切な状況で走り回ったりするなど
限局性学習症（SLD）	●基本的には全般的な知的発達に遅れはないが、聞く、話す、読む、書く、計算する又は推論する能力のうち特定のものの習得と使用に著しい困難を示す ●読字障害、算数障害、書字表出障害などがある	

▶診断基準

DSM-5「精神疾患の診断・統計マニュアル」	●アメリカ精神医学会が発行している「精神疾患の診断・統計マニュアル」の第5版	
	特徴	●操作的診断基準によって診断する ●DSM-Ⅳで採用されていた『多軸診断システム』を廃止 ●自閉症スペクトラム、統合失調症スペクトラムなど重症度を判定するための『多元的診断』が導入された

▶がん

●がんの主な部位別死亡率（人口10万対）の年次推移

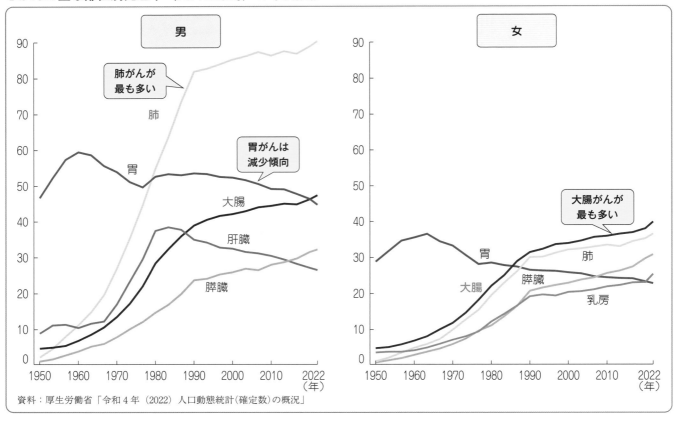

資料：厚生労働省「令和4年（2022）人口動態統計（確定数）の概況」

がん対策基本法		●がん対策に関し、基本理念を定め、国、地方公共団体、医療保険者、国民及び医師等の責務を明らかにし、がん対策の基本となる事項を定めることにより、がん対策を総合的かつ計画的に推進する
	がん対策推進基本計画	●政府は「がん対策推進基本計画」を、都道府県は「都道府県がん対策推進計画」を策定しなければならない
がん診療連携拠点病院		●がん対策基本法に基づき、既存の病院のなかから都道府県知事が推薦し、厚生労働大臣が指定する病院 ●専門的ながん医療の提供、がん診療の地域連携協力体制の構築、がん患者・家族に対する相談支援及び情報提供等を行っている
	がん相談支援センター	●がん診療連携拠点病院、小児がん拠点病院、地域がん診療病院に設置され、がんに関する相談支援を行う
キャンサーボード		●手術、放射線診断、放射線治療、薬物療法、病理診断及び緩和ケアに携わる専門的な知識及び技能を有する医師その他の専門を異にする医師等によるがん患者の症状、状態及び治療方針等を意見交換・共有・検討・確認等するためのカンファレンス

55 リハビリテーション

リハビリテーション	●「障害者に関する世界行動計画」における定義：リハビリテーションとは、損傷を負った人に対して、身体的、精神的、社会的に最も適した機能水準の達成を可能にすることにより、各個人が自らの人生を変革していくための手段を提供していくことをめざし、かつ時間を限定したプロセスを意味する		
リハビリテーションの目的	●リハビリテーションは、身体や精神の機能回復だけでなく、QOL（生活の質）を高め、社会的な自立をめざす		
リハビリテーションの分類	急性期リハビリテーション ⇒ 回復期リハビリテーション ⇒ 生活（維持）期リハビリテーション		
リハビリテーションの4つの領域	医学的	●各専門職がチームとして統合された意見をもとに、リハビリテーションを実施する	
	社会的	●社会生活能力（社会のなかで、自分のニーズを満たし、社会参加を実現する権利を行使する能力）を高めることを目的とする	
	教育的	●身体、精神両面の自立と社会適応の向上をめざして行われる教育的支援	
	職業的	●職業指導、職業訓練、職業選択などの職業的サービスの提供を含んだ、適切な就職の確保と継続ができるように支援する	
日常生活動作	ADL	●人間が独立して生活するために行う基本的な毎日繰り返される身体的動作群 ●食事、排泄、更衣、整容、入浴、起居動作などの日常生活動作のこと	
	IADL	●炊事、洗濯、掃除などの家事、買い物、金銭管理、趣味活動、公共交通機関の利用、車の運転などの活動のこと（手段的日常生活動作ともいう）	
障害高齢者の日常生活自立度（寝たきり度）判定基準	●高齢者のADLの状況を客観的に評価する指標として、厚生労働省が作成した指標		
	J	何らかの障害等を有するが、日常生活はほぼ自立しており独力で外出する	
		1	交通機関等を利用して外出する
		2	隣近所へなら外出する
	A	屋内での生活は概ね自立しているが、介助なしには外出しない	
		1	介助により外出し、日中はほとんどベッドから離れて生活する
		2	外出の頻度が少なく、日中も寝たり起きたりの生活をしている
	B	屋内での生活は何らかの介助を要し、日中もベッド上での生活が主体であるが、座位を保つ	
		1	車いすに移乗し、食事、排泄はベッドから離れて行う
		2	介助により車いすに移乗する
	C	1日中ベッド上で過ごし、食事、排泄、更衣において介助を要する	
		1	自力で寝返りをうつ
		2	自力で寝返りもうたない

▶廃用症候群（生活不活発病）

廃用症候群	●全身あるいは身体の各部の活動の低下や不使用（不活動）によって、身体的・精神的に起きるさまざまな悪影響を総称した合併症 

●廃用症候群の主症状

筋萎縮	●筋肉は細くなり、ベッドに寝た状態にあっては下肢の筋力低下が大きく、歩行への影響が大きい
関節拘縮	●関節が固まって動かしにくくなる。安静を続けていると、全く体を動かすことのできない硬直状態になる
骨萎縮	●骨がもろくなり骨粗鬆症などを引き起こす。安静による骨への刺激の低下は、骨の形成と吸収のバランスを失わせ、骨がもろく折れやすくなる
尿路結石	●尿中にカルシウムの排泄が増え、尿路結石の原因にもなることがある
起立性低血圧	●安静を続けていると、血管運動反射が作動しにくくなり、立ちくらみなどを起こす
精神機能の低下	●活動による刺激が失われ、うつ状態になったり、やる気が減退したりと精神機能の低下をもたらす
心肺機能の低下	●痰の喀出能力低下により、細菌感染を起こし、沈下性肺炎・嚥下性肺炎を起こしやすくなる
褥瘡（床ずれ）	●圧迫による血流障害のため、床ずれができやすくなる ●予防は、最低2時間ごとの体位変換、湿潤を避ける、清潔を保つ、タンパク質、ビタミンの多い食事で栄養状態をよくするなど ●発赤部は、直接マッサージしない **仰臥位** 後頭部 肩甲骨部 脊柱部 肘関節部 仙骨部 踵骨部 **側臥位** 大転子部　膝関節外側部 足関節外果部（がいか） 耳介部　肩関節部　胸腹部 **座位** 坐骨部　尾骨部

▶ICF

ICFは、人間の生活機能と障害の分類法として、2001年5月、世界保健機関（WHO）において採択されました。これまでのICIDH（1980年採択）がマイナス面を分類するという考え方が中心であったのに対し、ICFは、生活機能というプラス面からみるように視点を転換しました。

| 国際障害分類（ICIDH） | ※「障害」というマイナス面をとらえていた。 |

機能障害 ⇒ 能力障害（能力低下） ⇒ 社会的不利

障害分類	機能障害	●心理的、生理的又は解剖的な構造、機能の何らかの障害
	能力障害（能力低下）	●機能障害に起因して、活動していく能力が何らかの制限をされること
	社会的不利	●機能障害や能力障害の結果、社会的な役割を果たすことが制限されたりすること

 改訂

| 国際生活機能分類（ICF） | ※心身機能・身体構造、活動、参加の生活機能レベルと健康状態・環境因子・個人因子のすべての要素は、それぞれ相互に関係している。 |

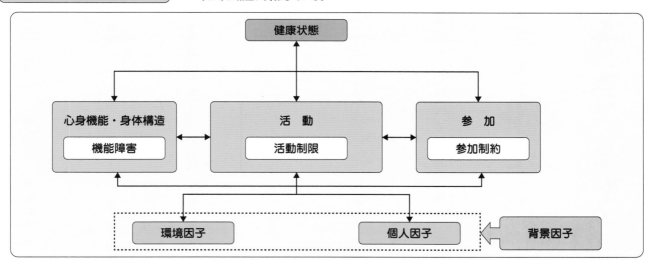

生活機能	心身機能・身体構造	●心身機能は、「身体系の生理的機能」 ●身体構造は、「器官、肢体とその構成部分などの解剖学的部分」
	活動	●課題や行為の個人による遂行 ●活動における、実行状況（している活動）と能力（できる活動）を明確に区分している
	参加	●生活・人生場面へのかかわり
背景因子	環境因子	物的な環境や社会的環境などを構成する因子
	個人因子	個人の人生や生活の特別な背景
健康状態		●疾患だけではなく、高齢や妊娠、ストレスなどを含むより広い概念

単元㉓：心理　共通

56 学習／記憶

『穴埋めチェック2025』
P.217〜P.230参照

重要度
B
★★☆

心理学では、学習は、経験を通じて、行動に比較的持続性を持つ変化が生じる現象とされています。

▶代表的な学習理論

学習の種類		内　容		提唱者など
古典的条件づけ（レスポンデント条件づけ）	条件反射	●経験によって形成された刺激と反応の結びつき 例：犬にエサを与える直前にメトロノームの音を提示する操作を繰り返した結果、メトロノームの音だけで犬が唾液分泌させるなど		パブロフ,I.P.
	行動主義	●人間は条件づけによって受動的に学習する存在であると考え、環境からの働きかけを重視した（環境的要因の重要性を主張）		ワトソン,J.B.
オペラント条件づけ	オペラント条件づけとは	●レスポンデント条件づけに対し、「生活体の自発的な反応に基づく条件づけ」をオペラント条件づけと呼んだ 例：スキナー箱（白ねずみがバーを押すとエサが出てくる箱）による実験では、白ねずみは何度もバーを押すようになるなど		スキナー,B.F.
	オペラント条件づけの型	●オペラント条件づけは、強化の種類とその与え方によって4種類に分類される		
		正の強化	●行動すると強化子が提示され、その行動の頻度が増加	
		負の強化	●行動すると強化子が除去され、その行動の頻度が増加	
		正の罰	●行動すると強化子が提示され、その行動の頻度が減少	
		負の罰	●行動すると強化子が除去され、その行動の頻度が減少	
	シェーピング	●目標とする特定の行動に接近するよう、行動の要素を選択的に強化し、最終的に求めている行動の形成を達成する		
試行錯誤		●あれこれ試みて失敗しながら、次第に無駄な反応が排除され、学習者にとって満足をもたらす反応だけが生じるようになる学習 例：問題箱と呼ばれる実験装置に猫を閉じ込め、そこから脱出するまでの行動を観察。猫は試行数が多くなるにつれて短時間で箱から脱出できるようになった		ソーンダイク,E.L.
洞察学習		●課題に対する目標と手段の関係がひらめいたり、解決への見通しを働かせることによって学習していく方法 例：チンパンジーが天井からぶらさがったバナナを、木箱を積み重ねて取ったりする行動など		ケーラー,W.
模倣学習		●模倣者がモデルと同一の反応をしたときに、強化を受けることによって成立する学習		ミラー,N.E. ダラード,J.
観察学習（モデリング）		●モデルの行動を観察するだけで、直接強化を受けることがなくても成立する学習		バンデューラ,A.

▶記 憶

●記憶の過程

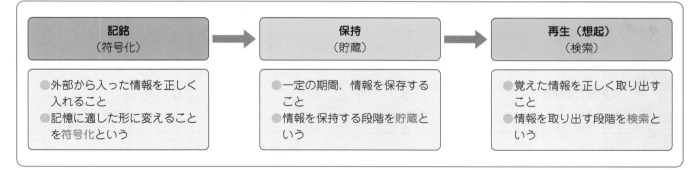

記銘（符号化）	保持（貯蔵）	再生（想起）（検索）
●外部から入った情報を正しく入れること ●記憶に適した形に変えることを符号化という	●一定の期間、情報を保存すること ●情報を保持する段階を貯蔵という	●覚えた情報を正しく取り出すこと ●情報を取り出す段階を検索という

●記憶の仕組み

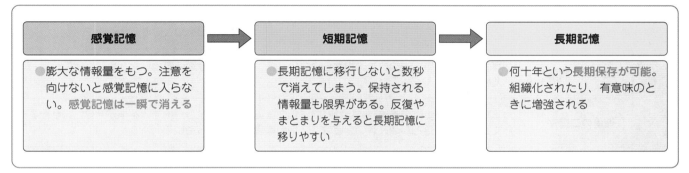

感覚記憶	短期記憶	長期記憶
●膨大な情報量をもつ。注意を向けないと感覚記憶に入らない。感覚記憶は一瞬で消える	●長期記憶に移行しないと数秒で消えてしまう。保持される情報量も限界がある。反復やまとまりを与えると長期記憶に移りやすい	●何十年という長期保存が可能。組織化されたり、有意味のときに増強される

●記憶の種類

作動（作業）記憶（ワーキングメモリー）			●短い時間、あることを記憶にとどめておくのと同時に、「認知的作業」を頭の中で行う記憶
長期記憶	陳述記憶	エピソード記憶	●「旅行に行ったこと」など、ある特定の時間と場所での個人にまつわる出来事の記憶
		自伝的記憶	●自分自身に関する事柄についての記憶
		意味的記憶	●都道府県の名前、人口、日付といった一般的な知識などについての記憶
	非陳述記憶	プライミング記憶	●日常の何気ない動作や行動などのように無意識に繰り返される記憶
		手続き的記憶	●「自転車の乗り方」など動作に関する身体的反応の記憶
展望的記憶			●友人と会う約束の時間や場所など将来や未来に関する記憶

57 感覚／知覚／認知

▶感覚と知覚

感　覚		●物理刺激に対する感覚受容器（目、耳など）での情報処理を始点とする神経生理的情報処理過程 ●視覚・聴覚・嗅覚・味覚・皮膚感覚など
	感覚能力の限界	●人の視覚は、可視光線（およそ380〜750nmの波長範囲の電磁波）を感受することができるが、紫外線や赤外線は感受できない ●人の聴覚は、およそ20〜20,000Hzの周波数の範囲の音波を感知することができるが、それ以外の音波は感受できない
	閾　値	●弁別閾：同種の刺激を変化させたとき、その相違を感知できる最小の刺激差 ●刺激閾：ある感覚を引き起こすのに必要な、最小の刺激量
	刺　激	●適刺激：各感覚器官に適した刺激のこと（例：視神経に対する光など） ●不適刺激：感覚器官に適さない刺激のこと（例：眼球を圧迫すると光が見える）
知　覚		●見たり、聞いたり、触れたりする経験に基づいて外界や自己を知る働き
	暗（明）順応	●可視光量の多い（少ない）環境から少ない（多い）環境へ急激に変化したときに、時間経過とともに目が慣れてくること
	環境の二重性	●地理的環境（実際の環境）ではなく、行動的環境（自己認知した環境）を手がかりに行動する ●交通標識の見落としや人違いなどは、2つの環境のズレから生じる
	選択的注意	●知覚は能動的で選択的に働いている ●パーティのにぎやかななかでも相手の話を聞きとることができる（カクテルパーティ効果）
	体制化の働き	●網膜像から対象物の形を知覚するには、認識対象の形を背景から浮き立たせる「図と地の分離」が必要 ●外界に無秩序に存在する物事や出来事を、体制化の働きによって意味づけ、「まとまり」のある知覚的世界を能動的に作り上げている（ルビンの図と地の反転図形） ルビン, E. の杯
	知覚の恒常性	●物理的刺激の変化にもかかわらず、そのものの性質を同一に保とうとする知覚の働き ●近づけても、遠ざけても同じ大きさに知覚される　など
	馴　化	●ある刺激が繰り返し提示されることで、刺激に対する反応が徐々に見られなくなっていく現象
	錯　視	●知覚した状態と実際の物理的状態とは、必ずしも一致していない ●地平線に近い月が天中の月よりも大きく見える「月の錯視」　など
	仮現運動	●映画のフィルムは1コマごとの静止画像なのに、連続して提示すると動いて見える現象
	社会的知覚	●物や状況がどのように知覚されるかは、知覚者の主体的条件によって大きく変わる ●同じ大きさの円板と硬貨を比較した実験で、貧しい家庭の子どもほど硬貨が大きく知覚されやすかった ●知覚者にとって価値のあるものは知覚されやすく、不快なものは知覚されにくい

▶認　知

認　知		●感覚や知覚をはじめとしてすべての能力を活用した情報処理活動 ●知識を獲得し、組織立て、それを利用すること
	認知の均衡理論 （バランス理論）	●三者関係において、「すべてプラス」か「１つがプラスで２つがマイナス」の場合は均衡。他はすべて不均衡となる ●不均衡な場合は、均衡に回復するように認知を変化させる力が働く
	メタ認知	●「自分は何がわからないかがわかる」ように自らの認知の働きそのものを自覚すること ●メタ認知は情報処理活動を監視・制御する働きがある

▶認知に関するさまざまな効果

ツァイガルニク効果	●目標が達成されない未完了課題の再生のほうが、完了課題の再生よりもよい（思い出しやすい）という現象（未達成の課題のほうが、完了した課題に比べて想起されやすい）
ピグマリオン効果	●教師がある学生に対して優秀だという期待をもって教えれば、その学生は他の学生たちより優秀になる確率が高いという理論
プラセボ効果	●ある薬のなかに特定の有効成分が入っているように偽って患者に与えると、本当に効果的な薬のように効果を発揮するという理論（偽薬効果）
ホーソン効果	●作業成果は労働時間と賃金ではなく、周囲の関心と上司の注目に最も影響を受ける
光背効果（ハロー効果）	●ある対象を評価するときに、ある特徴的な一面に影響され、その他の側面に対しても同じように評価してしまうこと
ラベリング効果	●逸脱者のラベル（レッテル）を貼ることによって、ラベルを貼られたものの内容や価値が決定されてしまうこと
単純接触効果	●同じ対象を繰り返し見たり聞いたりすることで、好意的な態度が形成されること
フット・イン・ザ・ドア法	●受け入れやすい小さな要請を承諾した後には、大きな要請を受け入れやすくなる現象
傍観者効果	●緊急事態においてそれを目撃している人が多いほど、援助の手が差し伸べられる割合が少なくなる現象
ステレオタイプ	●ある社会的な集団に対する過度に一般化された認知や信念
スリーパー効果	●信憑性が低い人から得られた情報であっても、時間の経過とともに信憑性が低いという記憶は薄れていくこと
アナウンスメント効果	●選挙時のマスメディア等による予測報道によって、有権者の投票行動に影響を与えること
ブーメラン効果	●説得しようとして、説得することによって、説得される側がかえって逆の態度を強めてしまうこと

▶適応機制

適応機制（防衛機制）とは、欲求不満や不快な緊張感・不安から自分を守り、心理的安定を得ようとする無意識的な解決方法のことです。各適応機制の特徴をつかみましょう。

1	逃避	●不快な場面、緊張する場面から逃げ出してしまうことで、消極的に自己の安定を求める
		例	学校へ行きたくない子どもが朝、腹痛になり休む 体が不調のときに医師に診察してもらうことを嫌がって、自分でいろいろ考えて診断して気を休める
2	退行	●より以前の発達段階に逆戻りして、甘えるなどの未熟な行動をとる
		例	とっくにやめていた指しゃぶりをまた始める
3	抑圧	●自分にとって都合の悪い欲求や衝動を意識に上らせないようにする
		例	虐待の経験やトラウマなどを無意識のうちに追いやる あるつらい体験をした後に、その体験に関する記憶があいまいになった
4	代償	●欲しいものが得られない場合、代わりのもので我慢する
		例	気に入ったものが高くて買えないときに、他の安いもので我慢するなど
5	補償	●ある事柄に劣等感をもっている際、他の事柄で優位に立ってその劣等感を補おうとする
		例	学業成績の悪い学生が勉強する代わりにスポーツに熱中する 身体障害で悩む児童が学業成績で他の児童に負けないようにする
6	注意獲得	●自分の存在と価値を他人に認めさせたいため、他人と異なった行動をとる傾向をいう
		例	わざと奇抜な格好をする 暴走族に入る
7	合理化	●自分がとった葛藤を伴う言動について、一見もっともらしい理由づけをすることをいう
		例	社会福祉士国家試験に合格しなかった人が、「なまじ資格をもつと現場で生意気になるだろう…」と自分に言い聞かせる
8	昇華	●性欲や攻撃欲など、そのままでは社会的制約を受けるものを、芸術、文化、スポーツなど社会的に承認される行動に振り替える
		例	ライバルを攻撃したくなったが、ボクシングの練習で気持ちを解消した

9	同一視	●他者のある一面やいくつかの特性を、自分のなかに当てはめて、それと似た存在になること	
		例	学生が、尊敬している教師の口まねや手振り、服装のまねをしたがる 子どもが、あこがれている歌手の服装に似た服装をしたがる
10	投影・投射	●自分のなかの認めがたい抑圧した感情を、ある他者に所属するとみなすこと	
		例	自分が嫌いな人について、「あの人は私を嫌っている」と言いふらす 出世欲の強い人が優秀な人について、「あの人は出世しか頭にない」などと思うこと
11	取り入れ・摂取	●投影と逆で、他者の中にある感情等を自分のもののように感じたり、取り入れたりすること	
		例	憧れの対象がもつ要素を自分の中に取り込もうとする
12	知性化	●受け入れがたい感情や思考をくつがえすような知識により、心理的平穏さを取り戻す	
		例	飛行機事故の確率を調べたら低かったので安心した
13	置き換え	●ある対象に向けられた欲求・感情（愛情・憎しみ）を、他の対象に向けて表現する	
		例	父から叱られて腹が立ったので弟に八つ当たりした
14	反動形成	●知られたくない欲求や感情と反対の行動をとることによって、本当の自分に目を覆ったり隠そうとする	
		例	苦手な人に対していつもより過剰にやさしくした 何でもできるからと他人の援助を拒否する
15	攻　撃	●妨害になっていると思われる人や状況に反抗や攻撃を示す	
		例	八つ当たり、かんしゃく、弱いものいじめ、皮肉、言われたことに従わない
16	打ち消し	●罪悪感を引き起こす行為を行った後で、罪悪感や恥辱を感じた場合、それとは反対の行為を行って不快な感情を取り去ろうとする	
		例	他者を非難した後で、その他者を褒めちぎる
17	転　換	●不満や葛藤が身体症状に置き換わる	
		例	悩みからの頭痛

利用者を理解する科目 ▼ ㉓ 心理

▶欲求・動機

欲求		●何らかの欠乏を感じている状態で、何かを必要としている状態
	一次的欲求	●食事、水分摂取、睡眠、排泄などの生理的欲求
	二次的欲求	●親和、愛情、独立、所属、共同、自尊などの社会的欲求
社会的動機づけ		●生理的動機づけに基づいて、社会生活のなかで獲得されていく行動様式
	外発的動機づけ	●「外部」から賞や罰を与え、競争心を刺激し、向上や発達を促進する 　例：周囲から賞賛されるために勉強する　など
	内発的動機づけ	●「内部」（心の中）の満足感を得るために、自発的、積極的に働きかける 　例：自分の知的好奇心を満足させるために勉強する　など
	達成動機づけ	●ある優れた基準や目標を立てて、その基準や目標に到達しようとする動機 ●「～してはいけない」という制限的な養育態度で低くなり、行為に対する承認・支持・励ましで高くなる傾向がある
原因帰属		●ワイナー, B. は課題達成における原因帰属を「内的統制－外的統制」と「安定－不安定」によって分類した ●達成動機の高い人は、成功を「自己の能力や努力」に帰属させ、失敗を「自己の努力不足」に帰属させる傾向がある ●達成動機の低い人は、成功を「幸運や課題の容易さ」に帰属させ、失敗を「自己の能力不足」に帰属させる傾向がある

【ワイナーの原因帰属理論】

		安定性	
		安定	不安定
統制の位置	内的	能力	努力
	外的	課題の難しさ	運

▶マズローの欲求（動機）の階層

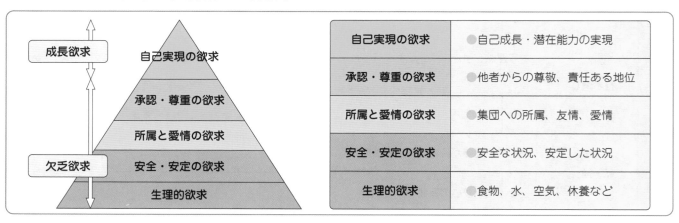

自己実現の欲求	●自己成長・潜在能力の実現
承認・尊重の欲求	●他者からの尊敬、責任ある地位
所属と愛情の欲求	●集団への所属、友情、愛情
安全・安定の欲求	●安全な状況、安定した状況
生理的欲求	●食物、水、空気、休養など

▶感 情

感 情	●自分の内に生じた身体的変化や外界からの刺激を感じて起こる気持ち
基本感情 （一次感情）	●人間にとって生得的に備わっているといわれている感情 ●喜び、怒り、哀しみ、楽しさ、驚き、恐れ、嫌悪、憎悪など
自己意識感情 （二次感情）	●他の動物にはない、自己意識や自己評価にかかわる社会的な感情 ●照れ、羨望、共感、誇り、恥、罪悪感など
感情コンピテンス	●複雑な社会で適応した生活を送るために必要とされる感情の能力
感情伝染	●人の感情は人に伝染するという感情伝染は、生まれつき人に備わっている ●感情伝染は、人の気持ちをあたかも自分の気持ちであるかのように感じ取る「共感」の基礎になっている

▶ストレス

ストレス	●精神的・肉体的に負担となる刺激や状況	
フラストレーション 耐性	●不適応な行動に訴えることなしに、フラストレーションに耐えうる能力 ●フラストレーション耐性は、生得的というより、さまざまな経験によって形成される	
タイプA行動パターン	●特徴として、競争的・野心的・精力的な性格、機敏、せっかちなどの行動などがあげられる ●同時にいくつもの仕事を引き受けて、次々にやってくる締切りに追われる ●虚血性心疾患の発症に関与しているといわれている	
ハーディネス	●ストレスに直面しても健康を損なうことが少ない性格特性	
ホメオスタシス	●外的内的環境の絶え間ない変化に応じて、生体を一定の安定した状態に保つ働き	
コーピング	●ストレスに対処するための意識的な対処過程	
	問題焦点型	●ストレスの原因となっている環境を直接的に変えようと対処する
	情動焦点型	●自分の情動を統制して、軽減しようとする対処方法
心理的反応	アパシー	●ストレス状態が続き、それに対してうまく対処することができない場合に陥る、無気力・無感動な心理状態
	バーンアウト	●燃え尽き症候群のこと。極度の身体疲労と感情の枯渇を示す症候群
汎適応症候群	●セリエ, H. が提唱した、ストレッサーが引き起こす身体の非特異的反応のこと	
	警告期	●ストレスが加えられた直後の時期で、ストレスにすぐには適応できない「ショック相」、そのショックに適応しようとする「反ショック相」がある
	抵抗期	●ストレス状況にうまく適応した時期
	疲弊期	●外界からの刺激を長期間受け、生体のエネルギーが限界を超えた時期

利用者を理解する科目▼ ㉓心理

59 発 達

▶エリクソン, E. H.

エリクソン, E. H. は、発達の概念を生涯発達（ライフサイクル）へと拡張し、社会的・対人関係の視点から心理・社会的発達を8つの段階にまとめました。

	年齢の目安	課題	達成すると	時期
①乳児期	～1歳頃	「信頼」対「不信」	希 望	●母親との関係を通じて、自分を取り巻く社会が信頼できることを感じる段階
②幼児期前期	1～3歳頃	「自律性」対「恥・疑惑」	意 志	●基本的なしつけを通じて、自分自身の身体をコントロールすることを学習する段階
③幼児期後期	3～6歳頃	「積極性」対「罪悪感」	目 的	●自発的に行動することを通じて、それに伴う快の感覚を学習する段階
④児童期	7～11歳頃	「勤勉性」対「劣等感」	有能性	●学校や家庭で活動の課題を達成する努力を通じて、勤勉性を獲得する段階
⑤青年期	12～20歳頃	「同一性」対「同一性拡散」	忠 誠	●自己を統合し、「自分とはこういう人間だ」というアイデンティティを確立する段階
⑥成人初期	20～30歳頃	「親密性」対「孤独」	愛	●結婚や家族形成等親密な人間関係を築き、連帯感を獲得する時期
⑦成人期	30～65歳頃	「生殖性」対「停滞」	世 話	●子育てや仕事を通じて、社会に意味や価値のあるものを生み出し育てる段階
⑧老年期	65歳頃～	「自我統合」対「絶望」	英 知	●今までの積極的な評価を受け入れ、人生の意味や価値を見出す段階

▶ピアジェ, J.

ピアジェ, J. は、子どもの感覚運動から、思考・認知の発達を4つの段階にまとめました。

①感覚運動期	～2歳	●直接何らかの動作をすることによって、刺激と感覚器官との結びつきを通じて外界とかかわる
②前操作期	2～7歳	●自己中心的な思考で、相手の立場になることができない。「ごっこ」遊びのようなシンボル機能が生じる時期
③具体的操作期	7～11歳	●自己中心性を脱し、思考が体系的に組織化される。保存の概念（物の形や状態を変形させても数や量は変わらないことが理解できる）や可逆的な操作を獲得する
④形式的操作期	11歳～	●抽象的な概念の理解や論理的思考ができるようになる

▶フロイト, S.

フロイト, S. は、リビドーという性的エネルギーの出現の仕方や充足のあり方によって、自我の発達を5つの段階にまとめました。

①口唇期	～18か月	●授乳により口唇から環境との交流が図られる時期
②肛門期	1～3、4歳	●排泄が自立する時期。環境への能動的姿勢が発達する時期
③男根期	5～6歳	●自分の器官の、性器としての役割を知り、男女の性的違いに気づいていく時期。異性の親に対するエディプスコンプレックスが特徴
④潜在期	6歳～思春期	●性的衝動は抑えられ、エネルギーが外部（学業・友人等）に向けられる時期
⑤思春期・性器期	思春期～	●生殖器への関心が再び高まり、性生活の発達が特徴となる時期

▶アタッチメント

提唱者	理論・研究	内　容
ローレンツ, K.	刷り込み現象（インプリンティング）	●ガンなどの大型の鳥が人工孵化されて臨界期（十数時間という短い時間）に人間や動く物体を提示されると、ひなは提示された物体の後を選択的についていくようになり、同じ鳥の仲間にはついていかなくなるという現象 ●このような現象は、高等動物にもみられ、ごく初期の社会経験が後の正常な発達に決定的な影響を与えるとされる
ハーロウ, H. F.	赤毛ザルの研究	●哺乳ビンを持つ「針金」の代理母ザルと哺乳ビンを持たない「布製」の代理母ザルとに対する子ザルの反応を調べ、接触快感の重要性を説明した ●子ザルはミルクを飲むとき以外、「布製」の母ザルにしがみついて過ごし、ときにはそれを拠点としてさまざまな探索行動をとった
ボウルビィ, J.	アタッチメント（愛着）理論	●発達の初期（生後2～3年）における養育者へのアタッチメント（愛着）が、後の人格の発達に大きな役割を果たす ●養育者の子どもに対する敏感性や応答性がアタッチメントの関係の善し悪しを決めるうえで重要

▶遺伝と環境の影響

①成熟優位説	●個人の発達課題を、個人の中に潜在している可能性が、出生以後、時間の経過とともに顕現するという考え。学習を成立させるために必要なレディネスを重視する
②環境優位説	●遺伝の影響は最小限ととらえ、個人の発達過程は、育つ環境から得られる経験によって、かなりの部分が規定されるという考え
③輻輳説	●独立した「遺伝要因」と「環境的要因」が、それぞれ寄り集まって、一つの発達として現れるという考え
④環境閾値説	●一定水準以上の「環境的要因」が存在しないと「遺伝的要因」が現れてこないという考え

60 心理療法と心理検査

▶代表的な心理療法

来談者中心療法	●ロジャーズ, C. R. が提唱した非指示的な心理療法 ●セラピストの態度条件として、共感的理解、無条件の肯定的配慮、自己一致が必要である
精神分析療法	●フロイト, S. によって創始された心理療法 ●人の感情や思考などは無意識によって規定されていると考え、その無意識を意識化することで悩みから解放しようとする療法
論理療法	●エリス, A. によって創始された心理療法 ●人の悩みは出来事の受け取り方（信念）によって生み出されるもので、受け取り方（信念）を変えれば（論破すれば）、悩みはなくなる（結果が変わる）という考え ●A（出来事）－B（信念）－C（結果）－D（論破）－E（効果）理論とも呼ばれている
家族療法	●家族を一つのシステムとしてとらえ、特定の家族メンバーに生じた症状を個人の問題とはせず、家族全体の問題としてとらえ、解決を図ろうとする療法 ●家族療法のシステムズ・アプローチでは、家族間の関係性の悪循環を変化させる
短期療法 （ブリーフ・セラピー）	●治療目標を明確にし、治療期間や治療回数を限定して短期に治療を行う療法 ●人格変容よりは問題解決を図ることなどの特徴がある
動作療法 （臨床動作法）	●「動作」という心理活動を通して、生活における体験の仕方の変化などをめざして、さまざまな臨床的な援助をする方法
遊戯療法 （プレイセラピー）	●主に子どもに対して用いられる遊びを媒介にした心理療法 ●言葉で表現できない深い感情や複雑な問題状況を表現できる特性があり、遊びそれ自体を自分自身のありのままの表現ととらえる
回想法	●過去の出来事を振り返ることを通じて自らの人生を肯定的に再評価できるようになることをねらいとして用いられる。個人への回想法とグループ回想法がある
リアリティ・ オリエンテーション （RO）	●現実見当識訓練とも呼ばれ、見当識障害のある高齢者に対して行われる ●基本的情報（氏名、場所、日時、時間など）を繰り返し伝えることによって、現実認識を取り戻し、不安や戸惑いを軽減することを目的としている
森田療法	●森田正馬により創始された神経症に対する心理療法 ●神経症をあるがままに受け入れ、やるべきことを目的本位・行動本位に実行していく ●絶対臥褥期⇒軽作業期⇒重作業期⇒社会生活準備期に区分される
内観療法	●吉本伊信により創始された、日本独自の自己探求技法 ●身近な人を対象として「してもらったこと」「して返したこと」「迷惑をかけたこと」について内省する

序章

第1章

第2章

第3章

第4章

第5章

利用者を理解する科目 ▼ ㉓心理

行動療法	●学習理論を基礎とする行動変容技法の総称 ●行動療法では、恐怖症のような不適応行動を誤って学習された行動と考え、それを修正するための再学習を行うことが重要
暴露法 （エクスポージャー法）	●不安喚起場面に繰り返し曝すことで、クライエントの不安感を低減させる
バイオフィードバック	●体温、脳波、心臓の鼓動など、本来無意識に属する身体機能を、計測器等の表示を参考にしながらトレーニングすることによって、意識的に生体自己制御できるようにする
系統的脱感作法	●クライエントは、個別に作成された不安階層表を基に、リラックスした状態下で不安の誘発度の最も低い刺激から徐々に刺激が増やされ、段階的に不安を克服していく
自律訓練法	●受動的注意集中状態下で、四肢の重感、四肢の温感、心臓調整、呼吸調整、腹部温感、額部涼感を順に得ることで、心身の状態は緊張から弛緩へ切り替えられる
モデリング法	●観察者はお手本（モデル）となる他者の行動を観察することで、新しい行動を獲得したり、既存の行動パターンを修正する
認知療法	●認知の歪みに対し、認知のパターンを自らが修正することを通して、不快な感情の改善を図る ●自動思考（何か出来事があったときに瞬間的に浮かぶ考えやイメージ）を特定し、新しい別の考えを導き出していく
認知行動療法	●クライエントが直面している問題に関連不適切な認知や行動のパターンに焦点をあて、どのような状況でどのような精神活動が生じるのかという行動分析をし、他者の行動観察を通じて行動の変容をもたらすモデリングなどにより、問題解決のためのコーピング（対処法）を学ぶ
SST （社会生活技能訓練）	●社会生活のなかで主に対人接触にかかわる状況において必要なスキル（状況に応じた適切なストレス回避や認知、行動様式（コーピング））を、ロールプレイなどの技法を用いて習得を図る
芸術療法	●さまざまな芸術作品を創造する活動を通じて、心身の健康の回復を目的とする心理的治療全般のこと
音楽療法	●音楽療法は心身に障害や失調のある人々を、音楽の機能を活用し、回復・改善に導き、社会復帰の援助やQOLの向上をめざす療法の1つ
箱庭療法	●砂の入った箱の中に1つの世界を作る遊戯療法 ●「自由にして保護された空間」「系列的理解、テーマ」「空間的配慮」の考えからで内的世界をつくり上げていく
心理劇 （サイコドラマ）	●筋書きのない即興劇を演じることにより、参加者の役割を変化させ、自発性を図る集団療法。監督、補助自我、演者、観客、舞台などの要素が重要

▶主な知能検査、発達検査の概要

知能検査	ビネー式	①ビネー, A. は「精神年齢」という基準で知的水準を測定した ②ターマン, L. M. が、精神年齢と生活年齢の比である知能指数（IQ）を導入した ③日本版として、鈴木・ビネー式知能検査、田研の田中ビネー式知能検査として改訂されていった $$知能指数（IQ）＝\frac{精神年齢（MA）}{生活年齢（CA）}×100$$
	ウェクスラー式	●ウェクスラー, D. は知能を「個人が目的的に行動し、合理的に思考し、かつ能率的に自分の環境を処理しうる総合的能力」と定義した ●ウェクスラー式知能検査には、年齢に応じて低年齢児用のWPPSI、児童版のWISC、成人用のWAISの3種類がある ●全検査IQ、言語理解指標、知覚推理指標、ワーキングメモリ指標、処理速度指標などが算出できる
		WPPSI－Ⅲ ●低年齢児用（2歳6か月から7歳3か月）
		WISC－Ⅳ ●児童用（5歳から16歳11か月）
		WAIS－Ⅳ ●成人用（16歳から90歳11か月）
知覚・感覚・ 運動検査	ベントン視覚記銘検査	●図形を用いた記銘力検査。視覚認知、視覚記銘、視覚構成能力を評価し、脳疾患の可能性を診断する
発達検査	遠城寺式・乳幼児分析的 発達検査	●運動（移動運動と手の運動）、社会性（基本習慣と対人関係）、言語（発語と言語理解）の6つの軸による発達を測定する
	KIDS乳幼児発達検査	●0歳1か月〜6歳11か月の乳幼児が対象で、年齢に応じて4種類のタイプがある ●検査領域は、運動、操作、理解言語、表出言語、概念、対子ども社会性、対成人社会性、しつけ、食事の9領域にわたる
	新版K式発達検査2001	●「姿勢－運動」「認知－適応」「言語－社会」の3領域の観点から、発達年齢（DA）及び発達指数（DQ）などを作成する

▶人格検査

質問紙法	MMPI（ミネソタ多面式人格目録）	●精神医学的診断の客観化を目的として開発された質問紙法の人格検査 ●個別でも集団でも実施できる
	東大式エゴグラム（TEG）	●東京大学医学部心療内科TEG研究会が開発・作成した質問式の人格検査 ●5つの自我状態に分類し、それらのエネルギー量の高低をグラフで示す
	矢田部ギルフォード性格検査（YGPI）	●ギルフォード，J. P. の人格特性理論に基づき、矢田部達郎らによって作成された質問紙法の人格検査。次の5つの性格特性に分けられる

矢田部ギルフォード性格検査（YGPI）の型分類：

	A型	平均型
	B型	情緒不安定・不適応、活動積極型
	C型	情緒安定・適応、活動消極型
	D型	情緒安定、活動積極型
	E型	情緒不安定、活動消極型

投影法		●投影法では、抽象的な刺激を提示してそれへの反応に投影されるコンプレックスや、性格の偏りなどを知ることができる
	ロールシャッハ・テスト	●ロールシャッハ，H. が、性格特性を表すインクのシミを発見したのがきっかけ ●インクのシミは10枚の図版となって人格投影検査として用いられている
	TAT（主題統覚検査／絵画統覚検査）	●モルガン，C. D. とマレー，H. A. が、人間の行動要因は内的な欲求と環境からの圧力によるものと想定し、「欲求－圧力理論」によって開発 ●動作途中にある人物や抱擁している男女、肖像画のようなスタイルをとる女性、人のいない風景などが描かれた31枚の図版から、20枚を選択し、被験者に自由に物語ってもらう
	バウムテスト	●コッホ，K. が精神診断の補助的な手段として考案した ●被験者が描く「1本の実のなる樹」の絵から、パーソナリティの発達的な側面などを検討する
	P-Fスタディ（絵画・欲求不満検査）	●ローゼンツァイク，S. が、欲求や怒りの表現を測定するために考案した ●日常生活における欲求不満場面が描かれた絵を提示し、その反応で、3つの攻撃型（外罰・内罰・無罰）と3つの反応型（障害優位型・自我防衛型・要求固執型）により分析し、人格を評価する
	SCT（文章完成テスト）	●あらかじめ書かれている未完成の刺激文の続きを、思いつくことを自由に記述してもらう形式の投影法心理テスト
作業検査	内田クレペリン精神作業検査	●一列に並んだ数字を連続加算する作業を繰り返し、その作業速度の変化を示す作業曲線から、モチベーション度、緊張の持続度、注意集中度を評価し人格を診断する ●就業の適性検査などでよく活用されている

61 知能／人格／集団

▶集　団

●集団に関する理論

集　団		●１人でいるときの個人の行動パターンと、集団のなかにいるときの個人の行動パターンには違いがみられる
	同　調	●社会的な規範や集団における規範に従う行動 ●集団の多数の人が同じ意見を主張すると、自分の意見を多数派の意見に合わせて変えてしまう
	社会的促進	●単純課題では、集団作業の方が生産性は促進されやすい
	社会的抑制	●複雑課題では、集団作業の方が生産性は抑制されやすい
	社会的手抜き	●集団で課題を遂行する際、１人当たりの課題遂行量が人数の増加に伴って低下する
	社会的ジレンマ	●集団の成員の多くが個人の利益を追求することで、集団全体として大きな不利益の結果が生じる
集団規範		●対面集団において、メンバーの相互作用により、次第に確定してくる標準的な行動基準 ●集団メンバーには、基準から外れないように、有形・無形の集団圧力が加わるようになる
集団凝集性		●メンバーを自発的に集団に留まらせる力の総体のこと ●集団の凝集性が高いほど同調行動が発生しやすくなり、異なった意見を提案しづらくなる
集団思考（集団浅慮）		●集団で何かの合意形成をするにあたって、不合理あるいは危険な意思決定が容認されること
内集団バイアス		●各個人が、自分が属する集団の成員のことを、それ以外の集団の成員よりも好意的に評価すること
集団極性化	**リスキー・シフト**	●集団になると、より危険で大胆な方向に偏る傾向のこと
	コーシャス・シフト	●集団になると、より安全性の高い無難な意思決定になる
スケープゴート		●集団自体が抱える問題が集団内の個人や集団に身代わりとして押しつけられ、結果として根本的な解決が先延ばしにされること
ソシオメトリー		●集団の心理的特徴を数学的に研究すること ●集団や組織の人間関係を測定する方法にはソシオメトリック・テストがあり、その結果を図示したものがソシオグラムと呼ばれている
いじめ		●「いじめっ子」「いじめられっ子」「観衆」「傍観者」という構造で成り立っているといわれる ●「傍観者」がいじめに対し黙認することは、いじめっ子に暗黙の支持と受け取られ、いじめをエスカレートさせる一因となるといわれる

序章

第1章

第2章

第3章

第4章

第5章

利用者を理解する科目▼ ㉓心理

▶パーソナリティ

●フロイト, S. による精神構造

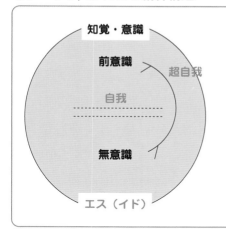

超自我	●幼少期における両親のしつけや教育、価値観などの影響を受け内在されてきた領域 ●「ねばならない」という形で自我に圧力をかける
自　我	●一部は意識的で、他は無意識下にあり心の中心となっている ●エス（イド）と超自我の間で現実的な調整を図る
エス（イド）	●無意識に属する本能的な衝動で、快楽原則が支配している ●利己的、非論理的な部分

●パーソナリティに関する理論

理　論	提唱者など			内　容
類型論	クレッチマー, E.	細身型	分裂気質	非社交的、きまじめ、臆病、神経質、無関心など
		肥満型	躁うつ気質	社交的、善良、陽気、活発、激しやすいなど
		闘士型	粘着気質	几帳面、執着性、粘り強い、怒りやすいなど
	シュプランガー, E.	社会型		●他者を愛し、他者のために奉仕することに高い価値をおく
		理論型		●客観的に物ごとをとらえ、論理的な知識を探求することに価値観をおく
		審美型		●繊細で敏感であり、美の探求に最高の価値をおく
		権力型		●権力をもって他者を支配したり命令することに価値をおく
		宗教型		●宗教的な価値観に従って正しく生きることに価値をおく
		経済型		●財力や経済力に最大の価値をおき、物ごとを判断する
	ユング, C. G.			●人の基本的態度から、性格を内向性と外向性に分けた
特性論	オールポート, G.			●すべての人がもっている共通特性と、その個人だけがもっている個人的特性に分けた
	5因子モデル（ビッグファイブ）			●外向性、誠実性、神経症傾向、開放性、協調性の5つの特性が示されている

▶知能・創造性

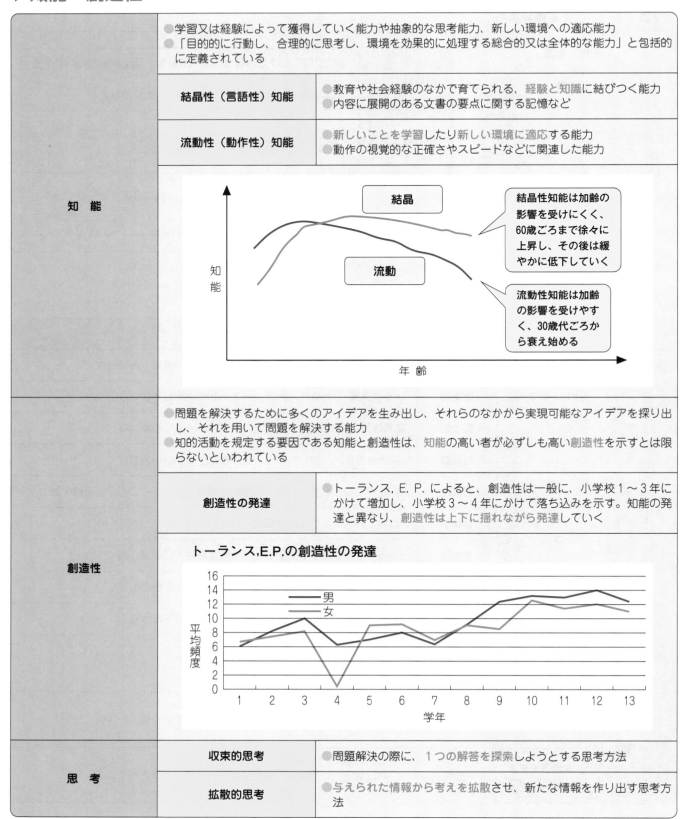

知　能	●学習又は経験によって獲得していく能力や抽象的な思考能力、新しい環境への適応能力 ●「目的的に行動し、合理的に思考し、環境を効果的に処理する総合的又は全体的な能力」と包括的に定義されている	
	結晶性（言語性）知能	●教育や社会経験のなかで育てられる、経験と知識に結びつく能力 ●内容に展開のある文書の要点に関する記憶など
	流動性（動作性）知能	●新しいことを学習したり新しい環境に適応する能力 ●動作の視覚的な正確さやスピードなどに関連した能力

（知能のグラフ）

結晶性知能は加齢の影響を受けにくく、60歳ごろまで徐々に上昇し、その後は緩やかに低下していく

流動性知能は加齢の影響を受けやすく、30歳代ごろから衰え始める

創造性	●問題を解決するために多くのアイデアを生み出し、それらのなかから実現可能なアイデアを探り出し、それを用いて問題を解決する能力 ●知的活動を規定する要因である知能と創造性は、知能の高い者が必ずしも高い創造性を示すとは限らないといわれている	
	創造性の発達	●トーランス, E. P. によると、創造性は一般に、小学校1〜3年にかけて増加し、小学校3〜4年にかけて落ち込みを示す。知能の発達と異なり、創造性は上下に揺れながら発達していく

トーランス,E.P.の創造性の発達

（創造性の発達のグラフ）

思　考	**収束的思考**	●問題解決の際に、1つの解答を探索しようとする思考方法
	拡散的思考	●与えられた情報から考えを拡散させ、新たな情報を作り出す思考方法

第 4 章

社会福祉士の仕事を理解する科目

【科目編成のイメージ図】

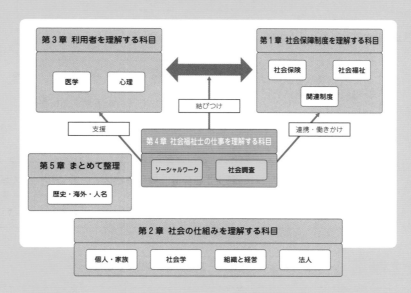

次に、社会福祉士の仕事を理解する科目を整理していきましょう！
社会福祉士の職業倫理や相談に応じるための相談援助技術や実践アプローチの方法、社会調査の概要などを学んでいきます。

62 ソーシャルワークの定義

『穴埋めチェック2025』P.233〜P.252参照

重要度 A ★★★

▶社会福祉士及び介護福祉士法　1987（昭和62）年公布

定　義	●社会福祉士の名称を用いて、専門的知識及び技術をもって、身体上若しくは精神上の障害があること又は環境上の理由により日常生活を営むのに支障がある者の福祉に関する相談に応じ、助言、指導、福祉サービスを提供する者又は医師その他の保健医療サービスを提供する者その他の関係者との連絡及び調整その他の援助を行うことを業とする者をいう		
社会福祉士の義務等	**登　録**	●社会福祉士となるには、社会福祉士登録簿に氏名、生年月日その他厚生労働省令で定める事項の「登録」が必要	
	名称使用の制限	●社会福祉士でない者は、社会福祉士という名称を使用してはならない	30万円以下の罰金
	秘密保持義務	●正当な理由がなく、その業務に関して知り得た人の秘密を漏らしてはならない。社会福祉士でなくなった後においても、同様	1年以下の懲役又は30万円以下の罰金
	信用失墜行為の禁止	●社会福祉士の信用を傷つけるような行為をしてはならない	登録の取消又は名称使用の停止
	誠実義務	●個人の尊厳を保持し、自立した日常生活を営むことができるよう、常にその者の立場に立って、誠実にその業務を行わなければならない	
	資質の向上責務	●社会を取り巻く環境の変化による業務の内容の変化に適応するため、相談援助に関する知識及び技能の向上に努めなければならない	
	連　携	●福祉サービス及びこれに関連する保健医療サービスその他のサービスが総合的かつ適切に提供されるよう、地域に即した創意と工夫を行いつつ、福祉サービスを提供する者又は医師その他の保健医療サービスを提供する者その他の関係者との「連携」を保たなければならない	

▶認定社会福祉士制度　認定社会福祉士認証・認定機構が認定する制度

認定社会福祉士	●所属組織を中心にした分野における福祉課題に対し、高度な専門性を発揮できる社会福祉士
資格要件	●相談援助実務経験が社会福祉士を取得して5年以上あり、かつこの間、社会福祉士制度における指定施設及び職種に準ずる業務等に従事していること ●一定の研修を受講　など
分　野	●「高齢」、「障害」、「児童・家庭」、「医療」、「地域社会・多文化」の分野ごとの認定
認定上級社会福祉士	●専門性の高い業務を実践するとともに、人材育成において他の社会福祉士に対する指導的役割を果たし、かつ実践の科学化を行うことができる能力を有する社会福祉士
資格要件	●相談援助実務経験が認定社会福祉士を取得してから5年以上あり、かつこの間、社会福祉士制度における指定施設及び職種に準ずる業務等に従事していること ●認定社会福祉士の認定をされていること ●一定の研修を受講、試験に合格　など

▶精神保健福祉士法

定 義	●精神保健福祉士の名称を用いて、精神障害者の保健及び福祉に関する専門的知識及び技術をもって、精神科病院その他の医療施設において精神障害の医療を受け、若しくは精神障害者の社会復帰の促進を図ることを目的とする施設を利用している者の地域相談支援の利用に関する相談その他の社会復帰に関する相談又は精神障害者及び精神保健に関する課題を抱える者の精神保健に関する相談に応じ、助言、指導、日常生活への適応のために必要な訓練その他の援助を行うことを業とする者		
登 録	●精神保健福祉士となる資格を有する者が精神保健福祉士となるには、精神保健福祉士登録簿に、氏名、生年月日その他厚生労働省令で定める事項の登録を受けなければならない		
精神保健福祉士の義務等	**名称使用の制限**	●精神保健福祉士でない者は、精神保健福祉士という名称を使用してはならない	30万円以下の罰金
	秘密保持義務	●正当な理由がなく、その業務に関して知り得た人の秘密を漏らしてはならない。精神保健福祉士でなくなった後においても、同様とする	1年以下の懲役又は30万円以下の罰金
	信用失墜行為の禁止	●精神保健福祉士は、精神保健福祉士の信用を傷つけるような行為をしてはならない	登録の取消又は名称使用の停止
	連携等	●精神保健福祉士は、その業務を行うに当たって精神障害者に主治の医師があるときは、その指導を受けなければならない	
		●精神保健福祉士は、その業務を行うに当たっては、その担当する者に対し、保健医療サービス、障害福祉サービス、地域相談支援に関するサービスその他のサービスが密接な連携の下で総合的かつ適切に提供されるよう、これらのサービスを提供する者その他の関係者等との連携を保たなければならない	
	誠実義務	●個人の尊厳を保持し、自立した日常生活を営むことができるよう、常にその者の立場に立って、誠実にその業務を行わなければならない	
	資質の向上責務	●精神保健及び精神障害者の福祉を取り巻く環境の変化による業務の内容の変化に適応するため、相談援助に関する知識及び技能の向上に努めなければならない	

	根拠法	担当する者	援助内容	登録者数（令和6年2月末）
社会福祉士	社会福祉士及び介護福祉士法	●身体上、精神上、環境上の理由で日常生活を営むのに支障がある者	●福祉に関する相談 ●助言、指導、福祉サービス関係者等との連携	287,273人
精神保健福祉士	精神保健福祉士法	●精神障害の医療を受けている者 ●精神障害者の社会復帰施設を利用している者 ●精神障害者及び精神保健に関する課題を抱える者	●地域相談支援の利用に関する相談 ●社会復帰に関する相談 ●精神保健に関する相談 ●助言、指導、日常生活への適応訓練	103,928人

▶ソーシャルワークのグローバル定義

2014年7月にオーストラリア・メルボルンにて開催された、国際ソーシャルワーカー連盟（IFSW）総会および国際ソーシャルワーク学校連盟（IASSW）総会において、ソーシャルワーク専門職のグローバル定義が採択されました。

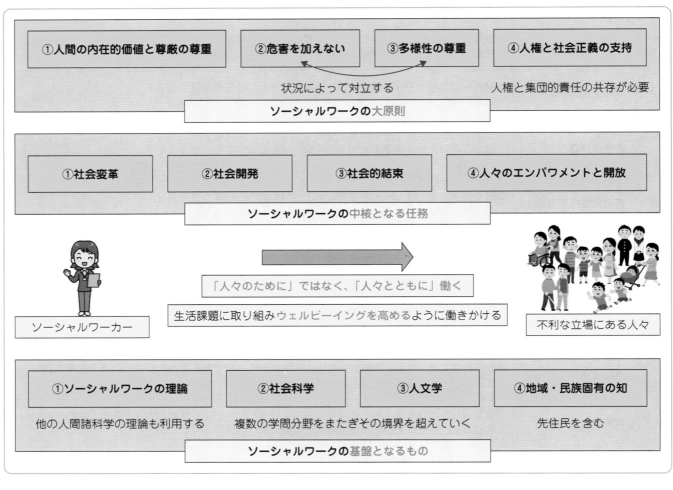

| ①人間の内在的価値と尊厳の尊重 | ②危害を加えない | ③多様性の尊重 | ④人権と社会正義の支持 |

状況によって対立する　　　　　　　　　　人権と集団的責任の共存が必要

ソーシャルワークの大原則

| ①社会変革 | ②社会開発 | ③社会的結束 | ④人々のエンパワメントと開放 |

ソーシャルワークの中核となる任務

「人々のために」ではなく、「人々とともに」働く

生活課題に取り組みウェルビーイングを高めるように働きかける

ソーシャルワーカー　　　　　　　　　　　　　　　　　　不利な立場にある人々

| ①ソーシャルワークの理論 | ②社会科学 | ③人文学 | ④地域・民族固有の知 |

他の人間諸科学の理論も利用する　　複数の学問分野をまたぎその境界を超えていく　　先住民を含む

ソーシャルワークの基盤となるもの

ソーシャルワーク専門職の グローバル定義	●ソーシャルワークは、社会変革と社会開発、社会的結束、および人々のエンパワメントと解放を促進する、実践に基づいた専門職であり、学問である
	●社会正義、人権、集団的責任、および多様性尊重の諸原理は、ソーシャルワークの中核をなす
	●ソーシャルワークの理論、社会科学、人文学、および地域・民族固有の知を基盤として、ソーシャルワークは、生活課題に取り組みウェルビーイングを高めるよう、人々やさまざまな構造に働きかける
	●この定義は、各国および世界の各地域で展開してもよい ●各国および世界の各地域はそれぞれの置かれた社会的・政治的・文化的状況に応じた独自の定義を作ることができる

中核となる任務	●ソーシャルワーク専門職の中核となる任務には、社会変革・社会開発・社会的結束の促進、および人々のエンパワメントと解放がある
	●ソーシャルワークは、相互に結び付いた歴史的・社会経済的・文化的・空間的・政治的・個人的要素が人々のウェルビーイングと発展にとってチャンスにも障壁にもなることを認識している、実践に基づいた専門職であり学問である
	●不利な立場にある人々と連帯しつつ、この専門職は、貧困を軽減し、脆弱で抑圧された人々を解放し、社会的包摂と社会的結束を促進すべく努力する
	●社会変革のイニシアチブは、人権および経済的・環境的・社会的正義の増進において人々の主体性が果たす役割を認識する
	●ソーシャルワーク専門職は、それがいかなる特定の集団の周縁化・排除・抑圧にも利用されない限りにおいて、社会的安定の維持にも等しく関与する
原　則	●ソーシャルワークの大原則は、人間の内在的価値と尊厳の尊重、危害を加えないこと、多様性の尊重、人権と社会正義の支持である
	●人権と社会正義を擁護し支持することは、ソーシャルワークを動機づけ、正当化するものである
	●ソーシャルワークの主な焦点は、あらゆるレベルにおいて人々の権利を主張すること、および、人々が互いのウェルビーイングに責任をもち、人と人の間、そして人々と環境の間の相互依存を認識し尊重するように促すことにある
	●危害を加えないことと多様性の尊重は、状況によっては、対立し、競合する価値観となることがある。たとえば、女性や同性愛者などのマイノリティの権利（生存権さえも）が文化の名において侵害される場合などである
知	●ソーシャルワークは、複数の学問分野をまたぎ、その境界を超えていくものであり、広範な科学的諸理論および研究を利用する
	●ソーシャルワークの研究と理論の独自性は、その応用性と解放志向性にある。多くのソーシャルワーク研究と理論は、サービス利用者との双方向性のある対話的過程を通して共同で作り上げられてきたものであり、それゆえに特定の実践環境に特徴づけられる
	●この定義は、ソーシャルワークは特定の実践環境や西洋の諸理論だけでなく、先住民を含めた地域・民族固有の知にも拠っていることを認識している
実　践	●ソーシャルワークの正統性と任務は、人々がその環境と相互作用する接点への介入にある。環境は、人々の生活に深い影響を及ぼすものであり、人々がその中にある様々な社会システムおよび自然的・地理的環境を含んでいる
	●ソーシャルワークの参加重視の方法論は、「生活課題に取り組みウェルビーイングを高めるよう、人々やさまざまな構造に働きかける」という部分に表現されている
	●ソーシャルワークは、できる限り、「人々のために」ではなく、「人々とともに」働くという考え方をとる
	●ソーシャルワークの実践は、さまざまな形のセラピーやカウンセリング、グループワーク、コミュニティワーク、政策立案や分析、アドボカシーや政治的介入など、広範囲に及ぶ

▶社会福祉士の倫理綱領（2020（令和２）年６月30日採択）

前　文			●われわれ社会福祉士は、すべての人が人間としての尊厳を有し、価値ある存在であり、平等であることを深く認識する。われわれは平和を擁護し、社会正義、人権、集団的責任、多様性尊重および全人的存在の原理に則り、人々がつながりを実感できる社会への変革と社会的包摂の実現をめざす専門職であり、多様な人々や組織と協働することを言明する
			●われわれは、社会システムおよび自然的・地理的環境と人々の生活が相互に関連していることに着目する。社会変動が環境破壊および人間疎外をもたらしている状況にあって、この専門職が社会にとって不可欠であることを自覚するとともに、社会福祉士の職責についての一般社会及び市民の理解を深め、その啓発に努める
			●われわれは、われわれの加盟する国際ソーシャルワーカー連盟と国際ソーシャルワーク教育学校連盟が採択した、次の「ソーシャルワーク専門職のグローバル定義」（2014年７月）を、ソーシャルワーク実践の基盤となるものとして認識し、その実践の拠り所とする
原　理		人間の尊厳	●社会福祉士は、すべての人々を、出自、人種、民族、国籍、性別、性自認、性的指向、年齢、身体的精神的状況、宗教的文化的背景、社会的地位、経済状況などの違いにかかわらず、かけがえのない存在として尊重する
		人　権	●社会福祉士は、すべての人々を生まれながらにして侵すことのできない権利を有する存在であることを認識し、いかなる理由によってもその権利の抑圧・侵害・略奪を容認しない
		社会正義	●社会福祉士は、差別、貧困、抑圧、排除、無関心、暴力、環境破壊などの無い、自由、平等、共生に基づく社会正義の実現をめざす
		集団的責任	●社会福祉士は、集団の有する力と責任を認識し、人と環境の双方に働きかけて、互恵的な社会の実現に貢献する
		多様性の尊重	●社会福祉士は、個人、家族、集団、地域社会に存在する多様性を認識し、それらを尊重する社会の実現をめざす
		全人的存在	●社会福祉士は、すべての人々を生物的、心理的、社会的、文化的、スピリチュアルな側面からなる全人的な存在として認識する
倫理基準	クライエントに対する倫理責任	クライエントとの関係	●社会福祉士は、クライエントとの専門的援助関係を最も大切にし、それを自己の利益のために利用しない
		クライエントの利益の最優先	●社会福祉士は、業務の遂行に際して、クライエントの利益を最優先に考える
		受　容	●社会福祉士は、自らの先入観や偏見を排し、クライエントをあるがままに受容する
		説明責任	●社会福祉士は、クライエントに必要な情報を適切な方法・わかりやすい表現を用いて提供する
		クライエントの自己決定の尊重	●社会福祉士は、クライエントの自己決定を尊重し、クライエントがその権利を十分に理解し、活用できるようにする
		参加の促進	●社会福祉士は、クライエントが自らの人生に影響を及ぼす決定や行動のすべての局面において、完全な関与と参加を促進する
		クライエントの意思決定への対応	●社会福祉士は、意思決定が困難なクライエントに対して、常に最善の方法を用いて利益と権利を擁護する
		プライバシーの尊重と秘密の保持	●社会福祉士は、クライエントのプライバシーを尊重し秘密を保持する
		記録の開示	●社会福祉士は、クライエントから記録の開示の要求があった場合、非開示とすべき正当な事由がない限り、クライエントに記録を開示する

		差別や虐待の禁止	●社会福祉士は、クライエントに対していかなる差別・虐待もしない
倫理基準		権利擁護	●社会福祉士は、クライエントの権利を擁護し、その権利の行使を促進する
		情報処理技術の適切な使用	●社会福祉士は、情報処理技術の利用がクライエントの権利を侵害する危険性があることを認識し、その適切な使用に努める
	組織・職場に対する倫理責任	最良の実践を行う責務	●社会福祉士は、自らが属する組織・職場の基本的な使命や理念を認識し、最良の業務を遂行する
		同僚などへの敬意	●社会福祉士は、組織・職場内のどのような立場にあっても、同僚および他の専門職などに敬意を払う
		倫理綱領の理解の促進	●社会福祉士は、組織・職場において本倫理綱領が認識されるよう働きかける
		倫理的実践の推進	●社会福祉士は、組織・職場の方針、規則、業務命令がソーシャルワークの倫理的実践を妨げる場合は、適切・妥当な方法・手段によって提言し、改善を図る
		組織内アドボカシーの促進	●社会福祉士は、組織・職場におけるあらゆる虐待または差別的・抑圧的な行為の予防および防止の促進を図る
		組織改革	●社会福祉士は、人々のニーズや社会状況の変化に応じて組織・職場の機能を評価し、必要な改革を図る
	社会に対する倫理責任	ソーシャル・インクルージョン	●社会福祉士は、あらゆる差別、貧困、抑圧、排除、無関心、暴力、環境破壊などに立ち向かい、包摂的な社会をめざす
		社会への働きかけ	●社会福祉士は、人権と社会正義の増進において変革と開発が必要であるとみなすとき、人々の主体性を活かしながら、社会に働きかける
		グローバル社会への働きかけ	●社会福祉士は、人権と社会正義に関する課題を解決するため、全世界のソーシャルワーカーと連帯し、グローバル社会に働きかける
	専門職としての倫理責任	専門性の向上	●社会福祉士は、最良の実践を行うために、必要な資格を所持し、専門性の向上に努める
		専門職の啓発	●社会福祉士は、クライエント・他の専門職・市民に専門職としての実践を適切な手段をもって伝え、社会的信用を高めるよう努める
		信用失墜行為の禁止	●社会福祉士は、自分の権限の乱用や品位を傷つける行いなど、専門職全体の信用失墜となるような行為をしてはならない
		社会的信用の保持	●社会福祉士は、他の社会福祉士が専門職業の社会的信用を損なうような場合、本人にその事実を知らせ、必要な対応を促す
		専門職の擁護	●社会福祉士は、不当な批判を受けることがあれば、専門職として連帯し、その立場を擁護する
		教育・訓練・管理における責務	●社会福祉士は、教育・訓練・管理を行う場合、それらを受ける人の人権を尊重し、専門性の向上に寄与する
		調査・研究	●社会福祉士は、すべての調査・研究過程で、クライエントを含む研究対象の権利を尊重し、研究対象との関係に十分に注意を払い、倫理性を確保する
		自己管理	●社会福祉士は、何らかの個人的・社会的な困難に直面し、それが専門的判断や業務遂行に影響する場合、クライエントや他の人々を守るために必要な対応を行い、自己管理に努める

▶ソーシャルワーカーの活動領域

●相談支援専門員

相談支援専門員	●指定特定相談支援事業所などに配置され、サービス利用計画の作成、関係機関との連絡調整などを行う	
	要件	●障害者の相談支援・直接支援などの業務に一定期間（3〜10年）従事し、都道府県が実施する相談支援従事者研修を受講することが必要 ●5年ごとに現任研修を修了すると資格の更新ができる
主任相談支援専門員	●相談支援専門員の業務について十分な知識・経験をもつ相談支援専門員で、障害福祉サービスや他の保健・医療サービスを提供する者との連絡調整、他の相談支援専門員に対する助言・指導などを行う	
	要件	●現任研修を修了後、3年以上の相談支援専門員としての実務経験等があり、主任相談支援専門員研修を修了

●介護支援専門員

介護支援専門員	●居宅介護支援事業所、介護保険施設などに配置され、ケアプラン作成、介護全般に関する相談援助・関係機関との連絡調整などを行う	
	要件	●5年以上の実務経験を有する社会福祉士等、一定の資格取得者が、都道府県が実施する介護支援専門員試験に合格し、実務研修を修了する ●5年ごとの更新研修を修了すると資格の更新ができる
主任介護支援専門員	●介護支援専門員の業務について十分な知識・経験をもつ介護支援専門員で、介護保険サービスや他の保健・医療サービスを提供する者との連絡調整、他の介護支援専門員に対する助言・指導などを行う	
	要件	●専任の介護支援専門員として通算して5年以上（ケアマネジメントリーダー養成研修などを修了した者は3年以上）従事した者などが、主任介護支援専門研修を修了する

●医療の分野

医療ソーシャルワーカー	●保健医療分野に勤務するソーシャルワーカー ●医療ソーシャルワーカー業務指針が国によって定められ、社会福祉の立場から専門的援助を行うことや業務の範囲などが定められている	
	業務の範囲	●療養中の心理的・社会的問題の解決調整援助 ●退院援助 ●社会復帰援助 ●受診・受療援助 ●経済的問題の解決調整援助 ●地域活動
認定医療ソーシャルワーカー	●医療ソーシャルワーカーの業務指針に従い、倫理綱領を遵守して社会福祉士及び介護福祉士法の定める相談援助を行うものであって、保健医療分野においての社会福祉実践に関する専門知識と技術を有し、科学的根拠に基づいた業務の遂行、及びスーパービジョンを行うことができる能力を有することを認められた者	
	要件	●社会福祉士登録後、保健医療分野における実務経験5年以上 ●社会福祉士登録後の認定医療ソーシャルワーカーに関わる研修等において、合計180ポイント以上を取得していること　など

●教育の分野

スクールソーシャルワーカー		●教育分野に関する知識に加えて、社会福祉等の専門的な知識・技術を用いて、児童生徒の置かれた様々な環境に働き掛けて、支援を行うソーシャルワーカー
	要件	●社会福祉士、精神保健福祉士等の福祉に関する専門的な知識・技術・経験を有する者から選考される
	職務内容	●問題を抱える児童生徒が置かれた環境への働き掛け ●関係機関等とのネットワークの構築、連携・調整 ●学校内におけるチーム体制の構築、支援 ●保護者、教職員等に対する支援・相談・情報提供 ●教職員等への研修活動

●司法の分野

福祉専門官		●矯正施設（刑務所など）に収容された高齢者、障害を有する受刑者等の出所又は出院後の円滑な社会復帰のために必要な各種調整等を担う ●刑事施設においては2014（平成26）年度から、少年院においては2015（平成27）年度から、福祉専門官の配置を進めている
	要件	●社会福祉士又は精神保健福祉士の資格をもち、福祉施設、社会福祉協議会、福祉事務所、医療機関、行政機関等での福祉的業務の経験がおおむね5年以上ある人
	職務内容	●高齢又は障害のため自立が困難な受刑者等の社会復帰支援に関する業務 ●疾病等のため釈放後直ちに医療や福祉サービスが必要な受刑者等の釈放時の保護に関する業務 ●矯正施設（刑務所など）内での福祉に関する相談・助言、講話など、福祉上の専門性を要する業務
地域生活定着支援センター		●社会福祉士、精神保健福祉士などを配置 ●高齢や障害など福祉的な支援を必要とする刑務所出所者等の社会復帰を支援する機関
	職務内容	●コーディネート業務（矯正施設退所予定者の福祉サービスへのつなぎ） ●フォローアップ業務（矯正施設退所者の受入れ施設等をフォロー） ●相談支援業務（犯罪をした者やその家族等からの福祉サービス等の利用に関する相談への支援）など
社会復帰調整官		●保護観察所へ配属され、心神喪失者等の精神障害者の社会復帰を支援
	要件	●精神保健福祉士又は精神保健福祉に関する高い専門的知識を有する社会福祉士などから選任

●独立型社会福祉士

独立型社会福祉士		●ソーシャルワークを実践するにあたって、あらかじめ利用者と締結した契約に従って提供する相談援助の内容およびその質に対し責任を負い、相談援助の対価として直接的に、もしくは第三者から報酬を受ける者をいう
	要件	●都道府県社会福祉士会の会員である者 ●認定社会福祉士である者 ●社会福祉士会へ事業の届出をした者 ●独立型社会福祉士に関する研修を修了した者　など

▶ソーシャルワークの歴史

年　代	大きな流れ	出来事など
1800年代～	慈善・博愛 セツルメント 運動	● 1820年代　チャルマーズ, T.、隣友運動（友愛訪問） ● 1844年　ウイリアムズ, G.、ロンドンでYMCA設立 ● 1852年　ドイツのエルバーフェルト制度では、名誉職である救済委員による家庭訪問を実施 ● 1869年　ロンドンに慈善組織協会（COS）設立 ● 1884年　バーネット, S.、ロンドンにトインビーホールを開設 ● 1889年　アダムス, J.、シカゴにハルハウスを開設 ● 1897年　全米慈善・矯正会議において、リッチモンド, M. は、「応用博愛事業学校の必要性」と題する発表を行い、知識の系統的な伝達が必要であると主張 ● 1898年　ニューヨーク慈善組織協会は、博愛事業に関する6週間に及ぶ講習会を開催
1900年代～	個別援助技術	社会福祉援助技術は、19世紀後半から20世紀初頭にかけて展開したセツルメント運動と慈善組織協会運動のなかから発展してきた ● 1915年　全米慈善・矯正会議において、フレックスナー, A. は、「社会事業（ソーシャルワーク）は専門職か」と題した講演を行い、「ソーシャルワークは、専門職ではない」と結論づけた ● 1917年　リッチモンド, M. 『社会診断』（ケースワークを体系化）
1920年代～	診断主義 機能主義 折衷主義	● 1929年　ミルフォード会議報告書においてジェネリックとスペシフィックの概念が提示された 北米ケースワークは、フロイト, S. の流れをくむ正統派の精神分析を基礎にした診断学派と、ランク, O. のパーソナリティ論を背景とする機能学派が、それぞれの体系化を進めた 主に1930年代から1940年代、精神分析理論とのかかわりで、診断学派と機能学派とに分裂するほどの激しい論争を展開した ● 1930年　ロビンソン, V. 『ケースワーク心理学の変遷』（機能主義の体系化） ● 1939年　全米社会事業会議「レイン報告書」（地域援助技術を社会福祉援助の一方法であるとの理論的根拠を与えた） ● 1946年　全米社会事業会議におけるコイル, G. の報告書（グループワークが社会福祉援助の一方法であるとの理論的根拠を与えた） ● 1947年　ニューステッター, W. 『インターグループワーク論』
1950年代～	集団援助技術／地域援助技術	● 1957年　グリーンウッド, E. は、「専門職の属性」を発表し、独自に5つの属性を掲げた後で、「ソーシャルワークはすでに専門職である」と結論づけた ● 1958年　パールマン, H. 『ソーシャル・ケースワークー問題解決の過程ー』（折衷主義）診断にあたっての評価要因として、クライエント自身の自我の力や問題解決への動機と能力に加えて、その人の環境や状況をあげている ● 1965年　ホリス, F. 『ケースワークー心理社会療法ー』（診断学派）
1970年代～	統合化	1970年代以降、ケースワーク、グループワーク、コミュニティワークの統合化が具体化し、ジェネラリスト・ソーシャルワークが発展 ● 1970年　バートレット, H. 『社会福祉実践の共通基盤』（価値・知識・介入） ● 1970年代　課題中心アプローチは、問題解決モデルを継承しながら、短期処遇の効果についての実証的研究成果を基に、体系化されてきている ● 1970年代　『生活モデル』は、ジャーメイン, C. によって、援助活動の統合化を図っていくために、生態学を主な基礎理論として体系化されてきている

63 ソーシャルワークの理論

▶ソーシャルワークの基盤となる考え方

エンパワメント	●エンパワメントの考え方は、クライエントが自ら力を回復し、自分たちを取り巻く問題状況を解決していけるようにしようというもの ●ソロモン, B. は、エンパワメント概念をソーシャルワーク理論に導入し、個人が持っている素質や能力ではなく、差別的・抑圧的な環境によって、人々は無力な状態に追いやられるのだと主張している

アドボカシー（権利擁護）		
	●ソーシャルワーカーが、クライエントの生活と権利を擁護するため、援助過程において積極的に弁護活動（代弁）を展開する方法	
	ケースアドボカシー	●個人または家族の権利を擁護する活動
	クラス（コーズ）アドボカシー	●同じ課題を抱えた特定の集団の代弁や制度の改善・開発を目指す活動
	セルフアドボカシー	●クライエントが自らの権利を主張していく活動
	シチズンアドボカシー	●同じ地域で暮らす市民が、権利の抑圧を受けている他の市民の権利獲得やニーズ実現のために援助する活動
	リーガルアドボカシー	●弁護士や法的な訓練を受けた人が、法律を利用して権利獲得やニーズ実現を行う活動

社会的包摂（ソーシャル・インクルージョン）	●共生社会、排除しない社会を目指す考え方 ●ソーシャル・インクルージョンの理念は、ユネスコが1994年にスペインで「特別なニーズ教育に関する世界会議」を開き、「全ての者の教育」を主張した、「サラマンカ声明」を出したころから注目された

ノーマライゼーション		
	●ノーマライゼーションは、障害を特別視するのではなく、一般社会のなかで普通の生活が送れるような条件を整えるべきであり、共に生きる社会こそノーマルな社会であるとの考え方	
	バンク-ミケルセン（Bank-Mikkelsen, N, E.）	●1950年代にデンマークで知的障害のある人たちの親の会の活動を通じて具現化されてきた ●1959年にデンマークの「1959法」にノーマライゼーションの思想が導入された
	ニィリエ（Nirje, B.）	●スウェーデンのニィリエは、アメリカの知的障害のある人たちの施設を訪問し、人として扱われていない状況を報告した ●ニィリエは、知的障害者がノーマルな生活をするために、①1日のノーマルなリズム、②1週間のノーマルなリズム、③1年間のノーマルなリズム、④ライフサイクルでのノーマルなリズム、⑤ノーマルな要求の尊重、⑥異性との生活、⑦ノーマルな経済的基準、⑧ノーマルな環境基準の8つの原理をあげている
	ヴォルフェンスベルガー（Wolfensberger, W.）	●ノーマライゼーションの理念をアメリカに導入し、ソーシャル・ロール・ヴァロリゼーション（価値のある社会的な役割を獲得すること）としてのノーマライゼーションの概念を再構築した
	糸賀一雄	●昭和21年、戦災で家族を失い浮浪児となっていた子どもたちと、知的障害のある子どもたちを支援する施設として滋賀県大津市に近江学園を設立 ●「この子らを世の光に」を著した

序章

第1章

第2章

第3章

第4章

第5章

社会福祉士の仕事を理解する科目▼ ㉔ソーシャルワーク

▶ソーシャルワークの実践領域

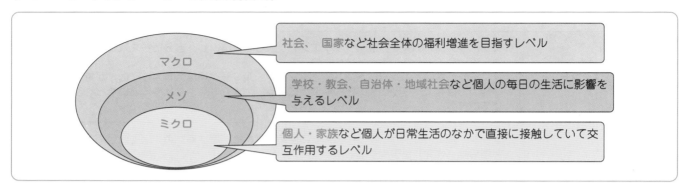

| 社会、国家など社会全体の福祉増進を目指すレベル |

| 学校・教会、自治体・地域社会など個人の毎日の生活に影響を与えるレベル |

| 個人・家族など個人が日常生活のなかで直接に接触していて交互作用するレベル |

ミクロレベル	●クライエントが抱えている生活問題を対象にするなど、困難な状況に直面する個人や家族への直接的援助
メゾレベル	●家族ほど親密ではないが、グループや学校、職場、近隣など有意義な対人関係があるレベルで、クライエントに直接影響するシステムの変容を目指す介入
マクロレベル	●対面での直接サービス提供ではなく、社会問題に対応するための社会計画や地域組織化など、社会全体の変革や向上を目指す

▶ソーシャルワーク実践における4つのサブシステム

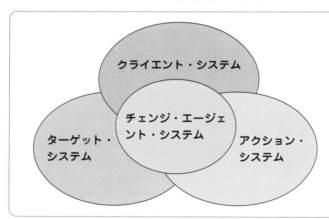

ピンカス（Pincus, A.）とミナハン（Minahan, A.）は、ソーシャルワークの実践は、人々と資源システムとを結びつけ、その相互作用のなかからシステムの変化を促す方法であるとして、4つの基本的なシステムを示した。

			ミクロレベル	メゾレベル	マクロレベル
1	クライエント・システム	●契約のもと、ソーシャルワーカーによって利益を受ける人々	クライエント・家族へのアプローチ	クライエントの自助グループの組織化等	患者・クライエントの全国団体の組織化等
2	ターゲット・システム	●変革努力の目標達成のためにソーシャルワーカーが影響を及ぼす必要のある人々	ターゲットとなるクライエントの友人、知人、隣人等	ターゲットとなる専門職団体、地域の自治会等	ターゲットとなる制度、政策、政党、専門職団体等
3	アクション・システム	●クライエントの問題解決に取り組む参加者や社会資源	アクションを起こすクライエントの友人、知人、隣人等	アクションを起こすグループ、専門職団体や地域社会等	アクションを起こす政党、政治家、専門職団体等
4	チェンジ・エージェント・システム	●ソーシャルワーカーと所属する機関	ワーカー個人や仲間	ワーカーが所属する組織、専門職団体等	専門職団体のあり方、国家資格化等

▶社会資源の活用・調整・開発

社会資源の活用・開発	●社会資源とは、ソーシャル・ニーズを充足するために活用される人材、資金、情報、施設、制度、ノウハウなどをいう ●社会資源は、フォーマルな資源とインフォーマルな資源に分類することができる ●ソーシャルワーカーは、様々な社会資源とクライエントをつなぐ仲介役を果たす ●社会資源の開発には、既存資源の修正（再資源化）と新規資源の立ち上げという方法がある
ソーシャルアクション	●社会福祉の制度・サービスの創設・改善・維持をめざして、議会・行政機関や企業・民間団体に対して行われる社会的行動のこと ●住民組織型（住民の身近な生活問題への行動）、当事者組織型（福祉問題を共有する人たちの組織化や権利要求の行動）　などの形態がある

▶ネットワーキング

ソーシャル・サポート・ネットワーク		●個人を取り巻く家族、友人、近隣、ボランティアなどによる援助（インフォーマルサポート）と公的機関や専門職による援助（フォーマルサポート）に基づく援助関係 ●ソーシャル・サポート・ネットワークの方法には、個人ネットワーク法、ボランティア連結法、相互援助ネットワーク法などがある ●ネットワークの形成方法として、社会における自然発生的なネットワーク内に関与する場合と、新しい結びつきをつくる場合がある
	小地域ネットワーク活動	●小地域福祉活動のなかでの見守り、助け合いを中心とした個別援助活動 ●ニーズ発見機能、見守り・助け合い機能などがある

▶人と環境の交互作用

一般システム理論	●システムとは、複数の要素が有機的に関わり合っている集合体である ●システムには、他の要素から正負のフィードバックを受けることで、自己を変化・維持させようとする仕組みがある ●システム理論ではシステムを、外部環境に対して開かれている開放システムとしてとらえる ●システム理論では対象を、個人や家族、地域等を相互に影響し合う事象として連続的にとらえる
サイバネティックス	●機械や道具を操縦する人間の人為的な誤差修正のシステム ●システムの作動は、フィードバックによって起こる 　・ポジティブ・フィードバック…現在の行動を続けさせる肯定的フィードバック 　・ネガティブ・フィードバック…現在の行動をやめさせる否定的フィードバック
エコシステム論	●人間の生活問題は単に個人そのものにも、また環境そのものにもあるのではなく、むしろその相互作用関係にあるという立場に立ち、システム理論と生態学の理論的特性を生かしている
コミュニティ・オーガニゼーション	●地域社会が持っている自発性に着目して、地域課題を解決する手法を地域自らが開発する過程を支援するプロセスモデル
インターグループワーク	●地域社会を構成するグループ間の協力と協働の関係を調整・促進することで地域社会の問題を解決していく過程
家族システム論	●家族は個々の家族メンバー同士の相互関係により成り立っている生きたシステムであるとみなす理論 ●家族内で生じる問題は、原因と結果が円環的に循環しているととらえる

▶カンファレンス、事例分析など

カンファレンス	●事例検討会議のことで、司会（コーディネーター）、事例報告者、助言者（スーパーバイザー）、その他の参会者によって進められる ●ケースカンファレンスには、①事例をていねいに振り返ることによりニーズが明らかにされる、②職員の教育・研修の機会になる、③職種・機関を超えて連携、協力関係を築く　などの目的がある	
事例分析	●事例分析で取り扱う事例は、個人、家族、集団、組織、コミュニティ、特定の出来事や状況などである	
	固有事例	●ソーシャルワーカーが担当している事例など、事例そのものに関心や問題意識をもち詳しく調べる
	手段的事例	●地域の高齢者の振り込め詐欺に関することなど、特定のテーマについて事例を通じて現象を研究する
事例検討	●事例検討とは、事例分析を通して事例についての理解を深め、取り組みの方向性や目標、目標達成に向けての取り組みの内容について検討すること	
事例研究	●事例研究とは、何らかの課題を抱える事例を素材として、その状況の詳細を明らかにしたり、課題の原因や影響、それらへの対応を分析し、説明をしたりするための質的研究の方法の1つである	
ブレインストーミング	●自由な雰囲気で、相互に批判をしないというルールの下で多様な意見を出し合い、最終的に一定の課題によりよい解決を得ようとする方法	
パネルディスカッション	●あるテーマについてパネラーと呼ばれる複数の議論参加者が、司会者（ファシリテーター）の進行により、異なる意見を表明しながら討論を進める討論形式の1つ	

▶アウトリーチ、説明責任など

アウトリーチ	●相談援助機関に持ち込まれる相談を待つのではなく、地域社会に出向き、相談援助を展開していくこと ●問題が顕在化しているクライエントだけではなく、潜在的なニーズをもっている人も対象
インフォームドコンセント	●正しい情報を伝えたうえでの合意の意味で、特に医療の分野で提議された ●介護保険などでも、重要事項説明書を用いて説明し、利用者の同意を得て契約を締結する場面で用いられる
アカウンタビリティ	●説明責任のことである ●相談援助活動において、援助における判断や介入の根拠、援助の効果やそのための費用についての情報の開示や説明を、関係者や社会に対して行う
根拠に基づく実践（EBP）	●ソーシャルワーカーの個人的な経験や慣習などに依存した支援ではなく、科学的に検証された研究成果に基づいた支援を実践すること

▶ソーシャルワークに関連する方法

コーディネーション	●コーディネーション（coordination）とは、ある目的の達成のために、その目的に適合しそうな社会資源を調整すること ●コーディネーターとは、ソーシャルワーカーが担う調整者としての役割である。	
	ボランティアコーディネーター	●ボランティア活動の提供希望者とボランティア支援の希望者などを対等につなぐ調整者
	生活支援コーディネーター	●地域内の生活支援・介護予防サービスの提供体制の構築に向けたコーディネート機能を果たす者
ネゴシエーション	●ネゴシエーション（negotiation）とは交渉や折衝を意味し、当事者同士が何らかの合意・調整を達成する目的で、お互い情報を提供しながら議論を行うこと ●ネゴシエーションのプロセスは、交渉前から始まり、準備、交渉、合意／決裂と展開する	
	分配型交渉	●限られた大きさの利益を当事者間で配分するために、交渉者間の利害が競合する交渉
	統合型交渉	●当事者双方の共有する利益を特定し、利益の最大化を目指して両者が協力し合う交渉
ファシリテーション	●ファシリテーションとは、グループなどで何かが起こるのを助け、促進する（facilitate）こと ●会議やミーティングなどにおいて、議論をスムーズに調整しながら合意形成や相互理解に向けて調整する ●ファシリテーターには次の4つのスキルが求められる	
	場のデザインスキル	●会議の目的をふまえ目標を確認し、参加メンバーに共有する
	対人関係のスキル	●傾聴や質問を通じて参加者全員が意見を言いやすい環境を作り活発に意見を出し合い、アイデアを広げていく
	構造化のスキル	●散乱した意見や議論の内容を整理しながら共有し、論点を構造的に絞り込む
	合意形成のスキル	●目標に向かい、可能な限り全員が納得する結論にまで導く
プレゼンテーション	●プレゼンテーションは、紹介、披露、計画、企画案、見積もりなどを会議などの席で発表、提示するという意味があり、実演や発表、その案自体を指す ●プレゼンテーションの流れは、「序論」、「本論」、「結論」に分けられる	
	紹介型	●新しいサービスや品を紹介し納得してもらうプレゼンテーション
	提案型	●現状の問題点を踏まえて聞き手に新しい行動やプランを提案するプレゼンテーション
コンフリクト	●コンフリクトは、意見の衝突や対立を意味する言葉で、二者以上の者が相容れない目標（ゴール）を目指して競合している状態	
	施設コンフリクト	●社会福祉施設の新設などに当たって、地域住民の反対運動や設立の同意と引き換えに大きな譲歩を余儀なくされるなど、施設と地域の間での紛争のこと
	コンフリクト・レゾリューション	●コンフリクト・レゾリューション（対立解消）は、交渉、調停、ファシリテーション、協働的問題解決などの方法によって、問題の解決を目指す

▶面接技術

面接の場面	●面接の場面はさまざま考えられるが、主なものとして面接室による面接、生活場面面接、電話による面接がある	
	面接室	●面接者とクライエントの座る位置は、対面法よりも直角法のほうが緊張感や不安をもたらしにくい
	生活場面	●クライエントの生活の場で行われるため、面接室では知ることのできない重要な情報を生活場面から得ることができる
	電話	●お互いの表情が見えないので、言葉の選択、声のトーン、質、速さなどについてより注意を向けたほうがよい
コミュニケーション手段	●面接時に用いるコミュニケーション技法に、非言語的コミュニケーションと言語的コミュニケーションがある	
	非言語的コミュニケーション	●視線、表情、身振り、態度、声の高さ、クライエントとの距離など言語を使用せずにメッセージを交わす方法 ●非言語的な表現の観察においては、クライエントのアンビバレントな感情を理解する
	言語的コミュニケーション	●言葉を使用してメッセージを交わす方法
質問	●質問方法は、閉じられた質問と開かれた質問を状況に応じて効果的に使い分け、面接を行う	
	閉じられた質問	●「はい」「いいえ」または「一言」でしか答えにくい質問 ●事実を確認するときなどに用いる
	開かれた質問	●クライエントが自由に答えることができる質問 ●問題を明らかにするときや思いを引き出すときなどに用いる
面接技法	**傾聴**	●クライエントに対し、十分に関心を向け、クライエントの心の声に能動的に耳を澄ますこと
	受容	●クライエントを評価したりせず、相手をありのままに受け入れること
	共感的理解	●クライエントの気持ちに心を寄せて、共に感じ、クライエントの見方を理解しようとすること
	明確化	●自分の思いを明確に言語化できないクライエントに、クライエントの思いや感情を先取りして言葉にして伝える
	焦点化	●複雑に絡み合う多くの現実の要素をクライエントと一緒に点検して整理する
	感情の反映	●クライエントの感情を受容し、その感情を言語化し、クライエントに伝える
	要約	●クライエントが語った経験、行動、感情の経過を要約し、クライエントに伝える
	アイメッセージ	●「私はこう思います」と援助者を主語にした言い方をする技法
	言い換え	●クライエントの話した事実や感情を簡潔に別の言葉に置き換えて伝え返すこと
	直面化	●クライエントの言語と感情や態度の不一致や矛盾などから、クライエント自身の内面にある葛藤状態に直面させることで問題の明確化を図る
	支持・励まし	●クライエントの発言内容を尊重し、承認することで、言語・非言語の方法で伝達する

単元㉔：ソーシャルワーク 共通・専門

[64] ソーシャルワークの実践モデルとアプローチ

重要度 A ★★★

序章

第1章

第2章

第3章

第4章

第5章

社会福祉士の仕事を理解する科目▼ ㉔ソーシャルワーク

▶ソーシャルワークの実践モデル

治療モデル	生活モデル	ストレングスモデル
●対象としてのクライエント ●直接的因果関係 ●問題の分類 ●エビデンス重視	●人と環境の交互作用 ●関係性を重視 ●生活ストレスと対処 ●コンピテンス	●主体としてのクライエント ●意味の付与 ●ナラティブ重視 ●主観性、実在性

治療モデル	●1917年リッチモンド, M. が「社会診断」を著した ●クライエントを対象として捉え、クライエントが抱える問題や課題、病気や障害などに焦点を当てるモデル ●クライエントという個の範囲内における直接的因果関係が重視される ●客観的証拠（エビデンス）を重視する ●微視的視野に陥りやすい
生活モデル	●1980年代に提唱 ●人と環境の交互作用に焦点を当て、環境との関係性を重視するモデル ●生活ストレスに対処（コーピング）することで、目標を適応に定めることができる ●クライエントの適応へのコンピテンス（能力）を高めていくことが重要 ●包括・統合的な視野や視点を提供しやすい
ストレングスモデル	●1980年代後半より提唱 ●強さや能力に焦点を当てようとするモデル ●クライエントを主体として強調し、強さを見出し、それを意味づけしていくことを重視する ●クライエントのナラティブが重視され、主観性、実在性が強調される

▶バイオ・サイコ・ソーシャルモデル

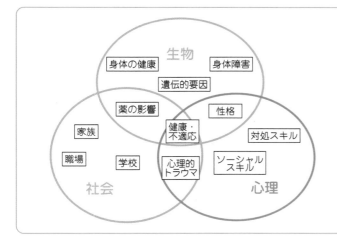

人間はバイオ（生物的側面）、サイコ（心理的側面）、ソーシャル（社会的側面）が相互に影響して成り立っていると考え、健康や不適応などの問題においても、これら3つの側面の相互作用として現れていると捉えるモデル

▶ソーシャルワークのアプローチ

心理社会的アプローチ		●ホリス（Hollis, F.）が示した ●「状況のなかの人」という視点を中心に、特に心理社会的状況下にある人間の行動や成長に着目 ●クライエントの社会的に機能する能力の維持・向上を支援目標におく	
	介入技法	●心理社会的アプローチの介入技法として次の6つのカテゴリーがある	
		1　持続的支持	●ソーシャルワーカーによる傾聴、受容、共感的理解
		2　直接的指示	●ソーシャルワーカーによる意見や態度の表明
		3　浄化法	●クライエントの抱える事実の描写、感情の解放
		4　人と状況の全体的反省	●環境や他者との関係に関する思考、感情、認知への気づき
		5　パターン力動的反省	●行動を生み出す思考や感情のパターンを明確化
		6　発達的な反省	●生まれ育った家族や幼少期についての経験
問題解決アプローチ		●パールマン（Perlman, H.）が提唱した援助技法で、クライエントのワーカビリティを活用し、ソーシャルワークを問題解決過程ととらえる ●接触段階、契約段階、活動段階による過程で展開される ●クライエントが社会的役割を遂行するうえで生じる葛藤の問題を重視し、その役割遂行上の問題解決に取り組む利用者の力を重視した ●部分化（問題を解決可能な部分に分ける）の技法を用いる	
	構成要素	●ケースワークに共通する構成要素を示した	
		1　人（Person）	●援助を必要とする人
		2　問題（Problem）	●解決すべき課題
		3　場所（Place）	●援助を行うための場所
		4　過程（Process）	●問題解決への行動や選択の過程
		5　専門職ワーカー（Professional person）	●ケースワークに必要な知識・技術をもっている人
		6　制度・政策（Provisions）	●援助を可能とするための制度や政策
機能的アプローチ		●クライエントのニーズを機関の機能との関係で明確化し、援助過程の中でクライエントの社会的機能の向上を目指す ●クライエントが自らの意志（will）で解決の方向性を決定できるように、抱えているニーズが明確化されることを助ける	
課題中心アプローチ		●リード（Reid, W.）とエプスタイン（Epstein, L.）によって開発され、心理社会的アプローチ、問題解決アプローチ、行動変容アプローチなどの影響を受けて発達した ●伝統的ケースワークの長期にわたる処遇への批判から、短期の計画的援助を提唱した ●支援期間を短期に設定し、処遇目標や面接の回数などを明確化する	

危機介入アプローチ	●リンデマン（Lindeman, E.）による悲嘆に関する研究を起源とする ●精神保健分野で発達してきた危機理論をソーシャルワーク理論に導入したもので、危機状況に直面した利用者や家族への迅速な効果的対応を行う		
行動変容アプローチ	●学習理論をソーシャルワーク理論に導入したもので、条件反応の消去あるいは強化によって、特定の問題行動の変容を働きかける		
エンパワメントアプローチ	●クライエントが、自分の置かれている抑圧状況を認識し、潜在能力に気づき、対処能力を高めることに焦点を当てる		
ナラティブアプローチ	●伝統的な科学主義・実証主義に対する批判として誕生した経緯があり、主観性と実存性を重視し、現実は人間関係や社会の産物であり、それを人々は言語によって共有しているとする認識論の立場に立つ考えである ●クライエントの現実として存在し、支配している物語（ストーリー）を重視して、新たな意味の世界を創り出すことを援助する		
エコロジカルアプローチ	●人と環境の相互関係を重視し、環境との相互関係でクライエントをとらえる。クライエントのエンパワメントを高めたり、クライエントと環境との問題を調整する		
実存主義アプローチ	●実存主義思想による概念を用いて、クライエントが自らの存在意味を把握し、自己を安定させることで、疎外からの解放を目指す		
フェミニストアプローチ	●女性にとっての差別や抑圧などの社会的な現実を顕在化させ、個人のエンパワメントと社会的抑圧の根絶を目指す		
ソーシャルサポート・ネットワーク・アプローチ	●インフォーマル及びフォーマルな社会資源を有機的につなぎ、ネットワークを形成する		
解決志向アプローチ	●解決志向アプローチは、クライエントが抱く解決のイメージを尊重し、その実現に向けてクライエントの社会的機能を高めることを目指す ●問題の原因の追求よりも、クライエントのリソース（能力、強さ、可能性等）を活用することを重視する ●ミラクル・クエスチョン、スケーリング・クエスチョン、コーピング・クエスチョンなど特徴的な質問法を用いる		
	ミラクル・クエスチョン	●問題が解決した後の生活をイメージさせるために、一見すると非現実的な質問を投げかける	
	スケーリング・クエスチョン	●クライエントの経験や今後の見通しを数値に置き換えた評価を尋ねる	
	コーピング・クエスチョン	●苦境に立たされたときにどのように切り抜けたかを尋ねる	

65 ソーシャルワークの過程

▶相談援助の展開過程

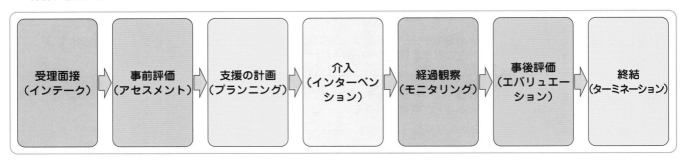

受理面接（インテーク）→ 事前評価（アセスメント）→ 支援の計画（プランニング）→ 介入（インターベンション）→ 経過観察（モニタリング）→ 事後評価（エバリュエーション）→ 終結（ターミネーション）

受理面接（インテーク）	●利用者の主訴を共感的に傾聴し、問題が何であるか、どのような援助を必要としているのかを明らかにするとともに、ワーカーの属する機関や施設が提供するサービスについて説明をする ●利用者との信頼関係（ラポール）の形成を図ることが重要
スクリーニング	●心身機能の状態、生活状況などについて、規定の書式を用いて情報を収集し、相談機関が対応可能かどうかを判断する
事前評価（アセスメント）	●インテーク段階で、利用者が当該機関を選択決定したことを受けて始まる ●クライエントの社会生活の全体性を見て、多様な環境と人との相互作用のうち、どれが問題に関連しているかを検討できる広い視野が必要 ●支援プロセスの進行と共に展開する動的なプロセスである
支援の計画（プランニング）	●援助についての具体的な目標と方向性を定める ●利用者の参加を促すことによって利用者自身の問題解決主体者としての意識を高めることが重要
介入（インターベンション）	●人々や社会システム及び両者の関連性へのかかわりのみならず、社会資源の開発に関与することまでを含む
経過観察（モニタリング）	●援助を展開している間に、目標どおり計画が進行しているかなどを定期的に確認する過程
事後評価（エバリュエーション）	●援助が終了したときなどに、相談援助活動の効果を最終的に評価する
終結（ターミネーション）	●問題解決が達成され、これ以上援助を必要としないと判断した場合などに終結段階を迎える ●将来新たな問題が生じたときに、再び、援助関係を結ぶことが可能であることや、受入れ準備があることなどを伝える

▶バイステックの7原則

	原　則	内　容
1	個別化	●利用者を個人としてとらえる。社会生活史を把握して働きかけることが重要
2	意図的な感情表出	●利用者が自由に感情を表出できるように援助者が意図的にかかわる
3	統制された情緒的関与	●援助者は自分の感情をコントロールして意図的にかかわる
4	受　容	●利用者を、道徳的批判などを加えずに、あるがままを受け入れる
5	非審判的態度	●援助者は、道徳的観念や自分自身の価値観で利用者を裁いてはいけない
6	自己決定	●ものごとを決定するのは、「利用者本人」である ●場合により、代弁的役割（アドボカシー）を果たすことがある
7	秘密保持	●利用者の秘密を要する情報は他人に漏らしてはいけない ●情報提供が必要な場合は、利用者の同意が必要

▶援助関係の形成

自己覚知			●ケースワーカーが、自分の価値観や思考様式、情緒傾向等について知ること ●利用者を先入観や偏見なく理解し、専門的対人援助関係を形成するためには不可欠の要素である
感情転移	転　移		●「利用者」が、かつて誰かに抱いていた感情を「援助者」に向けること
	逆転移		●「援助者」が、かつて誰かに抱いていた感情を「利用者」に向けること
			●援助関係において、感情の転移は信頼関係形成に役立つ場合もあるが、通常、逆転移は避けなければならない
パターナリズム			●ソーシャルワーカーが、クライエントの意思に関わりなく、本人の利益のために、本人に代わって判断することをいう
倫理的ジレンマ			●社会福祉士は、利用者、所属機関、行政、社会などそれぞれに対して義務を負っている。これらの義務と価値が対立する場合、どの義務や価値を優先するのかというジレンマが生じる ●倫理的ジレンマの解決には、正解がないため、同僚や専門家のコンサルテーションを得ることも大切である
ブトゥリムのソーシャルワークの3つの価値前提	人間尊重		人間は、能力や行動にかかわりなく、ただ人間であること自体に価値がある
	人間の社会性		人間は、それぞれにその独自性の貫徹のために他者に依存する存在である
	変化の可能性		人間は、変化、成長、向上する可能性をもっている

66 ケアマネジメント

重要度
A
★★★

> ケアマネジメントは、地域において長期的なケアを必要とする利用者の複雑なニーズに対して、各種のサービス（社会資源）を調整・統合するための方法です。

▶ケアマネジメントの構成

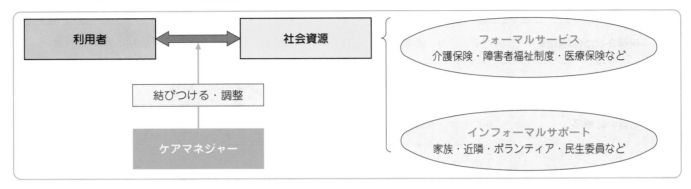

▶ケアマネジメントの過程

インテーク		● 利用者がケアマネジャーとケアマネジメントの利用を契約する段階 ● 利用者と出会う最初の段階であり、ケアマネジャーは利用者の話を聞きながら不安や緊張を緩和しつつ、信頼関係をつくっていく
	リファーラル	● 支援が望まれると判断された人々を地域の関係機関が支援提供機関などに連絡、紹介する
アセスメント		● 利用者の情報を収集、分析し利用者の生活課題を明らかにする段階 ● 利用者を取り巻く心理・社会的状況を整理、把握し、今後予想される状況や対策についても、予備的に評価する
ケアプランの作成		● 情報収集やアセスメントで得られた内容をもとに、具体的な計画を策定する段階 ● ケアプランの原案が作成されると、サービス担当者会議を開催し、ケアプランを完成させる
	マッチング	● 利用者のニーズに適合したサービスを提供する組織を探して、必要なサービス、提供方法などについて交渉、調整する
ケアプランの実施		● 利用者の問題解決を図るために、ケアプランに沿って、利用者や環境に働きかける段階
モニタリング		● サービスの供給が、ニーズに適合し実施されているかを見守り、判断する ● モニタリングの過程で、ニーズとサービスに不適合があれば、再度アセスメントし、ケアプランの見直しを図っていく
終 結		● 提供されたサービスが有効であったか、その過程で問題はなかったかなどサービス供給の効果を総合的に評価する

▶ケアマネジメントのモデル

ACT （包括型地域生活支援）	●重度の精神障害のある人が住み慣れた地域で暮らしていけるように、複数の職種がチームを組み、24時間体制で365日、医療・福祉サービスを提供し支援するプログラム ●アメリカのウィスコンシン州で開発された、比較的重度の精神障害者を対象とする支援
包括的モデル	●クライエントが利用する資源開発のための社会政策を発展させていくために、クライエント自身の変化、社会環境の変化、クライエントと社会環境の変化を目指す
コーディネーションモデル	●クライエントに対し、効果的で効率的なサービスの調整（コーディネーション）をするモデル
最小限モデル	●クライエントのケアプランを作成し、サービス提供者へ送致するまでの中核的な機能に焦点化するモデル
利用者指向モデル	●クライエント本人を尊重し、利用者の利益を向上させるというソーシャルワークの価値、倫理を基盤にするモデル
システム指向モデル	●クライエントの暮らす地域のケアシステムを変革するために、ネットワーク推進、システム改変、計画化（施策提言）を含めるモデル
臨床型モデル	●支援者がクライエントと積極的な関係をつくり、治療関係を重視し、心理的アプローチを中心とするモデル

▶居宅介護支援と計画相談支援　　運営基準は共通事項が多い

		居宅介護支援	計画相談支援
根拠法		介護保険法	障害者総合支援法
担当		介護支援専門員	相談支援専門員
運営基準	アセスメント	●アセスメントの実施にあたっては、利用者の居宅を訪問し、利用者及びその家族に面接して行わなければならない	
	ケアプラン	●サービス担当者会議の開催、担当者に対する照会等により、ケアプランの原案の内容について、担当者から、専門的な見地からの意見を求めなければならない ●ケアプランの原案の内容について利用者又はその家族に対して説明し、文書により利用者の同意を得なければならない ●ケアプランを作成した際には、当該ケアプランを利用者及び担当者に交付しなければならない	
	モニタリング	●少なくとも、1月に1回、利用者の居宅を訪問し、利用者等に面接するほか、その結果を記録しなければならない	●市町村が定める期間ごとに、利用者の居宅を訪問し、利用者等に面接するほか、その結果を記録しなければならない

67 グループワークとコミュニティワーク

グループワークでは、集団を意図的に形成し、そこで生じるグループダイナミクス（集団力学）を活用しながら、一人ひとりのメンバーへの援助を行っていきます。

▶グループワークの展開過程

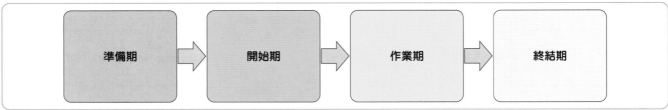

準備期 ➡ 開始期 ➡ 作業期 ➡ 終結期

準備期	●グループワークの必要性が生じたときに、メンバーが初めて顔を合わせる前に「準備」をする段階 ●援助者がグループワークを開始するにあたり、グループの計画の立案、波長合わせ、予備的接触などを行う

	波長合わせ	●援助者がメンバーの生活状況・感情・ニーズなどをあらかじめ理解すること ●波長合わせをすることでワーカーは、メンバーの反応にどのように対処するか、グループワークをいかに展開していくかを準備できる

開始期	●最初の集まりから、グループとして動き出すまでの「契約」の段階 ●初期段階ではメンバーは緊張していることが多いので、受容的な雰囲気をつくることが重要 ●契約作業では、グループ活動上における基本的な約束事を確認する
作業期	●課題に取り組み、目的達成のために明確な成果が出るように進めていく「媒介」の段階 ●個々のメンバーの問題解決という目的に向かって援助する（メンバーの個別化） ●援助者は、グループ内にできるサブグループを適切に取り扱うことが求められる
終結期	●グループ援助を終わりにする段階。次の段階に移っていく「移行期」でもある ●突然終結するのではなく、終結と移行のための準備期間を設けることが重要 ●援助者は、グループで経験したことを次にどのように生かしていくかをメンバー自身が考えることができるようにする

プログラム活動	●グループのメンバーそれぞれの目標とグループ全体の目標の双方を達成できるかどうかを基準に選択する ●プログラム材料は、ゲーム、音楽、スポーツ、話し合いなど、利用者のニーズに応じて選択する ●プログラムは援助目標達成の「手段」であり、「目的」ではない

▶グループワークの原則

1	メンバーの個別化	●個人の独自性、相違点を認識する
2	グループの個別化	●独自のグループとして認識する
3	受容の原則	●各個人をその個人独特の長所・短所とともに純粋に受け入れること
4	ワーカーとメンバーの援助関係	●ワーカーとメンバーとの間に意図的な援助関係を樹立する
5	メンバー同士の協力関係の促進	●メンバーの間によい協力関係ができるように援助する
6	グループ過程の変更	●グループ過程に必要な変更を加えること
7	参加の原則	●メンバーが各自の能力の段階に応じて参加するよう援助する
8	問題解決過程へのメンバー自身の関与	●メンバーが問題解決の過程に参加できるように援助する
9	葛藤解決の原則	●メンバーが葛藤解決のためのよりよい方法を経験するように援助する
10	経験の原則	●人間関係をもつ、ものごとを成就するなど、多くの新しい経験を与える
11	制限の原則	●故意にグループに混乱をもたらすような行為は制限する
12	プログラムの活用	●状況にふさわしいプログラムを意図的に用いていく
13	継続的評価	●個人およびグループ過程について継続して評価を行う
14	グループワーカー自身の活用	●ワーカーは、自己を援助の道具として用いる

▶セルフヘルプグループ

セルフヘルプグループ	●セルフヘルプグループのメンバーは、特定の体験を共有し、蓄積し吟味することによって生み出される体験的知識を活用し、問題に対処する		
	例	**アルコホーリクス・アノニマス（AA）**	●アルコール依存症者の自助グループ
		ナルコティクス・アノニマス（NA）	●薬物依存症者本人による自助グループ
ピアサポーター	●対等な立場で仲間を支えること。ロールモデルとして期待される		
ヘルパーセラピー原則	●ガートナー（Gartner, A.）とリースマン（Riessman, F.）が提唱した、援助する人が援助される人よりもっと多くのものを得るという考え方 ●自らが他のメンバーを援助することによって自分自身に効果が生まれること		

▶コミュニティワーク

コミュニティワークは、地域において援助を必要としている人に対し、ケアマネジメントの支援を提供しつつ、ソーシャル・サポート・ネットワークづくりを行い、同様の問題が起きないように福祉コミュニティづくりを実践するなど統合的に実践するものです。

●コミュニティワークの展開過程

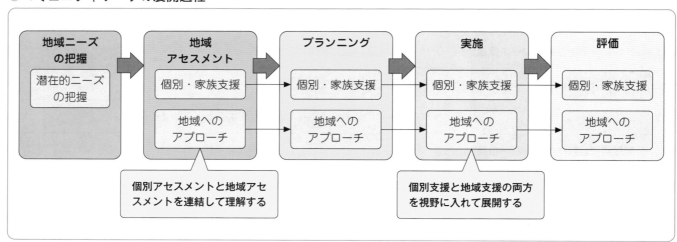

地域ニーズの把握	●地域にどのような福祉問題があるのかを発見・把握する ●潜在的なニーズを掘り起こし早期にキャッチする ●アウトリーチやサービスへのアクセス障壁をなくすことも重視		
地域アセスメント	●個別アセスメントと地域アセスメントの両方を視野に入れて実施する ●地域の特性、社会資源、統計資料調査のデータなどを把握する		
プランニングと実施	●地域住民のニーズを満たし、問題を解決するための活動を計画し、実施する ●個人への支援では、ケアマネジメントの支援を基本に、総合的にプランニングされることが大切		
評 価	●個人への支援を通じて、同様の問題を抱えている人の存在を明らかにし、課題の普遍化を図る ●地域住民や関係者と課題を共有し、サポートネットワークを形成していく		
プログラム評価	●プログラム評価は、対人サービス事業や公共政策の評価で、広く使われている評価方法で次の5つの評価がある		
	ニーズ評価	●プログラムによる社会的介入が必要か	
	セオリー評価	●プログラムが論理的な構造をもっているか	
	プロセス評価	●プログラムが意図されたとおりに実施できているか	
	アウトカム評価	●プログラムが効果・成果に貢献しているか	
	効率性評価	●プログラムが効率的に実施されているか	

▶福祉計画の過程

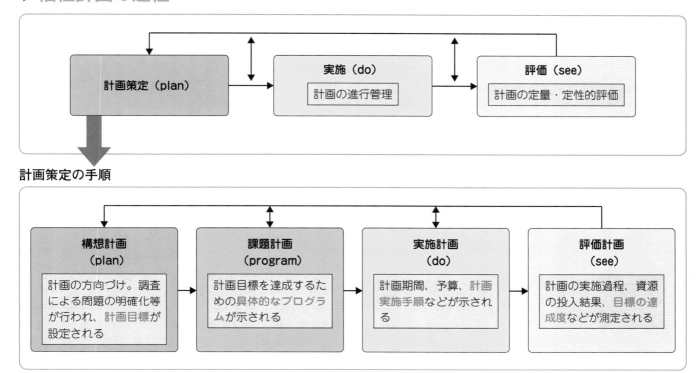

計画策定の手順

▶福祉計画の技法

情報収集	ブレインストーミング法	●知恵や情報を出し合い、自由に意見を述べて、新しいアイデアや創造性を開発する技法 ●「批判厳禁」「自由奔放」「質より量」「総合改善」がルール
情報の整理・分析	デルファイ法	●アンケート収れん法ともいう。さまざまな意見を集約し、一定の合意を得る
	KJ法	●川喜田二郎の頭文字。資料整理・分析方法 ●①カードづくり、②グループ編成、③図解、④文章化という手順で分析する
実施の手続き	ガントチャート	●計画の策定と実施の手順を表すのに用いる
	PERT法	●計画の手順、時間、資源運用、目標達成の度合いなどを検討するための技法

スーパービジョン	●スーパーバイザーが、責任をもってスーパーバイジーの能力を最大限生かしてよりよい実践ができるように援助する過程 ●意義は、クライエントへのサービスの質、専門性の質などの維持・向上を図るために業務の振り返りを促すことにある	
	スーパーバイザー	●スーパーバイズする立場の人
	スーパーバイジー	●スーパーバイズされる立場の人
スーパービジョンの種類	個人スーパービジョン	●スーパーバイザーとスーパーバイジーが1対1で行うスーパービジョン
	グループ・スーパービジョン	●1人のスーパーバイザーが複数のスーパーバイジーに対して行うスーパービジョン
	ライブ・スーパービジョン	●スーパーバイザーが援助者の実践場面に同席して行うスーパービジョン
	ピア・スーパービジョン	●複数のスーパーバイジーがスーパーバイザーの同席なしに行うスーパービジョン
	セルフ・スーパービジョン	●スーパーバイジー自身がスーパーバイザーとなって自己分析すること
スーパービジョンの機能	管理的機能	●業務遂行が可能になるように適切な業務量などに目配りすること
	教育的機能	●専門職としての知識・技術・価値・倫理を習得させること
	支持的機能	●スーパービジョン関係を用いて情緒的・心理的な面をサポートすること
パラレルプロセス	●スーパーバイジーであるソーシャルワーカーとクライエントとの関係とよく似た状況が、スーパーバイザーとスーパーバイジーとの関係において起こること	
コンサルテーション	●コンサルタントがコンサルティに対して、問題の解決などの助言や指導などによる間接的な支援を行い、最終的にクライエント支援につながる支援方法 ●コンサルティが得られた助言の内容は、自ら評価し、採用するかを決める	
	コンサルタント	●コンサルティングを行うことを業としている個人もしくは法人
	コンサルティ	●業務上の課題を抱えた個人、集団、組織、地域社会

▶記　録

記録の文体	叙述体	圧縮叙述体	●全体の支援過程を「圧縮」して比較的短く記述する
		過程叙述体	●ワーカーとクライエントの支援過程の「詳細」を記述する
		逐語体	●ワーカーとクライエントの支援過程の「ありのまま」を記述する
	要約体		●ワーカーの思考を通してクライエントへの関わりを整理し、「要約」して記述する
	説明体		●ワーカーが解釈や分析、考察結果に「説明」を加える記述
記録の方法	SOAP方式		●問題志向型記録の叙述的経過記録方式。S（Subject：主観的データ）、O（Object：客観的データ）、A（Assessment：アセスメント）、P（Plan：計画）で経過を記録する

▶アセスメントツール

PIE (Person-in-Environment)	●クライエントが訴える社会生活機能の問題を記述し、分類し、コード化する
インターライ方式	●国際的な研究組織であるinterRAIによって、それまでのMDS方式を再構築するかたちで、2009年に開発されたアセスメント方式
DCM (Dementia Care Mapping)	●認知症ケアマッピング。パーソン・センタード・ケアの理念の実践を目指した認知症高齢者ケアの質の向上のための観察評価手法
エゴグラム	●交流分析理論に基づき、人間の性格を5つの領域に分けて分析する

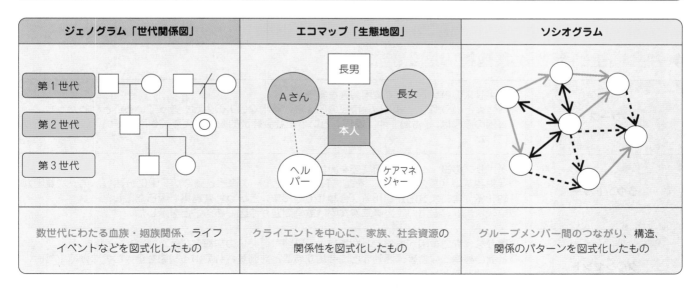

ジェノグラム「世代関係図」	エコマップ「生態地図」	ソシオグラム
第1世代　第2世代　第3世代	長男　Aさん　長女　本人　ヘルパー　ケアマネジャー	
数世代にわたる血族・姻族関係、ライフイベントなどを図式化したもの	クライエントを中心に、家族、社会資源の関係性を図式化したもの	グループメンバー間のつながり、構造、関係のパターンを図式化したもの

69 社会調査の概要

『穴埋めチェック2025』P.253〜P.264参照

重要度 A ★★★

▶社会調査

社会調査		●社会調査は、社会現象に関するデータを現地調査によって客観的な方法で収集、処理、記述および分析する過程を通じて、社会現象を定量的または定性的に認識するために行われる
	センサス	●公的機関などにより行われる大規模な調査。国勢調査など
	社会踏査	●貧困や犯罪、スラムなど、社会的な問題を解決するために行われる調査
調査の種類	量的調査	●複数のサンプルから、データを収集し数量的に把握する調査
	質的調査	●数量的な把握を目的としない調査（観察法、事例研究など）

▶調査における考え方・論理

論理的思考	演繹法	●一般的な考え方やルールなどの前提から個別的な結論を得るという論理的思考
	帰納法	●個別的な事実から一般的な結論を導く論理的思考
調査の妥当性	内的妥当性	●独立変数と従属変数の因果関係が本当に適切なのかを調べるための指標となるもの
	外的妥当性	●実験の結果が、研究以外の一般的な社会のなかで本当に当てはまるのかどうかを調べるための指標となるもの
データの関係	共変関係	●データ解析時に結果と要因の両方に相関する変数がある状態
	因果関係	●ある出来事が直接的に別の出来事を引き起こす関係
	相関関係	●一方の値の大きさと、もう一方の値の大きさに関連性がある関係

▶社会福祉調査と社会福祉の歴史的関係

ブース	●イギリスのロンドン市で貧困調査を実施 ●貧困線という概念を導入し、市民の約3割が貧困線以下の生活を送っていることがわかった ●貧困の原因は、「労働」や「環境」といった社会経済的問題が大きく作用していることを明らかにした
ラウントリー	●イギリスのヨーク市で貧困調査を実施 ●「栄養基準（最低生活費）」を基に貧困家庭を第一次貧困と第二次貧困に分類し、第一次貧困が約10％、第二次貧困が約18％（合わせて約28％）という調査結果を明らかにした ●第一次貧困は雇用問題、第二次貧困は飲酒問題が原因であることを示した
タウンゼント	●豊かな世界に貧困があることを指摘し、貧困の再発見の契機となった ●社会の標準的な食事、活動などに参加することを剥奪されている状態を全人口のなかで相対的に貧困であるとした ●相対的剥奪の概念を精緻化することで相対的貧困を述べた

目的	●公的統計の作成及び提供に関し基本となる事項を定めることにより、国民経済の健全な発展及び国民生活の向上に寄与する
統計委員会	●総務省に、統計委員会を置く

基幹統計	●基幹統計とは、国勢統計、国民経済計算又は次のいずれかに該当するものとして総務大臣が指定するものをいう	
	1	全国的な政策を企画立案し、又はこれを実施する上において特に重要な統計
	2	民間における意思決定又は研究活動のために広く利用されると見込まれる統計
	3	国際条約又は国際機関が作成する計画において作成が求められている統計その他国際比較を行う上において特に重要な統計

	国勢統計	●総務大臣が行う基幹統計で、人及び世帯に関する全数調査（国勢調査）を10年（簡易調査は5年）ごとに行う
	国民経済計算	●内閣総理大臣が行う基幹統計で、国民経済の状況などに関する調査を毎年行う
	国民生活基礎調査	●厚生労働大臣が行う基幹統計で、国民生活の基礎的事項の調査を毎年実施（3年ごとに大規模な調査）
	患者調査	●厚生労働大臣が行う基幹統計で、医療施設を利用する患者について、傷病の状況等の実態調査を3年ごとに実施
	その他	労働力調査、家計調査、人口動態調査、毎月勤労統計調査、医療施設統計、生命表　など

一般統計	●一般統計調査とは、行政機関が行う統計調査のうち基幹統計調査以外のもの ●行政機関の長は、一般統計調査を行おうとするときは、あらかじめ、総務大臣の承認を受けなければならない	
調査票情報の二次利用	●行政機関の長又は指定独立行政法人等は、次に掲げる場合には、その行った統計調査に係る調査票情報を利用することができる	
	1	統計の作成又は統計的研究を行う場合
	2	統計調査その他の統計を作成するための調査に係る名簿を作成する場合

匿名データの作成	●行政機関の長又は指定独立行政法人等は、その行った統計調査に係る調査票情報を加工して、匿名データを作成することができる ●行政機関の長は、基幹統計調査に係る匿名データを作成しようとするときは、あらかじめ、統計委員会の意見を聴かなければならない
報告義務	●基幹統計調査により報告を求められた個人又は法人その他の団体は、これを拒み、又は虚偽の報告をしてはならない
守秘義務	●統計調査に従事する者には守秘義務が課せられており、違反した場合は罰則（2年以下の懲役又は100万円以下の罰金）が設けられている

70 量的調査

▶全数調査と標本調査

全数（悉皆）調査			●調査対象をすべて調べる方法
標本（一部）調査			●調査対象の一部を調べ、母集団の特性を推測する方法
	確率標本抽出法	無作為抽出法	●無作為に標本を抽出する ●確率抽出（無作為抽出）の方が非確率抽出（有意抽出）よりも母集団に対する代表性は高い
		系統抽出法 （等間隔抽出法）	●一定の間隔で標本を抽出する ●抽出台帳に何らかの規則性がある場合、標本に偏りが生じる危険がある
		層化抽出法	●母集団がいくつかの層に分けられる場合に、層ごとに無作為抽出を行う ●事前に母集団のいくつかの属性の構成比率がわかっている場合は、代表性の高いサンプルを獲得できる
		二段抽出法 （多段抽出法）	●母集団から第1次抽出単位を無作為に抽出し、そのうえで抽出された第1次抽出単位の中から第2次抽出単位を抽出する方法 ●無作為抽出に比べて、サンプルから母集団の特性値を推定する際の精度が下がる
	非確率抽出法	有意抽出法	●標本を抽出する際に、ある目的のために意図的に選ぶ方法のこと 　例）大きな駅の周辺で道行く人々の中から、何の意図も作為もなく偶然に出会った人々を集めて調査の対象者とする
		割当抽出法	●標本抽出の際、国勢調査等の事前情報を利用して母集団の構成比率に等しくなるように標本を集める方法
		機縁法	●調査員の対人ルートや関係者の縁故関係などから標本を選ぶ方法のこと
		スノーボール・サンプリング	●調査回答者から知人を紹介してもらい、雪だるま式にサンプル数を増やしていく方法
調査に伴う誤差		標本誤差	●標本調査による推計結果値が真の値からどのくらい離れているかの幅を示す数値
		非標本誤差	●回答者の誤答や記入漏れ、調査者の入力や集計のミスなどで生じる誤差

▶自計式調査と他計式調査

自計式調査	●調査対象者が調査票に記入する方法 ●留め置き調査、郵送調査、集合調査など
他計式調査	●調査対象者から口頭で聞き取った内容を、調査員が記入する方法 ●訪問面接調査、電話調査など
特　徴	●自計式の方が、プライバシーに関する質問が回答しやすい ●他計式の方が、調査対象者本人の回答である可能性が高い ●他計式の方が、誤記入が起こりにくい ●他計式の方が、社会的に望ましい内容に同調する回答の選択肢を選びがちになる

▶質問文の作成

プリテスト	●調査実施前に、調査票の不具合を点検するために行う事前試験	
変　数	**独立変数**	●原因となる変数
	従属変数	●結果となる変数
回答法	**多肢選択法**	●2つ以上の選択肢の中から1つを質問の答えとして選ぶ
	複数選択法	●複数の選択肢の中から、当てはまるものを複数選ぶ
リッカート尺度	●アンケート等で使われる心理検査的解答尺度の一種 ●質問に対する肯定的反応や否定的反応を測定する	例）勉強は楽しいですか？ 1 とてもたのしい 2 どちらともいえない 3 たのしくない
SD（Semantic Differential）法	●意味差判別法 ●対立する形容詞の対を用いて、調査対象の感情的なイメージを測定する	例）この洋服はどうですか？ 1 明るい 2 どちらでもない 3 暗い
濾過質問	●質問文の中で専門用語を用いる場合、まず、その用語の認識について確認する質問を行ったうえで、その用語を知っている者のみに尋ねる	
質問文の注意	**キャリーオーバー効果**	●前の質問が、後の質問の回答へ影響を与えること ●個人のプライバシーにかかわるような質問は最後に設ける
	ダブルバーレル	●1つの質問に2つの論点が含まれていること
	ステレオタイプ	●特定の価値やニュアンスが含まれている用語
	イエステンデンシー	●回答者は、「はい」と答える傾向があることに気をつける

▶尺度水準

尺度水準	●調査対象に割り振った変数、測定により得られたデータを、情報の性質に基づき統計学的に分類する基準 ●名義尺度＜順序尺度＜間隔尺度＜比例尺度　の順に情報量が多くなる		
名義尺度	●名義尺度はデータを区分するためだけの尺度であるため、中央値を求めることができないが、最頻値は求めることができる	電話番号、血液型、背番号など	質的データ
順序尺度	●順序には意味があるがその間隔には意味がないので、最頻値や中央値は求めることができるが、平均は求めることができない	階級、社会的態度、嗜好など	
間隔尺度	●目盛が等間隔になっているもので、最頻値、中央値、平均は求めることができるが、比例は求めることができない	知能指数、摂氏の温度、カレンダーの日付など	量的データ
比例尺度	●比例水準の原点（0）は絶対的で、最頻値、中央値、平均、比例のすべてを求めることができる	身長、体重、金額	

▶量的調査の種類

区分	調査種類	内容	長所	短所
自計式	留め置き調査	●家に訪問し、質問紙を配り、一定期間後に回収する	●費用と時間が省ける	●本人が記入したかわからない
	集合調査	●1か所に集め、質問紙を配り、その場で記入してもらい回収する	●時間、費用も節約でき、回収率もよい	●調査対象が限定され母集団を代表しているとは限らない
	郵送調査	●質問紙を郵送し、返信してもらう	●広範囲の調査に適し、費用や時間が少なくてよい	●回収率が低い。工夫が必要
	インターネット調査	●調査対象者がインターネットのフォームから直接回答する	●短時間、低コストで大量のサンプル回収が可能	●代表性の偏りが生じる
他計式	訪問面接調査	●個別に訪問し、口頭で質問し、結果を調査者が質問紙に記入する	●回収率がよい	●時間、費用、人手がかかる
	電話調査	●電話で質問し、結果を調査者が質問紙に記入する	●手軽にでき、費用や時間が少なくてよい	●電話を切られたり、拒否されやすい

▶横断調査と縦断調査

横断調査（クロスセクショナルデータ）		●ある一時点で、複数の対象を横断的に比較調査する調査方法 ●調査を行うのは1回のみで、さまざまな種類のデータを取る調査 ●年齢階級別や男女別などに分類して、集団の特徴を分析することができる ●横断調査では、因果関係を特定するに当たり制約が伴う ●1回限りの横断調査でも2つの変数の間の相関関係を見出すことはできるが、因果関係を明らかにするにはパネル調査の方が適している
縦断調査（時系列調査）		●特定の調査対象を一定の時間間隔をおいて繰り返し調査する方法 ●特定の調査対象を継続的に調査し、その変化をとらえることによりニーズ分析などを行うことができる
	トレンド（動向）調査	●定期的に調査を行って調査対象集団における特性の変化の傾向を把握する調査（国民生活基礎調査など）
	集団調査	●同年齢・同世代等の集団の調査対象を繰り返し調査する
	パネル調査	●同一の調査対象を繰り返し調査する追跡調査 ●2つの変数の間の因果関係を明らかにするのに適している ●「パネルの摩耗」とは、回を重ねるごとに回答者数が減っていくこと

▶記述統計量

データを代表する値	標準平均	●データの総和をケースの数で割った値
	中央値	●すべてのデータを小さい順に並べたとき中央に位置する値
	最頻値	●データの出現率が一番多い値
	最大値と最小値	●最大値はデータのうち最も大きい値、最小値はデータのうち最も小さい値
	パーセンタイル（百分位数）	●データを小さい順に並べ、小さいほうから数えて何％目の標本の値かを示す値（50パーセンタイルが中央値となる）
1変数の関係	標本分散	●標本が標本平均からどれだけばらけているかを示す指標 ●標準分散の平方根は標本標準偏差
	歪度	●分布が平均値を中心に左右対称になっているかを示す量
2変数の関係	回帰係数	●2変数からなる3つ以上の点から直線までの距離が最も小さくなるように引いた直線を回帰直線といい、この直線の傾きを回帰係数という
	相関係数（ピアソンの積率相関係数）	●2つの確率変数の間の相関を示す統計学的指標。－1から1の間の実数値をとる ●1（－1）に近いときは2つの確率変数には正（負）の相関があり、0に近いときはもとの確率変数の相関は弱い ●それぞれの変数の測定単位（mとcm、円とドルなど）を変えても相関係数の絶対値は変化しない

▶量的調査のデータ解析

単純集計	●1つの変数を集計・分析し、変数の分布を明らかにする
クロス集計	●2つ以上の変数に着目して、集計・分析を行い、変数間の関連性を推察する
記述統計	●収集したデータの平均や分散、標準偏差などを計算して分布を明らかにし、データの示す傾向や性質を把握する手法
推計統計	●集団の一部のデータから集団全体の特徴や傾向を明らかにする手法
度数分布表	●変量をいくつかに区分してそれぞれに属する資料の個数を記入した表 ●相対度数は、各カテゴリーの値を度数を合計した値で割って算出
クロス集計表	●2変数の度数分布表

度数分布表:

	度数	相対度数
A	7	70%
B	3	30%
合計	10	100%

クロス集計表:

	合格	不合格	合計
男性	3	5	8
女性	7	4	11
合計	10	9	19

t検定		●通常２つのグループの平均値の差が偶然誤差の範囲内にあるかどうかを検証する手法
	対応のあるt検定	●同一の対象者による二つの変数、あるいは患者とその家族といった対応する２人の対象者による一つずつの変数のデータを用いて、その平均値の差を検定する分析方法 例）体操教室の参加者によるADLの差を検討する
	対応のないt検定	●二つの異なったグループから得られたデータを用いて、その変数の平均値の差を検定するための分析方法 例）A病院とB病院の入院患者の平均在院日数の差を明らかにする
カイ２乗統計量		●２つの変数が独立であるとした場合の期待度数からなる表と、実際の観測度数からなる表の間の全体的なズレを表す（観測度数と期待度数のズレを数値にする）　$x^2 = \sum \dfrac{(観測値-期待値)^2}{期待値}$
クロンバックのα係数		●尺度に含まれる個々の質問項目が、内的整合性があるかどうかを調べるために用いられる ●クロンバックのα信頼性係数は、通常、0.8以上でなければ妥当な尺度とはみなせない
一元配置分散分析		●平均値の差の検定で、３つ以上の標本の平均を比較するために使われる手法
擬似相関		●２つの事象に因果関係がないのに、見えない要因によって因果関係があるかのように推測されること ●検証するには、２つの変数に影響があると想定される３つ目の変数を導入して、偏相関係数を計算してみるのがよいとされる
トライアンギュレーション		●複数の異なる研究手法や理論などを併用し、一つの方法によって得られた知見を別の方法によって確かめることで、分析結果の妥当性を高めていく手法

▶データの視覚化

ヒストグラム	●度数分布表を棒で表わした図。縦軸には度数、横軸にはカテゴリーや階級をとる	
箱ひげ図	●最小値、第１四分位点、中央値、第３四分位点と最大値を表わした図で、データの分布やばらつきを表現する ●四分位範囲（第３四分位数と第１四分位数の差）は、分布の両端からそれぞれ４分の１の測定値を捨てた後の、中央の半数の測定値の範囲	最大値 第３四分位数 中央値 第１四分位数 最小値
パイチャート（円グラフ）	●円全体を100%として、データの内訳や構成比率などを表すグラフ	Australia Other Canada UK USA
散布図	●縦軸、横軸に２項目のデータを点で表した図	

71 質的調査

重要度
A
★★★

▶調査手法

個別インタビュー	●構造化インタビュー、半構造化インタビュー、非構造化インタビューがある
フォーカス・グループ・インタビュー	●ある目的に対する情報を収集するために集められた対象のグループに、面接形式でインタビューを行う
ライフストーリーインタビュー	●個人が生活史上で体験した出来事やその経験についてのインタビュー。比較的自由な会話に基づくインタビューで、聞き手との相互行為を重視する
ミックス法	●質的データを収集するインタビューや観察などと、量的データを収集する質問紙調査などを組み合わせて行う調査の手法

▶面接法

非構造化面接（自由面接法）	●面接者が被面接者の反応や状況に応じて質問の形式や順序を自由に変えて質問する方法 ●1つ2つの質問をした後、対象者に自由に語ってもらう
構造化面接	●あらかじめ質問項目や順序を決めておいて、どの対象者にも同じように尋ねる
半構造化面接	●質問項目を一定数つくり、残りは対象者に自由に語ってもらう

▶観察法

単純観察法（人工的操作を加えない）	非参与観察	●観察者が第三者として、あるがままの姿を外部から観察する ●マジックミラー（ワンウェイミラー）を使った観察を行うこともある
	参与観察法	●調査者自身が対象集団に入り込み、内部から観察する ●参与観察において、その集団生活に慣れ、調査対象に同化し過ぎることは望ましくない
統制的観察法（人工的操作を加える）		●対象集団に、規制を加えたり、観察場面・手段に工夫を加えて観察を行う
アクションリサーチ		●調査を行う研究者が当事者と協働して、両者が関与する問題の解決も目指しつつ調査や実践を進める ●参与観察とアクションリサーチの違いは、前者が観察に基づく理論的研究を重視するのに対し、後者は実践的な問題解決を重視することにある ●アクションリサーチは一般的に次の段階を経る

①計画段階	問題の観察と分析を行って目標を設定し、目標達成の方法を検討
②実践段階	仮説に従って具体的に活動する
③評価段階	目標達成度を測定して活動の有効性と仮説の妥当性を検証する
④修正段階	改善すべき点の修正を行い実地研究で確認・検証する
⑤適用段階	社会事象にも適用してみて効用と限界を見極める

▶質的調査のデータ整理と分析

グラウンデッド・セオリー			●観察や面接により資料収集を行い、記録し、データ化する。次にデータを単位化し、コードをつける。得られたコードを比較して、データのもつ意味を解釈する。この作業を繰り返して、いくつかのコードを集約して**カテゴリー**をつくる
	理論的飽和		●データ収集とコーディングを繰り返した後、これ以上新しい概念やカテゴリーが出てこないと判断される状態
	コーディング	**プリコーディング**	●調査票にあり得る回答にあらかじめ番号をつけておくこと
		軸足コーディング	●カテゴリー同士を関連づけ、複数のカテゴリーを束ねる
		インビボコーディング	●インタビューデータの分析において、対象者が使っている言葉をそのままコードとして用いる
KJ法			●質的データの分析において、主としてデータをまとめる際などに活用される ●データをカードに記述し、カードをグループごとにまとめて、図解し、文章化して整理していく ●データの分類と集約を通じて、分析前には気がつかなかったことを創造的につくり出すこともある
テキストマイニング			●通常の文章からなるデータを単語や文節で区切り、それらの出現頻度、傾向、共起関係、時系列などを分析し、有益な情報を取り出すこと
事例研究			●一事例あるいは少数事例について調査、面接、観察などを通じて、事例の置かれた社会的文脈や個別の局面、状況の詳細な理解を目的とする
ナラティヴアプローチ			●個人や集団の経験、受け止め方、意味づけなどを、物語性のある「物語」として捉える ●物語の分析は、テーマ分析、構造分析、対話／パフォーマンス分析、ビジュアル分析の4つに整理される
	テーマ分析		●「何が語られているか」に注目し、事例に共通するテーマを見つけ出し、理論化していく
	構造分析		●「どのように語られているか」に注目し、物語をいくつかの章に分けて物語の形を分析する
	対話／パフォーマンス分析		●語りが「誰に」「いつ」「なぜ」提供されるかに注目し、物語の対話性とパフォーマンスに注目し分析する
	ビジュアル分析		●絵画や写真、映像など視覚的データを用いた分析を行う
エスノグラフィー（民族誌）			●特定の人々がどのような生活世界で暮らし、その中で何を考え、何を見て、どのような行動をするのかという点を描きだしながら、その背景にある集団の構造や機能、文化などを明らかにする
エスノメソドロジー			●日常の中で普通の人々が行う生活世界の意味づけを、会話分析などの事例によって研究する

▶ソーシャルワークにおける評価

効果測定は、事例やデータを集積し、支援計画の妥当性や支援の成果を図ることで、社会福祉の実践の効果を科学的に測定する方法で、アカウンタビリティ（説明責任）を果たすためにも必要です。

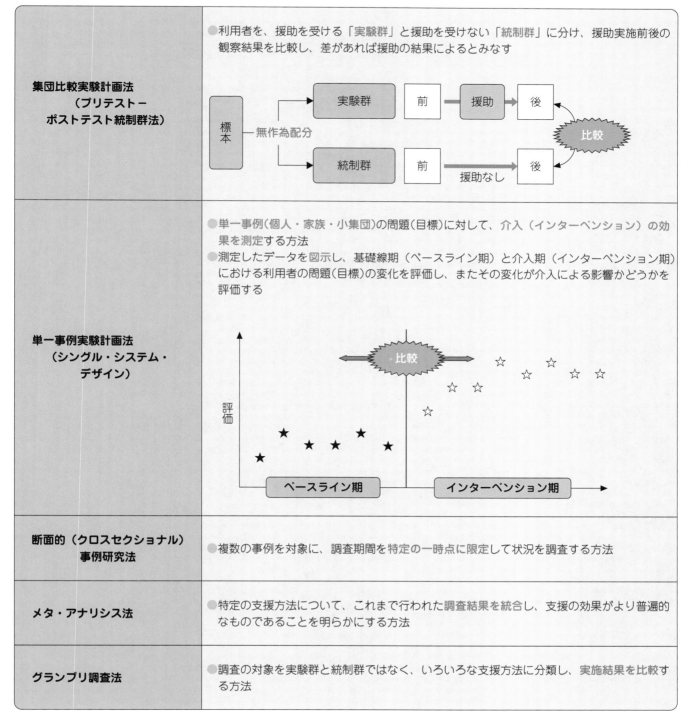

集団比較実験計画法 （プリテスト－ ポストテスト統制群法）	●利用者を、援助を受ける「実験群」と援助を受けない「統制群」に分け、援助実施前後の観察結果を比較し、差があれば援助の結果によるとみなす
単一事例実験計画法 （シングル・システム・ デザイン）	●単一事例（個人・家族・小集団）の問題（目標）に対して、介入（インターベンション）の効果を測定する方法 ●測定したデータを図示し、基礎線期（ベースライン期）と介入期（インターベンション期）における利用者の問題（目標）の変化を評価し、またその変化が介入による影響かどうかを評価する
断面的（クロスセクショナル） 事例研究法	●複数の事例を対象に、調査期間を特定の一時点に限定して状況を調査する方法
メタ・アナリシス法	●特定の支援方法について、これまで行われた調査結果を統合し、支援の効果がより普遍的なものであることを明らかにする方法
グランプリ調査法	●調査の対象を実験群と統制群ではなく、いろいろな支援方法に分類し、実施結果を比較する方法

第 5 章

まとめて整理

【科目編成のイメージ図】

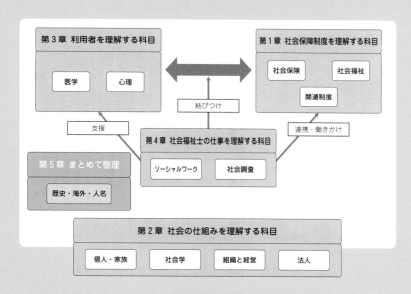

まとめて覚えたほうが効率のよい、歴史や人名
などを整理していきましょう。

単元㉖：歴史・海外・人名　（共通・専門）

72 歴史

『穴埋めチェック2025』
P.267〜P.274参照

重要度
C
★☆☆

▶歴史の全体像

	時代背景	日　本	欧米諸国
〜1920年代 6400万人（4.8%）	●関東大震災（23年） ●世界恐慌（29年）	●健康保険法（22年） ●救護法（29年）	●英）国民保険法（11年）
1930年代 7100万人（4.7%）	●第二次世界大戦（39年）	●児童虐待防止法（33年） ●少年教護法（33年） ●母子保護法（37年） ●（旧）国民健康保険法（38年）	●米）社会保障法（35年）
1940年代 8400万人（4.9%）	●第二次世界大戦終戦（45年） ●国際連合（45年）	●（旧）生活保護法（46年） ●労災・失業保険法（47年） ●児童福祉法（47年） ●身体障害者福祉法（49年）	●英）ベヴァリッジ報告（42年） ●世界人権宣言（48年）
1950年代 9400万人（5.7%）	●朝鮮戦争（50年） ●自衛隊発足（54年） ●高度経済成長（55年〜）	●（新）生活保護法（50年） ●（新）国民健康保険法（58年）	●児童権利宣言（59年）
1960年代 1億400万人（7.1%）	●東京オリンピック（64年） ●いざなぎ景気（65年〜）	●精神薄弱者福祉法（60年） ●老人福祉法（63年） ●母子福祉法（64年） ●母子保健法（65年）	●英）シーボーム報告（68年）
1970年代 1億1700万人（9.1%）	●札幌オリンピック（72年） ●オイルショック（73年）	●心身障害者対策基本法（70年） ●雇用保険法（74年）	●知的障害者の権利宣言（71年） ●障害者の権利宣言（75年）
1980年代 1億2300万人（12%）	●ファミコン発売（83年） ●バブル経済（86年〜）	●母子及び寡婦福祉法（82年） ●老人保健法（82年） ●障害者雇用促進法（87年） ●社会・介護福祉士法（87年）	●国際障害者年（81年） ●児童の権利に関する条約（89年）
1990年代 1億2600万人（17%）	●阪神・淡路大震災（95年） ●長野オリンピック（98年） ●パソコン・携帯電話が普及	●障害者基本法（93年） ●精神保健福祉法（95年） ●介護保険法（97年）	●英）国民保健サービス及びコミュニティ法（90年） ●米）ADA法（90年） ●スウェーデン）エーデル改革（92年）
2000年代 1億2700万人（23%）	●終戦60周年（05年）	●児童虐待防止法（00年） ●DV防止法（01年） ●健康増進法（02年） ●次世代育成支援対策推進法（03年） ●障害者自立支援法（05年） ●高齢者医療確保法（06年）	●独）アジェンダ2010革命（03年） ●障害者の権利に関する条約（06年）
2010年代〜 1億2600万人（29%）	●東日本大震災（11年） ●新型コロナパンデミック（19年）	●障害者虐待防止法（11年） ●子ども子育て支援法（12年） ●障害者総合支援法（13年） ●障害者差別解消法（13年） ●生活困窮者自立支援法（13年）	●米）医療保険改革法（10年） ●アジア太平洋障害者の10年（13年）

注：各年代末の日本の人口（高齢化率）

1933年 （昭和8）	児童虐待防止法	●対象年齢は14歳未満（児童福祉法の制定により廃止）
1947年 （昭和22）	児童福祉法	●児童の定義、実施機関、各種事業及び施設などを定めた法律
1951年 （昭和26）	**児童憲章**	●「児童は、人として尊ばれる」「児童は、社会の一員として重んぜられる」など
1961年 （昭和36）	**児童扶養手当法**	●2002（平成14）年から、一部支給の手当額は、所得に応じて細分化
1964年 （昭和39）	母子福祉法	●1982（昭和57）年から「母子及び寡婦福祉法」へ改正
1965年 （昭和40）	母子保健法	●母性並びに乳児及び幼児の健康の保持及び増進
1971年 （昭和46）	児童手当法	●児童を養育している者に児童手当を支給
1994年 （平成6）	**「エンゼルプラン」**	●子育て支援のための総合計画
1997年 （平成9）	児童福祉法改正	●放課後児童健全育成事業、児童家庭支援センターが第二種社会福祉事業に ●「保育所」を保護者が選択できる仕組みの導入
1999年 （平成11）	**「新エンゼルプラン」**	●子育て支援サービスの充実 ●周産期医療ネットワーク、不妊専門相談センターの整備等
2000年 （平成12）	児童虐待の防止等に関する法律	●児童虐待問題への総合的対応のための法律
	「健やか親子21」	●21世紀の母子保健の主要な取組みを提示するビジョン。国民運動計画
2001年 （平成13）	児童福祉法改正	●認可外保育施設の監督強化　　●保育士資格の法定化
2003年 （平成15）	次世代育成支援対策推進法	●都道府県・市町村・事業主は「行動計画」を策定
	少子化社会対策基本法	●少子化に対処するための総合的施策
	児童福祉法改正	●子育て支援事業　　●市町村保育計画
2004年 （平成16）	**「子ども・子育て応援プラン」**	●4つの重点課題に沿って目標・施策を提示
	発達障害者支援法	●発達障害の早期発見・支援　　●発達障害者支援センター
2006年 （平成18）	**就学前の子どもに関する教育、保育等の総合的な提供の推進に関する法律**	●「認定こども園」創設
2007年 （平成19）	**学校教育法改正**	●特別支援教育
2008年 （平成20）	児童福祉法改正	●子育て支援事業の法定化、施設内虐待の防止 ●次世代育成対策の推進
2010年 （平成22）	**「子ども・子育てビジョン」**	●少子化社会対策基本法に基づく大綱
2012年 （平成24）	児童福祉法改正	●「障害児通所支援」「障害児相談支援」の創設、「障害児入所支援」の再編など
	子ども・子育て支援法	●子ども・子育て支援給付などを定めた法律
2014年 （平成26）	母子及び父子並びに寡婦福祉法改正	●父子家庭への支援の拡大
2022年 （令和4）	こども基本法	●こども施策を総合的に推進することを目的に制定（2023（令和5）年4月施行）
	児童福祉法改正	●子育て世帯に対する包括的な支援のための体制強化（2024（令和6）年4月施行）

▶日本（高齢者福祉）

年	法律・制度	内容
1950年 （昭和25）	**生活保護法**	●救護法で規定された養老院は、生活保護法で「養老施設」に位置づけられた
1962年 （昭和37）	**老人家庭奉仕員派遣事業**	●国庫補助の対象となった
1963年 （昭和38）	老人福祉法	●「特別養護老人ホーム」「養護老人ホーム」「軽費老人ホーム」「老人家庭奉仕員の派遣」「健康診査」などが規定された
1971年 （昭和46）	高年齢者等の雇用の安定等に関する法律	●定年の引上げ、継続雇用制度の導入、シルバー人材センター、高年齢者等の職業の安定・福祉の増進等を図る
1973年 （昭和48）	**老人福祉法改正**	●70歳以上の老人医療費の無料化
1982年 （昭和57）	老人保健法	●老人医療は、原則70歳以上を対象。一部負担制導入 ●老人保健拠出金の仕組みを導入 ●医療以外の保健事業（健康教育、健康診査、訪問指導など）の実施
1986年 （昭和61）	老人保健法改正	●老人保健施設創設
1989年 （平成元）	**「ゴールドプラン」**	●高齢者保健福祉推進十か年戦略
1990年 （平成2）	**老人福祉法改正**	●老人福祉計画、デイサービス、ショートステイの法定化
1991年 （平成3）	**老人保健法改正**	●老人訪問看護制度
1994年 （平成6）	**「新ゴールドプラン」**	●ゴールドプランの目標値の上方修正
1997年 （平成9）	介護保険法	●施行は平成12年度から
1999年 （平成11）	**「ゴールドプラン21」**	●計画期間は、平成12年度〜平成16年度までの5年間
	PFI法	●「民間資金等の活用による公共施設等の整備等の促進に関する法律」の略
2001年 （平成13）	高齢者居住安定確保法	●高齢者の居住の安定確保に関する法律
2005年 （平成17）	介護保険法改正	●介護予防サービスの導入
	高齢者虐待防止法	●高齢者虐待の防止、高齢者の養護者に対する支援等に関する法律
2006年 （平成18）	老人保健法改正	●「高齢者の医療の確保に関する法律」に名称変更
2009年 （平成21）	介護保険法改正	●介護サービス事業者の業務管理体制の整備
2012年 （平成24）	介護保険法改正	●「複合型サービス」「定期巡回・随時対応型訪問介護看護」の創設
	高齢社会対策大綱	●「高齢社会対策の大綱について」が2012（平成24）年9月に閣議決定された
2018年 （平成30）	介護保険法改正	●介護医療院、共生型サービスの創設

▶日本（障害者福祉）

年	法律・計画	内容
1949年 （昭和24）	身体障害者福祉法	●身体障害者の定義、更生援護、事業及び施設などを定めた法律
1950年 （昭和25）	精神衛生法	●1987（昭和62）年に「精神保健法」へ改正 ●1995（平成7）年に「精神保健及び精神障害者福祉に関する法律」へ改正
1960年 （昭和35）	精神薄弱者福祉法	●1998（平成10）年の「精神薄弱の用語の整理のための関係法律の一部を改正する法律」により「知的障害者福祉法」へ改正
	障害者の雇用の促進等に関する法律	●平成18年度より精神障害者も雇用率適用の対象に
1970年 （昭和45）	心身障害者対策基本法	●1993（平成5）年に「障害者基本法」へ改正
1982年 （昭和57）	「障害者対策に関する長期計画」	●計画期間：昭和58年度～平成4年度
1993年 （平成5）	「障害者対策に関する新長期計画」	●計画期間：平成5年度～平成14年度
	障害者基本法	●2004（平成16）年に改正。都道府県・市町村に「障害者計画」策定義務化
1995年 （平成7）	「障害者プラン」	●計画期間：平成8年度～平成14年度 ●ノーマライゼーション7か年計画
2002年 （平成14）	身体障害者補助犬法	●施設等における身体障害者補助犬の同伴等
	「障害者基本計画」	●計画期間：平成15年度～平成24年度。「共生社会」の実現
	「重点施策実施5か年計画」 （新障害者プラン）	●計画期間：平成15年度～平成19年度
2003年 （平成15）	支援費制度	●精神障害者は対象外
2004年 （平成16）	特定障害者に対する特別障害給付金の支給に関する法律	●国民年金の任意加入期間中の未加入者に給付金を支給
2005年 （平成17）	障害者自立支援法	●障害種別にかかわりなく一元的な共通のサービス
2007年 （平成19）	「重点施策実施5か年計画」	●計画期間：平成20年度～平成24年度
2011年 （平成23）	障害者虐待の防止、障害者の養護者に対する支援等に関する法律	●「養護者」「障害者福祉施設従事者等」「使用者」による障害者虐待の防止
2012年 （平成24）	障害者総合支援法	●「障害者自立支援法」を「障害者の日常生活及び社会生活を総合的に支援するための法律」（障害者総合支援法）へ題名変更（平成25年4月より）
2013年 （平成25）	精神保健福祉法改正	●医療保護入院の見直し、保護者制度の廃止（平成26年4月より）
	障害者差別解消法	●障害を理由とする差別の解消を推進（平成28年4月施行）
2022年 （令和4）	精神保健福祉法改正	●医療保護入院の期間の法定化、入院者訪問支援事業の創設など
2023年 （令和5）	「障害者基本計画」（第5次）	●計画期間：令和5年度～令和9年度。地域における共生等、差別の禁止、国際的協調

▶日本（社会保険）

年	法律	内容
1922年 （大正11）	健康保険法	●ブルーカラーの労働者を対象　←最初の社会保険
1938年 （昭和13）	国民健康保険法	●保険者は任意設立の国民健康保険組合、任意加入
1941年 （昭和16）	**労働者年金保険法**	●工場等の男性労働者を被保険者とした
1944年 （昭和19）	厚生年金保険法	●労働者年金保険法から「厚生年金保険法」へ改めた ●被保険者の範囲をホワイトカラー労働者、女性にも拡大
1947年 （昭和22）	失業保険法	●被保険者が失業した場合に、失業保険金を支給
	労災保険法	●労働基準法による災害補償責任を保険で担保する制度を創設
1948年 （昭和23）	**医療法**	●医療の提供体制を定めた法律
1958年 （昭和33）	国民健康保険法改正	●国民皆保険体制（1961（昭和36）年～）
1959年 （昭和34）	国民年金法	●国民皆年金制度（1961（昭和36）年～）
1966年 （昭和41）	**厚生年金法改正**	●1万円年金　●厚生年金基金
1973年 （昭和48）	**健康保険・年金法改正**	●家族7割給付　　●5万円年金 ●高額療養費制度　●物価スライド制導入
1974年 （昭和49）	雇用保険法	●失業保険法が廃止され、代わって雇用保険法が公布
1984年 （昭和59）	**健康保険法改正**	●本人9割給付　●退職者医療制度導入
1985年 （昭和60）	**年金制度改正**	●基礎年金制度導入
1989年 （平成元）	**年金制度改正**	●完全物価自動スライド制導入　●国民年金基金
1994年 （平成6）	地域保健法	●保健所法から題名改正　●保健所機能の評価
	健康保険・年金法改正	●付添看護の解消　●60歳前半の老齢厚生年金見直し
1996年 （平成8）	**年金制度改正**	●基礎年金番号の導入（1997（平成9）年1月から実施）
2002年 （平成14）	健康増進法	●国民の健康維持と生活習慣病予防　●栄養改善法を廃止
2006年 （平成18）	健康保険法等改正	●後期高齢者医療制度（2008（平成20）年4月から実施）
2012年 （平成24）	**社会保障・税一体改革大綱**	●2012（平成24）年2月に閣議決定。社会保障と税の一体改革に関する関連8法案が成立
2013年 （平成25）	**マイナンバー法**	●行政手続における特定の個人を識別するための番号の利用等に関する法律（2015（平成27）年1月から順次施行）

▶日本（その他）

1951年 （昭和26）	社会福祉事業法	●2000（平成12）年「社会福祉法」へ改正
1970年 （昭和45）	社会福祉施設緊急整備5か年計画	●社会福祉施設5年間で、24,000か所 → 33,000か所に
1987年 （昭和62）	社会福祉士及び介護福祉士法	●「社会福祉士」「介護福祉士」誕生
1990年 （平成2）	社会福祉関係八法改正	●在宅福祉サービスの推進 ●特別養護老人ホーム等の入所決定事務を市町村へ移譲
1992年 （平成4）	福祉人材確保法	●都道府県福祉人材センター、中央福祉人材センター、福利厚生センター
1994年 （平成6）	21世紀福祉ビジョン	●年金：医療：福祉を「5：4：1 → 5：3：2」へ
	ハートビル法	●高齢者、障害者等の「特定建築物」利用の円滑化
1997年 （平成9）	精神保健福祉士法	●「精神保健福祉士」誕生
2000年 （平成12）	交通バリアフリー法	●高齢者、障害者等が「公共交通機関」を利用した移動の円滑化
	社会福祉事業法改正	●社会福祉法へ改正、地域福祉計画の策定を新たに規定
2001年 （平成13）	DV防止法	●「配偶者からの暴力の防止及び被害者の保護に関する法律」の略
2002年 （平成14）	ホームレスの自立の支援等に関する特別措置法	●15年の時限立法（改正により5年延長）
2003年 （平成15）	医療観察法	●「心身喪失等の状態で重大な他害行為を行った者の医療及び観察等に関する法律」の略
2006年 （平成18）	バリアフリー新法	●「高齢者、障害者等の移動等の円滑化の促進に関する法律」の略 ●ハートビル法と交通バリアフリー法を統合
	自殺対策基本法	●自殺対策の大綱の作成・推進など
	がん対策基本法	●がんの予防及び早期発見の推進など
2007年 （平成19）	社会福祉士及び介護福祉士法改正	●定義規定、義務規定、資格取得方法の見直し
2009年 （平成21）	肝炎対策基本法	●肝炎対策を総合的に推進
2013年 （平成25）	生活困窮者自立支援法	●生活保護に至る前の段階での自立支援の強化
2018年 （平成30）	ギャンブル等依存症対策基本法	●ギャンブル等依存症対策を総合的かつ計画的に推進

73 諸外国の歴史と社会保障

重要度 C
★☆☆

▶国　連

年	事項	内容
1948年 （昭和23）	世界人権宣言	●「すべての人民とすべての国とが達成すべき共通の基準」を宣言
1959年 （昭和34）	児童権利宣言	●「児童の最善の利益」
1971年 （昭和46）	知的障害者の権利宣言	●知的障害者は、実際上可能な限りにおいて、他の人間と同等の権利を有する
1975年 （昭和50）	障害者の権利宣言	●障害者は、その障害の原因、特質及び程度にかかわらず、同年齢の市民と同等の基本的権利を有する
	国際婦人年	●目標：平等、発展、平和
1979年 （昭和54）	国際児童年	●テーマ「わが子への愛を世界のどの子にも」
	女子に対するあらゆる形態の差別の撤廃に関する条約	●女子差別の撤廃を定めた多国間条約（母性保護を目的とした特別措置は除く）
1981年 （昭和56）	国際障害者年	●テーマ「完全参加と平等」 ●「国連・障害者の10年」を宣言
1982年 （昭和57）	障害者に関する世界行動計画	●障害の予防、リハビリテーション、完全参加、平等
1983〜1992年 （昭和58〜平成4）	国連・障害者の10年	●各国での積極的な障害者対策の推進
1989年 （平成元）	児童の権利に関する条約	●児童は、「保護の対象」ではなく「権利の主体」
1993〜2002年 （平成5〜平成14）	アジア太平洋障害者の10年	●「国連・障害者の10年」を継承
1994年 （平成6）	障害者の機会均等化に関する標準規則	●各国は、障害のある人々がその他の市民と等しく、人としての権利、市民的、政治的な権利を含む権利を行使できるようにする義務を有する
	国際家族年	●テーマ「家族からはじまる小さなデモクラシー」
2003〜2012年 （平成15〜平成24）	アジア太平洋障害者の10年	●2002年10月に「びわこミレニアム・フレームワーク」採択 ●アジア太平洋障害者の10年を延長
2006年 （平成18）	障害者の権利に関する条約	●日本は、2007（平成19）年9月「署名」、2014（平成26）年2月発効 ●「合理的配慮」という考え方が重要視された ●「Nothing about us without us（私たち抜きに私たちのことを決めるな）」というテーマが掲げられた
2007年 （平成19）	「びわこプラスファイブ」採択	●「びわこミレニアム・フレームワーク」を補完する行動指針
2013〜2022年 （平成25〜令和4）	アジア太平洋障害者の10年	●「びわこミレニアム・フレームワーク」次の10年の行動計画として「仁川戦略」を採択

▶欧米諸国（全体像）

●イギリス

1601年	エリザベス救貧法		●救済の対象者を、「労働能力のある貧民」「労働能力のない貧民」「親が扶養できないとみなされる児童」の３つに分類し、教区ごとの救貧税によって貧民を救済した
1722年	労役場テスト法		●有能貧民の労働意欲を労役場でテストし、労役場以外の救済を抑制した
1782年	ギルバート法		●労働能力のある貧民に対して、労役場以外の場である在宅での救済を認めた
1795年	スピーナムランド制度		●働いている労働者や失業者を対象として、パン価格と家族数にスライドして定められた最低生活水準を設定して、その基準に満たない分を救貧税から手当として支給した
1798年	マルサス, T. 『人口論』（初版）		●人口は幾何級数的に増加するが、食物は算術級数的にしか増加しないとし、人口増加の「自然法則」を根拠に、救貧法に異議を唱えた
1820年代	チャルマーズ, T. 隣友運動		●貧困家庭への友愛訪問など相互扶助や自助を重視する慈善活動。慈善組織協会（COS）の活動に影響を与えた
1834年	新救貧法		●「劣等処遇の原則」：救済を受ける者は、最下層の独立自活している労働者の生活水準よりも実質・外見ともに低いものでなければならない ●「院外救済の禁止」：労働能力のある貧民の救済は労役場への収容が原則
1869年	慈善組織協会		●ロンドンで結成。貧民を自助努力の有無を基準に「救済に値する貧民」と「救済に値しない貧民」に分類し、前者のみを慈善事業の対象とした ●被救済者の登録を行って救済の重複や不正受給の抑制を行うことを意図して始まった
1886年 〜1902年	貧困調査	ブース, C. 『ロンドン民衆の生活と労働』	●「ロンドン」での貧困調査を通じて、近代産業社会における労働者層を中心とする貧困の実態と原因を明らかにした ●人口の約３割が貧困線以下の生活にあり、また貧困の原因は、不規則労働、低賃金という「雇用の問題」が多く、次いで疾病、多子といった「環境の問題」が多いことが判明した
1899年 〜1901年		ラウントリー, B. S. 『貧困：都市生活の研究』	●「ヨーク市」の貧困調査を通じて、人口の約３割が貧困状態にあることを明らかにした ●マーケット・バスケット方式で最低生活費を科学的に算出し、それを下回るものを「第一次貧困」と定義した
1897年	ウェッブ, B. 『産業民主制論』		●救貧法の廃止を主張し、「ナショナル・ミニマム」の考え方を初めて提唱
1909年	勅命救貧法委員会の報告	多数派	救貧法の拡張を提唱
		少数派	救貧法の廃止を提唱（ウェッブ, B.）

1911年	国民保険法 社会保険が導入された	●「健康保険」と「失業保険」（世界で最初の失業保険）
1942年	ベヴァリッジ報告	●『社会保険及び関連サービス』 ●「窮乏」「疾病」「無知」「不潔」「無為」という5つの巨大な悪への攻撃に対する社会保障政策を構想した ●社会保障計画は、社会保険、国民扶助、任意保険という3つの方法で構成されるという考え方を示した
1948年	国民扶助法 国民保健サービス	●イギリスでは救貧法の長い歴史があったが、国民扶助法の創設によって新たな段階に入った
1959年	ヤングハズバンド報告	●これまで独自にさまざまな形で発展してきた一連の諸サービスにおけるソーシャルワークの機能を再検討する最初の試みであると述べている
1968年	シーボーム報告	●地方自治体とパーソナル・ソーシャルサービス ●この影響で、地方自治体社会サービス法が制定された
1978年	ウォルフェンデン報告	●インフォーマルな支援ネットワーク ●ボランタリーな組織について、政策的な視点からその位置づけを明確にした
1982年	バークレイ報告	●コミュニティを基盤としたカウンセリングと社会的ケア計画を統合した実践であるコミュニティソーシャルワークを提唱した
1988年	グリフィス報告	●「国民保健サービスとコミュニティケア法」成立へ影響を与えた ●ケアマネジメントについて言及
1990年	国民保健サービス及び コミュニティケア法	●サービスの購入者（財政）と提供者を分離し、民間のサービスを積極的に活用することが盛り込まれた

●スウェーデン

1920年	社会民主労働党	●選挙で選出された最初の「社会主義」政権。社会主義的政策が形成され、福祉国家の基礎となった
1980年	社会サービス法	●従来の福祉法を1つに体系化。高齢者、障害者などの生活を保障することが自治体の責務となった
1982年	保健医療サービス法	●医療サービス法の改正
1992年	エーデル改革	●ナーシングホームや長期療養ケア施設の権限及び医療サービス提供の義務を広域自治体であるランスティング（※）から基礎的自治体であるコミューン（市町村）へ委譲するなど地方分権化を進めた （※）2019年からレギオンに改称された

●アメリカ

1877年	慈善組織協会	●最初の慈善組織協会（COS）がニューヨーク州バッファローに設立された
1886年	ネイバーフッド・ギルド	●コイト, S. らがニューヨークに設立したアメリカで最初のセツルメント
1889年	ハルハウス	●セツルメント（イリノイ州シカゴに設立） ●アダムス, J. は、この功績によりノーベル平和賞を受賞
1918年	コミュニティチェスト	●共同募金の原型 ●ニューヨーク州ロチェスターで開始された
1935年	社会保障法	●社会保障という言葉を世界で最初に用いた法律 ●ニューディール政策の一環として制定。社会保険（医療保険を除く）、公的扶助、社会福祉事業など総合的な体制
1939年	レイン報告	●全米社会事業会議においてコミュニティオーガニゼーション概念を体系化
1965年	メディケア	●連邦政府が運営する公的医療保険制度。65歳以上の者、障害年金受給者、慢性腎臓病患者等を対象
	メディケイド	●低所得者を対象とした公的医療扶助制度
1970年代	自立生活運動 （IL運動）	●アメリカのカリフォルニア州バークレーで展開された障害者の自立生活運動 ●障害者自身による、自己決定の尊重を主張している
1990年	障害を持つアメリカ人法 （ADA法）	●障害者の社会参加を保障し、雇用や教育の差別の禁止等を義務づけた
2010年	医療保険改革法	●今後10年間で数千万人の無保険者を解消する医療保険改革法が成立した

●ドイツ

1852年	エルバーフェルト制度	●定期的に地区委員が貧困者宅を訪問し、実情を把握するなどの活動を行った（救貧委員制度）
1883年	疾病保険法	●ドイツの宰相ビスマルクが、世界で最初に社会保険を制度化した
1919年	ワイマール憲法	●「生存権」が、世界で初めて規定された
1995年	介護保険制度	●施設サービス費の高騰、社会扶助費の増大に対して新しい財源を求めるとともに、在宅介護の促進を図るために導入した

▶各国の社会保障制度

●アメリカ

年　金	●一般に社会保障年金と呼ばれ、連邦政府の社会保障庁が運営している ●被用者や自営業者の大部分を対象とし、社会保障税に関して10年相当以上の保険料記録を有した者に対し、年金を支給する社会保険制度
医　療	●公的医療保険制度としては、高齢者及び障害者に対するメディケア及び一定の条件を満たす低所得者に対する公的扶助であるメディケイドがある ●現役世代の医療保障は民間医療保険を中心に行われており、企業の福利厚生の一環として事業主の負担を得て団体加入する場合も多く、民間医療保険の加入は66.5％（2020年）と大きな役割を担っている
介　護	●日本のような公的な介護保障制度は存在しないため、医療の範疇に入る一部の介護サービスがメディケアでカバーされるに過ぎず、介護費用を負担するために資産を使い尽くして自己負担ができなくなった場合に初めて、メディケイドがカバーすることになる
公的扶助	●日本の生活保護制度のような、連邦政府による包括的な公的扶助制度はない。高齢者、障害者、児童など対象者の属性に応じて各制度が分立している ●主要な制度は、貧困家庭一時扶助（TANF）、補足的所得保障（SSI）、メディケイド、補足的栄養支援（SNAP）、一般扶助（GA）がある

●ドイツ

年　金	●連邦労働・社会省（BMAS）が所管しており、連邦ドイツ年金保険組合（DRV）等が運営主体となっている ●被用者及び自営業者のうち特定の職業グループ（教師、看護・介護職、芸術家、手工業者、ジャーナリスト等）は強制加入
医　療	●連邦保健省が所管しており、疾病金庫が運営主体となっている ●一定所得以上の被用者、自営業者、公務員等は強制適用ではない
介　護	●連邦保健省が所管しており、介護金庫が運営主体となっている ●被保険者は、原則として医療保険の被保険者と同じ範囲であり、年齢による制限はない ●介護保険の財源は保険料であり、国庫補助は行われていない ●要介護度は、必要な介護の頻度や介護のために必要な時間等に応じて、要介護度1から要介護度5までの5段階に分類される ●給付内容は、介護現物給付、介護手当（現金給付）、組合せ給付、ショートステイ、介護補助具の支給・貸与、部分施設介護、完全施設介護等がある

●スウェーデン

年　金	●老齢年金は、賦課方式で運営される所得比例年金と積立方式で運営される確定拠出型のプレミアム年金を組み合わせた仕組み ●年金額が一定水準に満たない者には、国の税財源による保証年金が設けられている
医　療	●日本の県に相当する広域自治体であるレギオンが医療施設を設置・運営 ●費用はレギオンの税収（主として住民所得税）及び患者一部負担によってまかなわれている
介　護	●高齢者ケア（福祉）サービス、障害者福祉サービスなどの福祉サービスは、日本の市町村に相当する基礎的自治体であるコミューンによって提供される ●費用は、基本的にコミューンの税財源とサービス利用者の自己負担でまかなわれる

●イギリス

年　金	●公的年金制度である国家年金、低所得の高齢者向けの年金クレジットのほか、職域年金（企業年金）などの私的年金により、高齢期の所得の確保が図られる構造となっている
医　療	●税金を財源とする1948年に創設された国営の国民保健サービス（NHS）として全住民を対象に原則無料で提供されている ●救急医療の場合を除き、①あらかじめ登録した一般家庭医の診察を受けた上で、②必要に応じ、一般家庭医の紹介により病院の専門医を受診する仕組みとなっている
介　護	●地方自治体がケアマネジメントを行うことにより申請者個々の福祉ニーズを総合的に評価し、望ましいサービスの質及び量を具体的に決定した上で、これを最も効率的に提供できる供給者を競争で選び、契約によってサービスを提供する方式が採用されている

●フランス

年　金	●日本の厚生年金に相当する法定基礎制度として一階建てで強制加入の職域年金が多数分立している ●法定基礎制度の他には、その支給水準の低さを補うために補足年金制度がある
医　療	●法定制度として職域ごとに強制加入の多数の制度があり、各職域保険の管理運営機構として金庫（Caisse）が設置されている
介　護	●要介護度に応じて給付額、利用者負担額が定められている ●在宅サービス、施設サービス、高齢者自助手当がある

●中　国

年　金	●公的年金制度には、都市従業員基本養老保険、都市・農村住民基本養老保険、公務員年金がある ●都市部の従業員の加入は進んでいるものの、地域経済の状況によって給付額に大きな差がある
医　療	●都市従業員基本医療保険制度、都市及び農村の住民（非就業者）に対する都市・農村住民基本医療保険制度、公務員に対する公務員医療補助制度がある ●困窮者に対する社会保険以外の対応として特定困窮者医療扶助制度がある
介　護	●介護保険制度については、全国的な制度は導入されておらず、2012年に青島市等の一部都市が独自に制度を導入している。各都市は、財源、対象者、給付基準、給付内容について、それぞれ定めている

●韓　国

年　金	●1988年の国民年金法の施行により導入された。加入者を事業所加入者に限定していたが、1999年に対象者が都市地域住民まで拡大したことにより、国民皆年金制度が達成された
医　療	●1963年に医療保険法が制定され、1989年7月より国民皆保険となった。2000年7月に国民健康保険法が制定され、保険者が国民健康保険公団に統合された
介　護	●2008年に高齢者長期療養保険制度（介護保険制度）が導入された ●原則として65歳以上の高齢者（加齢性疾患がある場合は65歳未満の者も可能）がサービスを利用することができる ●公団に認定申請をしたうえで等級判定を受ける必要があり、日常生活への支障の程度に応じて1等級（日常生活のすべてに療養が必要）から5等級（認知症患者）に分類される ●サービス利用時の自己負担は施設サービスを利用した場合は20%、在宅サービスの場合は15%となっている

第22回試験から第36回試験までの旧カリキュラムの試験でよく出題されていた人物を列記しています。
ソーシャルワークや社会学の重要人物がよく出題されています。

▶ソーシャルワークの領域で出題頻度が高い人物

番号	名前	22～36回 出題回数	キーワード
1	パールマン, H.	8	●『ソーシャルケースワーク：問題解決の過程』／6つのP
2	ホリス, F.	8	●『ケースワーク：心理社会療法』／心理社会的アプローチ
3	ジャーメイン, C.	7	●生活モデル／生態学（エコロジー）
4	リッチモンド, M.	6	●『社会診断』『ソーシャルケースワークとは何か』／ケースワークの母
5	バートレット, H.	5	●『社会福祉実践の共通基盤』／価値・知識・介入
6	ソロモン, B.	5	●『ブラック・エンパワメント―抑圧されている地域社会におけるソーシャルワーク』
7	ピンカス, A.	4	●4つの基本的なシステム ●「クライアント・システム」「ターゲット・システム」「アクション・システム」「チェンジ・エージェント・システム」
8	リード, W.	4	●課題中心アプローチ
9	シュワルツ, W.	3	●相互作用モデル／並行過程
10	バンク・ミケルセン, N.	3	●ノーマライゼーション／デンマーク、知的障害
11	ニィリエ, B.	3	●ノーマライゼーションの原理を8つに分けて整理
12	**フレックスナー, A.**	3	●専門職が成立するための「6つの属性」
13	**サリービー, D.**	3	●ストレングスモデル
14	バイステック, F.	2	●援助関係形成の原則　●バイステックの7原則
15	ベーム, W.	2	●「ソーシャルワークの性格」
16	ロス, M.	2	●『コミュニティ・オーガニゼーション―理論と原則』／統合化説・組織化説

番号	名前	22〜36回 出題回数	キーワード
1	ヴェーバー, M.	7	●『プロテスタンティズムの倫理と資本主義の精神』
2	ラウントリー, B. S.	6	●ヨーク市の貧困調査／1次貧困線と2次貧困線
3	ウェルマン, B.	5	●『コミュニティ解放論』
4	エスピン・アンデルセン, G.	5	●『福祉資本主義の三つの世界』
5	デュルケム, E.	5	●『自殺論』／『社会分業論』／フランスの社会学者
6	タウンゼント, P.	5	●相対的剥奪としての貧困
7	セン, A.	4	●経済分配・公正と貧困・飢餓の研究でノーベル経済学賞を受賞
8	ウエッブ夫婦	4	●『産業民主制論』／ナショナルミニマム
9	ハーズバーグ, F.	4	●動機付け・衛生理論（2要因理論）
10	ブラットショー, J.	4	●『ソーシャルニードの分類法』
11	ロールズ, J.	4	●『正義論』／格差原理
12	ティトマス, R.	4	●『社会福祉と社会保障』／イギリスの社会福祉学者
13	アダムス, J.	3	●ハルハウス（シカゴ）創設／セツルメント運動
14	ブース, C.	3	●『ロンドン民衆の生活と労働』／ロンドン市の貧困調査
15	テンニース, F.	3	●『ゲマインシャフトとゲゼルシャフト』／ドイツの社会学者
16	マルクス, K.	3	●「資本論」
17	ベヴァリッジ, W.	3	●『ベヴァリッジ報告』／『社会保険及び関連サービス』／ゆりかごから墓場まで
18	マーシャル, T.	3	●『市民資格と社会的階級』
19	ジンメル, G.	2	●形式社会学
20	バージェス, E.	2	●『同心円地帯理論』　●都市構造は同心円型
21	ブトゥリム, Z.	2	●ソーシャルワークの3つの価値前提
22	マッキーヴァー, R.	2	●コミュニティとアソシエーション

▶ 心理学に関連する出題頻度が高い人物

番号	名前	22〜36回 出題回数	キーワード
1	エリクソン, E.	6	●生涯発達心理学　●ライフサイクルを8段階に分け発達課題を設定
2	マズロー, A.	4	●動機（欲求）の階層　●人間の欲求を5つの段階に分類
3	ピアジェ, J.	3	●子どもには4つの発達段階があるという「認知発達理論」を提唱
4	ボウルビー, J.	2	●アタッチメント（愛着）理論を提唱

▶ 日本人で出題頻度が高い人物

番号	名前	22〜36回 出題回数	キーワード
1	石井　十次	6	●岡山孤児院／キリスト教慈善事業家
2	岡村　重夫	4	●『社会福祉原論』／『地域福祉論』
3	留岡　幸助	4	●家庭学校／『慈善問題』／感化教育、監獄改良
4	三浦　文夫	4	●ニード論／供給体制論
5	石井　亮一	3	●滝乃川学園／最初の知的障害児施設
6	小河　滋次郎	3	●大阪方面委員制度設立／『社会問題救恤十訓』
7	賀川　豊彦	2	●『死線を越えて』／生活協同組合運動
8	笠井　信一	2	●済世顧問制度　●岡山県知事
9	孝橋　正一	2	●『社会事業の基本問題』
10	片山　潜	2	●キングスレー館　●セツルメント活動
11	高木　憲次	2	●日本の肢体不自由児教育の創始者
12	竹内　愛二	2	●『ケースウォーク理論と実際』／『専門社会事業研究』
13	野口　幽香	2	●二葉幼稚園　●保育・救済のセツルメント活動
14	山室　軍平	2	●救世軍　●『平民の福音』　●キリスト教社会事業家

れ

ろ

わ

編 集 元 紹 介

いとう総研資格取得支援センター

「ITO方式」という独自の学習方法で、社会福祉士、精神保健福祉士、介護福祉士、介護支援専門員試験などのDVD講座、ネット配信講座、通学講座で毎年多くの合格者を輩出している。

➡ 令和6年度のいとう総研主催社会福祉士受験対策講座はホームページに掲載しています。

いとう総研ホームページ●https://www.itosoken.com/

■**本書に関する訂正情報等について**

弊社ホームページ（下記URL）にて随時お知らせいたします。
https://www.chuohoki.co.jp/foruser/social/

■**本書へのご質問について**

下記のURLから「お問い合わせフォーム」にご入力ください。
https://www.chuohoki.co.jp/contact/

見て覚える！ 社会福祉士国試ナビ **2025**

2024年7月5日　発行

編　集　　いとう総研資格取得支援センター

発行者　　荘村明彦

発行所　　中央法規出版株式会社
　　　　　〒110-0016　東京都台東区台東3-29-1　中央法規ビル
　　　　　TEL 03-6387-3196
　　　　　https://www.chuohoki.co.jp/

イラスト　　　ひらのんさ／土田圭介／フジモリミズキ
本文デザイン　ケイ・アイ・エス
装幀デザイン　木村祐一、濱野実紀（株式会社ゼロメガ）
装幀キャラクター　坂木浩子
印刷・製本　　サンメッセ株式会社

ISBN 978-4-8243-0043-0